多元的知识产权法
国别区域知识产权法动态

张海斌 | 主编　　刘海虹　朱小苏 | 副主编

图书在版编目（CIP）数据

多元的知识产权法：国别区域知识产权法动态 / 张海斌主编. —北京：知识产权出版社，2021.10
ISBN 978-7-5130-7693-7

Ⅰ.①多… Ⅱ.①张… Ⅲ.①知识产权法—研究—世界 Ⅳ.①D913.04

中国版本图书馆CIP数据核字（2021）第177827号

责任编辑：薛迎春　　　　　　　责任校对：王　岩
封面设计：韩金锦　黄慧君　　　责任印制：刘译文

多元的知识产权法：国别区域知识产权法动态

张海斌　主　编　　刘海虹　朱小苏　副主编

出版发行：知识产权出版社 有限责任公司		网　　址：http://www.ipph.cn	
社　　址：北京市海淀区气象路50号院		邮　　编：100081	
责编电话：010-82000860转8724		责编邮箱：471451342@qq.com	
发行电话：010-82000860转8101/8102		发行传真：010-82000893/82005070/82000270	
印　　刷：三河市国英印务有限公司		经　　销：各大网上书店、新华书店及相关专业书店	
开　　本：710mm×1000mm　1/16		印　　张：21.5	
版　　次：2021年10月第1版		印　　次：2021年10月第1次印刷	
字　　数：330千字		定　　价：98.00元	
ISBN 978-7-5130-7693-7			

出版权专有　侵权必究
如有印装质量问题，本社负责调换。

本书获中央高校基本科研业务费资助
上海外国语大学 2017 年度校级重大科研项目
"区域国别法治动态跟踪与研究"的阶段成果之一

知识产权法研究的多元维度（代序）

张海斌　刘海虹[*]

本书系上海外国语大学国别与区域法治动态追踪与研究的系列成果之一，旨在利用上外多语种法律人才培养与法学研究的优势，以国别与区域法治为视角，移译知识产权法领域相关文献，俾以呈现国外知识产权法研究与实践之基本动态、概貌与趋势，进而为中国相关领域的研究与实践提供可能的借鉴。

法律翻译乃是一种兼具学习、研究与再创作的智力劳动。编入本书的学术论文、案例的译文，是上外法学院的多语种法律硕士生和国内外法学院校友的智力成果，彰显了他们在外国法和比较法领域较好的智识积累与学术热情。译者们在了解相关领域研究现状的基础上，根据各自的学术兴趣，运用外语法律专业数据库检索并确定翻译对象，再经与原作者联系，获得翻译授权，如此这般，颇为全面地展现了他们较好的跨文化沟通能力。就整体效果言之，这些论文和案例在主题上亦较为准确地呈现出国外近年知识产权法研究及实践的多元维度与发展概貌。

从主题的角度来说，本书中的论文和案例既包括知识产权理论、研究方法、国际知识产权保护等方面较新的研究成果，也有国内外知识产权司法实践中共有的一些热点和难点问题，比如，知识产权客体的交叉领域、知识产权侵权警告的规范、商标法与反不正当竞争法的关系、形象权、真人故事改编创作、体育赛事的知识产权保护、知识产权的域外效力等问题。此外，还有通常我们了

---

[*] 张海斌（1975—），上海外国语大学法学院院长、教授，研究方向：宪法理论与行政法治、法理学与法律史学、外国法与比较法等。
刘海虹（1972—），上海外国语大学法学院讲师，研究方向：知识产权法、比较法。

解较少的阿拉伯语国家知识产权法律规范现状。从研究方法上讲，既有国内知识产权法研究中最常见的法律适用分析，也有从知识产权法政策学、国际问题治理角度及结合其他学科的研究成果对知识产权问题的论述。

尽管对知识产权制度的合理化基础及其功能利弊至今仍有争议，但是，作为一个现代国家公共政策的选择，知识产权法的基本功能是"为创新活动进行产权界定并提供激励机制，为创意产业进行产权配置并提供交易机制，为创造性成果进行产权保护并提供市场规范机制"[1]。其中，专利制度因其为"天才之火加上利益之油"而被视为激励创新的有力助推器。但是，专利制度的激励功能在专利制度演进过程中也在发生变化。尤其是在美国，从20世纪80年代开始，美国国会对专利系统的运作方式进行了几次调整，修改了联邦法院的专利案件司法上诉程序，设立联邦巡回上诉法院（Court of Appeals for the Federal Circuit, CAFC）集中受理专利案件的上诉，并对专利商标局（PTO）自身的费用结构和资金供应进行了改革，将其转变成一个服务代理机构，通过专利申请费维持运营。这些改革措施直接导致专利的授予量和专利诉讼激增，专利制度暴露出其"黑暗面"，法院通过司法裁判更多地影响着发明者、企业家与技术发展过程之间的互动，专利制度对激励创新产生一定的危害。[2]法院行使自由裁量权处理专利纠纷会对专利激励创新的功能带来什么影响？法院在司法活动中应否或怎样进行政策考量和裁判？这些问题都是近年美国学者研究专利法的一个重要关注点。

乔纳森·马苏尔（Jonathan S. Masur）和亚当·莫塔拉（Adam K. Mortara）在《专利、财产和前景》一文中对法官通过判例改变专利法律规则的影响进行了研究，他们发现法院通过确立判例法改变原有的法律规则通常都是具有追溯力的。但是，溯及既往的判例法规则会损害信赖利益。专利权保护的技术成果需要大量的投资，对权利稳定性和法律确定性的信赖也更大。更重要的是，当法官意识到他们的决定可能会对现有信赖利益造成损害时，会转而采取司法保守主义，即只对具体个案进行裁判。但是，这种避免创设广泛先例的"谦抑"

---

[1] 吴汉东：《试论知识产权制度建设的法治观和发展观》，《知识产权》2019年第6期，第5页。
[2] 参见亚当·杰夫、乔希·勒纳：《创新及其不满：专利体系对创新与进步的危害及其对策》，罗建平、兰花译，中国人民大学出版社2007年版。

也并非适当的解决方案。该如何平衡溯及既往的判例法对信赖利益的损害呢？规范财产征用的相应规则通常用于解决不动产中出现的类似问题，它们是否同样适用于知识产权呢？该文通过类比分析，认为对财产征用的补偿规则并不适用于知识产权，为了弱化法律变化对信赖利益的影响，联邦法官应该被赋予一定的自由，使他们的裁决具有前瞻性。

田村善之的《专利法中创作物研究法与公共领域研究法之间的冲突——以权利成立为视角》讨论的也是专利司法活动中的政策衡量问题。作为日本知识产权法政策学的倡导者，田村善之认为，长期以来公共领域在知识产权法中被消极地定义为知识产权保护无法涵盖的领域，因此与核心在于保护创作物的知识产权相比，公共领域被赋予了次要地位。虽然田村善之教授并不支持知识产权制度的功能仅在于激励产业和文化的发展，但是他认为应该结合激励论与主张创作者当然受到保护的自然权论，尝试通过两者结合的二元论使知识产权正当化。他将以创作物和创作者为中心的研究方法称为"创作物研究法"，把以公共领域的形成和保护为焦点的知识产权法研究方法称为"公共领域研究法"。该文结合典型的案例在新颖性、创造性的判断、先用权抗辩等权利成立及其相关问题上，运用公共领域研究法进行分析，并与采用创作物研究法的分析结果进行对比。提出在表达解释法律的观点时，应明确观点所基于的研究法，避免极端的解释论，从而在知识产权司法中更好地平衡创作保护和利用自由。

彼得·达沃豪斯（Peter Drahos）是从全球治理的角度研究知识产权制度的著名学者，全球知识产权规则的创设机制、全球知识治理机制及发展中国家知识产权及其发展议题是他近年来研究的关注点。他在知识产权领域的很多专著也已经被翻译成中文在国内出版，主要包括《知识产权哲学》《信息封建主义》《全球商业规则》和《知识的全球化管理》，这些作品以政治学、经济学的宏观视野运用多学科的研究方法深入剖析知识产权全球化中的问题。《有关药品可及性的贸易谈判：给发展中国家的四个经验教训》一文以规则复杂性和监管形式主义为主题，深入分析了发展中国家在世贸组织的框架内、自由贸易协定的背景下与发达国家就知识产权和药品可及性进行的一系列谈判，揭示发展中国家的四个主要经验教训，最后得出结论：如果发展中国家采用网络化治理方法进行谈判而不是继续依靠传统的结盟形式，将会取得更好的谈判成果。

巴顿·毕比（Barton Beebe）是美国著名的知识产权法学者，他从符号学角度研究商标法的成果极大地丰富了美国商标法理论，近年来其关于知识产权法诸多议题所做的理论、实证和文化研究成果也具有相当的影响力。《知识产权和后稀缺社会》是他于2019年3月在新加坡国立大学 EW Barker 法律与商业中心（EW Barker Centre for Law & Business）知识产权杰出人士年会上发表的开幕演讲，讨论的是后稀缺社会对法律，特别是对知识产权法的影响。该文首先批判性地回顾和反思了近年有关后稀缺社会的经济、社会评论和法律评论，指出对新技术的法律思考多采用科技鼓动主义的"临界性修辞"，它们预示的后稀缺社会可能实际上离我们还很遥远。接着，文章分析了知识产权法在后稀缺社会对创新的重要性会降低的传统观点。最后提出知识产权法在后稀缺社会将发挥更加重要的社会作用，即如果技术剥夺自然维持稀缺的能力，文化将通过知识产权法激励创造各种形式的人为稀缺来永久维持以消费为基础的社会差异。

作为法定权利，不同类型的知识产权根据创设其的法律的立法宗旨不同各有其不同的客体，单行的知识产权法均规定了各自不同的客体构成要件。现实生活中存在的创造性成果可能同时满足不同类型知识产权客体的构成要件，比如，用于产品的外观设计在我国可以依据专利法申请外观设计专利，如果同时具备独创性则构成著作权法意义上的作品；也可能会经过使用被消费者作为识别商品来源的标识，符合申请注册商标的条件；即便不申请商标注册，也可能构成反不正当竞争法意义上的"有一定影响的商品装潢"。这类知识产权客体交叉在司法实践中引发很多法律问题，成为近年国内外知识产权领域的热点和难点。

艺术作品是著作权法的传统保护对象，著作权的客体是文学、艺术、科学领域独创性的表达。但是，艺术的生命力在于创意的自由展现，当代艺术的发展已经突破传统美术的核心价值——审美吸引力，以思想为核心的概念艺术和从生物技术、哲学等汲取灵感的生物艺术因而无法受到保护审美表达的著作权法的保护。自20世纪60年代以来，艺术家不断尝试通过保护工业领域成果的专利法保护自己的当代艺术成果。专利法是否、应否以及能在多大程度上为当代艺术提供保护？迈克尔·布莱克尼（Michael Blakeney）的《当代艺术与专利》尝试回答这一问题。该文从当代艺术的定义开始，分析了大量英国、澳大利亚和美国等国授予当代艺术专利的实例和司法实践。法律是规则的逻辑表达，其生命在于经验，上述国家就专利保护当代艺术的司法实践反映了法院对当代艺术文化的理解是动态发展的。尽管文章最后并未就当代艺术的可专利性问题给出明确的结论，但是该研究呈现了在艺术市场发达的国家艺术创作与法律规范之间的积极互动。

人格权的商品化是人格权在市场经济语境中的必然发展，网络经济和大数据技术的发展更是不断拓展人格商品化的空间，如何规范人格权的财产利益是近年我国民法理论和实践领域备受关注的一个难点问题。人格权财产价值的利用与知识产权有诸多交叉。在美国，人格权的财产价值被分离出来上升为公开权（publicity right）单独保护。但是，公开权在规制虚假宣传方面与商标权存在竞合；在鼓励创作方面，与著作权存在竞合；在保护人格尊严和个人形象控制权方面，又与传统的隐私权和名誉权存在竞合。作为一个独立的权利，公开权旨在保护的法律利益的性质到底是什么？这一基本问题在美国司法实践中并没有得到足够的重视。丽贝卡·图施奈特（Rebecca Tushnet）的《在竞合的权利之间筑墙：联邦法的优先适用和公开权》一文即是对公开权性质的探寻，该文深入研究了美国近来司法实践中公开权的扩张趋势，即原告会通过公开权来主张保护基于其他请求权基础可能受到限制的利益，比如，原告通过主张公开权来规避第一修正案对商标权的限制。该文指出权利的边界是由其所要保护的法益的性质界定的，美国法院在处理公开权扩张的案件中并没有对公开权旨在保护的法益明确予以界定，公开权因此被扩张到服务各种相关法益，包括保护人格、鼓励创作和反虚假联想。该文认为，利用联邦法优先适用的原则有助于厘清公开权旨在保护的利益与著作权、商标权、隐私权等权利保护的利益的区别，在联邦法优先适用和第一修正案的抗辩上统一适用目的解释方法可能会有效地限制公开权的扩张。

在我国近年来的司法实践中，人格权财产利益的保护与知识产权发生交叉的案例也很多，如引发广泛关注的"乔丹"商标争议案就涉及姓名的商业利用和商标权之间的冲突。人格权的属性也是我国《民法典》编纂过程中的一个争议焦点，最终《民法典》承认人格权兼具消极防御和积极利用的属性，但是对人格权财产价值的利用并未明确规定"公开权"，仅在第993条[3]作了笼统规定。《民法

---

[3]《民法典》第993条："民事主体可以将自己的姓名、名称、肖像等许可他人使用，但是依照法律规定或者根据其性质不得许可的除外。"

典》中人格权独立成编，构建了以维护人的尊严为基本价值基础的人格权规范体系。《民法典》中的一些具体条款[4]也表明，我国《民法典》在人格权与其他财产权利发生冲突时，采取优先保护人格尊严的立场。[5]上述文章中分析的美国公开权扩张现象在我们国家的司法实践中亦有表现，如何在个案中坚持基于人格权的基本价值、厘清权利的边界，也是我们适用法律时要解决的重要问题。

随着知识产权保护意识的提高，知识产权侵权警告的运用十分活跃，[6]我国法律没有关于侵权警告合法性审查的法律条文，如果知识产权权利人向竞争者或其交易对象发出侵权警告，后来其知识产权被认定无效或被警告的侵权不成立，侵权警告行为是否构成反不正当竞争法规定的商业诋毁呢？在认定侵权警告行为的正当性问题上，我国的司法实践存在很大的分歧。在日本，从20世纪70年代初就开始出现依据《防止不正当竞争法》主张权利人的警告行为构成损害信用的不正当竞争判例，法院在认定权利人是否应承担损害赔偿责任时，发展出"形式说"和"相当说"：前者形式上承认不正当竞争的成立，在过失的认定判断中考虑专利权人的情况；后者在判断不正当竞争的成立与否和违法性的有无中，直接考虑侵权警告的相当性。驹田泰土的《没有理由的侵害专利权警告和防止不正当竞争法之权衡》一文认为上述两种观点的差异不仅仅局限于对行为的正当性从违法性层面考虑还是从过失层面考虑。基于对日本近年来采取两种观点的判例分析，该义认为，从本质上而言是否存在真正的权利行使是很难界定的，为了实现不过度限制专利权人的法外权利主张的原始目的，建议减少过失判断中需要考虑的因素。在判断侵权警告行为是否构成反不正当竞争法规定的商业诋毁的问题上，我国的司法实践中也存在类似的"过失推定规则"和"正当行使权利规则"两种裁判模式，[7]比较法的研究成果有助于我们更深入地理解这两种解释方法在理论上的差异，构建更为合理的认定不正当侵权警告的裁判标准。

---

[4] 如《民法典》第1021条规定："当事人对肖像许可使用合同中关于肖像使用条款的理解有争议的，应当作出有利于肖像权人的解释。"第1019条第2款规定："未经肖像权人同意，肖像作品权利人不得以发表、复制、发行、出租、展览等方式使用或者公开肖像权人的肖像。"

[5] 王利明：《民法典人格权编的亮点与创新》，《中外法学》2020年第4期，第10页。

[6] 近年涉及我国知识产权侵权警告的实证统计参见邓玲：《知识产权侵权警告的功能及规则构建》，《人民司法》2019年第31期，第93—97页。

[7] 参见储翔：《专利侵权警告行为的正当性判断标准》，《学术月刊》2017年第3期，第102—111页。

对典型案例的法教义学分析是知识产权法研究最常见的方法，君嶋祐子（Kimijima Yuko）的《侵权诉讼的事实审中未主张订正之再抗辩的专利权人能否在上告审中主张订正审决的生效——裁纸刀案》涉及日本专利侵权诉讼中一个特别程序——订正之再抗辩。和我国专利法采取专利授权确权和侵权的两元分立制不同，日本在2004年修订的专利法中引入了专利权无效抗辩制度。所谓的"订正之再抗辩"是专利权人对被告主张的专利无效抗辩提出的反驳，比如通过修改权利要求书等消除无效理由。根据以往的判例，原则上需要实际提出订正审判请求或者在无效审判中提出订正请求才能主张订正之再抗辩，该文分析的"裁纸刀案"的判决指出，即使存在无法向特许厅提出订正请求的事由，法院也能够促使专利权人尽早主张订正之再抗辩，让双方当事人充分举证。本案呈现了日本专利无效抗辩制度的复杂性，对我国引入专利无效抗辩制度具有借鉴意义。

田村善之的《"在消费者中被广泛知悉"的意思与商标权滥用——最高裁2017年2月28日判决Eemax事件》分析了日本最高法院的Eemax案。该案的争议焦点涉及两个重要的法律问题：《防止不正当竞争法》第2条第1款第1项与《商标法》第4条第1款第10项中"被消费者广泛知悉"该如何解释？提出商标无效的除斥期间经过后，在商标权侵权诉讼中提出的无效抗辩能够被支持吗？判决认定了《防止不正当竞争法》第2条第1款第1项与《商标法》第4条第1款第10项中"被消费者广泛知悉"的意思的同时，对在侵犯商标权诉讼中除斥期间经过后才以商标权无效为由提起注册商标无效的抗辩不予支持，认为对被消费者广泛知悉的近似商标行使商标权属于权利滥用行为。

韦斯特杰科有限责任公司诉ION地球物理公司（WesternGeco LLC v. ION Geophysical Corp.）一案是美国知识产权域外适用的重要案例，该案经历10年的审判，最后美国联邦最高法院通过调卷令重审，并于2018年6月22日作出终审判决：针对被告仅向海外出口关键零部件，侵权产品由其他公司在海外组装生产的侵权行为，专利权人可以要求被告补偿海外利润损失。该案涉及域外适用、损害赔偿和近因原则交叉的问题，在该案之前，美国联邦最高法院尚未明确无域外效力推定是否适用于救济性规定；此外，该案还引出域外效力与近因原则的关系问题，即是否应将对域外效力的考虑纳入近因分析中？蒂莫西·R.霍尔布鲁克（Timothy R. Holbrook）在该案的审理中为美国最高法院撰写了知识产权法学者的非当事人意见申述，他在《韦斯特杰科案之后的域外效力和近因原则》一文中首先分析了最高法院的审理思路，指出最高法院本来可以就上述两个问题创设具有一般意义的判例规则，但该判决却回避了对无域外效力推定是否适用于救济性规定的一般性问题，也没有接受将近因和域外效力相关联的观点，而是作出了更为微观、保守的裁判，这也使未来对类似案件的审理更加不确定。

杉光一成的《"创新与设计"或"创新与商标"的关系》一文利用"市场营销"领域的研究成果，从跨学科的角度分析市场经营与知识产权之间的互动。文中提到的"设计、驱动、创新"（Design，Driven，Innovation）理念是为了在同质化商品竞争十分激烈的市场脱颖而出的一种新的差异化经营策略。该文重点分析了差异化经营中的技术商标化策略，即将技术（如创新的原材料）的名称注册为商标，通过生产使用该技术的产品的供应商在产品上对该商标的使用更好地推广该技术，从而获得竞争优势。该文分析了日本有关技术商标化引发的商标争议，指出这样的差异化经营策略会面临商标法上的障碍，因为它们很可能构成叙述性商标而无法获得注册，即使获得注册也可能会因为不构成商标使用而被撤销。在商标法律制度的发展史上，交易方式的发展、市场竞争的变化不断拓展商标的功能，也使商标权不断扩张，市场竞争策略日新月异。商标法的实质是对利用商标竞争行为的规范，对技术商标化竞争价值的分析和考量显然有助于我们更好地把握该行为的本质，从而更好地利用法律来规范它。

托马斯·霍伦（Thomas Hoeren）的《著作权法五十周年——立法史回顾》一文是在德国著作权法颁布五十周年之际对该法立法过程的回顾，其中涉及史料很多都是德国联邦档案馆中未公开的文件，对这些立法文件的分析揭示了德国著作权法立法过程中各利益团体的博弈，其中就该如何保护邻接权人和著作权限制的激烈争议呈现了知识产权制度理论假设与现实之间的距离。

今年是我国《著作权法》颁布三十周年，经第三次修订的《著作权法》已于2021年6月1日施行。我国的著作权法是以"法律移植"的方式制定的，那些规则生成背后的利益博弈和理论争议在立法当时并不存在。但是，随着我国版权产业的不断发展，相关的利益冲突在法律的适用中不断出现，立法与司法的互动成为我国著作权法发展的一个重要特点。近两年司法实践中有关体育赛事直播的规范对现行著作权法的权利体系带来冲击，司法实践中对网络直播行为和体育赛事网络直播画面的定性争议很大。俄罗斯在体育节目的保护方面也面临相似的问题，布佐娃·娜塔莉娅·弗拉基米罗芙娜（Н.В. Бузова）的《体育节目的法律保护及其实施问题研究》分析了体育节目在俄罗斯的法律地位及现行法律对网络中非法使用体育广播节目行为的规范。

本书还收录了德国和西班牙两个案例判决书。德国"罗滕堡食人魔"改编案涉及可否允许将社会轰动性犯罪行为改编成电影的法律问题，该争议的核心在于利用真人故事创作作品的创作自由和隐私权保护之间的利益平衡。西班牙最高法院2017年第541号案件涉及将他人商标用于网络搜索关键字广告推广的行为是否构成商标侵权及不正当竞争。西班牙法院的在先判例认为：反不正当竞争法和商标法作用不同但相互补充，根据相对互补性原则，仅仅侵犯商标权的行为并不当然构成不正当竞争行为；另一方面，也不能简单地以特别法优先原则为指导，因为在此原则下，拥有商标专用权的注册商标持有人可以启动其专有权保护机制从而排除反不正当竞争法的适用。该案争议的焦点在于确定在何种情况下，在法条所提供的工业产权保护机制之外，可将一行为同样适用于反不正当竞争法为其提供的补充性保护措施。法院认为：如果某行为超出了商标法的适用范围，就不可能出于与根据商标法对其行为的合法性进行起诉的同样原因认定其构成不正当竞争行为。

此外，《巴勒斯坦法中的专利保护》和《阿尔及利亚立法对知识产权的行政保护》涉及阿拉伯语国家的知识产权保护现状。巴勒斯坦是中东地区唯一没有专门保护知识产权的法律的国家，《巴勒斯坦法中的专利保护》一文基于在巴勒斯坦适用的1953年的《约旦专利法》，参考约旦现行规范专利的法律对巴勒斯坦未来的专利立法提出建议。

译事艰辛，学术论文的翻译对译者专业能力和语言综合能力的要求更高，尽管本书中的译文已经过编者多次审校和译者反复修改，但难免疏漏或错译，欢迎读者指正，相关责任尽由译者和审校者承担。

二〇二一年五月二十三日

CONTENTS 目 录

知识产权法研究的多元维度（代序） 　　　　　　　　　　张海斌　刘海虹　001

专利、财产和前景
　　　　［美］乔纳森·马苏尔、亚当·莫塔拉 / 文　张海斌、林璇 / 译　001
专利法中创作物研究法与公共领域研究法之间的冲突
　　——以权利成立为视角　　　　　　　［日］田村善之 / 文　郭子璇 / 译　054
有关药品可及性的贸易谈判：给发展中国家的四个经验教训
　　　　　　　　　　　　　　　　［澳］彼得·达沃豪斯 / 文　程文婷 / 译　066
知识产权和后稀缺社会
　　　　　　　　　　　　　　［美］巴顿·毕比 / 文　张龙祥、任科颖 / 译　090
当代艺术与专利
　　　　　　　　　　　　　　　　［澳］迈克尔·布莱克尼 / 文　张靖辰 / 译　105
在竞合的权利之间筑墙：联邦法的优先适用和公开权
　　　　　　　　　　　　　　　　　［美］丽贝卡·图施奈特 / 文　李尔康 / 译　129
没有理由的侵害专利权警告与防止不正当竞争法之权衡
　　　　　　　　　　　　　　　　　　　　［日］驹田泰土 / 文　杨茹磊 / 译　150

侵权诉讼的事实审中未主张订正之再抗辩的专利权人能否在上告
审中主张订正审决的生效——裁纸刀案

[日] 君嶋祐子/文　杨蔚丰/译　172

"在消费者中被广泛知悉"的意思与商标权滥用
——最高裁 2017 年 2 月 28 日判决 Eemax 事件

[日] 田村善之/文　秦政/译　190

韦斯特杰科案之后的域外效力和近因原则

[美] 蒂莫西·R. 霍尔布鲁克/文　谢睿/译　212

"创新与设计"或"创新与商标"的关系

[日] 杉光一成/文　张乐/译　245

著作权法五十周年——立法史回顾

[德] 托马斯·霍伦/文　蒋文彬/译　255

体育节目的法律保护及其实施问题研究

[俄] 布佐娃·娜塔莉娅·弗拉基米罗芙娜/文　陈思然/译　270

德国"罗滕堡食人魔"改编案判决　金园燕/译　285

西班牙商标法和反不正当竞争法竞合案判决　马铭远/译　294

巴勒斯坦法中的专利保护

[巴勒斯坦] 穆罕默德·埃雷卡特/文　杨佳闻/译　303

阿尔及利亚立法对知识产权的行政保护

[阿尔及利亚] 萨德·卡利布、阿卜杜·瓦哈比·马赫鲁菲/文

詹欣意/译　314

专利、财产和前景

[美]乔纳森·马苏尔
亚当·莫塔拉[*]
张海斌 林璇[**] 译

想象一下，这项专利已经存在了 10 年，没有人对它进行重新审查，而且该公司已经投入了 400 亿美元来开发它。然后突然有人说："哦……我们希望专利局而不是法庭对其进行重新审查。现在看来，这可能是个问题……"

——史蒂芬·布雷耶法官[1]

如果没有参考任何背景情况，仅凭第一印象处理这个案子，我可能会得出这样的结论：一个包含大部分或全部基因的 DNA 序列

---

* 乔纳森·马苏尔（Jonathan S. Masur）是芝加哥大学法学院的约翰·P. 威尔逊（John P. Wilson）讲席教授，大卫和西莉亚·希利亚德（David and Celia Hilliard）研究学者。感谢 WLRK 律师事务所（Wachtell, Lipton, Rosen & Katz）行为主义法律经济学项目的支持，感谢大卫和西莉亚·希利亚德基金会的支持。亚当·莫塔拉（Adam K. Mortara）是联合作者，任职于巴特利特贝克律师事务所，芝加哥大学法学院法律讲师。感谢威尔·鲍德（Will Baude）、克里斯托弗·博尚（Christopher Beauchamp）、梅格·法苏洛（Meg Fasulo）、凯瑟琳·古铁雷斯（Kathrine Gutierrez）、丹尼尔·赫梅尔（Daniel Hemel）、多萝西·夏皮罗·隆德（Dorothy Shapiro Lund）、乔纳森·米切尔（Jonathan Mitchell）、金伯利·安·摩尔法官（Judge Kimberly Ann Moore）、丽莎·欧勒莱特（Lisa Ouellette）、杰森·兰塔宁（Jason Rantanen）、格雷格·赖利（Greg Reilly）、大卫·史瓦兹（David Schwartz）、诺曼·西布雷斯（Norman Siebrasse）、史蒂夫·耶德曼（Steve Yelderman）和参加西北法学院讲习班的学员有用的评论和对话。感谢艾萨克·阿什沃思（Isaac Ashworth）、格雷厄姆·哈维兰德（Graham Haviland）、瑞安·哈德森（Ryan Hudson）、安吉丽娜·摩尔（Angelina Moore）、切尔西·穆诺茨·帕切恩（Chelsea Munoz-Patchen）和伊莎贝拉·纳西门托（Isabella Nascimento）提供出色的研究帮助。

** 张海斌（1975—），上海外国语大学法学院院长、教授；林璇（1992—），上海外国语大学 2015 级法律硕士研究生，研究方向：英语法律。

〔1〕 口头辩论笔录第 29—30 页，Oil States Energy Servs., LLC v. Greene's Energy Grp., LLC, 138 S. Ct. 1365（2018）（No. 16-712），2017 WL 8231974.

是不可申请专利的……但我们不会在没有参考任何背景的情况下就处理这个案子。几个世纪以来，美国国会一直授权扩大可专利的客体范围……我认为，我们必须特别小心，不要扩大可专利的客体的司法例外，因为这既涉及既定的信赖利益，也涉及广泛的财产权。

——金伯利·安·摩尔法官[2]

考虑一下以下场景。联邦巡回法院的法官面临这样一个问题，在《专利法》第101条[3]语境下，一种特殊的生物发明能否构成专利权客体。法官们确信，因为法律或政策的规定不应赋予此类生物发明专利权[4]。持有这样的观点，意味着推翻数十年来的先例，而美国专利商标局已经根据这些先例批准（法院也支持）了数万项现有专利。许多大型公司都是靠这些专利发展起来的，数十亿美元的资金也因此投资到了这些公司。修改法律可能会对公司造成颠覆性的影响，更糟的是，取消专利可能会阻碍未来在研发方面的投资，未来的专利发明者和投资者有理由担心联邦巡回法院会撤销他们的专利，从而可能不愿意进行专利研究。

这一问题在任何法律领域都非常重要，投资决定往往是根据对法律权利的稳定性和可靠性的预期判断作出的。但在专利法领域，这一问题具有更加特殊的意义[5]。

专利的存在是为了通过授予创新者合法的权利来促进创新[6]，使他们能够通过制造和销售他们的发明获得可观的经济回报。如果专利权变得不可靠或不稳

---

[2] Ass'n for Molecular Pathology v. U.S. Patent & Trademark Office, 689 F.3d 1303, 1343 (Fed. Cir. 2012)（摩尔法官认同部分）. Ass'n for Molecular Pathology v. Myriad Genetics, Inc., 569 U.S. 576 (2013).

[3] 参见《美国法典》第35卷第101条（2017年）。

[4] 该例即为摩尔法官所说的情况。见本文注释2。

[5] 参见丹尼尔·R.考伊（Daniel R. Cahoy），《在游戏过程中改变规则：与知识产权有关的司法裁决的前瞻性应用如何促进经济效率》（"Changing the Rules in the Middle of the Game: How the Prospective Application of Judicial Decisions Related to Intellectual Property Can Promote Economic Efficiency"），41 AM. BUS. L.J. 1, 21 (2003)，虽然在司法决策的溯及力方面，财产权在一般情况下值得特别考虑，但知识产权方面的案例更有说服力。

[6] 参见《美国宪法》第1条第8款。国会有权保障作者和发明家对其作品和发明在一定期限内的专有权利，以促进科学和实用技艺的进步。

定，专利制度的目的和功能就会受到损害。[7]换言之，政府和发明者之间的交易是后者公开其发明，以换取有限时间内的合法垄断。若法院在此后撤销了发明者在交易中获得的利益，那么当商业秘密保护是一种切实可行的替代选项时，发明者再参与类似交易的可能性有多大呢？[8]

此外，近几年，专利法经历了与包括财产领域法律在内的其他法律相比更频繁的变更。2010 年至 2014 年，美国最高法院裁定了四起重大案件，重新定义了发明申请专利的界限。[9]而这仅仅是冰山一角，还有许多其他的最高法院判决和数以百计的上诉案件以各种方式重塑着专利法。[10]一个依赖法律稳定的法律领域已经变得非常不稳定。

这是布雷耶法官和摩尔法官在这篇文章的题词中所描述的问题。布雷耶法官在审理 Oil States Energy Services, LLC v. Greene's Energy Group, LLC 案时发表观点，他认为前述问题是在美国商标专利局通过行政程序宣布专利无效时产生的。[11]但是以下问题更为普遍：美国专利商标局宣布专利无效或法律的重大修改使得成千上万的专利权无效，导致的结果必然是公司减少研发投资。面对这种情况，法院应该如何应对？[12]摩尔法官在 Ass'n for Molecular v. United States Patent & Trademark Office 一案中表达其观点：法院可以更严格地遵循先

---

[7] 参见本杰明·N. 罗恩（Benjamin N. Roin），《基于上市时间的专利奖案例》（"The Case for Tailoring Patent Awards Based on Time-to-Market"），61 *UCLA L. REV.* 672, 749（2014）。

[8] 参见约翰·艾里森和艾默生·蒂勒（John R. Allison & Emerson H. Tiller），《商业方法 专利神话》（"The Business Method Patent Myth"），18 *Berkeley Tech. L.J.* 987, 1005 n.51（2003）。

[9] 参见 Alice Corp. v. CLS Bank Int'l, 134 S. Ct. 2347, 2354-60（2014），该案认为许多类型的商业方法和软件发明可能并不可以申请专利。参见 Ass'n for Molecular Pathology v. Myriad Genetics, Inc., 569 U.S. 576, 590-95（2013），该案认为分离出的 DNA 不可申请专利，而互补 DNA（cDNA）可申请专利。参见 Mayo Collaborative Servs. v. Prometheus Labs., Inc., 566 U.S. 66, 77-80（2012），该案认为某些类型的诊断医学检验不具有可专利性。参见 Bilski v. Kappos ,561 U.S. 593, 609-12（2010），该案认为某些商业方法不具有可专利性。

[10] 参见本文注释 38、39。

[11] 参见本文注释 1。Oil States Energy Servs., LLC v. Greene's Energy Grp., LLC, 138 S. Ct. 1365（2018）。

[12] 我们在本文中的重点是法院——专利法的主要解释者。但是，这一点对于任何在制定专利法中起作用的机构都是普遍适用的。正如美国专利商标局局长安德烈·伊安库 2018 年 2 月 23 日在就职典礼上说的那样："我们必须努力提供可靠、可预测和高质量的知识产权权利，使公众对这些权利充满信心。" https://perma.cc/Q7R5-U6CM。

例，减少修改法律的次数。[13] 然而，这种方法往往不适合专利法，因为专利法要跟上技术和市场的变化，就必须经常更新。这种方法也不适合只有一个上诉法院处理专利案件的司法系统，这种司法系统排除了巡回区分歧（不同巡回区的上诉法院对联邦法律的解释发生分歧）的情况。[14] 如果没有巡回法庭向最高法院发出信号，很长一段时间内，只能由联邦地区法院处理专利法上的重要问题。[15]

另一种可能性是，法院将专利法中削弱现有专利的修改视为必须补偿的司法征用。在 Stop the Beach Renourishment, Inc. v. Florida Department of Environmental Protection 一案中，最高法院的多数法官认为，根据征用条款，可以根据推翻已确立的财产规则的司法裁决来征用财产。[16] 将征用条款应用于专利案件可视为一种政府为专利持有者提供的保险，保证法院不会通过修改法律来损害投资者的信赖利益。然而，这无疑是饮鸩止渴。如果对专利法的修改被归类为司法征用，法律上的修改将变得不可能或代价高昂。如果法官根据《征用法》支持（或不支持）专利权利，《征用法》可能会对法律变革道路产生负面影响。

这个问题需要一种不同的解决方法。联邦法院——或者至少是专利法院——应该被赋予权力作出具有前瞻性的判决，而不是停滞不前或把专利法的修改当作征用。也就是说，它们应该有权作出特定裁决，仅影响该裁决作出之日及之后申请的专利。不溯及既往的立法是国会和各机构经常采用的一种机制，以减轻法律过渡的不利影响。[17] 这一方法使司法判决的预期效果不会损害投资

---

[13] See 689 F.3d 1303, 1343（Fed. Cir. 2012）。

[14] 参见托马斯·科特（Thomas F. Cotter），《伯克恩关于专利资格的观点》（"A Burkean Perspective on Patent Eligibility"），*L.J.* 855, 878-79（2007）。

[15] 最高法院已经有一段时间没有发表专利法领域相关问题的观点，包括《专利法》第 112 条关于启用和书面描述要求的问题。See Ariad Pharm., Inc. v. Eli Lilly & Co., 598 F.3d 1336, 1345-47（Fed. Cir. 2010）。

[16] See 560 U.S. 702, 713-15（2010）。参见《美国宪法第五修正案》，未经公正赔偿，也不得将私有财产用于公共用途。

[17] 参见本文注释 169，相比之下，法院是专利法的主要解释者。行政机构在专利领域没有实质性的法规制定权，国会 60 多年来没有对《专利法》进行重大的实质性修订（《美国发明法》仅对程序进行了多种修订）。参见乔纳森·马苏尔，《专利通货膨胀》（"Patent Inflation"），121 *YALE L.J.* 470, 472（2011）。参见乔纳森·马苏尔，《规范专利》（"Regulating Patents"），2010 *SUP. CT. REV.* 275, 279。

者的信赖利益，至少溯及既往可能导致的对投资者的信赖利益的损害将不再发生。这将为法院提供一个更新法律规则的途径，使鼓励持续研发、投资所需的稳定法律权利不再受到损害。专利法将变得更有活力，不再那么墨守成规，也会变得更有效。

这种类型的司法变通甚至有一个现成的模板：人身保护令法。当最高法院承认一项宪法性刑事诉讼权利时，这项裁决一般不适用于所有根据以前的规则被定罪的犯人。相反，根据法院在 Teague v. Lane 案[18]中宣布的，以及随后被1996 年《反恐怖主义和有效死刑法》[19]编入法典的规则，新制定的程序性权利并不适用于已经定罪[20]的案例。因此，当最高法院制定刑事诉讼程序的新规则时，该规则仅能前瞻性地适用，即适用于未来的案件和有待直接上诉的案件，而不适用于已经最终判决的案件和因犯寻求人身保护令救济的案件。

人身保护令是前瞻性立法存在的唯一法律领域，前瞻性立法应该在更多领域普遍存在。[21]事实上，不溯及既往的立法对法律法规相当重要，因此它渗透到联邦法律的大部分领域。[22]相比之下，专利法是联邦法律中少数几个主要由司法判决而不是成文法或法规管辖的法律领域之一。[23]

本文分为四个部分。第一部分分析了专利法的变化所带来的问题，尤其是使专利法有显著改进的变化所带来的问题。第二部分分析了法官是否应该更严格地遵守先例，降低法律变更的速度，最终得出结论，这样做是不明智的。第三部分讨论了征用法作为一个潜在的解决方案，由于其过于僵化，这样做并不合适。最后，第四部分建议法官应该通过作出纯粹的前瞻性专利判决来解决投资者的信赖利益受损的问题，然后分析这种方法的成本和收益。

---

[18] See 489 U.S. 288(1989)。
[19] 《美国法典》第 28 卷第 2254 条第（d）款第（1）项（2017）规定，只有在州法院的判决"与美国最高法院明确确立的联邦法律相抵触或不合理地适用时，才能提供人身保护救济"。另见 1996 年《反恐怖主义和有效死刑法》，Pub. L. No. 104-132,§104,110 Stat. 1214, 1218-19（根据《美国法典》第 28 卷第 2254 条修改）。
[20] See Teague case，489 U.S., at 310-11.
[21] 参见 Harper v. Va. Dep't of Taxation, 509 U.S. 816, 94-99（1993），讨论了在民事案件中允许追溯的情况。
[22] 参见本文注释 166。
[23] 参见马苏尔，《规范专利》，本文注释 17，第 276—277 页。

一、专利和信赖利益

专利法的目标是通过授予公司其成功发明的准垄断权力，换取对这些发明的公开披露，从而激励公司投资创新和研发。[24]这与补助金或税收激励不同，专利属于事后奖励——公司先投资，希望研发项目能有结果，然后获得专利[25]。该专利允许公司收回前期投资成本，并通过对专利产品或服务收取更高的价格来盈利。[26]因此，专利可以解决一个社会公益问题：创新是一种社会公益，如果创新者因为其他人搭便车而无法获得其努力的价值，那么创新行为将会大幅减少。[27]

正如许多评论家所指出的，这意味着如果专利法要有效，它必须是"准确的"。[28]一方面，如果法律太宽泛模糊，专利太容易获得，想要成为发明家的人就会把时间花在没有效益的项目上，而不是真正的创新上。[29]此外，那些基本没有价值的发明专利的激增可能会抑制未来发明者的创新，并把产品或服务价格推高到弊大于利的程度。[30]另一方面，如果法律太严苛，专利又太难获得，那么专利对想成为发明家的人就没有什么激励作用，也就不会鼓励更多的创新。[31]

---

[24] 参见唐纳德·齐苏姆（Donald Chisum）等，《专利法原则》（Principles of Patent Law）（1998）第6页。参见罗伯特·帕特里克·梅格斯和约翰·菲茨杰拉德（Robert Patrick Merges & John Fitzgerald）的《专利法和政策：案件和材料》（Patent Law and Policy: Cases And Material）（2007）第253页，描述了被认为可以驱动专利法的各种激励机制。

[25] 丹尼尔·J. 赫默尔和丽莎·拉里摩尔（Daniel J. Hemel & Lisa Larrimore Ouellette），《超越专利奖之争》（Beyond the Patent-Prizes Debate）（2013）第303、308页。

[26] 参见安纳普·马拉尼和乔纳森·马苏尔（Anup Malani & Jonathan S. Masur），《提高专利案件的收益》（"Raising the Stakes in Patent Cases"），101 GEO. L.J. 637, 642-43（2013）。

[27] 参见戴维·奥尔森（David S. Olson），《认真考虑专利法的功利主义基础：限制可专利性客体的案例》（"Taking the Utilitarian Basis for Patent Law Seriously: The Case for Restricting Patentable Subject Matter"），82 TEMP. L.REV. 181, 191-94（2009）。

[28] Ibid., 82 TEMP. L.REV. 181, 193-94（2009）.因此，正确平衡专利法至关重要。如果专利法范围太广，就会降低社会效用，因为专利垄断给社会带来的危害比促进新发明带来的益处更多。如果专利法对发明的保护太少，那么社会效用就会降低，因为发明人没有足够的动机去发明。

[29] 参见史蒂芬·耶德曼（Stephen Yelderman），《专利制度中准确性的价值》（"The Value of Accuracy in the Patent System"），84 U. CHI. L. REV. 1217, 1245-47（2017）。其认为，授予不良专利将激励公司用战略性申请专利方案代替真正的创新。

[30] 参见克里斯托弗·R. 莱斯利（Christopher R. Leslie），《未强制执行的无效专利的反竞争效力》（"The Anticompetitive Effects of Unenforced Invalid Patents"），91 MINN. L. REV. 101, 119-20（2006），描述了无效的专利如何导致更高的价格，损害消费者并惠及最初的垄断者的问题。

[31] 参见耶德曼，本文注释29，第1249页，否定本来可以获得专利的发明会减少对发明者的事前激励。

但仅仅有法律准确是不够的，专利法还必须是相对稳定的，原因是研发投资和专利奖励之间存在时间差。一家公司投资研发，相信几年后将能够收回这些投资，并通过获得的专利来盈利。[32]某些类型的发明，如药品，即使在专利有效期的第二十个（也是最后一个）年头也可能是有价值的。[33]因此，制药公司在2017年开始进行一项研究项目时，必须考虑在2037年或以后其发明将拥有哪些法律权利。

所有这一切都表明，公司会基于专利产生信赖利益。[34]它们愿意花时间投资研发，因为相信其可以在未来某个时间点获得专利，并利用这些专利来赚取利润。[35]然而，专利法并不是固定不变的。它一直在变化，有时是因为国会颁布法案而变化[36]，但更频繁的是专利法的司法变化。[37]自2005年以来，最高法院仅判决了40件专利案件[38]，而在此期间，联邦巡回法院已判决数百起案件，

---

[32] 参见本文注释25，第310—312，第319—320，第326页，解释了专利支持投资背后的经济学。

[33] 参见《美国法典》第35卷第154节第（a）（2）条（2017），规定专利有效期为20年。参见拉拉·J. 格拉斯哥（Lara J. Glasgow），《延伸知识产权的界限：制药业走得太远了吗？》（"Stretching the Limits of Intellectual Property Rights: Has the Pharmaceutical Industry Gone Too Far?"），41 IDEA 227, 232,236（2001），讨论了制药公司在专利到期后几个月内遭受的巨大财务打击。

[34] 参见道格·利希曼和马克·莱姆利（Doug Lichtman & Mark Lemley），《重新思考专利法的有效性假设》（"Rethinking Patent Law's Presumption of Validity"），60 STAN. L. REV. 45, 52（2007），表明专利被推定为有效的部分原因在于其所附加的信赖利益。参见《美国法典》第35卷第282节第（a）款，提供有效性的推定。

[35] 这里的论点集中在专利权的奖励理论上，在这个理论中，专利的目的是为那些在开发新技术上做了大量前期投资的发明者提供奖励，这是专利的主导理论，这就是为什么我们把它作为我们的重点的原因。但值得注意的是，即使采用了另一种专利理论，如商业化理论，信赖利益也同样重要。参见泰德·西切尔曼（Ted Sichelman）的《专利商业化》（"Commercializing Patents"），62 STAN. L. REV. 341（2010）。

[36] 参见《美国发明法案》（American Invent Act），Pub. L. No. 112-29, § 3, 125 Stat. 284, 285-93（2011）（根据《美国法典》第35卷第49条修订），将美国专利权从"先发明"制改为"先发明人备案"制。

[37] 参见霍莉·弗斯伯格（Holly Forsberg），《减少恶意挑衅的吸引力：近期司法活动对非执业实体的影响》（"Diminishing the Attractiveness of Trolling: The Impacts of Recent Judicial Activity on Non-Practicing Entities"），PITT. J. TECH. L. & POL'Y 12-13（Fall 2011），讨论了专利法司法变革的最新趋势。

[38] 参见丽莎·拉摩尔等人，《最高法院专利案件》，书面说明，https://perma.cc/2DQV-VQFU。2019年2月对另一起案件进行了辩论，目前尚待最高法院审理。口头笔录，Return Mail, Inc. v. U.S. Postal Serv., No. 17-1594（U.S. Feb. 19, 2019），2019 WL 719101。

其中许多案件以重大方式修改了法律。[39]

每次法院或国会修改专利法，都会损害现有的信赖利益。反过来，这又会导致研发投资的减少，这是根据静态法律下公司行为的基准来衡量的。矛盾的是，所发生的社会损害并没有体现在现有的专利持有者身上，尽管他们的合法权利受到了实质影响。这些拥有专利的公司已经参与了专利法所鼓励的创新。它们的研发经费已经花出去了。专利法旨在鼓励研发和创新的社会效益已经在这些公司中体现出来了。如果一个公司现有的专利被宣布无效或价值降低，那么这个公司肯定会受到个体损害。但从静态的、社会的角度来看，这只是一种从公司到普通大众的财富转移，没有发生任何损害。[40]

相反，当法律改变和信赖利益受到损害时，其所造成的社会损害是未来的创新者不能确定法律是否会保护他们未来的专利权而不再积极创新。如果专利法是不稳定的，创新公司（或投资者）可能会担心它（他）们将永远无法收回其研发投资，因此从一开始就避免进行这些投资。[41] 另一种选择是，它（他）们可能把自己的创新作为商业秘密，不与公众分享。创新公司（或投资者）的这些做法将减缓技术进步的步伐。一部不稳定的专利法可能重新引发公共产品和搭便车的问题，而正是这些问题驱动了专利法的诞生。

这与不动产法和产业监管有着明显的相似之处且高度相关。想象一下，一家公司正在考虑在自己拥有的一块工业用地上建厂，这家工厂的前期成本很高，但公司希望通过20年的时间销售工厂生产的产品来收回成本并实现盈利。如果在随后的20年中，公司在建造工厂的土地上的所有权权益被剥夺，公司在工厂上的投资就会被摧毁，公司就会遭受巨大的损失。同样，根据规划规则，如果

---

[39] 参见美国联邦巡回上诉法院2017年12月31日至今的活动，https://perma.cc/6tl-8c5m。有关重要的示例，请参见 Ariad Pharm., Inc. v. Eli Lilly & Co., 598 F.3d 1336（Fed. Cir. 2010）。

[40] 这源于这样一个事实：专利代表了动态效率（创新）和静态效率（垄断价格、持有问题等）之间的权衡。如果创新已经发生，那么动态效率已经实现。在这一点上取消专利不会造成进一步的社会危害。

[41] 参见尼尔·古德曼（Neil M. Goodman），《专利被许可人身份和宣布判决法》（"Patent Licensee Standing and the Declaratory Judgment Act"），83 COLUM. L. REV. 186, 212-13（1983），商业秘密是公司选择保留的相关商业信息，而不是与公众分享（这是获得专利的先决条件）。从理论上讲，如果商业秘密从未被发现，它可以无限期地持续下去。但是，如果公众能够对产品进行逆向工程，并了解其中的秘密，它们也会很快消失。

建筑被重新划分为仅供居住之用，阻止工厂的运营，公司将受到损害。[42]该公司只有确信管理其财产的法律将在一段时间内保持相对稳定，才愿意为建设工厂进行前期投资。[43]

同样地，设想某一特定的化学品 X 是工厂计划的生产过程中必不可少的。化学品 X 目前被认为是相当安全的，监管也很宽松。然而，科学家们总有可能在某一时刻了解到化学品 X 实际上是相当危险的，而环境保护署或职业安全与健康管理局将采取行动更严格地监管它。[44]如果公司因此被要求安装安全设备或采取其他预防措施，这将损害其利润，但不会破坏其投资价值。如果完全禁止化学品 X，工厂的价值将会被破坏。在这方面，该公司也依赖于对化学品 X 的监管制度的相对稳定，这可能涉及法律上的不确定性和科学上的不确定性（也就是说，关于化学品 X 具有危险性的新事实被发现的可能性）。[45]同样的原理也适用于专利法。[46]

法律的不稳定性会破坏信赖利益，造成投资不足的问题，无论法律的改变是有益的还是有害的。作出投资决策的私营公司的期望非常重要。[47]只要法

---

[42] 参见卡伦·克里斯蒂·威尔克森（Cullen Christie Wilkerson）的评论，《只是对临时监管征用的补偿：损害赔偿的影响因素的讨论》（"Just Compensation for Temporary Regulatory Takings: A Discussion of Factors Influencing Damage Awards"），35 *EMORY L.J.* 729, 765-72（1986）。

[43] 参见迈克尔·A. 开利（Michael A. Carrier），《通过产权范式构建知识产权》（"Cabining Intellectual Property Through a Property Paradigm"），54 *DUKE L.J.* 1,26（2004），财产通过识别那些对特定资源有要求的人，确保他们可以利用他们的努力成果来培育这些资源，从而为发展创造动力。

[44] 参见乔纳森·马苏尔和埃里克·波斯纳（Jonathan S. Masur & Eric A. Posner），《未量化的利益和不确定性下的监管问题》（"Unquantified Benefits and the Problem of Regulation Under Uncertainty"），102 *CORNELL L. REV.* 87, 119-25（2016），描述了监管机构如何评估有害污染物在工作场所的使用。

[45] 针对法律变化或不确定性的私人保险基本上是不可能获得的，参见乔纳森·S. 马苏尔和乔纳森·雷米·纳什，《过渡救济的制度动力》，85 *N.Y.U. L.REV.* 391, 408（2010）。

[46] 在某些领域，如生物技术，情况尤其如此。例如，通过存放生物材料的实际标本来满足书面描述要求的能力引起了激烈的争论，参见 Enzo Biochem, Inc. v. Gen-Probe Inc., 323 F.3d 956, 960-61, 963-67（Fed. Cir. 2002）（该案认为该保证金符合书面描述要求），最高法院尚未解决存款是否可以满足书面描述要求的问题，如果追溯地推翻了联邦巡回法院在这一问题上的裁决，该决定可能会对生物技术产业产生深远影响。

[47] 参见吉尔·费希（Jill E. Fisch），《溯及力与法律变迁：平衡方法》（"Retroactivity and Legal Change: An Equilibrium Approach"），110 *HARV. L. REV.* 1055, 1105（1997），描述了当事人的期望和他们的行为之间的关系。

律的变化使它们相信其他变化可能即将到来，并可能对它们未来的投资产生不利影响，它们就更倾向于不进行这些投资。例如，最高法院2012年在Mayo Collaborative Services v. Prometheus Laboratories, Inc. 案中，将某些基于《专利法》第101条的规定授予的医学诊断测试判定为无效。[48]但是，参照该判决的公司可能会得出结论，法院将来会作出类似的判决，在判决中法院宣布某些类型的发明不具有专利权，[49]从而损害了信赖利益。[50]如果公司担心他们生产的创新产品会因为未来法律的变化而失去价值，他们就会相应地减少在研发上的投资。

然而，这并不意味着法律的改变总是不好的。如果某一特定的法律原则实际上弊大于利，那么改变该原则的价值可能远远超过令人不安的预期的成本。对此，不动产法和产业监管具有指导意义。想象一下，根据上面的例子，科学家发现即使是低剂量的化学品X也是有毒的。[51]但禁止化学品X将损害使用它的公司的信赖利益，法律的改变将产生不确定性，可能会抑制未来的投资。但是这些负面的考虑与消除有害毒素的价值相比就显得微不足道了。[52]一般而言，不稳定对投资的影响应视为法律改革的代价。在某些情况下，这个代价可能很大，而在另一些情况下，这个代价可能很小；在某些情况下，它可能会被法律变化带来的其他好处所抵消，而在另一些情况下则不会。但是，在任何时候，法律改变都会产生代价。

当法院宣布现有专利无效并缩小专利客体的范围时，专利法的变化显然会产生相关的投资成本。但事实上，任何影响专利法的判决都会损害信赖利益。例如，减少侵权诉讼中的损害赔偿金数额的司法裁决，会降低相关专利的价

---

[48] See 566 U.S. 66, 72 (2012).
[49] 这确实是对的。参见伯纳德·赵（Bernard Chao），《对比》（"Compare"），107 *NW. U. L.REV. COLLOQUY* 82, 99 (2012)。
[50] 这个结果有可能发生，参见 Ariosa Diagnostics, Inc. v. Sequenom, Inc., 788 F.3d 1371, 1373 (Fed. Cir. 2015)（无效专利产前诊断测试）。
[51] 参见本文注释44，第125页，解释如何衡量这些类型的成本和收益。
[52] 参见内斯特·戴维森（Nestor M. Davidson），《财产的士气》（"Property's Morale"），110 *MICH. L. REV.* 437, 439-41 (2011)，描述人们在财产权遭到破坏或认为这些权利不稳定时遭受伤害并产生成本的方式。

值。[53]如果减少的幅度足够大，就会影响公司的投资决策。[54]但是，加强专利的司法裁决也可能损害信赖利益，就像削弱专利的裁决一样。举例来说，假设一个公司复制竞争对手的商业方法，该公司认为商业方法不能获得专利，因此它不能被竞争对手以侵犯专利为由提起诉讼。[55]如果法院改变法律，允许商业方法获得专利，那么这家公司的信赖利益就会被摧毁，就像它自己的专利被宣告无效一样。[56]经营自由与基于专利的排他权一样有价值。[57]当然，在许多情况下，这类公司的信赖利益仍然会受到专利法其他条款的保护。例如，一旦一家公司公开使用某一流程或生产某种产品超过一年，该流程或产品就不能再获得专利，其他使用该流程或产品的公司就不再会失去经营自由。[58]但是，在许多情况下，允许新型专利或加强现有专利确实以专利法无法避免的方式对投资激励措施造成了损害。人们担心若专利法扩大专利范围并加强专利保护，可能会减少没有专利的公司未来的投资。

面对这些担忧，法院应该如何行动？当任何特定的法律变化产生了系统性成本时，它们应该如何表现？一种选择是简单地避免改变法律，或者至少降低法律变更的频率。这种可能性是下一部分的主题。

二、信赖利益和维持现状

如果法律变更损害信赖利益并减少投资激励，一种解决方案是法官增强法律的连贯性和稳定性，或者至少在一定程度上赞成维持现状。实际上，这种方法与

---

[53] 参见 Lucent Techs., Inc. v. Gateway, Inc., 580 F.3d 1301, 1336-39（Fed. Cir. 2009），限制法院使用"整个市场价值规则"来评估专利损害的情况，从而减少专利原告将遭受的损害。

[54] 然而，总的来说，无效（和有效）判决可能会对信赖利益产生更大的影响，因为它们会影响专利的全部价值。侵权（或非侵权）裁决通常只会对专利价值产生很小的影响，例如，它们会略微缩小专利的范围或限制可获得的损害赔偿的数额。

[55] 参见 Bilski v. Kappos, 561 U.S. 593, 612-13（2010），该案认为某些类型的商业方法是不可申请专利的。

[56] 事实上，在联邦巡回法院裁定 State Street Bank & Trust Co. v. Signature Financial Group, Inc. 一案中的商业方法可申请专利之前，商业方法是不可申请专利的。See 149 F.3d 1368, 1375（Fed. Cir. 1998）.

[57] 参见柯琳·钱（Colleen V. Chien），《从军备竞赛到市场：复杂的专利生态系统及其对专利制度的影响》（"From Arms Race to Marketplace: The Complex Patent Ecosystem and Its Implications for the Patent System"），62 HASTINGS L.J. 297, 303-04（2010）。

[58] 参见《美国法典》第35卷第102节第（b）条（2017）。

普通法本身一样古老。遵循先例就是基于此原则而建立的：当有疑问时，建议法院遵循先例，以免影响已确定的信赖利益。[59]这样做导致的结果是，即使法官按照初次遇见该问题的思维（凭第一印象）来考虑会得出不同的结果，法院也常常会避开实质性的法律变更。[60]即使在法律变化迅速的时期，如专利法在过去十年中所经历的那样，法院也可能避免以过于突然或重大的方式改变法律。

在所有法律领域都可以找到这种司法谦抑的例子[61]，专利法并不是例外。一个值得注意的例子是摩尔法官在 Ass'n for Molecular Pathology v. United States Patent & Trademark Office 一案中的意见，这一意见的部分内容出现在本文文前摩尔法官的陈述中。[62]这个著名的案例涉及分离出的 DNA 序列和互补 DNA（cDNA）是否可被授予专利的问题。[63]摩尔法官认为，分离出的 DNA 和 cDNA 都可以申请专利，这在很大程度上是因为在过去的几十年里美国法院和专利商标局一直允许对这类发明申请专利。[64]摩尔法官写道："如果我在一张没有以往

---

[59] 参见 Payne v. Tennessee，501 U.S. 808, 828（1991），"在涉及财产和合同权利的情况下，对遵循先例的考虑达到了极致，其中涉及信赖利益……"参见兰迪·科泽尔（Randy J. Kozel），《先例与依赖》（"Precedent and Reliance"），62 *Emory L.J.* 1459, 1460（2013），遵循先例原则被认为是基于对依赖利益的关注。

[60] 参见兰迪·科泽尔，《第二世界国家中的遵循先例实践》（"Stare Decisis in the Second-Best World"），103 *CALIF. L. REV.* 1139, 1190-91（2015），解释了为何遵循先例导致的结果比不上法庭把这个问题当作第一印象来考虑产出的结果。参见小理查德·H. 法伦（Richard Fallon），《宪法解释的建构主义连贯性理论》（"A Constructive Coherence of Constitutional Interpretation"），100 *HARV. L. REV.* 1189, 1261（1987），虽然先例可以基于文本的论点和制宪者的意图而被否决，但这种情况很少发生。这些案例本身就具有重要意义。

[61] 也许遵循先例最著名的应用是最高法院在 Planned Parenthood of Southeastern Pennsylvania v. Casey 案中的判决，在该案中，法院维持了在 Roe v. Wade 案中宣布的堕胎权，部分原因是出于对信赖利益的考虑。See Planned Parenthood of Se. Pa. v. Casey，505 U.S. 833, 855（1992）.

[62] See 689 F.3d 1303, 1343（Fed. Cir. 2012）. See Ass'n for Molecular Pathology v. Myriad Genetics, Inc., 569 U.S. 576（2013）.参见本文注释 2。

[63] See Ass'n for Molecular Pathology，689 F.3d at 1309. 分离出的 DNA 由特定基因的 DNA 序列组成，这些特定基因是从周围的生物材料和它们两边的 DNA 序列中分离出来的。参见史蒂芬·希林（Stephen Schilling），《DNA 作为获得专利的客体和解决基因专利引起的感知问题的狭窄框架》（"DNA as Patentable Subject Matter and a Narrow Framework for Addressing the Perceived Problems Caused by Gene Patents"），61 *Duke L.J.* 731, 749-52（2011），分离的 cDNA 是指分离出的 DNA 序列，其中已删除了内含子（不包含任何有用的遗传信息的碱基对），这两种类型都可以成为重大生物技术发明的基础。

[64] See Ass'n for Molecular Pathology，689 F.3d at 1343.

案例的空白画布上审理这个案子，我可能会得出这样的结论——一个包含大部分或全部基因的DNA序列是不可申请专利的……但我们不能不参考以往案例来决定这个案子。几个世纪以来，国会一直授权扩大可申请专利的客体范围。同样，美国专利局（United States Patent Office）几十年来一直允许对分离出的DNA序列申请专利，一直允许将纯化的天然产品作为客体申请专利。现在有成千上万的分离DNA专利申请，一些未知数量（但肯定很大）的申请纯化天然产品或其碎片专利……我认为我们必须特别警惕扩大可申请专利客体的司法例外，因为这既涉及既定的信赖利益，又涉及广泛的财产权。"[65]最高法院最终不会同意摩尔法官在Molecular Pathology v. Myriad Genetics, Inc.一案中表达的分离出的DNA不可申请专利的意见。[66]但是，摩尔法官的担心是合理的，她把这些考虑写到她的判决书中是完全正确的。在没有以往案例的真空世界中，摩尔法官很可能凭第一反应认为分离出的DNA不应获得专利，但她并不是在真空世界中判案。[67]

对于Myriad案这一类的案件，最高法院愿意对法律变化作出努力，虽然这可能对信赖利益造成潜在损害，但在其他案件中，法院最终在考虑该问题时遵循了先例。Festo Corp. v. Shoketsu Kinzoku Kogyo Kabushiki Co.案就是一个例子，它涉及专利申请中的禁止反悔原则。[68]在较早的针对同一问题的Warner-Jenkinson Co. v. Hilton Davis Chemical Co.案中，最高法院指出在一段时间内保持一致的理论标准的重要性，这对于维护专利案件中各方当事人利益是至

---

〔65〕 See Ass'n for Molecular Pathology，689 F.3d at 1343.

〔66〕 参见569 U.S. at 580，该案认为分离的DNA是不可授予专利的，而cDNA是可授予专利的。

〔67〕 Myriad案代表了一种特别具有破坏性的追溯法律变更。在该案之前，分离出的基因组DNA专利申请是有价值的，但其中的大部分价值都可以由cDNA专利申请来获得。参见杰西卡·马克斯（Jessica Marks）等，《麦利亚德案后基因专利不会消失》（"Gene Patents Won't Disappear Post-Myriad"），FINNEGAN（July 22, 2013），https://perma.cc/4SEL-X5WB，该案中，最高法院裁定cDNA可以申请专利。参见569 U.S. at 580，想象一下，一家拥有专利的公司声称其分离出的基因组DNA可能含有，但实际上却没有cDNA序列。仅仅因为权利要求书撰写的意外专利所有者会受Myriad案严重影响，它可能曾依赖于美国专利商标局和联邦巡回上诉法院的观点，即分离的DNA可以申请专利。但是一旦最高法院作出不同的判决，专利所有人申请cDNA发明的机会就会消失了，公司也就没有追索权了。参见戴维·L. 施瓦茨（David L. Schwartz），《联邦巡回上诉法院的溯及既往》（"Retroactivity at the Federal Circuit"），89 IND. L.J. 1547，1553-55（2014），解释了专利判决的追溯性。

〔68〕 See 535 U.S. 722，726（2002）.

关重要的。[69] 五年后，在 Festo 案中，最高法院在这个问题上更加慎重，它告诫联邦巡回法院不要忽视 Warner-Jenkinson 案的指导，该指导要求法院在作出可能破坏发明者期待利益的改变之前必须保持谨慎。[70] 从那以后，联邦巡回法院在许多案件中引用关于维持法律现状的论点。一个著名的例子是 Ariad Pharmaceuticals，Inc. v. Eli Lilly&Co. 案，该案涉及说明书的要求。[71]

法庭文件里写道：

> 除了支持实施例及要有说明书的成文法规定和最高法院的判例之外，遵循先例迫使我们现在坚持它……现在改变将会打破发明者固有的期望，发明界一直用说明书来起草和申请专利，签订许可协议，认定专利是否有效及是否存在侵权。正如最高法院在告诫本法院时所说的那样，我们"在作出破坏发明者期望的改变之前必须谨慎"。[72]

联邦巡回法院在 Lighting Ballast Control LLC v. Philips Electronics North America Corp.[73]（此案涉及权利要求书的解释审查标准问题）一案中采取了类似的策略。[74]

法院再次引用 Festo 案中的观点来解释其不愿改变现有标准的原因：

> 遵循先例既包括程序上的，也包括实体上的。专利诉讼领域的程序会影响诉讼的成本、时间和确定性，进而影响基于可执行专利的存在或不存在而进行的经济活动。法院"在作出破坏发明者既定期望的改变之前必须谨慎"。[75]

---

[69] See 520 U.S. 17, 28（1997）.

[70] See 535 U.S. at 739.

[71] See 598 F.3d 1336, 1347（Fed. Cir. 2010）.书面描述要求发明人在能够获得专利之前，在专利申请中证明她"拥有"发明（就发明而言，在发明时已经意识到发明的意义）。Ibid., at 1355. 必要的披露是对该领域普通技术人员表达其对发明的所有权，而不是对发明人知道什么或不知道什么进行主观调查。

[72] Ibid., at 1347.

[73] See 744 F.3d 1272（Fed. Cir. 2014）.最高法院后来撤销了联邦巡回上诉法院的判决，并根据 Teva Pharmaceuticals USA, Inc. v. Sandoz, Inc. 案的判决发回重审，135 S. Ct. 831（2015）。See Lighting Ballast Control LLC v. Universal Lighting Techs., Inc., 135 S. Ct. 1173（2015）.

[74] See Lighting Ballast Control, 744 F.3d at 1281. 权利要求书的解释是法院解释专利索赔并定义其法律含义的过程，类似于法院解释法规的方式。See Markman v. Westview Instruments, Inc., 517 U.S. 370（1996）.

[75] See Lighting Ballast Control, 744 F.3d at 1283.

另一个例子来自于 Immersion Corp. v. HTC Corp.（HTC Corp. 为宏达国际电子股份有限公司的简称）一案。该案涉及作为在先申请的后续申请（continuation application）而提交的专利申请，在多大程度上可以主张在先申请的日期作为后续申请的日期。[76]联邦巡回上诉法院认为，如果后续申请是在在先申请被颁发的同一天提出的，就可以主张在先申请的申请日，专利商标局几十年来都是这样做的。[77]法院再次将对信赖利益的担忧作为保留这一标准的理由。[78]法院解释说，"重复，一致……在这一明显受到公众信任的领域，司法和机构的解释提供了一个强有力的理由，让人们去阅读（成文法），以维持（而不是推翻）既定立场。正如最高法院所指出的，在专利法方面，投资者的期望和信赖利益非常重要。"[79]这些仅仅是几个突出的专利案例，在这些案例中，法院对信赖利益的关注在维持法律稳定性方面起到了一定的作用。这样的例子很多。[80]

当然，这并不能证明在这些情况下，对投资既定期望的担忧是决定性的。法院经常口头上支持各种论点，而不管这些论点是否最终都会得到相同的结果。[81]然而，至少在其中一些案件中，法院因为遵循先例和担心会损害信赖利益而作出判决，但如果不遵循先例，法官不会作出同样的判断。摩尔法官在 Ass'n for Molecular Pathology 案中发表的意见就是一个最具代表性的例子，她专门就信赖利益提出了自己的观点，并明确指出，如果是在没有先例的情况下审理此案，她可能会作出不同的判决。[82]可以肯定的是，她并不是唯一沿着这些

---

[76] See 826 F.3d 1357, 1359, 1361（Fed. Cir. 2016）.

[77] Ibid., at 1362-65.

[78] Ibid., at 1365.

[79] Ibid., at 1364.

[80] See STC.UNM v. Intel Corp., 767 F.3d 1351, 1355（Fed. Cir. 2014）.关于非自愿加入的规则是很明确的，改变这一规定会使既定的期望落空。 Hyatt v. Doll, 576 F.3d 1246, 1273（Fed. Cir. 2009），引用信赖利益和遵循先例作为法院判决的理由。Masco Corp. v. United States, 303 F.3d 1316, 1327（Fed. Cir. 2002），拒绝以一种"破坏专利权人对其索赔范围的既定期望"的方式适用法律条款。SCA Hygiene Prods. Aktiebolag v. First Quality Baby Prods., LLC, 137 S. Ct. 954, 968-71（2017），但该案认为遵循先例迫使专利法的解释包含了懈怠辩护。

[81] 参见丹尼尔·弗里德曼（Daniel M. Friedman），《公司代理权竞争费用》（"Expenses of Corporate Proxy Contests"）, 51 COLUM. L.REV. 951, 952（1951）。参见威廉·西蒙（William H. Simon），《公开透明是解决方案，而不是问题：回复布鲁斯·格林》（"Transparency Is the Solution, Not the Problem: A Reply to Bruce Green"）, 60 STAN. L. REV. 1673, 1685（2008）。

[82] See 689 F.3d 1303, 1343（Fed. Cir. 2012）.

思路进行推理的法官。

从社会福利的角度来看，法官出于对信赖利益的考虑而不改变法律并不能简单定义为好或坏。正如上文第一部分所指出的，专利法中的信赖利益是必须考虑的问题，法院应谨慎对待这一问题，避免专利的研发投资减少。与此同时，还有一个不可避免的权衡因素：如果法院没有对法律作出必要的修改，那么法律变更的积极价值就会丧失。其结果可能是造成法律僵化、滞后。这一点在专利法的背景下尤为突出，因为技术和市场的变化会使专利法律比其他法律过时的速度更快。[83]

值得考虑的是，法院会在维持现状的方向上犯错误，比如在一些情况下法院为了维持现状选择不改变法律，但在这些情况下变更法律的收益会超过成本。一个类似的担忧是，如果专利商标局偏好授予某一类型发明专利（且成千上万这类发明已被授予专利），这种做法本身就可能成为这类发明被视为可赋予专利权的原因。因此，对信赖利益的过分关注可能会导致过多的权力被掌握在专利商标局手中。[84]重要的是，由于害怕破坏信赖利益而不愿改变法律是一种内部强化的现象——一种正反馈循环。专利商标局愿意授予专利，法院愿意维护专利，这样将会产生更多的专利，这些专利反过来又会带来更大的信赖利益。如果法院由于担心损害既得利益而不尽快修改法律，法律就可能无限期地维持在次优状态。信赖利益不会随着时间的推移而消失，相反，在许多情况下，信赖利益持续的时间越长，它们就变得越牢固，人们也就越来越依赖它们。

以Myriad案为例，如果最高法院认为分离DNA可被赋予专利权[85]，公司将继续申请这些专利，而专利商标局将继续批准这些专利。这类专利的数量会持续增长，公司对这些专利的依赖程度也会持续加深。信赖利益在Myriad案之后的十年也不会减弱。只有当某些外部冲击导致整个行业衰落，或者专利在行业

---

[83] 参见拉斐尔·扎拉尔丁（Rafael Zahralddin），《广泛的专利范围对美国工业竞争力的影响》（"The Effect of Broad Patent Scope on the Competitiveness of United States Industry"），17 *DEL. J. CORP. L.* 949, 995（1992），专利法如果不考虑技术的迅速发展，将不利于创新。

[84] See Ass'n for Molecular Pathology, 689 F.3d at 1344-45. 专利商标局在相当长一段时间内批准了大量专利的事实为反对修改法律提供了论据。

[85] 参见本文注释62—66。

内的重要性降低时，这种模式才会逆转。这样的冲击当然是可能的，但这不是法院或其他任何人能预测的。

总而言之，损害信赖利益的代价是真实存在的，法院将这些代价考虑在内是正确的。但在某些情况下，这些担忧将导致法院避免修改法律，即使法官认为法律没有经过最佳校准。在许多情况下，法院可能给予现状过多的特权，导致有害的法律僵化。但是，即使法院正在以最优方式审理案件，也无法避免以下两种代价：(1)修改法律，从而损害投资的既定预期；(2)维持现状，从而放弃法律变革的好处。我们需要的是一种既保护现有信赖利益，又允许法院富有成效地更新专利法的机制。下面讨论一种可能的机制。

三、征用法和专利的溯及性

专利法的演变，无论是渐进的还是激进的，都会给依赖法律的公司和个人带来成本。一开始，这些成本是由公司和个人承担的，但如果公司和个人减少研发，或避开专利，转而依赖商业秘密保护，这些成本可能会转化为重大的社会危害。更糟糕的是，试图将这些成本考虑在内的法院有时会使法律陷入僵局，从而损害整个专利制度。专利系统内的决策者应该找到一种方法，在允许更新法律的同时，保护现有信赖利益，鼓励持续投资。

这就是征用法要解决的一系列问题。《第五修正案》规定，"私人财产不得被用于公共用途，除非得到公正的补偿"。[86]如果政府征用私人财产而不提供正当补偿，则政府的征用是无效的。[87]征用法的部分作用在于保护信赖利益，其方法是确保财产不会被没收或摧毁，除非所有者得到损失补偿。[88]从这个意义上说，它是一种政府提供的保险。与此同时，征用法并没有阻止法律改变，甚至是破坏财产的改变。法律是可以调整的，即使是以没收或破坏财产的方式（需要支付赔偿金）。因此，可以参考征用法来解决专利法的不稳定性问题。当法院修改专利法损害某些既存利益时，法律上的修改是否应被视为对当事人专利权的司法征用？这一部分首先从规范性的角度，然后从描述性的角度来回答这个问题。

---

[86] 参见《美国宪法第五修正案》。
[87] 参见区域铁路重组法案案（Reg'l Rail Reorganization Act Cases），419 U.S. 102, 124-25（1974）。
[88] 参见约瑟夫·威廉·辛格（Joseph William Singer），《财产的信赖利益》（"The Reliance Interest in Property"），40 *STAN. L. REV.* 611, 737-39（1988）。

（一）支持和反对将征用法应用于专利的规范性案例

乍一看，征用法似乎是解决专利法律不稳定问题的合适方法。在关键的方面，征用法的基本原则反映了专利法改变时产生的一些问题。首先，征用法为个人和公司创造了稳定的期望，激励其投资优化他（它）们的财产。[89] 回想一下先前的例子，一家公司拥有一块土地，并且正在考虑建一座工厂。[90] 如果政府可以无偿占用土地，公司将不愿意建设工厂，担心投资后没有收获任何回报。[91] 因此，征用法作为一种社会保险，阻止了可能破坏信赖利益的法律变化。[92]

这些问题在专利法中同样存在。获得专利发明所需的研发费用很高，如果没有可以执行专利的承诺，公司不太可能进行研发。[93] 当政府通过法律变更使现有的专利无效时，公司会注意到并预期将来能够强制执行专利并利用它们赚取利润的可能性较低。由此公司将减少研发投资，仅仅因为它们对自己能够获得专利权的信心下降。[94]

类似的分析也适用于获得专利之后。[95] 专利与未开发的不动产很相似。专利的价值取决于专利持有者所创造的价值，该价值将体现在专利中的发明转化为具有真正市场价值的产品或服务上。然而，这一过程需要付出高昂代价，特别是诸如制药这类型的发明，在某些情况下，公司将不愿意在没有（本应由专

---

[89] 参见理查德·A. 波斯纳（Richard A. Posner），《法律的经济分析》（*Economic Analysis of Law*），§3.1, at 40-41（8th ed. 2011）。亚伯拉罕·贝尔和吉登·帕乔姆斯基（Abraham Bell & Gideon Parchomovsky），《财产理论》（"A Theory of Property"），90 *CORNELL L. REV.* 531, 606-07（2005）。

[90] See supra notes 42-43.

[91] See supra note 88, §3.1, at 40-41. 解释财产权是投资的必要条件。

[92] See supra note 88, at 737-39.

[93] 当然，除了授予专利以外，还有其他激励创新的方法，但毫无疑问，专利对创新的激励作用尤为重要。See supra note 25, at 307.

[94] 在公司对重大专利判决的反应中可以找到这种情况的证据，参见约翰·托马斯（John R. Thomas），国会研究处，R42815，《Mayo v. Prometheus：对专利、生物技术和个性化医疗的影响》（Mayo v. Prometheus: Implications for Patents, Biotechnology, and Personalized Medicine），注意马约案的判决对医疗诊断公司的危害。亚历山大·约翰逊（Alexa Johnson），《专利法危机和医疗创新：Wake of Ariosa v. Sequenom 案后的诊断类权利要求》（"A Crisis of Patent Law and Medical Innovation: The Category of Diagnostic Claims in the Wake of Ariosa v. Sequenom"），27 *HEALTH MATRIX* 435, 437-38（2017）。

[95] 参见斯科特·基夫（Scott Kieff），《发明商业化的财产权和财产权规则》（"Property Rights and Property Rules for Commercializing Inventions"），85 *MINN. L. REV.* 697, 710（2001），如果没有专利，许多发明可能不会问世。

利衍生的）巨额利润保证的情况下投资。[96]因此，法律中不可预见的变化会降低公司将其专利发明商业化的投资意愿，就像在无补偿收入的情况下，不动产所有者不愿建厂或作其他改进一样。[97]

其次，征用法迫使政府将项目成本内部化，并将这些成本分摊给更多的纳税人。[98]假设政府考虑在目前由四户私人住宅占用的土地上建造一个公园，理想情况下，政府会平衡公园的收益和补偿房主失去住宅的成本，并且只有在收益超过成本的情况下才会继续这个项目。但是，如果政府可以简单地没收房产，它可以把损失的成本转嫁到那四个失去房子的房主身上。[99]

要求政府来补偿这些房主改变了这个等式，政府必须从税收收入中支付补偿，这意味着许多受益于公园的人也将承担公园的成本。[100]如果公园的受益人承担公园的成本，那么只有当公园的收益超过其成本时，他们才有可能支持这个项目，并更有可能迫使政府采取相应的行动。[101]

在这里，与专利法的类比并不那么准确。可以肯定的是，国会或行政机构可能通过侵犯专利权来"征用"专利，由此将政府项目的成本外部化到单个参与者身上。[102]但是，政府的这些做法并不是这里讨论的重点，我们关注的重点是司法驱动的法律变革。法院并不像立法机构或行政机构那样关注"项目"成本和收益，法院也不控制税收或支出。法院不必承担权衡利弊的政治责任，也不承担未能适当权衡利弊导致的后果。[103]但我们确实希望那些审理专利案件的

---

[96] 参见本文注释 95。
[97] 参见克里斯托弗·塞尔金（Christopher Serkin），《价值的意义：评估管制性征用的公正补偿》，99 NW. U. L. REV. 677, 714-16（2005），认为财产所有人应该得到部分而不是全部的征用补偿。
[98] Ibid., at 705-06, 727-28. 参见托马斯·梅里尔（Thomas W. Merrill），《征用的不完全补偿》（"Incomplete Compensation for Takings"），11 N.Y.U. ENVTL. L.J. 110, 131-33（2002），鼓励政府将项目成本内部化的目标可能会支持不完全征用补偿体系。
[99] Supra note 97, at 705-06.
[100] Ibid., at 724-28. 描述应计成本如何在整个税基中分摊。
[101] Ibid., at 704-05. 描述成本内部化的好处。
[102] 这种情况经常在国防部与私营防务公司签订合同时发生。参见蒂莫西·怀亚特（Timothy Wyatt），《寻找"合理赔偿"：国防承包商在美国政府的授权和同意下的专利侵权行为》（"In Search of 'Reasonable Compensation': Patent Infringment by Defence Contractors with the Authorization and Consent of the U.S. Government"），20 FED.CIR. B.J. 79（2010）。
[103] 执行机构被要求进行成本效益分析，参见 Exec. Order No. 12, 866, § 1, 3 C.F.R. 638, 638-40（1993），但法院未对此作出限制。

法官们（尽其所能）能够对他们所作裁决的成本和收益作出解释。法官在司法过程中不应只看到裁决的好处而忽视其成本。[104] 同样地，虽然法官在征用案件中不负责支付补偿金，但有证据表明，法官对精英法律界关于法律最佳发展的意见是有回应的，[105] 法官将以这样一种方式给出意见[106]，以便最大限度地加强他们在这些圈子内的地位。[107]

　　同时，许多人强烈反对将征用法应用于专利或任何其他法律变更制度中。一个使数千项现有专利失效的新法律规则，可能导致针对政府的索赔达到数十亿美元或更多。[108] 作出赔偿的裁决也将非常困难且成本高昂，因为专利的市场价值通常是不明确的，比不动产的市场价值更难辨别。[109] 在其他情况下，强迫政府为其行为买单可能是有益的。然而，专利案件中所涉及的行政费用，以及法院判决支付补偿金所需要的事实，可能会使这么做的价值贬损。要求补偿一般是为了迫使政府将其行动的成本内部化。[110] 如果法院判决某专利无效（"征用"了该专利），法院必须筹集必要的资金来做补偿金，这种成本内部化的努力就会失败。更有可能的情况是，法院不愿实施法律改革，因为担心当其向联邦

---

[104] 参见乔纳森·S. 马苏尔和埃里克·A. 波斯纳（Jonathan S. Masur & Eric A. Posner），《成本效益分析和司法作用》（"Cost-Benefit Analysis and the Judicial Role"），85 *U. CHI. L. REV.* 935（2018），阐述法官在评价成本效益分析中应发挥的作用。

[105] 参见柯琳·钱，《专利之友摘要：关于专利制度法院的朋友可以教我们什么》（"Patent Amicus Briefs: What the Courts' Friends Can Teach Us About the Patent System"），1 *U.C. IRVINE L. REV.* 395（2011），阐述了专利之友摘要对专利法院的影响。

[106] 参见理查德·A. 波斯纳（Richard A. Posner），《法官和司法公正最大限度地发挥了什么作用？》（"What Do Judges and Justices Maximize?: The Same Thing Everyone Else Does"），3 *SUP. CT. ECON. REV.* 1, 13-14（1993）。

[107] 认为自己的专利被侵权的专利所有人可以根据《美国法典》第 28 卷第 1491 节要求赔偿。参见《美国法典》第 28 卷第 1491 节第（a）(1) 条。See Ruckelshaus v. Monsanto Co., 467 U.S. 986, 1016（1984）。

[108] 参见乔纳森·S. 马苏尔，《美国商标局的成本效益分析》（"CBA at the PTO"），65 *DUKE L. J.* 1701, 1725-26（2016），提供各种专利价值的粗略估算这将只是财政成本，而不是净社会成本。通过消除专利强加在消费品上的"影子税"，撤销大量专利将为消费者带来立竿见影的好处。参见赫默尔和拉里摩尔，本文注释 25，第 31 页，总的社会效益可能会超过成本。然而，在实际操作中，每次有价值的专利被宣告无效时，联邦政府将不愿从财政成本中支付自己的那部分费用，法院可能也不愿意以这种方式增加联邦开支。

[109] 参见乔纳森·S. 马苏尔，《专利许可的使用和误用》（"The Use and Misuse of Patent Licenses"），110 *NW. U. L. REV.* 115, 122-25（2015），描述了法院在评估专利时面临的困难。

[110] 参见本文注释 97，第 714—716 页。

政府开出巨额账单时会受到指责。

征用法不合适的原因在于，它无法给专利法中类似的问题提供有效的解决方案。回想一下，专利法中的不确定性问题既影响专利所有者，也影响非专利所有者。[111] 有些公司依靠专利的存续来保证其研发活动的合理性并为其提供资金支持，然而有些公司却依靠某些类型专利失效来为其提供自由经营的权利。[112] 法律不稳定所引起的问题是一体两面的，无论是加强专利权利还是削弱专利权利都会造成影响。加强专利权利或扩大专利范围的法律变更可能损害现有的信赖利益，而削弱或使专利无效的法律变更同样如此。例如，扩大专利申请的范围可能会挫败过去为避免侵权而设计产品的努力。[113]

相比之下，征用法并不能解决这样的难题。可以想象，一个司法判决宣告一项专利无效，这是一种司法征用[114]。如果这种征用没有得到补偿，那么该判决就会被宣布为违宪和无效。[115] 但是，很难想象一个扩大专利权范围的司法裁决会被当作一种征用。财产权的缺失，或者说经营自由的缺失，从来没有被归类为"财产"，法庭也从未将这个定义延伸为"财产"。[116] 实际上，几乎不可能确定哪些当事方受到这个判决的影响，并因此获得赔偿。如果将征用法应用于专利法领域的变更，那么它只能应用于专利权的丧失。

这将会影响法院的判决结果。如果法院知道这些专利的所有者会因其知识

---

[111] 参见本文注释40—41。

[112] 参见亨利·海涅斯（M. Henry Heines），《专利尽职调查的两面：太阳能电池和纳米技术的案例研究》("The Two Faces of Patent Due Diligence: A Case Study in Solar Cells and Nanotechnology")，6 NANOTECHNOLOGY L. & BUS. 4（2009），通过确定新产品不会引起专利侵权诉讼来确立建立经营自由的重要性。

[113] 在对开发项目进行大量投资之前，公司会花费资源来确保运营自由。参见丽贝卡·S.艾森伯格（Rebecca S. Eisenberg），《不遵守，不执行，没有问题吗？——对生物医学研究中的反共现象的反思》("Noncompliance, Nonenforcement, Nonproblem?: Rethinking the Anticommons in Biomedical Research")，45 HOUS. L. REV. 1059, 1077（2008）。

[114] 参见本文注释135。

[115] 参见本文注释87。

[116] 从法律意义上来说，或者就征用条款而言，专利从来没有被归类为财产。许多学者将公共领域描述为一种对每个人都可用的财产类型。参见詹姆斯·博伊尔（James Boyle），《第二圈地运动与公共领域的建构》("The Second Enclosure Movement and the Construction of the Public Domain")，LAW & CONTEMP. PROBS., Winter-Spring 2003, at 33，将公共领域描述为所有人都可以使用的公共财产。

产权的丧失而得到补偿，那么它们可能更愿意作出使现有专利无效的判决。如果这样做没有成本，法院也可能更愿意作出扩大知识产权的判决。但无论如何，只有一方可能获得赔偿的事实将影响法院的决定。[117] 基于这个原因，以及上面所述的其他原因，法院根据《第五修正案》条款将实体专利法的变化视为征用并不符合规范的需要。

上面是规范性的论述，即法律的规范状态是怎样的，导致专利无效的司法变更是否构成潜在的司法征用。接下来的两个子部分将分析这个问题。

（二）专利是否为征用法条款中规定的财产

最高法院认为，"专利……长期以来被认为是一种财产……它们肯定会被包含在'财产'定义之内，如果没有通过适当的法律程序，任何人的财产都不能被国家占用"。[118]

然而，根据《第五修正案》的正当程序条款受到保护的财产权并不一定就有权受到征用条款的保护[119]，对于属于联邦创造的福利类别的财产权利尤其如此。[120] 在 Bowen v. Gilliard 一案中，最高法院认为，政府项目中收益的减少可以受到正当程序的审查，但不能构成《第五修正案》中的征用。[121] 将 Bowen 案中讨论的财产收益与专利作类比显然是不合理的。Bowen 案的判决表明，在其他情况下将专利描述为财产并不能解决专利作为财产在征用条款下的性质问题。

与征用条款不同，许多关于专利的法案与《美国法典》第 28 卷第 1498 条有关。该条规定：

---

[117] 约翰·布朗斯蒂恩（John Bronsteen），《反对简易判决》（"Against Summary Judgment"），75 GEO. WASH. L. REV. 522, 542-43（2007），描述非对称激励对司法决策的影响。

[118] See Fla. Prepaid Postsecondary Educ. Expense Bd. v. Coll. Sav. Bank 案，527 U.S. 627, 642（1999）（引用《美国第五修正案》）。See Consol. Fruit-Jar Co. v. Wright, 94 U.S. 92, 96（1877）.发明专利和土地一样是一种财产，权利建立在同样的基础上，受到同样的制裁和保护。

[119] 参见《美国第五修正案》（也不会有任何人……未经正当法律程序而被剥夺生命、自由或财产，私人财产不得在没有公正补偿的情况下用于公共用途）。

[120] 参见戴维达·H.艾萨克斯（Davida H. Isaacs），《并非所有的财产都是平等的：为什么现代法院拒绝将征用条款应用于专利，为什么他们这样做是正确的》（"Not All Property Is Created Equal: Why Modern Courts Resist Applying the Takings Clause to Patents, and Why They Are Right to Do So"），15 GEO. MASON L. REV. 1, 36-41（2007）。

[121] See 483 U.S. 587, 602-06（1987）.

当一项被合众国专利所覆盖或者描述的发明被合众国使用或者制造，或者是为了合众国而使用或者制造，而合众国没有经过其专利权人的许可或者没有经过其他有使用和制造权的人许可，专利权人可在合众国联邦索赔法院对合众国提起诉讼，要求合众国对这种使用和制造行为赔偿合理和充足的费用。[122]

因此，当政府侵犯专利权时，专利权人通常不去考虑根据征用条款提出的索赔，因为索赔通常可以根据《美国法典》第 28 卷第 1498 条规定得到解决。[123]

法院认为第 1498 条规定是获得"政府擅自征用和使用的赔偿"的一个诉讼理由。[124]联邦巡回法院和联邦索赔法院在讨论第 1498 条索赔要求时，偶尔会更进一步地提及《第五修正案》。[125]

然而，在 Zoltek Corp. v. United States 案中，联邦巡回法院不支持 Zoltek 公司根据上述理由提出的诉请。[126]该案中，专利权人声称政府承包商在制造战斗机时侵犯了其碳纤维方法专利，因此，联邦政府应根据第 1498 条的规定承担责任。[127]原审法院认为，第 1498（c）条禁止任何"在国外提出的索赔"，该案中的承包商在日本制造碳纤维，因此不支持 Zoltek 公司根据第 1498（a）条

---

[122] See 28 U.S.C.§1498（a）(2017）.

[123] 参见汉娜·布伦南（Hannah Brennan）等,《过度药品定价的处方：利用政府对健康专利的使用》("A Prescription for Excessive Drug Pricing: Leveraging Government Patent Use for Health"), 18 *YALE J.L.&TECH*. 275, 308-13（2016）.

[124] See Motorola, Inc. v. United States, 729 F.2d 765, 768（Fed. Cir. 1984）. Also see Pitcairn v. United States, 547 F.2d 1106, 1114（Ct. Cl. 1977）; Decca Ltd. v. United States, 544 F.2d 1070, 1082（Ct. Cl. 1976）.

[125] See Hughes Aircraft Co. v. United States, 86 F.3d 1566, 1571（Fed. Cir. 1996）.政府对专利发明未经许可的使用被视为《第五修正案》规定的财产征用，是通过政府使其征用权实现的，并且专利持有人对这种使用的救济是由《美国法典》第 28 卷 1498 条第（a）条规定的。520 U.S. 1183（1997）. See Leesona Corp. v. United States, 599 F.2d 958, 964（Ct. Cl. 1979）. 当政府侵权时，根据征用权理论，它被视为取得了专利许可，而赔偿是《第五修正案》所要求的公正赔偿。

[126] See 442 F.3d 1345, 1351-52（Fed. Cir. 2006）; 672 F.3d 1309（Fed. Cir. 2012）.

[127] Ibid., at 1349.

提出的索赔请求。[128]但是，法院允许Zoltek公司根据《第五修正案》的规定修改其诉状。[129]联邦巡回法院认可原审法院关于第1498（c）条驳回诉请的裁决，但"推翻了原审法院关于Zoltek公司可以根据《第五修正案》指控专利侵权的裁决"[130]。最高法院拒绝了调卷令申请[131]，尽管联邦巡回上诉法院后来以全体法官的名义重新审理了此案[132]，并以其他理由推翻了原审的判决，但保留了Zoltek公司不应按照《第五修正案》提出指控的相关意见。

联邦巡回法院最初对Zoltek案的判决与其之前对第1498条的阐述之间存在矛盾，这是可以解释的。在以前的案例中，关于土地征用权或《第五修正案》的声明对索赔的成败没有影响，因为无论如何，第1498条的救济措施是有用的。[133]Zoltek案是很重要的，因为征用问题是该案裁决的核心问题。[134]更为重要的是，联邦巡回法院驳回了根据第1498条中关于征用条款要求索赔的诉请，联邦巡回法院和最高法院都选择不推翻联邦法院的这部分裁决。

最高法院在最近的判决书中认为，专利可能是征用条款意义上的财产。在Horne v. Department of Agriculture一案中，法院裁定，美国农业部要求葡萄干生产商"将（葡萄干）无偿……留给政府"的命令构成了《第五修正案》项下的"征用"。[135]正如法院所指出的那样，"在征用条款的文本或历史中，或在我们的判例中，没有任何东西表明，当涉及对个人财产的侵占时，规则有任何不同"[136]。法院以James v. Campbell案（一个有百年历史的专利侵权案）引述了这一原则："专利授予专利权人专利发明的专有权，如果没有补偿，政府就不能挪

---

[128] See 28 U.S.C.§1498（c）(2017). Also see Zoltek Corp. v. United States，58 Fed. Cl. 688, 689-90（2003）.

[129] See Zoltek，58 Fed. Cl. at 707.

[130] See Zoltek，442 F.3d at 1353.

[131] See Zoltek Corp. v. United States，551 U.S. 1113（2007）.

[132] See Zoltek Corp. v. United States，672 F.3d 1309, 1314-22（Fed. Cir. 2012）.

[133] See Hughes Aircraft Co. v. United States，86 F.3d 1566, 1571-72（Fed. Cir. 1996）. Also see 520 U.S. 1183（1997）.

[134] 由于侵权产品是在日本生产的，因此无法根据第1498条获得赔偿。See Zoltek，58 Fed. Cl. at 707. 参见《美国法典》第28卷第1498节第（c）条，本条规定不适用于在外国产生的任何索赔。

[135] See 135 S. Ct. 2419, 2424-25, 2431（2015）.

[136] Ibid.，at 2426.

用或使用专利，正如政府不给予补偿就不能占用或使用已被私人购买者获得的土地一样。"[137]

一些学者认为，"毫无疑问……专利受征用法条款的约束"[138]。从表面上看，这一主张似乎是合理的：在认为个人财产应受征用条款约束的意见中，法院引用了一个有百年历史的专利案例。这表明法庭同意 James 案中的相关论点。在相关案例中，这可能会使专利受到征用法条款的保护。

尽管如此，Horne 案的引用与过去联邦巡回法院和联邦索赔法院对第 1498 条的描述很相似：当侵权行为的特征描述与当前案子的解决无关时，专利侵权可以描述为财产征用。[139]最高法院在进行一项裁决时在必要的情况下可能会选择采用这种推理方法，但是，现在就假定法院会这样做还为时过早。

法院偶尔也会在监管征用制度的背景下考虑专利的地位。[140] Pennsylvania Coal Co. v. Mahon 案中，最高法院认为，政府对财产的监管可能过于严格，以至于根据宪法《第五修正案》，需要作出赔偿。在 Penn Central Transportation Co. v. New York City 案中，法院确定了与是否存在管制征用有关的三个关键因素：（1）"该规范对索赔方的经济影响"；（2）"该规定在何种程度上干扰了明确的投资预期"；（3）"政府行为的性质"，包括分析采取的行为是否是"政府的人为侵占"。[141]

在 1985 年 Patlex Corp. v. Mossinghoff 案的判决中，联邦巡回上诉法院将宾州中心监管征用测试应用于专利商标局专利复审程序的追溯申请中。[142]专利权人争辩称，联邦法规追溯地对其专利进行重新审查，这违反了《第五修正案》的正当程序条款。[143]审理 Patlex 案的法院最终支持该法规的合宪性。[144]在此过

---

[137] See 135 S. Ct. 2419, 2427（2015）.
[138] 参见格雷戈里·多林和伊琳娜·D. 曼塔（Gregory Dolin & Irina D. Manta），《获取专利》（"Taking Patents"），73 WASH.&LEE L.REV. 719, 775（2016）. 参见亚当·摩索夫（Adam Mossoff），《最高法院认可专利是财产》（"Supreme Court Recognizes That Patents Are Property"），CTR. FOR PROTECTION INTELL. PROP.（June 22, 2015），https://perma.cc/FL3K-QF9G.
[139] See Hughes Aircraft Co. v. United States, 86 F.3d 1566, 1571-72（Fed. Cir. 1996）.
[140] See 260 U.S. 393, 415（1922）.
[141] See 438 U.S. 104, 124（1978）.
[142] See 758 F.2d 594, 597-99, 602-03（Fed. Cir.）.
[143] Ibid., at 598-99.
[144] Ibid., at 603.

程中，法院宣布专利"完全属于司法意义上的可保护财产"。[145]法院从正当程序的角度描述了它的判据，但是宾州中心测试是对征用的分析，因此这个案例被理解为征用法在专利上的应用。

然而，Patlex案中的方法是否经受住了时间的考验就不得而知了。这是联邦巡回法院在专利案件中唯一应用宾州中心测试的案例。[146]从那以后，没有一个法院采用宾州中心测试法将专利视为可以获得监管保护的财产。自从Patlex公司破产以来，一些监管专利征用的主张都失败了。

在这些案件中[147]，有两起涉及专利持有人，他们的专利因为没有支付维护费而过期。[148]第三起案件与Patlex案非常相像。[149]因此，从任何角度看，法律还远远没有承认专利是受征用法条款保护的财产。

（三）司法征用和专利法

专利法的变更是否可能导致专利侵权的分析，必须面对第二个难题：这是司法侵权，而不是行政或立法行为造成的侵权。[150]在Stop the Beach Renourishment, Inc. v. Florida Department of Environmental Protection一案中，最高法院认为，法院本身可以对征用产生影响。[151]也就是说，如果法院宣布先前确立的财产权不再存在，那么就构成《第五修正案》中的征用。[152]Stop the Beach Renourishment案的问题是国家海滨土地权利的法律问题，[153]且该判决未明确指出对国家海滨土地的持有权是否适用联邦法律规定。斯卡利亚（Scalia）法官的判决中有一部分认为，"征用条款禁止国家在不支付费用的情况下剥夺私人财产，无论哪个部

---

〔145〕 Ibid., at 599.

〔146〕 Ibid., at 602-03.

〔147〕 See Joy Techs., Inc. v. Manbeck, 959 F.2d 226, 228-29（Fed. Cir. 1992）. Also see Korsinsky v. Godici, No. 05 Civ. 2791（DLC）, 2005 WL 2312886, at *5-6（S.D.N.Y. Sept. 22, 2005）.

〔148〕 See Korsinsky, 2005 WL 2312886, at *5-6; Michels, 72 Fed. Cl. at429-31.

〔149〕 See Joy Techs., 959 F.2d at 228-29.认为专利复审不构成非法获取或剥夺专利所有人接受陪审团审判的权利。

〔150〕 有关司法征用的主要文章，参见巴顿·汤普森（Barton H. Thompson），《司法征用》（"Judicial Takings"），76 *VA. L.REV.* 1449（1990）.

〔151〕 See 560 U.S. 702, 715（2010）.

〔152〕 Ibid.

〔153〕 Ibid., at 707-09。

门征用"，该部分意见得到法院其他法官的认同。[154] 这里的"国家"是指50个州的政府，还是指一般的政府（各种形式），不得而知。然而，至少斯卡利亚法官的意见表明，联邦政府改变专利权的判决同样可以构成征用（当然，前提是专利属于第五修正案规定的财产）。[155]

然而，自从Stop the Beach Renourishment案以来，没有法庭认为司法判决会影响征用。[156] 法院认为，大多数司法征用的主张都是有缺陷的，要么是因为这些主张显然没有通过Stop the Beach Renourishment案中提出的测试，要么是因为它们在缺乏管辖权的法院面前构成了不当的共同侵权。[157] 就此而言，虽然一些法院已经接受了Stop the Beach Renourishment案中的框架意见[158]，但其他法院对这是否是征用表示怀疑。[159] 尽管如此，没有一个法院认为联邦法院不可以强制征用[160]，而联邦索赔法院已经表明其对相关司法强制征用案件有管辖权。[161]

所有这一切都是说，基于法律变化而提出的司法征用要求，作为一个法律问题，具有高度的推测性，就实施征用法律会对法院改进和更新法律的能力造成障碍而言，这可能是有益的。在不久的将来专利所有者受到不公正待遇而提

---

[154] Ibid., at 715.
[155] 参见尼古拉斯·邦奇（Nicholas Bunch），《论征用、司法征用与专利法》（"Takings, Judicial Takings, and Patent Law"），83 TEX. L. REV. 1747（2005），提出司法征用原则如何适用于专利法的理论。
[156] See Shinnecock Indian Nation v. United States, 782 F.3d 1345, 1348（Fed. Cir. 2015）. 指出原告无法引用任何"在司法诉讼请求中财产所有人胜诉的案例"。
[157] See Petro-Hunt, L.L.C. v. United States, 126 Fed. Cl. 367, 380-81（2016）.
[158] See Smith v. United States, 709 F.3d 1114, 1117（Fed. Cir. 2013）. Also see Inv'rs Sav. Bank v. Keybank Nat'l Ass'n, 38 A.3d 638, 643-44（N.J. Super. Ct. App. Div. 2012）.
[159] See Shinnecock Indian Nation, 112 Fed. Cl. at 385.
[160] 还有一个单独的问题是，修改联邦法律是否可以构成司法征用。一些法院的立场是，解释联邦法律的司法裁决只是阐明该法律一直以来所表达的含义。See Rivers v. Roadway Express, Inc., 511 U.S. 298, 312-13, 313 n.12（1994）. 根据一项新的司法判决宣布无效的专利"自始至终"无效，因此不构成受征用条款保护的财产。如果司法征用原则得到发展，这种司法行为的观点是否会在司法征用案件中占上风还有待观察。
[161] See Boise Cascade Corp. v. United States, 126 Fed. Cl. at 382-83. Also see Boise Cascade Corp. v. United States, 296 F.3d 1339, 1344（Fed. Cir. 2002）. 联邦索赔法院对"不要求初审法院复审地区法院的行为"的索赔有管辖权。

出索赔（可能是不成功的）的情况很可能频繁发生。[162]

司法征用原则目前并不适用于专利法，这一事实对专利制度来说是积极的，也是法院应该维护的。征收高额的法律变更费用，会使专利法的发展陷入不必要的停滞。征用法也是对对称问题的不对称回应。它将保护专利持有者，而不是保护那些依赖于在不允许专利的技术领域自由操作的人。尽管如此，引发本研究的最初问题依然存在。当法律改变时，如果没有任何补偿当事人信赖利益受损的方法，法院会损害基于投资的期望，以至于降低未来的研发激励。在其他情况下，它们可能拒绝改变法律，即使这样做是明智的。我们需要的是解决这个棘手问题的方法——一种让法院能够自由地作出必要的法律改变而不必担心过度损害现有信赖利益的机制。下一部分讨论一种更有前景的方法。

四、专利法的纯粹前瞻性变更

从本质上讲，专利制度面临的问题是由法律变化既是前瞻性的又是追溯性的这一事实而产生的。专利法的改变会影响未来的专利，这是有益的——假设法律上的改变是对现状的改进。但是，对专利法的修改也会影响现有的专利，这可能是有益的（在一定程度上消除阻碍创新的有害专利），也可能是有害的（在一定程度上影响信赖利益，破坏法律的稳定性，从而削弱未来的投资动机）。即使法律改变本身是有益的，法律改变的成本也会存在。[163]当法官们担心他们的决定可能会减少未来在研发方面的投资时，他们就不愿意修改法律，这是可以理解的。[164]无论怎么做都会有弊端：要么法院修改法律，损害某些现有的信赖利益；要么法院拒绝修改法律，损害的是整个专利制度。

解决的办法是将对未来专利的影响从对现有专利的影响中分离出来——允许法院对未来授予的专利作出积极的改变，而不影响已经存在的专利。也就是说，联邦法院应该被赋予作出纯粹前瞻性法律决定的权力。它们应该能够作出

---

[162] 有种观点认为，尽管涉及当事人之间的审查程序，但这与联邦法院对法律的修改无关。参见梁彼得（Peter Leung），《政府的目标是消灭针对专利挑战的新攻击》（"Government Aims to Kill Fresh Attack on Patent Challenges"），https://perma.cc/XVQ5-RQEQ。

[163] 参见本文注释47—50。

[164] 参见本文第二部分"信赖利益和维持现状"。

只影响判决生效后授予的专利，但不影响案件判决时已存在的专利案件。

法律变更的溯及力或前瞻性是法律上的一个普遍问题。[165]然而，追溯力的问题对专利法来说尤其重要，因为专利法的每一项修改都可能牵涉现有的专利（有时是数万或数十万项专利）的利益，从而也影响大量的以投资为基础的利益。本部分将着重研究纯粹前瞻性立法在专利法中的应用。

这里讨论的不仅是不溯及既往的专利判决的可能性，而且是更广泛的不溯及既往的司法判决的可能性。从理论上讲，法规和规章可以纯粹追溯性地适用，或纯粹前瞻性地适用，或者同时追溯性地适用和前瞻性地适用。因此，行政和立法部门的决策者经常面临这样的问题，即他们是否应该对现有的活动或个人适用"祖父法则"，使其免受新的法律制度的约束。[166]不溯及既往的法律和法规无处不在。尽管最高法院表示允许，[167]但联邦法院很少作出纯粹前瞻性的法律裁决。

---

[165] 关于法律领域的追溯力的一般性讨论，参见本文注释47。参见丹尼尔·E. 特洛伊（Daniel E. Troy），《对追溯力的定义和批判》（"Toward a Definition and Critique of Retroactivity"），51 *ALA. L. REV.* 1329（2000）。有关特殊情况下追溯力的讨论，参见迈克尔·格莱茨（Michael Graetz），《法律变迁：所得税修订中的追溯力案例》（"Legal Transitions: The Case of Retroactivity in Income Tax Revision"），126 *U. PA. L. REV.* 47（1977）（tax）。参见查尔斯·B. 霍克曼（Charles B. Hochman），《最高法院和追溯立法的合宪性》（"The Supreme Court and the Constitutionality of Retroactive Legislation"），73 *HARV. L. REV.* 692（1960）。参见史蒂芬·R. 芒泽（Stephen R. Munzer），《追溯立法理论》（"A Theory of Retroactive Legislation"），61 *TEX. L.REV.* 425（1982）。

[166] 参见埃尔默·E. 斯米德（Elmer E. Smead），《反对追溯立法的规则：法理的基本原则》（"The Rule Against Retroactive Legislation: A Basic Principle of Jurisprudence"），20 *MINN. L. REV.* 775，778（1936），英国普通法中的这一原则意味着法院……认为自己受规则的约束，即在法律颁布之前，任何行为不得适用这一法律，除非国会明确规定该法律有这样的效力，或该法令规定之前的行为受本法约束。参见本文注释165，除非某一法规明确表明可以适用于法规颁布前的行为，否则法院一般适用"前瞻性推定"。

[167] 参见里查德·L. 雷维斯和杰克·莱恩克（Richard L. Revesz & Jack Lienke），《为空气而奋斗：发电厂与"煤炭战争"》（"Struggling for Air: Power Plants and the 'War on Coal'"），63-74（2016），讨论环境法中的"不溯及既往"。乔纳森·雷米·纳什和理查德·L. 雷维斯，《不溯及既往与环境规制：新资源的法律与经济学》（"Grandfathering and Environmental Regulation: The Law and Economics of New Source Review"），101 *NW. U. L. REV.* 1677（2007）。参见史蒂文·沙维尔（Steven Shavell），《最优法律变更、过去行为与不溯及既往》（"On Optimal Legal Change, Past Behavior, and Grandfathering"），37 *J. LEGAL STUD.* 37（2008），讨论不溯及既往制度的经济基础。

现在是专利法庭利用这一机会的时候了。[168]不溯及既往的立法已经在环境法、土地使用和划分法以及其他主要由成文法管辖的法律领域广泛应用。[169]没有理由仅仅因为专利政策制定者是法官，而不是立法者或行政官员，就剥夺专利决策者的前瞻性立法工具。

（一）不溯及既往的法律变更的成本和收益

更改法律规则（无论是通过立法还是通过司法裁决）必然伴随有关新规则是否会影响现有行为者和先前行为，未来行为者和未来行为的讨论。[170]换句话说，法律决策者通常必须面对的问题是：将某些现有的行为或当事人排除适用新的法律制度，使其免受新的法律规则的约束，还是让所有人和事都受新的法律制度约束。[171]立法者很少故意制定纯粹追溯性的法律规则，虽然在很大程度上这些法律规则是具有追溯力的。[172]在大多数情况下，需要在纯粹前瞻性的法律规则和既具前瞻性又溯及既往的规则两者之间作选择。

我们将这个问题具体化，假设一位政策制定者即将实施一项新的法律规定，要求所有工厂在它们的烟囱上安装一种新型的、更昂贵的减少污染的洗涤器。[173]政策制定者可以是立法机构、行政机构或法院。新规定将适用于今后新建造的每一座工厂。问题是，该规定是否也适用于已经存在的工厂，以及适用

---

[168] 参见本文第四部分"专利法的纯粹前瞻性变更（四）不溯及既往定律"。

[169] 参见乔纳森·雷米·纳什和理查德·雷维斯，本文注释167。

[170] 参见路易斯·卡普洛（Louis Kaplow），《法律变迁的经济分析》（"An Economic Analysis of Legal Transitions"），99 HARV. L. REV. 509, 511-13（1986）。

[171] 参见凯尔·洛格（Kyle D. Logue），《税收转型、机会回溯和政府预承诺的好处》（"Tax Transitions, Opportunistic Retroactivity, and the Benefits of Government Precommitment"），94 MICH. L. REV. 1129, 1138-43（1996），促进对法律修改过渡救济的发展。参见乔纳森·马苏尔，《司法尊重和机构承诺的公信力》（"Judicial Deference and the Credibility of Agency Commitments"），60 VAND. L. REV. 1021, 1025, 1041-47（2007），说明为了鼓励参与者自愿进行对社会有益的项目，不追溯制度可能是适当的。乔纳森·雷米·纳什，《分配与不确定性：对环境法中不追溯制度的战略回应》（"Allocation and Uncertainty: Strategic Responses to Environmental Grandfathering"），36 ECOLOGY L.Q. 809, 830, 842（2009），从政府合法性的角度为不追溯制度辩护。

[172] 参见本文注释67，施瓦茨《联邦巡回上诉法院的溯及既往》，第1550—1553页，很多专利判决结果只具有追溯效力。

[173] 参见本文注释167，沙维尔《最优法律变更、过去行为与不溯及既往》，第44—50页，讨论和分析与法律变更相关的类似问题。

到何种程度，或者，相反地，一些现有的工厂是否可以继续使用更便宜、更低效的洗涤器。

第一，新规则具有溯及力最明显的优点是它可能优于旧规则[174]（如果没有优于旧规则，采用新规则将令人匪夷所思）。在这个例子中，也许新的洗涤器比旧的型号减少了污染。因此，越多的工厂改用新的洗涤器，对环境的好处就越大。另一个使规则变更具有完全追溯力的原因是鼓励受监管方预见法律变更。[175]假设在规则改变前一年，一家公司正在建造一座新工厂。新的洗涤器已经存在，但它们还不是强制性的。如果公司安装新的洗涤器而不是旧的，这将是社会的最佳选择，但新的洗涤器可能更贵。如果政策制定者将现有的工厂纳入新规的约束范围，公司预计在不久的将来可能会被迫更换新的洗涤器。[176]因此，公司可能从一开始就选择安装新的洗涤器。但如果该公司认为其工厂可以免受新规定的约束，它可能会转而安装旧的洗涤器，从而产生更大的污染，并可能在几年后不得不承担安装新洗涤器的成本。最后，一开始就使现有的行为受到新规约束将减少或消除游说和寻租活动。[177]如果决策者愿意对新规则作出例外规定，则现有工厂将游说决策者以获取那些可能有价值的例外规定。这种行为是对社会资源的浪费。但如果没有一家公司可以获得例外，就没有理由进行游说。

然而，另一方面，通常有一些令人信服的理由支持只从前瞻性角度制定法律规则，或者至少支持对某些现有活动进行溯及既往的限制。首先，如果每一项新的法律规则既被前瞻性地，又被追溯性地应用，受监管的当事人将无法依赖任何特定法律规则的持续存在进行活动。他们将不愿进行新的投资，因为这些投资可能会因法律的改变而偏离轨道或变得一文不值。例如，公司甚至可能会抵制用新的洗涤器建造工厂，担心他们可能很快又被要求安装更新和更昂贵的洗涤器。这是最有力的适用于专利法的基本原理，其原因在上面第一部分中已经详细说明。

---

〔174〕 参见本文注释170，第551—552页，描述法律过渡的优点，以及加快过渡的理由。

〔175〕 参见索尔·列夫莫尔（Saul Levmore），《变更、期望和赔偿》（"Changes, Anticipations and Reparations"），99 COLUM. L.REV. 1657, 1658-59（1999），法律上的变化应旨在鼓励人们的期望。

〔176〕 Ibid., at 1673，描述法律变化和公司行为的公共选择动力。

〔177〕 Ibid., at 1658-59，分析现有不追溯的判决对政治和利益集团行为的影响。

第二，新规则可以更优地适用于未来行为，而不是现有行为。[178]想象一下，旧的洗涤器安装成本为1000美元，消除污染物带来的价值为2000美元，而新的洗涤器安装成本为1500美元，消除污染物带来的价值为3000美元。新工厂安装一个新的洗涤器是最理想的，它将产生1500（3000-1500）美元的净效益。但是一家已经安装了旧的洗涤器的工厂，换一个新的洗涤器的边际效益只有1000（3000-2000）美元，而新的洗涤器将花费1500美元，因此，强迫公司安装新的洗涤器是低效的。这可能也适用于专利法。例如，减少某些技术领域的专利可能会带来该领域未来更大的创新。但它也可能损害现有公司的创新，如果其现在的和未来的专利因为新规变得不可执行，现有公司将停止正在进行的研发。[179]最理想的平衡可能是使公司免于接受未来专利的限制，同时允许现有专利继续有效。

第三，如果坚持认为一项新的法律规则既具有前瞻性又具有追溯力，可能会使法律变更难以实施。在这个例子中，洗涤器对那些必须安装和支付费用的公司来说是有害的，但对整个社会来说是有益的，因为社会能从减少污染中受益。如果政策制定者认为现有工厂都应受到新规约束，那么每一家拥有或打算建造这类工厂的公司都会反对这项新的法律规定。政策制定者将被迫克服这种联合抵制，制定新规则。[180]然而，如果政策制定者对一些（或全部）现有工厂在新规的适用上作出溯及既往的限制，即不受新规约束，那么这些工厂的所有者可能会加入支持新法律规定的行列。因此，政策制定者可以利用不溯及既往的立法的可能性追求一种"分而治之"的策略，这使得规则在制定初期更容易被接受。[181]如上所述，这是关于避免游说和寻租的观点的另一面。

寻租通常是一种资源浪费，但在某些情况下，可能是促进法律变革的必要手段。

---

[178] 参见史蒂文·沙维尔，本文注释167，第47—50页，分析适用于新用途和现有用途的法律规则的经济学。参见乔纳森·S.马苏尔和乔纳森·雷米·纳什，本文注释45，第396—405页，讨论当新规则应用于现有行为时，为解决效率低下问题而减少过渡的可能性。

[179] 参见西切尔曼，本文注释35，第354—56页，分析公司将现有的研发转化为畅销的消费品的动机。

[180] 参见列夫莫尔，本文注释175，第1665页。

[181] 参见埃里克·波斯纳等，《分而治之》("Divide and Conquer")，2 *J. LEGAL ANALYSIS* 417（2010）。

寻租的可能性和不溯及既往促进法律变革的前景不适用于司法立法（这是本文的重点），正如不适用于立法机构立法或其他机构立法一样。但它们也并非毫不相关。有证据表明，法庭受到"法庭之友"的影响，尤其是声称法律规则的改变将对他们的业务造成伤害的"法庭之友"。[182]不难想象，新闻或公共话语同样会影响司法决策。如果是这样的话，司法决策至少会在某种程度上反映出利益集团政治。

不管怎样，其他支持和反对不溯及既往的立法和应用的观点同样适用于司法裁决，就像它们适用于立法和监管一样。真正的问题不是由哪个机构作出，而是法律问题的类型。如前所述，司法判决经常涉及信赖利益和对现有资产的持续投资。当然，这并不是说法律规则永远不应该具有追溯力——相反，大多数规则可能应该具有充分的追溯性和前瞻性，特别是如果法律规则的质量随着时间的推移而提高。但是，将会有一些法律规则应只具有前瞻性，一些信赖利益应该通过"不溯及既往"的方式得到保护。法律政策制定者，包括法院，应该有自由裁量权使规则在适当的时候不溯及既往。相应地，许多法律法规包含一些纯粹的前瞻性因素，[183]也就是说，包含一些"不溯及既往"的因素，尽管其他的法律法规具有完全的追溯力。[184]

（二）专利法中不溯及既往的变更

这些支持不溯及既往的论据也同样适用于专利法。当法官审理专利案件时，他们应该有作出纯粹前瞻性裁决的选择权。也就是说，对于已存在的专利，法官应使之适用判决作出之前已存在的法律制度，而不追溯适用新的法律制度。不溯及既往的司法裁决允许对法律进行前瞻性的修改，而不会潜在地损害信赖利益或削弱对研发的投资激励。

不溯及既往原则允许法官修改法律，但不会产生征用法和遵循先例原则的消极后果。

不溯及既往的司法判决与通常伴随不溯及既往原则一样，同时具有优点和缺点。若公司意识到法院能够保护现有专利权，将增加继续投资研发的动力，

---

[182] 参见柯林·钱，本文注释105，第400—402页。
[183] 参见史蒂文·沙维尔，本文注释167，说明适用这类法律规则的一些例子。
[184] 参见列夫莫尔，本文注释175，第1671，第1679，第1690—1693页，列举追溯性立法及其代表性例子，从烟草公司的责任到刑法，再到对过去的不公正行为的赔偿。

尽管法律变化的不确定性仍然存在。[185]一项不溯及既往的判决，由于不侵犯现有的专利权，不会损害现有的信赖利益，因此也不会减少公司投资的动机。[186]但是另一方面，旧的规则可能不如新的规则，"不溯及既往"可能会阻碍专利所有者提前适应新的制度。[187]最后，尽管"不溯及既往"可能会激励公司花费资源通过"法庭之友"之类的方式"游说"法院获得豁免，但它也将允许法官在某些情况下不顾反对前瞻性地修改法律。

例如，约束商业方法可专利性的法律规则的适用问题[188]。1998年，在因特网时代刚刚开始的时候，联邦巡回法院认为商业方法可以申请专利。[189]然而，几年之内，人们就清楚地认识到联邦巡回法院的决定是错误的。[190]随着互联网经济的爆炸式发展，公司开始利用联邦巡回法院的裁决来获得涵盖标准商业行为的专利。[191]"专利流氓"开始大量购买这类专利并利用它们从有生产力的公司获取利益。[192]尽管如此，联邦巡回法院从未考虑改变它的裁决，可能是担心会损害公司的信赖利益，最高法院直到16年后才着手处理这个问题。[193]如果联邦巡回法院能够认识到它有能力前瞻性地修改法律，而不是溯及既往

---

[185] 参见丹尼尔·R.考伊（Daniel R. Cahoy），《在游戏中改变规则：与知识产权相关的司法判决的未来应用如何促进经济效率》（"Changing the Rules in the Middle of the Game: How the Prospective Application of Judicial Decisions Related to Intellectual Property Can Promote Economic Efficiency"），41 *AM. BUS. L.J.* 1, 37（2003），考虑到司法追溯对知识产权利益的经济影响，似乎可以提出非追溯性的令人信服的案例。参见本文注释52—58。

[186] 参见沙维尔，本文注释167，第68—69页。

[187] 参见本文注释174—177。

[188] 美国专利商标局定义商业方法专利为"一种模式或完成数据处理的相应设备或其他实践中的操作，或金融产品或服务的管理方式"，但是该术语不包括技术发明专利，37 C.F.R. §42.301（a）（2018）。

[189] See State St. Bank & Tr. Co. v. Signature Fin. Grp., Inc., 149 F.3d 1368, 1375（Fed. Cir. 1998）.

[190] 参见迈克尔·J.默勒（Michael J. Meurer），《商业方法专利与专利泛滥》（"Business Method Patents and Patent Floods"），8 *WASH. U. J.L. & POL'Y* 309, 310-14（2002），描述了联邦巡回法院道富银行案判决所引起的问题，作者认为它应该被推翻。

[191] 同上，第319—320页。

[192] 参见约翰·M.金（John M. Golden），《"专利流氓"和专利救济》（"'Patent Trolls' and Patent Remedies"），85 *TEX. L. REV.* 2111, 2112-13（2007），描述"专利流氓"的商业方法。大卫·奥罗斯科（David Orozco），《行政专利杠杆》（"Administrative Patent Levers"），117 *PENN ST. L. REV.* 1, 10（2012），"专利流氓"疯狂地利用商业方法专利。

[193] 在Alice Corp. v. CLS Bank International案中，最高法院裁定几乎所有的商业方法都不可申请专利。

地修改法律，从而保护现有的利益，那么商业方法专利问题可能会更早地被解决。

然而，这并不是说专利判决一直是非追溯性的，也不是说它们应该总是具有追溯力的。我们不需要一个死板僵化的解决方案。在决定是否让判决具有追溯效力时，法官应该考虑一系列因素。首先，他们应该考虑新规则比旧规则优越多少。新规则和旧规则之间的质量差距越大，追溯的理由就越充分。

其次，他们应该考虑专利法的变化将在多大程度上阻碍未来的投资。这个问题可以分解为几个组成部分。一个是新规则在多大程度上代表了法律上的重大且意想不到的变化，而不是根据先前的判例作出的增量或可预测的变化。法律上的变化越出乎意料，使这种变化具有追溯力就越会搅乱现有的信赖利益，并影响正在进行的研发决策。[194]

与此相关的是，法院应该考虑如果法律的改变使现有的专利无效或使未来的专利更难获得，公司的信赖利益将受到多大程度的损害。一个既定的决策对现有的信赖利益的损害越大，公司就越害怕可能损害未来利益的决策。[195] 信赖利益受到损害的一个判断标准是，私营公司是否进行了专门针对特定领域或技术的投资。它们做得越多，将投资重新定向到不受法律变更影响的方向上的难度就越大，对其信赖利益的损害就越大。如果公司投入大量资金用于可获得特定类型专利支持的创新，追溯认定持有这些类型的专利无效是不利的。

与此同时，上述分析表明，法院应以一种"不对称"（不一样）的方式处理追溯问题。虽然经常有一个强有力的论据支持使专利无效或削弱的追溯性判决，但是扩展或加强专利权的判决不应该是追溯性的。第一，一家公司不太可能依靠法院改变法律带来的有利之处进行投资，特别是考虑到获取专利所需时间较短，

---

〔194〕 参见本文注释 185。参见本文注释 47，第 1092—1093 页。

〔195〕 参见卡斯·R.桑斯坦（Cass R. Sunstein），《可用性是什么：社会影响力和行为经济学》（"What's Available?: Social Influences and Behavioral Economics"），97 *NW. U. L. REV*. 1295，1297（2003），在可用性启发法下，人们通过询问获得示例是否容易来评估概率。

而将专利产品推向市场花费的时间较长。[196]如果只在公司根据旧法律制度获得专利之后才进行变更,则可专利性法律的变更就没有多大意义了。

第二,公司依赖的是现有的法律,而不是一些假想的、未来会改进的法律。追溯授予公司比它们预期更好的专利,这不太可能激励任何额外的研发。毕竟公司愿意在没有任何专利保护的情况下对创新进行原始投资。相反,加强专利权的追溯性改变更有可能给现有的专利权人带来不必要的意外之财。追溯授予公司范围更广或更强大的专利,可能会挫伤创新者的信赖利益,因为它们认为自己的行为不构成侵权,进而针对被保护的发明投入资源进行设计。[197]

作出这些决定似乎要向法官们提出很多要求——尤其是专利法官,他们的行为经常表现出这样一个事实:他们只是在解释法律,而不是在制定经济政策。[198]尽管如此,专利法官在裁判时明显已经考虑了这些因素。事实上,这些思考是日常裁判过程的一部分:每次联邦巡回法院在考虑是推翻先例还是遵循先例时,都是在权衡信赖利益(遵循先例的基本原则)与使用新规则之间的利弊。

事实上,联邦巡回法院的法官们正在有意识地评估他们的裁决对现有公司的利益和投资的影响。[199]在许多裁决中,联邦巡回法院的法官解释说,信赖利益迫使他们遵循先例,如果没有先例,他们可能会得出完全相反的结果。[200]这并不是说法官必须擅长进行这些类型的质询;由于种种原因,他们可能缺乏必要的体制能力。[201]但是他们已经在从事这项事业了,遵循先例原则是处理案件

---

[196] 制药行业尤其如此,国会对这一困难的观察导致了《药品价格竞争和专利期修正案》的出台,该法案允许创新制药公司延长专利期限。See Drug Price Competition and Patent Term Restoration Act of 1984, Pub. L. No. 98-417, sec. 201 (a), § 156, 98 Stat. 1585, 1598-602. 参见 Warner-Lambert Co. v. Apotex Corp., 316 F.3d 1348, 1357 (Fed. Cir. 2003),由于食品和药物管理局批准新药的时间通常比美国专利商标局授予专利的时间要长得多,在专利权人能够获得专利的时候,制造商的专利期限已被损耗了很多时间。从发明中获得任何收益……《药品价格竞争和专利期修正案》旨在……恢复创新者在测试和监管批准中损失的专利时间……

[197] 参见本文注释55—58。

[198] 参见 Diamond v. Chakrabarty, 447 U.S. 303, 317 (1980),无论其有效性如何,我们的争论都应针对政府、国会和行政部门的政治部门,而不是法院。

[199] See Ass'n for Molecular Pathology v. U.S. Patent & Trademark Office, 689 F.3d 1303, 1343 (Fed. Cir. 2012)。

[200] 参见本文注释81—82。

[201] 参见马苏尔,本文注释17,第278—279页。

过程中的一部分。只要法院系统地、有目的地权衡这些因素，就很有意义。将法院的意见明确表现在司法决策中也是有意义的，这样就可以在上诉时对其进行审查和评估。

此外，法官必须具有作出非追溯性判决的选择权，这对实质专利法机制是必要的。环境法、证券法及许多其他联邦法律领域基本上都是由成文法和法规管理的。[202]纯粹的前瞻性立法是法定和监管"工具盒"中一件老掉牙的工具，也是国会和行政机构经常使用的工具。[203]专利法是联邦法律中为数不多的领域之一，该法律领域的大多数实质性案件均在法院进行处理。[204]

如果不允许制定专利法的法官使用纯粹前瞻性的立法工具，那么专利法将会被人为地削弱。[205]

事实上，当国会修订那些经常成为司法裁决主题的专利法规则时，它有时会选择只具有前瞻性的新规则，而在此之前，法院一直认为这是行不通的。例如，2011年《美国发明法》（America Invents Act）显著改变了专利实践中优先权的规则，确定了"先申请"制度。[206]这些变化是纯粹前瞻性的：它们只适用于该法颁布18个月后申请的专利。[207]同时，法院定期更改关于新颖性和可专利性的规则，但是没有讨论新规则仅应是前瞻性的可能性。[208]类似的，2013年，澳大利亚立法机关通过了一项法律，修改了关于"显而易见性"（obviousness）的规定，但规定变更仅在未来适用。[209]相比之下，当美国最高

---

[202] 参见本文注释17，将专利法与其他法律领域进行对比。
[203] 参见纳什和雷维斯，本文注释167，讨论《空气清洁法》中普遍存在的不溯及问题。
[204] 参见马苏尔，《规范专利》，本文注释17，第304页，通常认为法院是专利法的解释者。作者认为应该改变现状，让监管机构对专利法拥有更大的监管权力。
[205] 可以肯定的是，法官不像立法机构那样善于利用这一工具。参见马苏尔，《规范专利》，本文注释17，第278—282页，但这并不是完全否定专利的理由，也不能因此限制专利法的发展。
[206] 参见《利亚希·史密斯美国发明法》，Pub. L. No. 112-29, sec. 3（b）（1），§102, 125 Stat. 284, 285-87（2011）。
[207] Ibid.，§3（n）（1），125 Stat. at 293.
[208] 参见 Pfaff v. Wells Elecs., Inc., 525 U.S. 55, 64-68（1998），重新定义一项"待售"的发明的含义。Schering Corp. v. Geneva Pharm., Inc., 339 F.3d 1373, 1378-79（Fed. Cir. 2003），作为第一印象，判定现有技术不必通过公开一种化学物质来证明该化学物质存在于现有技术中。
[209] 参见《2012年知识产权法修正案》，（Cth）s 2（Austl.），s 3 sch 1 pts 1, 3。参见马克·萨默菲尔德（Mark Summerfield），《澳大利亚发明步骤的四个法则》（"Australia's Four Laws of Inventive Step"），https://perma.cc/3DRR-UPS8。

法院在 2007 年作出类似更改时，该决定被认为具有完全追溯力，法院未对此问题进行任何讨论。[210]

值得注意的是，即使法院的判决不溯及既往，也不一定能保护所有相关的信赖利益。例如，一家公司可能会为单一类型的发明投入数十亿美元的研发资金，并相信它能够在未来数十年内获得与该发明相关的专利。

可能需要持续的专利收入来源以证明研发成本的合理性并允许公司收回投资。[211] 现有专利的"不可追溯"只是部分解决方案。一家公司可能已经在研发上投入了数十亿美元，因为它认为该领域的专利是不可获得的，因此不会有被竞争对手排斥在外的风险。[212] 如果法律改变，仅前瞻性地允许该领域专利存在可能不足以保护公司的投资。但无论如何，不溯及既往至少是部分解决方案，比完全溯及既往的司法判决更可取。

征用法和溯及力之间也有重要的联系。通过保护现有权利，纯粹前瞻性立法可以替代征用法，溯及力可实现相同的目的——确保宝贵的投资能避免法律变化带来的风险[213]，而不产生征用带来的财务成本和负面激励作用。[214] 此外，虽然专利目前并不被视为是可以通过司法途径取得的财产，但情况可能并非总是如此。[215] 由于以上所述的原因，这样做通常是不可取的。[216] 但是，如果法律朝着这个方向发展，不溯及既往的司法判决可能是一剂解药。不溯及既往地适用于某些现有财产权的新法律规则并不构成对这些财产权的征用。因此，法官可以完全从前瞻性的角度自由地更新法律，而不必担心他们的决定会与征用相冲突，或将巨额成本强加给联邦财政。

---

[210] See KSR Int'l Co. v. Teleflex Inc., 550 U.S. 398, 407, 415-16 (2007).

[211] 参见西切尔曼，本文注释 35，第 360—361 页，描述公司的商业计划和专利的组成方式。

[212] 参见卡尔·鲁斯塔里亚和克里斯托弗·斯皮格曼（Kal Raustiala & Christopher Sprigman），《山寨经济：模仿如何激发创新》(*The Knockoff Economy: How Imitation Sparks Innovation*)（2012），描述了许多公司依赖于不受知识产权限制的领域。

[213] 参见本文第四部分"专利法的纯粹前瞻性变更（一）不溯及既往的法律变更的成本和收益"。

[214] 参见本文第三部分"征用法和专利的溯及性（一）支持和反对将征用法应用于专利的规范性案例"。

[215] 参见本文第三部分"征用法和专利的溯及性（二）专利是否为征用法条款中规定的财产"及"（三）司法征用和专利法"。

[216] 参见本文第三部分"征用法和专利的溯及性（一）支持和反对将征用法应用于专利的规范性案例"。

第三，尽管专利在功能上与其他产权在大多数方面相似，但它们在一个关键方面是不同的：专利到期（或专利有效期满），而且期限相对较短。[217]专利期满改变了追溯的成本和收益的计算方式，有利于专利法的"不溯及既往"。

假设政策制定者免除了工厂安装新型洗涤器的义务，[218]允许该工厂以旧法律规定的速度继续污染。这涉及一些社会危害：考虑到现有技术的可用性，这家工厂产生的污染程度超过了社会最优水平。用旧的洗涤器继续经营这家工厂是一件必要的、可容忍的坏事，这是因为另一种选择将更加浪费，或者因为政策制定者希望鼓励这家工厂对基础生产进行持续投资。[219]

专利也是如此。假设法院判决某一特定类型的发明不应构成未来可申请专利的客体[220]——也许是因为这类发明的专利会阻碍创新，而不是促进创新。[221]对法院来说，废除所有现存的这类专利是很诱人的，毕竟发明已经出现了，现在这些专利弊大于利。[222]但是在某些情况下，则有必要保留现有的专利。取消这些专利可能会破坏基础发明商业化动机，或者更普遍地损害投资动机。[223]这些都是法院必须权衡的因素：一方面，延续一项次优的专利会带来持续的损害；另一方面，鼓励进一步投资也会带来好处。然而，法院知道，延续现有专利的危害不会永远持续下去。不像工厂可能会在几十年内持续排放过量的污染物，次优的专利将在申请之日起20年后失效，而在大多数情况下，专利被批准后大约18年就失效了。[224]这意味着，即使法院错误地授予了某些存在次优的专利，其危害也是有限的。这些专利在一段时间内将会消失，它们不会无限期地造成

---

[217] 参见《美国法典》第35卷第154节第（a）（2）条（2017），规定专利期限为自申请日起20年。

[218] 参见上文第四部分。

[219] 参见沙维尔，本文注释167，第51—53页。

[220] 参见 Alice Corp. v. CLS Bank Int'l, 134 S. Ct. 2347, 2355-60（2014），不与抽象概念分开的"发明概念"的专利无效 [Mayo Collaborative Servs. v. Prometheus Labs., Inc., 566 U.S. 66, 72（2012）]。

[221] 同上，通过授予专利对"抽象思想"的垄断可能会阻碍创新，而不是促进创新，从而阻碍了专利法的发展（引自Mayo案，566 U.S. at 71）。

[222] 事实上，任何一项专利都可能因为这些理由而无效。

[223] 参见西切尔曼，本文注释35，第360—361页，描述了促进发明发展和商业化所必需的激励措施。

[224] 专利的有效期为20年，从申请之日算起，参见35 U.S.C. § 154（a）（2）（2017），授予专利权后，专利商标局平均需要21个月的时间才能对其进行审查。参见马苏尔，本文注释108，从专利的20年有效期中减去21个月，还剩18年零3个月。

损害。

事实上，专利的有效期在其他法律文书中并不常见。不动产和动产可以永久存在[225]，因此对该类财产的次优使用可能会持续几十年甚至几百年。版权的期限也是有限的，但这些期限比专利期限要长得多，而且经常被延长。[226]另一方面，专利是少数几个法律文书之一，这些文书载有对如果不受法律修改的限制而可能产生的社会损害的内在牵制。因此，专利法拥有特别好的不溯及既往的立法环境。

（三）追溯性和前瞻性立法的机制

我们最后要讨论的问题是，在实践中，纯粹前瞻性司法决策将如何发挥作用。假设一个专利的被告认为，在一个特定的案例中原告主张的专利是无效的，法院在裁定专利是否无效时，应该如何确定该裁定是追溯适用还是仅适用于未来，甚至仅适用于当前审理的案件？

1. 从人身保护令到专利法

在实施纯粹前瞻性的专利法时，法院不必担心影响以往案件。联邦人身保护令法中有一个专利法庭可以借鉴的模式。根据美国最高法院在 Teague v. Lane 案[227]中宣布并被编入《反恐和有效死刑法》的原则，[228]宪法刑事诉讼程序[229]的"新规则"不适用于已经通过直接审查确定的刑事定罪，除非它属于公认的例

---

[225] 参见塞缪尔·奥迪（A. Samuel Oddi），《TRIPs——自然权利与经济帝国主义的委婉形式》（"TRIPs—Natural Rights and a 'Polite Form of Economic Imperialism'"），29 *VAND.J. TRANSNAT'L L.* 415, 430（1996），有形财产可能会被消耗，但是不会过期。

[226] 参见 Eldred v. Ashcroft, 537 U.S. 186, 193-94（2003），大多数版权限是"从创作到作者去世后 70 年"，并列出了国会以前批准的版权保护期延长的项目。See 17 U.S.C. § 302（a）(2017)。

[227] See 489 U.S. 288（1989）.

[228] 参见《美国法典》第 28 卷第 2254 节第（d）(1)条，仅当州法院的裁决"违反联邦法律或由美国最高法院裁定不合理地适用联邦法律时，才提供人身保护救济"。参见《1996 年反恐怖主义和有效死刑法》, Pub. L. No. 104-132, § 104, 110 Stat. 1214, 1218-19（《美国法典》第 28 卷第 2254 条）。

[229] 这里指的是与美国宪法第四、第五、第六、第八和第十四修正案有关的学说。参见威廉·J. 斯通兹（William J. Stuntz），《刑事程序与刑事司法之间的不稳定关系》（"The Uneasy Relationship Between Criminal Procedure and Criminal Justice"），107 *YALE L.J.* 1, 28, 43（1997）。

外。[230]这意味着如果一名囚犯以人身保护令申请书对定罪提出异议,他就不能利用自他的判决成为最终判决(也就是说,当他用尽上诉权时)以来颁布的任何新规则达到目的。其结果是,法院的刑事诉讼判决是准前瞻性的——它们适用于任何案件仍在等待审查的人,但不适用于那些已被定罪但仍在寻求定罪后救济的人。

定罪后的审查机制在总体上是直截了当的。最高法院审理了直接复审的刑事案件,就宪法刑事诉讼程序作出裁决。后来的法院在人身保护令申请的背景下审查类似的问题时,将判断最高法院的裁决是否可以追溯适用于人身保护令审查的案件。[231] 如果后来的法院裁定最高法院颁布了一项"新规则",这项"新规则"将不适用于通过人身保护令提出质疑的定罪(再次强调,除非属于公认的例外情况)。[232] 人身保护令案件先由联邦地区法院裁决,然后再由12个地区的巡回法院裁决。[233] 处理专利案件的地区法院,以及除联邦巡回上诉法院外的所有上诉法院,在 Teague 案后的30年里一直遵循这种程序。

专利法院应该采用类似的程序。一个审理专利案件的法院应该首先确定它是否真的改变了法律,它是创造了一个"新规则",还是仅仅适用了一个现有的规则。当然,这在某些情况下比较容易,而在另一些情况下比较困难。但这对法官来说并不是一项陌生的任务。即使是专利法院也必须经常判断一个案件是否建立了新的法律规则,以便裁决附带的问题[234],例如,是否适用问题排除,

---

[230] See Williams v. Taylor, 529 U.S. 362, 379-80(2000). 需要说明的是,我们并不一定赞同人身保护令适用于刑事定罪的任何方面,也不认为 Teague 案的判决是正确的。我们提供人身保护令作为法院如何处理专利案件的一个模型,并证明法院已经有能力作出需要人身保护令的判决。

[231] See Tyler v. Cain, 533 U.S. 656, 658-69(2001).

[232] 例如,最高法院在 Ring v. Arizona 案中裁定,第六修正案要求所有使被告有资格被判处死刑的加重事实都必须由陪审团来裁决。参见 536 U.S. 584, 597, 609(2002),法院认为 Ring 案中持有的观点是一项新的规则,因此不应追溯适用于人身保护令的审查。Schriro v. Summerlin, 542 U.S. 348, 358(2004); Tyler, 533 U.S. at 658-59; Caspari v. Bohlen, 510 U.S. 383, 388, 396-97(1994); Sawyer v. Smith, 497 U.S. 227, 229(1990).

[233] 参见《美国法典》第28卷第2241节第(a)条、第2253节第(a)条(2017)。

[234] See Voter Verified, Inc. v. Election Sys. & Software LLC, 887 F.3d 1376, 1381-82(Fed. Cir. 2018).

当事人是否可以修改其诉状[235],或是否判给律师费用。[236]

如果规则不是新的,它将适用于每一个案件。如果规则是新的,则法院必须考虑上述与信赖利益和社会成本有关的因素,决定是追溯适用还是纯粹前瞻适用。

作为一个实操性问题,这意味着法院可能倾向于认为规则不是新的。这样做可以简化法官的决策,减少他们的工作量。[237]此外,法官倾向于坚持他们没有制定新的规则,这有可能是出于体制上的考虑:立法机关而不是法院应该制定新的法律。[238]相应地,可能的默认选择是将司法判例视为仅仅适用于现有规则,并且大多数案件可能会据此进行相应分类。

如果一个法院判决创造了一个新的法律规则,最后一个遗留的问题是,该规则应该是完全具有追溯性和前瞻性的,还是仅仅是前瞻性的。[239]制定新规则

---

[235] See Mortg. Grader, Inc. v. First Choice Loan Servs. Inc., 811 F.3d 1314, 1321-22 (Fed. Cir. 2016). Alice Corp. v. CLS Bank International 案在法律上是一个充分的改变,根据当地法规的规定为专利侵权被告提供"正当理由",以修改其无效性主张,Alice Corp. v. CLS Bank Int'l, 134 S. Ct. 2347(2014)。

[236] See Inventor Holdings, LLC v. Bed Bath & Beyond, Inc., 876 F.3d 1372, 1377-80 (Fed. Cir. 2017). 被告辩称原告本应在 Alice 案后放弃起诉,因为法律环境已发生变化。这并不是说,法院不会回避特定裁决是否创造了新规则的问题。例如在 Encyclopaedia Britannica, Inc. v. Dickstein Shapiro LLP 案中,地方法院认为,专利申请人的不当行为案不可能胜诉,因为即使被告的律师事务所表现不佳,按照遵循先例原则,Alice 案之后的判决也会使专利无效。参见 128 F. Supp. 3d 103, 110-12, 116(D.D.C. 2015),为了证明这一判决是合理的,法院裁定 Alice 案没有改变法律——这与联邦巡回上诉法院在 First Choice Loan 案和 Inventor Holdings 案中的观点相反。See Encyclopaedia Britannica, 128 F. Supp. 3d at 110-11.

[237] 参见约翰·布朗斯蒂恩,本文注释117,第535—536页,分析在简易判决背景下司法不对称的影响。

[238] 参见 Diamond v. Chakrabarty, 447 U.S. 303, 317(1980),坚持认为法律决策是国会的事。参见第四部分"专利法的纯粹前瞻性变更(四)不溯及既往定律"。

[239] 正如我们将在下文中更详细地描述的那样,最高法院裁定,只有在法院不对当事人采用新规则的情况下,法院才可以制定预期规则。See Harper v. Va. Dep't of Taxation, 509 U.S. 86, 97-98(1993). 参见第四部分"专利法的纯粹前瞻性变更(四)不溯及既往定律"。因此,法院只有两个选择:(1)全面追溯和前瞻性地适用该判决;(2)仅前瞻性地适用,不适用于本案当事人。最高法院的做法也有不利之处。如果法院并不总是将法律规则应用到案件中,那么诉讼人就没有动力去争取法律上的改变,从而减缓了法律的发展速度。参见安纳普·马拉尼和乔纳森·马苏尔,本文注释26,第668—669页,分析个人通过诉讼促进公共福祉的动机。诉讼当事人也可能会比以往更加努力地将自己的论点仅仅视为现有法律的延伸,而不是新的法律规则,从而改变了辩论和裁决的过程。此外,如果一项新宣布的法律规则不适用于当下的案件,那它仅仅是个说明。无论如何,与发布纯粹前瞻性裁决的潜在法律收益相比,这些都是相对次要的担忧。在最高法院重审 Harper 案之前,下级法院似乎没有其他选择。

的法院也可以处理这个问题，但它没有必要这样做，它可以让这个问题保持开放状态，并允许后续的诉讼人（希望该规则可以追溯适用）在未来的法庭上提出这个问题。

两种方法各有利弊。最先发布新法律规则裁决的法院可能最了解这一规则，并且已经对其实施的成本和收益进行了详细的思考，最好由该法院决定是否应追溯适用这一规则。另外，后来的法院也有一个优势，即观察对新的法律规则的适用情况，这可能提供关于是否应追溯适用该规则的宝贵资料。而将追溯力的决定外包给另一个法院的能力可能会使法官更倾向于发布新的法律规则，从而以有益的方式推进法律。对于哪一种方法最好这个问题，我们不持任何立场。两者都与允许法院参与无追溯力立法这一更普遍的目标相一致。

总而言之，决定专利案件追溯效力的程序将反映出法院在人身保护令案件中已经采用的程序，但有一个显著的区别。虽然新的刑事诉讼规则在人身保护令的背景下几乎总是纯粹前瞻性的，但专利法院有权决定新规则是否应具有追溯力。

值得注意的是，蒂格规则（Teague Rule）反映了我们在这里描述的不溯及既往的专利法的目的。正如肯尼迪（kennedy）大法官后来解释的那样，蒂格规则的目的是允许联邦政府法院改变刑事诉讼法，但不推翻成千上万的现有判决。[240] 如果每一项刑事诉讼决定都必然具有充分的追溯力，法院可能由于担心后果而不作必要的法律修改。[241] 当法院确实修改了法律时，溯及既往的损害可能超过预期的好处。正如我们已经解释过的，这些考虑对专利法的影响更大。[242]

如果法院决定使新的专利法规则不具有追溯效力，则该规则应仅适用于在

---

[240] See Wright v. West, 505 U.S. 277, 307-09 (1992).
[241] Ibid.
[242] 对适用于人身保护令的蒂格规则的完整评估远远超出了本文的范围。作者注意到，每次法院在刑事诉讼案件中应用蒂格规则时，都会造成一种不公，因为如果适用新规则，就会把一个本来可能永远不会被定罪的人留在监狱里。出于这个原因，有充分的理由不将蒂格规则适用于人身保护令。当然，在专利法中不存在这样的担忧，因为只有知识产权受到威胁，而不是个人的生命和自由。

裁决日期之后提出的专利。[243]该界限在某种程度上是任意的——或者在裁决作出之日或专利生命周期的其他类似时间之后构思完成或实施或公布的发明，该规则可以同样容易地应用于裁定日之后授予的专利。但提交文件的日期可以粗略反映出信赖利益产生的时间。[244]毕竟，一份专利申请书要与现行法律相一致，只有权利要求书才能在提交后修改。[245]最初申请后对法律的修改会使申请人陷入困境，对公司和整个专利制度都不利。[246]

2. 以法院为基础的前瞻性

这种方法还有一个潜在的延伸，它甚至更明确地借鉴了人身保护令（law of habeas）。联邦法院在两种情况下审议宪法刑事程序问题：对刑事定罪的直接审

---

[243] 这里的"申请日期"指的是美国的常规申请日期，而不是专利申请的优先申请日期。在美国专利诉讼实践中，"续期"申请可以要求获得先前临时或常规专利申请的优先权日期，通过尽可能多的专利家族中存在的更早的续期申请追溯优先权。参见约翰·格拉德斯通·米尔斯（John Gladstone Mills）等，《专利法基本原理》（*Patent Law Fundamentals*），§15-7（West 2d ed. 2019）.当联邦巡回法院或最高法院制定新规则时，该规则应立即适用于已提交的新专利申请，无论这些申请是否要求优先于在新规则之前提交的申请。当一家公司提交专利申请，甚至是后续申请时，它是在完全了解现有法律的情况下才这样做的。即使是与先前的专利相关的申请，对于信赖利益的担忧也是微不足道的。这将使专利所有人在不利的司法判决发生许多年后丧失申请延续专利的能力。参见《美国法典》第35卷第120节（2017），赋予申请人对较早提交的专利申请要求优先权的权利。

[244] 在这一点上，也存在一个与专利和公司经营自由之间的对称性相关的问题。直接作出非追溯性决定以减少专利或可专利性范围很简单。如前所述，这个判决不适用于已经申请或批准的专利。作出扩大专利范围的非追溯性判决就不那么容易了。在这种情况下，必须保护的是公司在专利领域之外的执行能力，而不是现有的专利本身。如果法院决定不对现有专利适用新的法律规则，那就不一定会对现有活动起到有意义的不追溯作用，因为一开始相关的现有专利可能很少。相反，为了加强其判决的非追溯性效力，法院应考虑发布新的法律规则，但应将这些规则的生效时间推迟几年。这些类型的"日出条款"在立法和监管中很常见。参见丹尼尔·赫兹·罗伊夫和大卫·辛格·格鲁瓦尔（Daniel E. Herz-Roiphe & David Singh Grewal），《民主尚未实现：日出立法和民主宪法主义》（"Make Me Democratic, But Not Yet: Sunrise Lawmaking and Democratic Constitutionalism"），90 *N.Y.U. L. REV.* 1975（2015），描述"日出条款"和"日落条款"在各种法律领域的运用。参见 Moore v. Madigan, 702 F.3d 933, 934-35, 942（7th Cir. 2012），根据第二修正案，伊利诺伊州禁止携带随时可使用的武器是违宪的，但这一规定将维持180天，以允许伊利诺伊州立法机关起草一项新的枪支法，专利法庭应该接受这种做法。

[245] 参见迈克尔·里施（Michael Risch），《书面说明要求的简要辩护》（"A Brief Defense of the Written Description Requirement"），119 *YALE L.J.ONLINE* 127, 129-30（2010）。

[246] 参见施瓦茨，本文注释67，第1553—1555页，解释了追溯性专利判决如何损害在考虑现有法律的情况下提起专利申请的人。

查和人身保护令审查。[247]根据蒂格规则，联邦法院通常被禁止对人身保护令复审的刑事案件适用新的法律规定，但是法院必须对直接复审的案件适用这些规定。[248]另外，蒂格规则一般禁止联邦法院在人身保护令案件中制定新的法律规定。[249]相反，只有在决定直接复审的案件时，才允许联邦法院修改法律。

联邦巡回法院在两种情况下同样审议专利法问题：侵权诉讼和因质疑已颁布专利的向地区法院提起的上诉，[250]以及对专利商标局行政决定的直接上诉。[251]对专利申请中行政决定的直接上诉类似于直接审查刑事案件——专利尚未发布或定案。[252]从涉及对现有专利的附带攻击（collateral attack）的意义上讲，地方法院诉讼和双方复审（inter partes review）的上诉具有与人身保护复审相同的意味。

因此，我们可以想象另一种形式的前瞻性适用，它将人身保护规则更严格地应用于专利法。在这种方法下，联邦法院将被禁止在地区法院侵权诉讼的上诉中，以及在双方复审和单方复审（ex-parte review）的上诉中制定新的专利法规则。只有在对专利商标局专利授权决定和授权后复审决定（直接复审）直接上诉的情况下，才允许法院制定新规则。

例如，这种方法将禁止法院在 Ass'n For Molecular v. Myriad Genetics inc. 案[253]中宣布新的可专利性规则。[254]但是联邦巡回法院或最高法院本可以就被驳回的专利上诉或授予后复审宣布同样的规则。[255]新规则将适用于从专利商标

---

[247] 参见乔纳森·马苏尔和丽莎·拉里摩尔，《妥协的错误》（"Deference Mistakes"），82 *U. CHI. L. REV.* 643, 667-68（2015）。

[248] See Whorton v. Bockting, 549 U.S. 406, 416（2007）. 在蒂格规则下，旧规则同时适用于直接审查和间接审查，但新规则一般只适用于直接审查的案件。

[249] See Teague v. Lane, 489 U.S. 288, 315-16（1989）. 参见《美国法典》第 28 卷第 2254 节第（d）(1)条（2017），除非州法院的判决与明确确立的联邦法律相抵触，否则无法提供人身保护令救济。

[250] 参见《美国法典》第 28 卷第 1295 节第（a）(1)条。

[251] 包括来自专利商标局拒绝的专利申请人的上诉。

[252] 这对于领证后复审程序产生的挑战来说并不完全正确，这些审查程序涉及最近发布的专利。参见《美国法典》第 35 卷第 321 节第（c）条。

[253] See 569 U.S. 576（2013），supra notes 62-66.

[254] See Myriad, 569 U.S. at 586.

[255] 专利可能因为缺乏可专利性客体而受到质疑，正如 Myriad 案中遇到的法律问题，同上，第 589—590 页。参见《美国法典》第 35 卷第 321（b）条。

局直接提出上诉的任何案件，以及在规则宣布后提出申请的所有专利（诉讼和其他）。

这种方法削弱了我们在上文中所讨论的司法自由裁量权。[256]新规则只能在某些情况下产生，而那些新规则永远不会被追溯适用于那些已经被授权，现在成了诉讼标的的专利。这种选择的好处在于，它将为专利原告和被告提供更多确定性，让他（它）们知道何时以及如何修改法律。专利诉讼的当事人将确切地知道在他（它）们的案件中将适用什么法律规则，他（它）们可以相信这些规则将保持不变。

然而，这种选择也有缺点。联邦巡回法院审理来自美国专利商标局的（直接）上诉和来自地方法院的（附带）上诉的专利案件数量大致相同。前述案件包括来自各部门审查的上诉，我们将其视为附带攻击的一种。[257]禁止联邦巡回法院（和最高法院）在任何情况下根据地方法院的上诉制定新的法律规则，可能会使法院丧失更新法律的重大机会。此外，许多重要的专利法问题只出现在侵权诉讼的背景下——与侵权[258]、损害赔偿[259]、禁令救济[260]等相关。因此，至少有必要允许法院在诉讼的范围内改变这些规则。最后，实施这一替代方案需要来自最高法院的立法或新法律。[261]相反，根据最高法院的现有判例，我们在上文第四部分"（三）追溯性和前瞻性立法的机制"下"从人身保护令到专利

---

[256] 参见本文第四部分"专利法的纯粹前瞻性变更"。
[257] 参见本文注释250。
[258] See Festo Corp. v. Shoketsu Kinzoku Kogyo Kabushiki Co., 535 U.S. 722, 736-37 (2002). 该案规定了专利法上的专利申请中禁止反悔规则。参见乔纳森·马苏尔，《作为检索规则的专利责任规则》，78 *U. CHI. L. REV.* 187 (2011), 描述和分析与间接侵权责任相关的规则。
[259] See Laser Dynamics, Inc. v. Quanta Comput., Inc., 694 F.3d 51, 56 (Fed. Cir. 2012). 解决了与专利损害赔偿相关的一些问题。参见埃里克·霍文坎普和乔纳森·马苏尔，《专利损害如何影响许可市场》("How Patent Damages Skew Licensing Markets"), 36 *REV. LITIG.* 379 (2017), 解释联邦巡回法院的许可规则如何影响专利的使用和价值，描述和分析联邦巡回法院关于使用现有许可作为评估专利损害的基础的规则。
[260] 参见 eBay Inc. v. Merc Exchange, L.L.C., 547 U.S. 388, 390-91 (2006), 认为专利所有人必须满足四因素测试才能获得禁令。
[261] 根据现行法律，法院当然可以在专利诉讼中制定新的法律规则。参见 Myriad, 569 U.S. at 580, 586, 提出制定规范自然物质可专利性的新法律。参见 Mayo Collaborative Servs. v. Prometheus Labs., Inc., 566 U.S. 66, 72-73, 75-76 (2012), 指出制定新法律来规范自然规律的可专利性。国会或最高法院可以改变这一长期存在的规则，但下级法院不能自行改变。

法"中描述的更具自由裁量权的提议是被允许的，我们将在下面解释。我们并非推荐这种替代方法，只是把它作为我们以人身保护令为基础的未来司法立法模式的潜在延伸。

（四）不溯及既往定律

考虑到纯粹前瞻性法律变化有许多优点，有充分的理由支持法院自由决定是否追溯适用其判决。事实上，最高法院在很大程度上允许这种做法，但有限制。在一系列针对 Harper v. Virginia Department of Taxation 的案件中，法院裁定：

> 当法院对之前的当事方适用联邦法律规则时，该规则是对联邦法律的绝对解释，必须对所有仍可直接审查的案件和事件给予完全追溯效力，无论这些事件发生在我们宣布该规则之前还是之后。[262]

因此，言下之意，法院仍然可以自由地发布纯粹的前瞻性规则，只要不将规则适用于已提起诉讼的当事方。这似乎是对法院观点的一种有倾向性的解读。但事实上，多个上诉法院正是这样解读 Harper 案的。[263]如前所述，这一裁决不能适用于立即提起诉讼的当事人，其可能会抑制诉讼当事人提出全新法律理论的动机。[264]但这只是一个次要的考虑，更为重要的是，专利法院目前拥有在案件中作出纯粹的前瞻性裁决的权力。[265]

对于上诉法院的解释，一些读者可能会有这样的直觉，即允许法院制定纯粹的前瞻性法律规则会与《美国宪法》第 3 条相违背。其观点是，第 3 条只授予联邦法院"司法权"，而不是立法权。[266]司法权是发现或解释其他机构（如

---

[262] See 509 U.S. 86, 97（1993）. Also see James B. Beam Distilling Co. v. Georgia, 501 U.S. 529, 532-34（1991）. 较早的一项判决认为州际酒精税歧视违反了贸易条款，该条款追溯适用于法院判决之前的事实。

[263] See Nunez-Reyes v. Holder, 646 F.3d 684, 690（9th Cir. 2011）. 法院宣布新法律规则后，必须在纯粹的前瞻性适用还是完全追溯适用之间作出决定。参见 Crowe v. Bolduc, 365 F.3d 86, 93（1st Cir. 2004），法院在民事案件中可以纯粹前瞻性地适用判决，既不约束本案之前的当事人，也不约束其他未决案件中处境相似的当事人。

[264] 参见本文注释 239。

[265] 最高法院也制定了类似的规则来处理刑事案件，参见 Griffith v. Kentucky, 479 U.S. 314, 324-25（1987）。

[266] 参见《美国宪法》第 3 条第 1 款。

立法机关）所制定的法律的权力。[267]它不包括"制定"新法律的权力。在这一解读中，纯粹的新法律规则制定即法院宣布法律与以前不同，是在行使宪法所不允许的立法权。[268]

事实上，最高法院追溯性裁决的措辞揭示了这种担忧。托马斯（Thomas）大法官在写给 Harper 案法院的信中说道："'司法审查的性质'剥夺了我们'立法'（使法律规则在我们认为合适的时候具有追溯效力或前瞻性）的特权。"[269]Harper 案的法官将这一原则描述为一项法律公理，一项在宪法之前，而不是以宪法为基础的法律公理。[270]斯卡利亚法官在 James B. Beam Distilling Co. v. Georgia 一案中表达了一种类似的意见。[271]斯卡利亚法官也有类似的解释：

> 我并不是那么天真（我也不认为我们的祖先是如此），以至于不知道法官在真正意义上"制定"了法律。但是他们按照法官的方式制定法律，也就是说，他们好像是在"发现"法律——辨别法律是什么，而不是裁定今天的法律变成了什么，或者明天的法律将会是什么。[272]
>
> 即使在其他情况下也可以将这种方法视为禁止非追溯性裁决的法律，这种方法不会对非追溯性司法专利裁决构成障碍。国会被授权通过了专利法，以促进作者和发明者在有限期限内享有著作和发明的专有权，从而促进科学和实用艺术的发展。[273]

专利法存在的目的就是促进科学进步。因此，法院应该根据这一宪法目的

---

[267] 因此，法院仅仅是"发现"了法律，从某种意义上来说，法官揭示了法律的意义（一直以来的意义）。当法院改变法律时，它只是在纠正过去的司法错误。它实际上并没有制定新的法律。改变法律是一项立法任务。参见托马斯·W. 梅里尔（Thomas W. Merrill），《联邦法院的普通法权力》("The Common Law Powers of Federal Courts")，52 U. CHI.L.REV. 1, 65 n.279（1985）。

[268] 还可以想象这样一种论点：纯粹的前瞻性裁决可能引起人们对法院提供咨询意见的担忧，这同样违反了《宪法》第 3 条。参见理查德·法隆等，本文注释 262，第 54—55 页。

[269] See Harper v. Va. Dep't of Taxation, 509 U.S. 86, 95（1993）.

[270] Ibid., at 94.

[271] Ibid., at 106. 真正的传统观点是，未来的决策与司法权非常不相容。

[272] See 501 U.S. 529, 549（1991）.

[273] 参见《美国宪法》第 1 条第 8 款。

来解释专利法（因为专利法通常是用非常宽泛笼统的术语编写的）。当然，正如我们所指出的，技术和市场会随着时间的推移发生巨大的变化。[274] 在 1968 年最能促进科学进步的一套法律规则，在 2018 年可能对促进科学进步不是特别有效，反之亦然。这意味着，在 1968 年，对专利法的一种解释可能是"正确的"，但在 2018 年，另一种解释可能是"正确的"，而专利法本身的文本可能从未改变过。如果法院在 2018 年重新解释了该法律，但没有追溯适用新规定，就不是制定新法律，而只是"发现"了在当代语境下理解的法律。[275] 在这方面，专利法具有潜在的非典型性：宪法条款授权国会提出法律要求：（由国会或法院）以前瞻性的方式更新法律。

对于明确由司法立法推动的法律领域尤其如此。例如，联邦巡回法院将自然法、抽象概念和自然现象不能作为可申请专利客体的规则描述为"司法精心设计的例外"。[276] 如果法院有权制定这样一个例外（毫无疑问，它们有权这样做），那么，如果它们愿意，它们也同样有权只前瞻性地适用这个例外。[277]

此外，假设联邦巡回法院在 2018 年发布一项裁决，将一项特定专利规则从规则 X 改为规则 Y。即使法院只是"发现"法律，即使这个裁决意味着规则 Y 一直是正确的，规则 X 一直是错误的，这也并不意味着法院有义务追溯适用规则 Y。

---

[274] 参见本文注释 83。
[275] 参见威廉·鲍德（William Baude），《我们的法律是原初主义吗？》("Is Originalism Our Law?")，115 COLUM. L. REV. 2349, 2356（2015），在最基本的层面上，不需要任何花哨的理论步骤就可以看到固定的文本可以驾驭似乎正在改变的含义。尽管最初可能希望以特定的方式将文本应用于特定的情况，但这并不意味着其原始含义始终必须以相同的方式应用。这是因为一个单词可以具有固定的抽象含义，即使该含义所指向的特定事实会随着时间而改变。
[276] See Versata Dev. Grp., Inc. v. SAP Am., Inc., 793 F.3d 1306, 1331（Fed. Cir. 2015）. Also see Bilski v. Kappos, 561 U.S. 593, 601-02（2010）. 最高法院的判例为第 101 条宽泛的专利资格原则提供了三个具体例外：自然法、物理现象和抽象概念。虽然这些例外情况并不是法律条文所要求的，但它们与专利必须是"新的"和"有用的"这一概念是一致的。参见《美国法典》第 447 卷第 303、309 条（1980），引用《美国法典》第 35 卷第 101 条。
[277] 感谢金伯利·安·摩尔法官向我们提出这一点。

联邦法院有权根据实际情况调整其补救措施。[278]在这种情况下,联邦巡回法院可以裁定,即使正确的规则一直是规则Y,它也不会将规则Y应用于已经根据规则X申请专利的当事人。实际原因是法院考虑到当事人的信赖利益,该原因激发了遵循先例原则,并导致法院选择了次优规则。[279]因此,即使法院或学者对《宪法》第3条持一种形式主义的观点,也不应回避不可追溯的专利裁决。

更重要的是,我们有充分的理由反对这种形式主义观点。自从法律现实主义诞生以来,经验丰富的法律观察家就已经理解,法院可以像立法机关一样制定法律。[280]认为法院只"发现"其他部门所制定的法律的观点是一种法律上的虚构,它愚弄了少数受过教育的观察家,而且经常被其他法官在公开场合违反。[281]也许法院坚持不制定新法律是出于政治上的权宜之计,但即便如此,这一策略的作用也越来越小。[282]更重要的是,它缺乏诚信。作为描述性问题,这解释了为什么最高法院对法院被授予不受约束的权力来发布它们认为合适的前

---

[278] 参见亚伦·唐和小弗雷德·O. 史密斯 (Aaron Tang & Fred O. Smith Jr.),《工会是否会因为遵守法律而被起诉?》("Can Unions Be Sued for Following the Law?"), 132 HARV. L. REV. F. 24 (2018)。回应威廉·鲍德和尤金·沃洛克 (William Baude & Eugene Volokh),《评论:强制性补贴和第一修正案》("Comment: Compelled Subsidies and the First Amendment"), 132 HARV. L. REV. 171 (2018), 讨论法院作出前瞻性裁决的权力,描述法院为什么可能选择这样做,并提供法院有效地作出纯粹前瞻性规则的实例。

[279] 参见本文注释59—60。

[280] 参见菲利克斯·科恩 (Felix S. Cohen),《先验胡诌与功能方法》("Transcendental Nonsense and the Functional Approach"), 35 COLUM. L. REV. 809, 841 (1935), 法官面临的问题不是一项法律规则或概念是否实际存在,而是它是否应该存在。参见卡尔·N. 利韦林 (Karl N. Llewellyn),《论现实主义——对庞德的回应》("Some Realism About Realism—Responding to Dean Pound"), 44 HARV. L. REV. 1222, 1235-36 (1931)。

[281] 参见理查德·A. 波斯纳 (Richard A. Posner),《法官如何思考》(How Judges Think), 81 (2008), 认为上诉法官是偶尔的立法者。

[282] 这一观点在某种程度上类似于首席大法官罗伯茨 (Roberts) 在大法官确认听证会上的著名声明,即他作为法官的职责仅仅是"接球和打球",这一声明被严厉批评为虚伪和不可信。参见托德·E. 佩蒂斯 (Todd E. Pettys),《成文宪法的神话》("The Myth of the Written Constitution"), 84 NOTRE DAME L. REV. 991, 995, 1047 (2009), 称首席大法官罗伯茨的类比是"不幸的";还可参见任命约翰 G. 小罗伯茨为首席大法官的确认听证:美国参议院司法部听证, Confirmation Hearing on the Nomination of John G. Roberts, Jr. to Be chief Justice of U S.: Hearing Before the S. Comm. on the Judiciary, 109th Cong. 56 (2005) (约翰 G. 小罗伯茨被任命为美国首席大法官的陈述)。

瞻性或追溯性裁决感到担忧。[283]但是作为一个规范性问题，它并没有为质疑前瞻性司法立法提供依据。[284]

实际上，宪法的事后事实条款要求就实体刑法进行前瞻性司法立法。[285]事后事实条款的依据是"人人有权对将要受到刑事处罚的行为给予公正的警告"，因此，不能根据他们从事有关行为时尚不存在的法律定罪。[286]该条款仅适用于国会，但法院已通过"正当程序条款"将同一原则扩展并应用于司法裁决。[287]这意味着任何扩大刑事责任范围的司法裁决（如通过限制宪法保护）都只能是前瞻性的，仅适用于法院判决作出之后发生的行为。[288]这恰好与我们提出的专利法的处理方法相似。在这方面，纯粹前瞻性的司法裁决的立法性质并没有给法院带来困扰。

法院关于不可追溯的司法决定的观点也与人身保护令法律不符。在人身保护令和刑事诉讼程序领域，适用于诉讼当事人但不具有追溯力的裁决不仅是允许的，而且是必须的。[289]也就是说，如果一个接受直接审查的刑事被告说服法庭制定新的法律规则，那么新的法律规则将始终适用于那个刑事被告。[290]但它通常不会追溯适用于仍被国家羁押的人身保护令上诉者。

追溯那些仍被国家拘留的人身保护令请愿者。[291]一般来说，当最高法院承认一项刑事诉讼规则时，它随后必须宣布该规则是"新的"，还是仅仅源自现有的规则。[292]法院似乎认为只有立法机关才能制定新的、前瞻性的法律，这种想

---

[283] 参见本文注释262。
[284] Harper案中多数派认为，对案件中的当事方应用裁决规则但不追溯适用，会"违反将处境相似的当事方一视同仁的原则"。See Harper v. Va. Dep't of Taxation, 509 U.S. 86, 95（1993）[Griffith v. Kentucky, 479 U.S. 314, 323（1987）]。但这种担忧同样是毫无根据的。同样处境的政党常常根据案件审理和判决的时间或地点不同而受到区别对待，没有迹象表明这可能引发宪法问题。
[285] 参见《美国宪法》第1条第9款。
[286] See Marks v. United States, 430 U.S. 188, 191-92（1997）.
[287] See Bouie v. City of Columbia, 378 U.S. 347, 362（1964）.
[288] See Marks v. United States, 430 U.S. at 192.
[289] 参见本文注释277。
[290] See Schriro v. Summerlin, 542 U.S. 348, 351（2004）。Also see Teague v. Lane, 489 U.S. 288, 302-05（1989）. 批评较早的追溯制度，其中新规则并不适用于所有仍有待直接复审的案件。
[291] See Summerlin, 542 U.S. at 358.
[292] See Teague, 489 U.S. at 311-12.

法很奇怪。[293]

或许有些矛盾的是，前瞻性法律规则的"立法"性质应该作为其价值的信号，而不是引起关注的原因。在法规和规章管辖的法律领域，政策制定者长期以来受益于制定非追溯性法律规则的灵活性。专利法没有享有这种灵活性，正是因为相关的法律规则是由法官而不是立法机构制定的。[294]然而，联邦法院并不缺乏制定纯粹的前瞻性法律规则的权力——最高法院已经批准了这种做法。因此，联邦法院不是因为没有权力而遭受失败，只是缺乏想象。

现在是法院将前瞻性立法的实践从人身保护令延伸到其他法律领域的时候了。[295]专利法就是延伸的沃土。

结论

当法院修改专利法时，它们扰乱了现有的信赖利益并破坏了专利所有者的既定期望。这可能会从一开始就阻止公司研发，并导致创新能力的全面下降。也许更重要的是，法院意识到了这些问题，这可能使它们不愿意颁布重大变化的法律。事实上，遵循先例原则的部分依据是，法院应避免损害信赖利益。害怕破坏既定期望的法庭可能会（而且的确）继续存在，从而阻碍法律的发展。

---

[293] 有可能提出一个论点，即 Taugue 案反映了法院在其他法律领域的做法。例如，如果法院在 t1 时间段内裁决了劳动法案件，而最高法院在随后的 t2 时间段改变了劳动法学说，则第一法院将不会（也不能）在 t3 时间段内重新开始该裁决。t1 时间段内的判决是最终判决。这是几乎每个法律领域的一般规则。Thyssenkrupp Steel N. Am., Inc. v. United States, 886 F.3d 1215, 1223 & n.3（Fed. Cir. 2018）（描述民事诉讼终结的一般规则）。因此，如果一个人认为在直接审查中成为最终判决的刑事定罪类似于任何其他法律领域的最终判决，那么蒂格规则（关于不溯及既往的刑事诉讼规则）似乎与法律的其他部分相一致。这是因为大多数法律裁决对已经判决的案件是不溯及既往的。

[294] 罕见的例外是专利商标局通过监管创建的少数专利规则。这些规则通常仅在申请过程中适用。例如，2018 年 10 月，美国专利商标局宣布，它将修改双方复审、授权后复审和隐蔽的商业方法程序中使用的权利要求解释标准。参见《对专利审判和上诉委员会审判程序中权利要求解释标准的修改》（Changes to the Claim Construction Standard for Interpreting Claims in Trial Proceedings Before the Patent Trial and Appeal Board），83 Fed. Reg. 51，340，51，340，51，358-59（Oct. 11, 2018）（to be codified at 37 C.F.R. § 42.200）。美国专利商标局认为新规定具有前瞻性，新规定只适用于在 2018 年 11 月 13 日（新规定生效日期）或之后提交的复审申请。

[295] 事实上，人身保护令本身在许多方面可能是不具有追溯力的。参见肯德尔·特纳（Kendall Turner），《适用蒂格规则的新方法》（"A New Approach to the Teague Doctrine"），66 *STAN.L. REV.* 1159，1171-75（2014），批评了蒂格规则在人身保护令语境中的应用的情况。

解决这个问题的办法不是让法院避免更新法律。相反，解决办法是赋予法官对法律进行纯粹前瞻性修改的权力。这样做既可以带来快速的法律变革，又不必担心损害预期的投资。由于专利的有效期只有20年，那些不被新法溯及的"旧"专利很快就会退出历史舞台。美国最高法院已允许在其他情况下进行前瞻性的决策，尽管执行机构的声誉令人担忧。是时候让下级法院（尤其是联邦巡回法院）接受最高法院的"邀请"了，专利法及其利益相关者将从这一变化中获益良多。

专利法中创作物研究法与公共领域研究法之间的冲突
——以权利成立为视角

[日]田村善之[*]
郭子璇[**] 译

在包含专利法在内的知识产权法中,公共领域被消极地定义为知识产权保护无法涵盖的领域。与核心在于保护创作物的知识产权相比,公共领域可能有意无意地被赋予了次要地位。但如果从专利权、著作权等知识产权的存在意义在于促进产业、文化的发展来看,上述权利旨在通过促进发明创作从而增加最终能为人们所利用的智力成果,即以丰富公共领域为目的。因此,本文以公共领域的形成及保护为焦点,从纵览知识产权法的"公共领域研究法"出发,主要探讨新颖性、创造性、在先使用权等权利成立及其相关的问题,试与倾向于以创作物及创作者为中心的"创作物研究法"的一般趋势进行对比。

一、公共领域在知识产权制度中的意义

在包含专利法的知识产权法中,公共领域可以说是长期被忽视的存在。公共领域被消极地定义为知识产权保护无法涵盖的领域,因此与核心在于保护创作物的知识产权相比,公共领域可能有意无意地被赋予了次要地位。

但如果专利权、著作权等知识产权的存在意义(至少是其中主要的一个),在于促进产业、文化发展的话(参见《专利法》第1条以及《著作权法》第1条),上述权利应当旨在通过促进发明创造从而增加最终能为人们所利用的智力成果,即其目的在于丰富公共领域。换言之,上述权利最终以公共领域的形成

---

[*] 田村善之,日本知识产权领域著名学者,东京大学大学院法学政治学研究科教授。
[**] 郭子璇(1996—),上海外国语大学法学院2018级法律硕士研究生,研究方向:日语法律。

为目的。[1]

当然，在没有任何论证的情况下断言专利权和著作权制度设立的目的仅在于促进产业、文化的发展，公共领域的形成就是上述权利唯一的存在意义的话，恐怕会引起强烈的异议。事实上，笔者并不主张激励论的观点，即将上述权利单纯理解为以促进产业、文化的发展为目的，而是结合激励论与主张创作者当然受到保护的自然权论，尝试通过两者结合的二元论从而使知识产权正当化[2]。虽然目前关于知识产权法学的讨论大多以创作物和创作者为中心（在本文中将此种对知识产权法的研究方法称为"创作物研究法"），但以公共领域的形成和保护为焦点的纵览知识产权法的观点（在本文中将此种研究方法称为"公共领域研究法"）也有其作为一项思维实验的意义。

基于上述观点，由于关于与公共领域接壤的相关创作物的专利权权利行使规律应有状态的文章将于近期发表[3]，本文将不再对"退出理论"而是对权利成立的"进入理论"进行讨论，具体而言是想要探讨创作物研究法与公共领域研究法的冲突会得出怎样的对照性结论。

二、判断丧失新颖性层面的冲突

首先要讨论的是，在审查新颖性时，是否必须实施发明以便能对其进行引证。

作为典型案件判决，下面介绍的是东京地判平成26.3.27平成24（ワ）11800［銅張積層体］[4]，知财高判平成27.4.28平成26（ネ）10045［同（侵害訴訟）][5]。

---

[1] 促成这种观念转变的启发性文章是 Jessica Litman, "The Public Domain", 39 *Emory Law Journal* 965, 968（1990）。关于对该文章的介绍，田村善之「際物（キワモノ）発明に関する特許権の行使に対する規律のあり方～創作物アプローチ vs. パブリック・ドメイン・アプローチ～」预计将刊登在パテント附刊22号。关于公共领域的各种讨论，见 Pamela Samuelson, "Enriching Discourse on Public Domains", 55 *Duke L.J.* 783, 783-834（2006）。
[2] 田村善之「知的財産法学の課題—旅の途中—」知的財産法政策学研究51号1-9页。
[3] 田村善之「際物（キワモノ）発明に関する特許権の行使に対する規律のあり方～創作物アプローチ vs. パブリック・ドメイン・アプローチ～」パテント附刊22号。
[4] 参见生田哲郎＝佐野辰巳［判批］発明111卷7号36-38页（2014年）。
[5] 参见黒川恵「公然実施発明に基づく進歩性判断」パテント69卷5号（別冊15号）81-82・86-87页（2016年）。

该案件是发明专利的专利权侵权诉讼。该专利发明是要求数值限定于"薄膜的机械传送方向（MD）的热膨胀系数 αMD 在 10ppm/℃ 以上且在 20ppm/℃ 以下"并且"幅方向（TD）的热膨胀系数 αTD 的范围在 3ppm/℃ 以上且在 7ppm/℃ 以下"的聚酰亚胺薄膜。由于被告在本专利发明的优先权日前生产先行产品，因此争议焦点在于以公开实施为由的无效抗辩是否成立[6]。

被告生产了 31 批次的先行产品，而其中有 28 片是满足专利发明构成要件的聚酰亚胺薄膜。但即使在同一批次的产品中，有 αMD 不足 10ppm/℃ 的，也有 αTD 不足 3ppm/℃ 或超过 7ppm/℃ 的与本发明 1[①] 构成要件不一致的产品，因此原告主张被告尚未完成在先发明。但原审和二审均认为发明已完成，驳回原告主张。以下是二审法院关于这一点的说明。

> 的确，如同原判决附录中先行产品一览表的记载，即使是同一批次的先行产品中，有 αMD 不足 10ppm/℃ 的，也有 αTD 不足 3ppm/℃ 或超过 7ppm/℃ 的不符合本发明 1 构成要件 1C1 以及 2 的产品。但从法庭辩论看来，应将此认定为只是由于被上诉人不知晓本发明 1 的内容，没有将目标值设定为 αMD 在 10ppm/℃ 以上，αTD 的范围在 3~7ppm/℃。如上述一，由于被上诉人在 2002 年 3 月 10 日至 2003 年 4 月 2 日，反复且持续生产了属于在先发明技术范围的 28 片先行产品，因此即使在同一批次产品中有不符合本发明 1 构成要件 1C1 以及 2 的产品，或者每片产品的热膨胀系数 TD 和 MD 参差不齐，也不得仅基于此而认定在先发明尚未完成。

但仅依据该理由似乎难以判定被告已完成与专利发明相同发明的先行产品。假设将 αMD 设定在 10ppm/℃ 以上并且将 αTD 设定在 3~7ppm/℃ 的做法没有特殊的技术性意义，即使被告生产先行产品时没有设定上述数值目标，也可认定该专利发明已经完成。关于这一点，原审及二审判决指出，被告"生产了 αTD 低于 αMD 的在先产品"（关于该部分的说明，两判决一致），但判决中没有说明

---

[6] 此外，被告还基于实施先行产品主张在先使用权，但由于原审以及再审均以公开实施为由判定原告的专利无效，因此判决中没有涉及在先使用权。

原告专利发明的数值限定不具有技术性意义[7]。

但另一个问题在于,是否必须实施发明以便一开始就能适用第 29 条第 1 款第 2 项。简言之,在本案中,假设本专利发明的上述数值限定具有特殊的技术性意义,是本专利发明的技术性思想的核心,且被告在生产先行产品时没有设定该目标数值的原因在于其没有意识到该数值的技术性意义。若依据上述假设,则难以认定发明已完成。尽管如此,被告公开实施生产的产品已使公众处于可享受该发明成果的状态(虽说是在不知情的情况下)。在这种状态下强行赋予该技术以专利权,即意味着在已能为公众所利用的技术上设定排他权。但毫无疑问的是,在这种情况下没有赋予创作激励的必要。实际上,有学说明确指出,这种情况应当判定为丧失新颖性。就数值限定发明而言,若其数值范围中某一特定构成为公众所知晓,则无论是否显示了该数值限定的技术性思想,都应当认定为丧失新颖性,除非将该部分排除在外[8]。

本文从上述论点的对立中抽象出创作物研究法与公共领域研究法之间的冲突。仅从法条上看,《专利法》第 29 条第 1 款 2 项中的"发明"不仅可解读为只要公开实施中没有具体实现发明则新颖性尚未丧失,还可从以下角度对其正当化:既然作为创作物的技术性思想尚未出现,尚未丧失对创作的激励,则有必要保护创作。这在本文中正是创作物研究法的体现。而即使技术性思想尚未被发现,只要该成果已能为公众所享受,则认定已丧失新颖性的立场[9],这显然是基于公共领域研究法。

根据本文的分类方法,以前作为判断新颖性要件的理由是创作物研究法占据主流。仅因丧失新颖性的发明失去了赋予其创作激励的必要性来作为判断新颖性要件的基础,是因为其属于创作物研究法。但从公共领域研究法视角来看,

---

[7] 再者,就本专利发明而言,二审法院在作出判决的同一天取消无效不成立的判决,理由是该判决不满足实施可能要件和支持要件。(知财高判平成 27.4.28 平成 25(行ケ)10250 [同(審決取消訴訟)])。

[8] 不仅公文,还包括刊物中记载的内容,梶崎弘一「数値やパラメータによる限定を含む発明」竹田稔監修『特許審査・審判の法理と課題』(2002 年・発明協会)308 頁、前田健「公然実施に基づく新規性・進歩性判断」AIPPI61 巻 11 号 970-971 頁(2016 年)。特别是前田 /971 頁中提出的理由要先于本文的讨论。(但第 972 頁关于前述知财高判[铜张积层体(侵害诉讼)]暗示了可能理解为再现可能性的问题。)

[9] 前田健「公然実施に基づく新規性・進歩性判断」AIPPI61 巻 11 号 971 頁(2016 年)。

与技术性思想的创作无关，对于事实上已为公众所能利用的技术，强行赋予其专利权并剥夺公众利用的机会，对其给予公开激励的做法是没有必要的。不可否认的是，第29条第1款中所要求的"发明"对于前者的解释来说是有利的。但作为一项思维实验，从设立专利制度更深层次的目的在于保护公共领域的观念出发，可能会发现一个完全不同的世界。[10][11]

三、判断缺乏创造性（非显而易见性）层面的冲突

接下来转向判断缺乏创造性（非显而易见性）的情况。此处要讨论的是关于显著效果的所谓独立要件说和二次考虑说的对立[12]。

在发明构成中包含显著效果的情况下，一般认为会向肯定其具有创造性的方向考虑。独立要件说的理由是，即使该领域的技术人员根据引证可预见发明构成，但只要该构成中包含显著效果就应当赋予其专利权[13]。而二次考虑说认为，在可预见发明构成的情况下不应肯定其创造性，但从其具有显著效果这一点可以推定发明构成不可预见[14]。关于为什么具有显著效果能推定其不可预见，二次考虑说的理由是，虽然存在这样的效果，但至今为止没有相关发明面世就说明该发明的困难性[15]，或者在不可预见效果的情况下即使发明也缺乏成功的合

---

[10] 这也与法解释的方法论有关。重视法律完整性的解释方法，罗纳德・德沃金（小林公译）『法の帝国』（1995年・未来社）353-363页。对法解释的介绍，内田贵「探访『法の帝国』（1）・（2・完）」法学协会雑誌105卷3号219-259页・4号408—445页（1988年），简化版，田村善之「知的财产法学の课题—旅の途中—」知的财产法政策学研究51号・36-38页。

[11] 关于用途发明特别是功能性食品的新颖性要件的处理，参见田村善之「际物（キワモノ）发明に关する特许权の行使に对する规律のあり方～创作物アプローチ vs. パブリック・ドメイン・アプローチ～」パテント附刊22号。

此外，由于不能从作为副引例主张的刊物中提炼出与本发明的差异相关的具体技术思想，因此，关于没有否定创造性的判例的知财高大判平成30.4.13平成28（行ケ）10182等［ピリミジン诱导体］，可以从各种角度进行考察，包括其说明是否涉及关于新颖性丧失的引证适格性。参见田村善之［判批］WLJ判例コラム153号1-25页（2018年）。

[12] 关于该项目详情参见田村善之「『进步性』（非容易推考性）要件の意义：显著な效果の取扱い」パテント69卷5号（别册15号）1-12页（2016年）。

[13] 山下和明「审决（决定）取消事由」竹田稔＝永井纪昭编『特许审决取消诉讼の实务と法理』（2003年・发明协会）159-162页。

[14] 竹田和彦『特许の知识』（第8版・2006年・ダイヤモンド社）164-165页。

[15] 染野义信／内田谦文他『发明』（特许法セミナー（1）・1969年・有斐阁）86-87页。

理期待[16][17]。

　　上述两种观点可能对判决结果产生影响的案件类型有几种[18]，在这里举出易于理解的案例是"显而易见的试验"（obvious to try）。知财高判平成24.11.13平成24（行ケ）10004［シュープレス用ベルト］[19]的判例为研究提供了很好的素材。

　　该案件的原审判决为了把本发明与引证发明1（甲第1号证据中描述的发明：从固化剂的物理性质来看，优选热固性聚氨酯树脂）之间的不同点联系起来，指出引证发明2（甲第2号证据中描述的发明）中的传统固化剂MOCA存在致癌性，因而需要找到安全性更高的材料，而作为替代MOCA的新的固化剂ETHACURE300已成功研发。

　　原审判决基于上述引证判定本专利无效。理由是接触过甲第2号证的该领域技术人员基于安全性的考虑用ETHACURE300代替了MOCA，因此本发明构

---

［16］　前田健「裁判例にみる進歩性判断とあるべき判断手法」『現代知的財産法 実務と課題』（飯村敏明退官・2015年・発明協会）363-364頁，同「進歩性判断における「効果」の意義」Law&Technology82号38頁（2019年）。

［17］　关于在当时显著效果是否必须是该领域技术人员不可预测的论点，在后者的解释下，显著效果在当时之前应当为该领域技术人员不可预测，而根据前者的解释，在申请前显著效果是不可预测的情况下，则认为由于效果的不可预测从而推定发明难以实现，进而向肯定其具有创造性的方向进行考虑。即使在申请前显著效果是可预测的，但无人实现发明的事实证明其困难性，因此还是可以向肯定其具有创造性的方向考虑。

　　另外，在判断是否具有显著效果时应当对比的，是假设给予该领域技术人员发明构成的情况下其在当时所预测的效果，还是根据引证所预测的效果？根据前者的解释可能很容易能得出应当与根据引证所预测的效果进行比较的结论（前田健「進歩性判断における「効果」の意義」Law&Technology 82号42-43頁）。而后者的解释则认为，无论进行哪一种比较，如果无法根据发明构成进行预测，那么这种发明可能是没有意义的，因此可能会向否定可预测性的方向考虑。即使无法根据引证进行预测也可往否定可预测性的方向考虑的理由在于其削弱了围绕引证进行深入研究的意愿。

　　近来学说认为，在主张二次考虑说的同时，根据前者的解释，以要求不可预测的效果为前提，并且在判断是否不可预测时，主张要与该领域技术人员根据发明构成所预测的效果进行对比（没有提及关于后者解释的可能性，前田健「進歩性判断における「効果」の意義」Law & Technology 82号41-43頁）。但在二次考虑说看来，显著效果不是创造性的要件，仅仅可推定不可预测的结论。而且由于推定可预测的方法有多种，因此不是二选一地选择前者的解释或者后者的解释，而是可以根据情况采用一种或两种解释。当然，两种解释均不采用也是可能的。

［18］　田村善之「『進歩性』（非容易推考性）要件の意義：顕著な効果の取扱い」パテント69巻5号（別冊15号）5-11頁（2016年）。

［19］　田村善之「『進歩性』（非容易推考性）要件の意義：顕著な効果の取扱い」パテント69巻5号（別冊15号）5-11頁（2016年）。

成是可预见的。但知识产权高等法院推翻了原审判决。

> 但如上所述，为了改善以往技术中 CMD 方向的尺寸容易变化并缩短皮带寿命的缺点，引证发明 1 提供了能提高 MD 方向和 CMD 方向的强度且能长时间保持高稳定运行状态的靴式压力机用皮带。同时，引证发明 2 提供了无致癌性的安全的固化剂。对此，作为构成靴式压力机用皮带外周表面的聚氨酯形成时使用的固化剂，本发明 1 通过使用含有二甲基苯二胺的固化剂从而达到防止外周表面的聚氨酯出现裂纹的效果。特别是如下所示，从本专利申请时的技术水平来看，可以认定其达到了即使是该领域技术人员也不可预见的显著效果。
>
> 如上所述，使用含有二甲基苯二胺的固化剂被认为能显著地抑制裂纹产生。并且在甲第 1 号证据和第 2 号证据中没有任何关于此效果的说明。此外也没有任何证据指出，此效果是本专利申请时该领域技术人员可预见的效果。因此，使用含有二甲基苯二胺的固化剂达到能显著地抑制裂纹产生的效果，无论是从甲第 1 号证据和第 2 号证据，还是从本专利申请时的技术水平来看，应当说是即使该领域技术人员也不可预见的显著效果。

鉴于引证发明 2 旨在提供无致癌性的安全的固化剂，该判决以认定本发明通过使用固化剂从而显著抑制裂纹产生为由，认为此效果是在本专利申请时该领域技术人员不可预见的效果，因此推翻了原审判决。

但与目的在于抑制致癌性不同，既然该领域技术人员有使用硬化剂的动机，那么即使是偶然的情况，也有可能在不久的将来发现抑制裂纹产生的方法。因此没有必要因为是不可预见的显著效果就强行赋予其专利权[20]。

---

[20] 但在靴式压力机用皮带案件中，对于被告（无效审判请求人）的主张，知识产权高等法院认为在使用 ETHACURE300 作为固化剂时，关于除安全性以外的其他方面（如耐久性）有怎样的效果并不清楚，除 ETHACURE300 外还有许多出于安全性的考虑而作为 MOCA 替代品使用的固化剂正在开发。并且没有特别的理由要从其中选择 ETHACURE300。相反，由于有证据表明，作为该领域技术人员，出于安全性的考虑选择其他固化剂作为 MOCA 的替代品的可能性比选择 ETHACURE300 的可能性高，知识产权高等法院否定了可预测性。该部分的逻辑结构虽然也符合本文的主张，但判决的逻辑结构不需要对选择 ETACURE300 的困难性进行讨论（该部分只是以对被告的主张作出回应的形式进行了拙劣的论述）。由于存在该领域技术人员不可预测的显著效果，知识产权高等法院采用肯定其创造性的独立要件说的解释。事实上，引用本判决的特许厅『特许・实用新案审查ハンドブック』附属书 D「特许・实用新案审查基准」审判决例集 208-211 页中没有提到上述拙劣的说明部分，而是对以存在不可预测的显著效果为由肯定其具有创造性的判决进行了介绍，并且讲述了本文所介绍的独立要件说解释的影响力。

关于显著效果，二次考虑说认为如果构成是可预见的，则否定其创造性。即使该构成具有显著效果也不能肯定其创造性，因此不会赋予即将为公众所能利用的技术专利权。简言之，二次考虑说的结论是，只要试验是显而易见的，即使试验的结果或产生的效果不是显而易见的，二次考虑说的结果也否定其创造性。这在本文中被归类为公共领域研究法。

与此相对，独立要件说认为，即使试验是显而易见的，但如果效果不是显而易见的就不能否定其创造性。理由在于，尽管构成是可预见的，为何构成是可预见的但仍肯定其创造性，原因在于其可作为发现该效果的奖励，或认为效果与构成同样作为发明的一部分是不可预见的[21]。总之，独立要件说是以发现效果（=创作）为由，认为对即将为公众所能利用的技术赋予专利权是正当的，因此根据本文的分类方法正是创作物研究法的体现。

法条中表述"能容易实现发明时"似乎更倾向于二次考虑说。但如果认为发明不仅包含构成也包含效果，那么就不能否认即使按照现在的条文也可主张独立要件说[22]。

四、在先使用权成立层面的冲突

最后要讨论的是，在先使用权的确立是否必须以实施与专利发明相同的发明为前提[23]。

《专利法》第 79 条可理解为要求在先使用者独自完成发明。以往的学说认为该发明必须与专利发明相同是当然的前提条件[24]，而很少意识到这是一个论

---

[21] 笔者自身主张二次考虑说，在前田健「進歩性判断における「効果」の意義」Law & Technology 82 号 37 页中有对此的分析。

[22] 前田健「進歩性判断における「効果」の意義」Law & Technology 82 号 37-38 页。

[23] 关于该部分详情参见田村善之「特許法の先使用権に関する一考察（2）—制度趣旨に鑑みた要件論の展開—」知的財産法政策学研究 54 号。

[24] 参见田村善之「特許法の先使用権に関する一考察（2）—制度趣旨に鑑みた要件論の展開—」知的財産法政策学研究 54 号。但即使以往在先使用的发明是专利发明的一部分的情况下（特許庁編・工業所有権法（産業財産権法）逐条解説（第 20 版・2017 年・発明協会）283 页，織田季明＝石川義雄・増訂新特許法詳解（1972 年・日本発明新聞社）293-294 页，最判昭和61.10.3・民集 40 卷 6 号 1068 页［ウォーキングビーム炉］）或是相同事物的不同表现，但在先使用发明是下位概念而专利发明是上位概念，在这两种情况下，理解为在在先使用的下位概念的限度内成立在先使用权（三宅正雄『特許法雜感』（改訂版・1976 年・冨山房 315-316 页），倒不如说理解为同一种技术性思想，因此在技术思想不同的情况下一般不主张承认在先使用权的成立。

点[25]。但从公共领域研究法来看，要求发明的同一性作为对在先使用者的保护究竟是否充分？近来有案例对这一点提出了疑问。该案例是知财高判平成 30.4.4 平成 29（ネ）10090［医薬］（被疑侵害製品名：「ピタバスタチン Ca・OD 錠 4mg『トーワ』」）[26]。

在本案中，作为被控侵权人的被告在本专利申请前制造的样品药物，由于水分含量不明，有被涵盖在专利发明技术范围内的可能性。但知识产权高等法院没有纠缠于这一点，而是以该样品药物没有具体实现专利发明的技术性思想为由，否定了在先使用权的成立。具体说明如下。

> 在本专利申请日前，上诉人生产 2mg 锭剂样品药物和 4mg 锭剂样品药物时，虽然设法将样品药物的水分含量保持在 1.5%～2.9% 的范围内或包含在其中的范围内，但不能认定其设法设定在 1.5%～2.9% 的范围内的一定数值。
>
> 与本专利发明 2 中存在将匹伐他汀或其盐的固体制剂的水分含量控制在 1.5%～2.9% 范围内的技术思想相对的，在样品药物中，不存在将锭剂的水含量保持在 1.5%～2.9% 的范围内或包含在其中的范围内的技术性思想。并且也没有将锭剂的水分含量设定为 1.5%～2.9% 这一范围内的一定值的技术性思想。

如上所述，法院基于没有将水分含量控制在规定的数值范围内，随即否定在先使用权的成立。但即使以该事实认定为前提，在一定数值范围内控制水分

---

[25] 例外的是，在先使用者在专利申请范围以外实施的情况下也承认在先使用权的成立，对在技术常识范围内实施形式变更的结果是在其不属于专利请求范围的情况下也可以主张在先使用权进行了详细说明的是吉田広志「先使用権の範囲に関する一考察—実施形式の変更が許される範囲の基準について—」パテント 56 巻 6 号 71 頁（2003 年）。虽然没有明示是否考虑专利发明的技术理念存在差异的情况，但认为专利发明是选择发明的情况下不应当允许侵权，因此反过来说，在在先使用发明与专利发明的技术思想不同的情况下，显然是承认在先使用（以在先使用权是通常实施权为由明确反对此见解的是森﨑博之＝岡田誠/中山信弘＝小泉直樹編『新・注解特許法（中巻）』（第 2 版・2017 年・青林書院）1501 頁）。

[26] 参见田村善之「特許法の先使用権に関する一考察（2）—制度趣旨に鑑みた要件論の展開—」知的財産法政策学研究 54 号。

含量以外的技术思想也有具体体现在样品药物中的可能性[27]。法院判决没有考察这一点且否定在先使用权，可知法院认为不能为不同于专利发明的技术思想确立在先使用权。

在此案件中讨论在先使用权是否成立的专利发明是数值限定发明。在与公共领域接壤时，作为被告这样的在后医药制造商，要预测原告这样的在先医药制造商会关注怎样的要素从而取得专利是非常困难的。尽管如此，如同本判决采用要求在后医药制造商与在先医药制造商具有创新性的技术思想一致的观点一样，即使是基于在后医药制造商自身的创新性生产的产品，也有偶然与在后医药制造商没有关注的要素的数值限定相抵触的可能性。这样的结果可能导致在后医药制造商对创新技术思想的实施犹豫不定。既然是在基准日之前在公共领域中实施的，那么在公共领域研究法看来，应当保护这种实施所产生的期待并承认在先使用权的成立。

另一方面，从赞同本判决理由的角度来看，暂且不论实施形式，既然在申请专利前不存在与原告的专利发明有关的技术思想，就应当优先保护其发明人。按本文的定义，这可以称为创作物研究法。

尽管尚不明确《专利法》第79条是否要求在先使用的发明具有与专利发明相同的技术思想，但如果着眼于通常实施权的规定，也许可以说是以同一思想为前提的。但对于这种形式主义，必须考虑的问题是与同样起到限制专利权作用的第69条不同，为什么该条构成了通常实施权。对该问题的思考比探究在先使用权的存在意义更需要深层次的讨论[28]。

此外，在公共领域方法看来，即便是立法论的观点，对作为在先使用权的

---

[27] 当然，如果认为在匹伐他汀OD锭剂案件中发明尚未完成，则应当以此为由否定在先使用权，但法院并没有采用这样的理由。不过，原判的東京地判平成29.9.29平成27（ワ）30872［医薬］也以不能认定主张在先使用者在申请日之前完成了与专利发明内容相同的发明为由，否定了在先使用。原判决以样品药物有多个批次，且不能明确认定产品内容具有专利发明的构成要件为由，没有提及这一点，这与根据发明的同一性从而否定在先使用的再审判决有明显区别。

[28] 限于篇幅，关于这些论点的分析，参见田村善之「特許法の先使用権に関する一考察（1）——制度趣旨に鑑みた要件論の展開—」知的財産法政策学研究53号138-144页（2019年）·同田村善之「特許法の先使用権に関する一考察（2）——制度趣旨に鑑みた要件論の展開—」知的財産法政策学研究54号。

要件，在先使用者一方是否必须存在发明存疑。[29]。在匹伐他汀 OD 锭剂案件中，为了保护被告从基准时间前在公共领域实施的期待，其中不存在发明也无妨的制度设计是非常必要的。在此意义上，关于在先使用权的成立，第 79 条要求在先使用者一方有不同于专利发明的独立发明存在[30]，可以说是以在先使用一方有创作物为前提，因此不是彻底的公共领域研究法，而应当评价其为同时兼有创作物研究法的制度。

五、结语

综上所述，本文对专利制度尤其是权利成立的各个层面上，创作物研究法与公共领域研究法如何相互交织进行了研究。本文提出创作物研究法与公共领域研究法两个观点，但在采用哪种观点的问题上本文不主张极端的解释论，比如持公共领域研究法观点因此对这个论点主张这种立场，或持创作物研究法观点因此那样进行解释。若按这个思路，则与主张公共领域研究法不需要专利制度，或主张创作物研究法要始终保护创作物的利用等粗劣的讨论无异。

但事实并非如此，本文的重点在于强调这仅是一项思维实验，通过意识到这两种研究法的可能性从而在探讨其他问题时，能更容易具体表现自己主张的见解是建立在怎样的基础上的，或者反对的依据是什么，从而进一步促进讨论。并且通过弄清楚现有的解释和法律制度倾向于哪一种研究法，从而唤醒解释论以及立法论之前从未意识到的问题。在知识产权法中，必须平衡创

---

[29] 从强调法律完整性的角度来看，由于制定法具有一定的合理性，因此任何脱离遵循其宗旨的解释的讨论都是立法论。关于在先使用权，不仅要求实施（包括准备工作），而且要求独立发明，在促进实施的基础上，再加上有助于抑制过度申请的因素，只有这样才能找到在先使用者免责的合理性。而且，既然认为独立发明这一要件是为此而设定的（田村善之「特許法の先使用権に関する一考察（1）—制度趣旨に鑑みた要件論の展開—」知的財産法政策学研究 53 号 141-144 页），姑且不论其合理性有多强，作为一种解释，我们认为不能忽视独立发明这一要件。

[30] 另外，第 79 条的规定与技术性思想是否相同的论点另当别论，第 79 条中的规定认为这样的技术思想是由与专利发明人不同的人来完成的，即要求存在独立发明。关于这一点，还有一种观点认为，就所谓的双重发明是否有必要的论点而言，不要求是独立发明。笔者主张必要说，参见田村善之『知的財産法』（第 5 版・2010 年・有斐閣）287-289 页（另外，关于冒认，在同一文件后于 2011 年修订版中已采取立法措施，不再需要强加第 79 条的解释理论。）

作保护和利用自由[31]。希望本文提出的这两种研究方法能为寻找该平衡助一臂之力。

译者注：
① 即有数值限定要求的聚酰亚胺薄膜。

---

[31] 参见中山信弘『特許法』(第3版·2016年·弘文堂) 12页。

有关药品可及性的贸易谈判：
给发展中国家的四个经验教训

［澳］彼得·达沃豪斯[*]
程文婷[**] 译

本文研究了世界贸易组织（WTO）有关被广泛称为药品可及性问题的一系列独立但彼此关联的谈判。借鉴世贸组织在药品可及性方面的这些谈判经验，本文得出以下四个教训：

（1）在谈判能力弱的参与者组成的联盟（弱势联盟）从谈判当中获得了收益的情况下，必须制定一项旨在实现这一收益的战略。

（2）实力较弱的谈判成员必须警惕谈判疲劳的危险。

（3）在弱势联盟获得需要高度复杂的规则才能实施的谈判收益时，规则的复杂性会降低成功实现该收益的机会。

（4）如果弱势联盟获得谈判收益，必须制定一种策略，来应对谈判失败的强势联盟采取论坛转移的方式夺回该谈判收益。

专利导致的药品可及性问题几十年来一直是发展中国家消费者的结构性问题。[1]就本文而言，目前有关药品可及性谈判的政治谱系，人们可以追溯到《与贸易有关的知识产权协议》（以下简称《TRIPs协议》）生效之时，即1995年1月1日。《TRIPs协议》是强大的发达国家和大公司结成的联盟，它们运用复杂的网络化权力，为其知识产权资产寻求更高的经济租金。本文第二节简述了《TRIPs协议》的谈判现实。随着人们对《TRIPs协议》专利条款的了解越来

---

[*] 彼得·达沃豪斯（Peter Drahos），欧洲大学学院法学院教授，原澳大利亚国立大学规制与全球治理学院，知识和发展规制中心主任。

[**] 程文婷（1984—），上海外国语大学法学院2007届本科毕业生，澳大利亚国立大学法学院博士后研究员。

[1] Gary Gereffi, *The Pharmaceutical Industry and Dependency in the Third World*, Princeton University Press, Princeton, New Jersey, 1983.

越多，反对《TRIPs 协议》的呼声也越来越高。2001 年 11 月，在卡塔尔多哈举行的世贸组织部长级会议上，由发展中国家和市民社会组成的联盟以《〈TRIPs 协议〉与公共健康宣言》(《多哈宣言》)[2] 的形式取得了重大的谈判胜利。《多哈宣言》确认在某些条件下，国家有权在未经专利权人许可的情况下使用专利。但实际上，如果一个国家没有能力生产所需药品，同时从另一个国家进口所需药品的能力存在法律障碍，那么这个国家就不能行使这项权利。《TRIPs 协议》还对这个已经足够复杂的问题加入更多的限制条件，即规定在强制许可下制造的专利产品，必须"主要满足国内市场的供应"。[3] 一旦一个国家开始出口超过其在强制许可下所制造的 50% 的产品，就会将自己卷入是否违反《TRIPs 协议》第 31 条所规定的义务的争论中。世贸组织成员在《多哈宣言》第 6 段中指示"TRIPs 理事会为这一问题寻求快速解决方案"。世贸组织总理事会于 2003 年 8 月 30 日通过的解决方案豁免了第 31 条的义务。[4] 只有在满足多个条件的情况下，该豁免权才会生效。经常被提到的第 6 段解决方案受到公共健康拥护者的漠视。[5] 基本问题是，第 6 段解决方案采取的规则体系形式被许多人认为是在促进不确定性，而不确定性是仿制药的潜在出口商以及进口商希望避免的。一些人将第 6 段解决方案视为发展中国家的失败。[6]

在世贸组织谈判推进的同时，美国（以及欧盟，在较小程度上）也在进行与知识产权有关的双边协议的谈判。[7] 20 世纪 80 年代以来，美国和欧盟一直处在平行谈判的轨道上，但自 2000 年《美国—约旦贸易协定》以来，美国开始

---

[2]　WTO 文件 WT/MIN（01）/DEC/W/2，14 November 2001.

[3]　《TRIPs 协议》第 31 条（f）。如果将强制许可作为反竞争行为补救措施的一部分颁发，则此条件不适用，见第 31 条（k）。

[4]　Implementation of paragraph 6 of the Doha Declaration on the TRIPS Agreement and Public Health, Decision of the General Council of 30 August 2003, WT/L/540, 1 September 2003.

[5]　Eg., MSF "Comments on the Draft Chairman's Statement of 21 August 2003", available at http://www.accessmed-msf.org/prod/publications.asp? scntid=26820031712133contenttype=PARA; "Joint NGO Statement on TRIPs public health", available at http://www.oxfam.org.uk/what_we_do/issues/health/ wtodeal_300803.htm.

[6]　Brook K. Baker, "Arthritic Flexibilities for Accessing Medicines: Analysis of WTO Action Regarding Paragraph 6 of the Doha Declaration on the TRIPs Agreement and Public Health", 14 *Indiana International Comparative Law Review*（2004），613.

[7]　Peter Drahos, "BITS and BIPS: Bilateralism in Intellectual Property", 4 *Journal of World Intellectual Property*,（2001），791.

将有关知识产权标准的综合章节插入自由贸易协定（FTA）中。这些标准中有许多超出《TRIPs 协议》的要求或创建了全新的义务。美国众议院政府改革委员会最近的一份报告研究了其中一些自由贸易协定，得出的结论是，"美国贸易谈判代表通过反复使用贸易协定，限制了发展中国家以合理价格购买药品的能力"。[8]

如果以论输赢的方式简化这些复杂的谈判，以美国和发展中国家为例（后者作为反对联盟的代表），我们将得出以下结论：

- 1995 年《TRIPs 协议》（获胜者：美国）
- 2001 年《多哈宣言》（获胜者：发展中国家）
- 2003 年第 6 段解决方案（失败者：发展中国家）
- 美国自由贸易协定的知识产权章节［获胜者：美国（从 2000 年的美国—约旦自由贸易协定开始）］[9]。

就这组输赢序列而言，有两个关键点。《TRIPs 协议》中最惠国待遇条款（第 4 条）采纳了世贸组织成员在自由贸易协定中可能同意的任何更高的知识产权保护标准。在药品可及性的问题上，这意味着当发展中国家同意美国的要求，提高专利标准时，所有世贸组织成员的国民都可以享受这种提高的保护水平。有关这一输赢序列，值得一提的第二点是，发展中国家的唯一胜利，即《多哈宣言》采取了"宣言"的形式。宣言在国际法中的地位不是这里要讨论的话题，但是我们可以观察到，《多哈宣言》以原则来巩固多哈谈判胜利成果的方式与美国通过硬法来巩固其赢得的谈判成果的做法不可同日而语。举例来说，《TRIPs 协议》开始设置程序，对国家颁发强制许可的能力设置条件和限制，此程序在随后的自由贸易协定中继续进行。《多哈宣言》阐明《TRIPs 协议》中没有任何内容可以阻止世贸组织成员"采取措施保护公共健康"，但并不能阻止世贸组

---

[8] United States House of Representatives Committee on Government Reform Minority Staff, *Special Investigations Division, Trade Agreements and Access to Medications Under the Bush Administration*, June (2005), I, available at www.reform.house.gov/min.

[9] 美国—约旦自由贸易协定是美国在 TRIPs 协定之后签署的第一个互惠贸易协议，其中有完整一章是有关知识产权的规定。正如穆罕默德·萨义德（Mohammed El Said）观察到的，该自由贸易协定 "奠定了美国随后达成的协议的基础"。Mohammed El Said, "The Evolution of the Jordanian TRIPs-Plus Model: Multilateralism vs. Bilateralism and the Implications for the Jordanian IPRs Regime", 37 *International Review of Intellectual Property and Competition Law* 5, (2006), 13.

织成员同意对已有的保护公共健康的措施进行限制。美国自由贸易协定对国家出于公共健康目的监管知识产权的能力施加了新的限制，这利用了《多哈宣言》并未为此目的建立强制性规范这一事实。

一、《TRIPs 协议》

关于《多哈宣言》是弱势参与者通过结盟谈判取得成功的说法，只能通过参照《TRIPs 协议》本身的谈判才能理解。苏珊·塞尔（Susan Sell）指出，大约 12 家美国公司的游说要为促成《TRIPs 协议》的产生负主要责任。[10] 其他学者也得出了类似的结论。[11]《TRIPs 协议》是令人震惊的谈判胜利，因为一小撮人看到了在 20 世纪 80 年代进行网络化治理的可能性，当这些网络可以俘获和部署以美国贸易威胁形式出现的"大棒"时尤为如此。《TRIPs 协议》是政治上强大且相互联系的网络的产物，该网络部署了监管金字塔，这个金字塔的顶端是贸易制裁的威胁。[12] 在这些交错的网络当中，有大量拥有技术专长的专家团队参与起草协议文书，而其他网络则通过 1986 年至 1993 年的 100 多个国家进行的多边贸易谈判来指导起草工作。重要的是，少数商人参与者创建了不断扩大的影响力圈子，使更多的网络化参与者加入其中，这些新加入的参与者都以实现《TRIPs 协议》为使命。在实际的谈判中，发展中国家不是这些非正式小组的一部分，然而在非正式小组中进行了许多真正的谈判，并达成具有重要意义的共识和协议。按重要性顺序，这些非正式小组的排列如下：[13]

（1）美国和欧共体；

（2）美国、欧共体、日本；

（3）四方集团（美国、欧共体、日本、加拿大）；

---

[10] Susan Sell, *Private Power, Public Law: The Globalization of Intellectual Property Rights*, Cambridge University Press, Cambridge, 2003.

[11] Peter Drahos with John Braithwaite, *Information Feudalism: Who Owns the Knowledge Economy?*, Earthscan, London, 2002.

[12] 有关监管金字塔理论如何适用于美国贸易监管以及有关网络节点协调，请参见 Peter Drahos, "Intellectual Property and Pharmaceutical Markets: A Nodal Governance Approach", 77 *Temple Law Review*（2004），401。

[13] Peter Drahos, "Negotiating Intellectual Property Rights: Between Coercion and Dialogue" in Drahos and Mayne, eds *Global Intellectual Property Rights: Knowledge Access and Development*, Palgrave Macmillan, Hampshire and New York,（2002），161.

（4）超四方集团（成员资格取决于议题，但是瑞士和澳大利亚是该组的常客）；

（5）知识产权之友（包括四方集团、澳大利亚和瑞士在内的更大团体）；

（6）"10+10"（及其变体，例如"5+5""3+3"），（如果议题很重要，美国和欧共体始终是此类团体的成员；其他活跃成员包括日本、北欧、加拿大、阿根廷、澳大利亚、巴西、中国香港、印度、马来西亚、瑞士和泰国）；

（7）发展中国家集团（例如，安第斯集团，包括玻利维亚、哥伦比亚、秘鲁和委内瑞拉；阿根廷、巴西、智利、中国、哥伦比亚、古巴、埃及、尼日利亚、秘鲁、坦桑尼亚和乌拉圭；这些国家曾在1990年联合提交了发展中国家草案文本）；

（8）11组（整个《TRIPs协议》谈判组——该组中约有40个活跃国家）。

在《TRIPs协议》谈判中，真正重要的是前三个共识圈。通过使用这些圈子，谈判过程变成等级制而非民主管理制。内部圈层小组的人都知道《TRIPs协议》必须包含的内容。他们在外圈做工作，直到所有小组都同意草案文本。《TRIPs协议》更多的是前三个圈子的产物，而不是后五个圈子的产物。

《TRIPs协议》涵盖了一系列知识产权，并对发展中国家造成了许多法律和经济影响。它在专利规定中达成了一项必不可少的条款，该条对理解有关药品可及性的辩论至关重要。《TRIPs协议》第27.1条要求世贸组织的所有成员负有承认所有技术领域中产品的专利的义务。在《TRIPs协议》之前，有些国家比如印度，并不承认药品的专利。产品专利是大型制药公司围绕其希望保护的基本化合物建立的复杂专利组合的基础。一旦产品专利就位，它们就会使用其他类型的专利，例如配方专利、方法专利和诊疗方法专利，围绕原始化合物建立防护墙。仿制药公司必须等待产品专利到期才能进入市场。它们可能会遇到围绕基本分子获得的数十项其他专利，但是其中许多专利的有效性令人怀疑（因此可能会罹于诉讼）或可以被规避（例如，可以找到另一种制造方法）。只有产品专利是保护的基石。通过使药品的产品专利保护全球化，《TRIPs协议》在药品市场上掀起一波变革浪潮，这种浪潮的影响将在未来很多年中被感受到。

在20世纪90年代，公共健康专家开始对《TRIPs协议》有所了解。他们开始质疑：由于当时世界上仅有少数发展中国家拥有具备出口能力的仿制药产业，如果跨国制药公司开始在这些国家申请大量专利，这会对药品供应，特别是对治疗艾滋病的药品供应产生什么影响？[14] 由于通常情况下没有替代产品，药品的产品专利可能会赋予制药企业巨大的市场权力。为了应对这种市场权力，发达国家长期以来一直使用一系列监管工具，包括强制许可和药品平行进口。《TRIPs 协议》当中规定了这些功能。[15] 公共健康倡导者旨在向发展中国家阐明这些灵活性适用于它们，而且它们应该毫不犹豫地使用这些灵活性。建立规范知识产权使用的机构能力不能一蹴而就。许多发展中国家在专利监管方面缺乏经验和行政知识，因此《多哈宣言》的一个重要目的是消除这些发展中国家因使用《TRIPs 协议》灵活性而导致的不确定性。

二、决胜多哈

在《TRIPs 协议》谈判期间，国际非政府组织和非洲国家不是主要参与者。就后 TRIPs 时代的活动参与者而言，两个最显著的特征是国际非政府组织参与《TRIPs 协议》相关议题以及非洲国家组织在卫生与生物多样性问题上的领导地位。非洲统一组织（非统组织）、埃塞俄比亚、肯尼亚、第三世界网络和可持续发展研究中心在制定非洲国家示范立法方面起了主要作用，这些示范法规定了对于生物资源及相关地方社群知识的所有权和使用权的监管原则。TRIPs 理事会关于知识产权和药品可及性问题的特别会议于 2001 年 6 月举行，其第一次会议受到非洲集团提案的启发，该提案在 2001 年 4 月召开的 TRIPs 理事会上讨论并获得通过。该倡议最终达成了《多哈宣言》。

毫无疑问，非洲集团影响力的提高是通过与非政府组织的伙伴关系实现的。在为英国知识产权委员会进行的一项研究中，每个接受访谈的发展中国家谈判人员都谈到了非政府组织在有关《TRIPs 协议》和药品可及性的讨论中所发

---

[14] 只有少数发展中国家具备工业规模的反向工程的能力。联合国工业发展组织 1992 年的一项研究指出，只有五个发展中国家在医药产业具有创新能力（这种创新能力被定义为通过反向工程生产新药的能力）。这些国家是阿根廷、中国、印度、韩国和墨西哥。Robert Balance, Janos Progany, and Helmet Forstener, *The World's Pharmaceutical Industries: An International Perspective on Innovation, Competition and Policy*, (1992) UNIDO. 自工业发展组织上述研究以来，由于艾滋病危机，许多发展中国家将资源投入医药部门，因此产业实力大大增强。巴西和泰国成为廉价抗逆转录病毒药物生产的领导者。

[15] Sisule F. Musungu, Susan Villanueva, and Roxana Blasetti, *Utilizing TRIPs Flexibilities for Public Health Protection Through South-South Regional Frameworks*, South Centre, Geneva, 2004.

挥的积极作用。[16]（贵格会日内瓦秘书处的角色被明确提及。另一位受访者说："像我这样的谈判者对乐施会和无国界医生所做的工作望尘莫及。"）

发达国家的非政府组织广泛遵循监管变革的回应性序列，约翰·布雷思韦特和彼得·达沃豪斯（John Braithwaite and Peter Drahos）凭经验将其视为导致全球监管变革的原因之一。[17] 这一序列始于一场危机，即愿担风险的监管者通过采取监管措施来掌握主动权，它们提出的监管模型最终会全球化。艾滋病在非洲造成的死亡人数使其成为历史上最严重的国际公共健康危机之一。非政府组织利用这场危机重新定义了围绕知识产权的不同原则之间的冲突。[18] 在《TRIPs协议》谈判中，美国跨国公司将这一冲突定义为发展中国家保护私有财产权与侵权之间的冲突。在20世纪90年代后期，非政府组织将该冲突作为国家保护公共健康的权力与专利垄断权范围之间的冲突。作为这一冲突的结果，多哈宣言将前一原则（保护公共健康）置于后者之上。

《多哈宣言》是一个弱势联盟赢得胜利的例子。鉴于美国领导的联盟拥有强大资源，观察家无法预料这一胜利。取得成功的原因在于，我们生活在一个网络化的世界中，正如约翰·布雷思韦特所观察到的那样，"有效的处方不是坐等自己的力量成长……相反，处方是与你自己无法控制的力量主动建立联系"。[19] 通过网络，弱势联盟会与其他群体或力量建立联结，然后这些群体或力量便可以通过网络流动，实现网络成员的目标。非洲集团仅靠自身永远不可能实现《多哈宣言》，因为它曾经是而且仍然是一个弱势联盟。但是，当非洲集团与包括巴西和印度在内的广大发展中国家组成的联盟一起，通过发达国家非政府组织影响发达国家的大众媒体，获得一些欧洲国家的默默支持，依靠独立的技术专家来评估草案文本，并从日内瓦的非政府组织那里获得资源时，这个

---

[16] Peter Drahos, "Intellectual Property Standard Setting and Developing Countries", Paper for the UK Commission on Intellectual Property Rights, available as Study Paper 8 at http://www.iprcommission.org.

[17] John Braithwaite and Peter Drahos, *Global Business Regulation*, Cambridge University Press, Cambridge,（2000），33.

[18] Braithwaite and Drahos, *supra*, n.17, 575—76.

[19] John Braithwaite, "Responsive Regulation and Developing Economies", 34 *World Development*（2006），884, 892.

集团在许多方面就得到了加强。[20] 如果说《TRIPs协议》是一种网络化治理形式，在这种形式中，强大的领导者在可信的贸易威胁的阴影中建立了越来越大的共识圈，《多哈宣言》的主题是薄弱的网络联结，这些网络包围并最终将美国及其制药产业孤立起来。在多哈，当时的美国贸易代表罗伯特·佐利克（Robert Zoellick）面临抉择，一边是表面上反对药品可及性，另一边是表面上放弃美国制药业。两者都不是特别舒心的选择。他选择了后者。还有另一个因素在起作用。弱者建立的网络联结形成一种制裁形式，它笼罩在多哈（全球公共舆论法院）的阴影上。发达国家的非政府组织成功地降低了专利法以及艾滋病的复杂性，将其变成普罗大众都能理解的简单选择。世贸组织的谈判在全球范围内是可见和透明的，而自由贸易协定谈判却根本没有透明度。在全世界新闻界的关注下，以美国为首的联盟面临的选择是要么支持一项宣言的明确要求——该宣言明确有助于防止数百万人不必要的死亡，要么宣称自己主张专利和利润优先。前者是所有人都理解的基本道德准则。没有任何人、国家或组织可以在众目睽睽之下选择后者。

三、脆弱的胜利：第6段解决方案

我们在本文的引言中看到，《多哈宣言》使TRIPs理事会承担了第6段所定义的任务。由于《多哈宣言》明确宣示发展中国家可以利用这些灵活性，而另一方面《TRIPs协议》本身又对强制许可下的产品出口施加限制，所以TRIPs理事会必须为缺乏药品制造能力的发展中国家如何运用《TRIPs协议》灵活性条款的问题找到解决方案。TRIPs理事会必须在贸易法、专利法和条约法规则趋于高度复杂性的背景下找到这种解决方案。从美国跨国制药公司的角度来看，第6段解决方案具有使印度等发展中国家出口商更容易将其药品出口到其他药品需求国的潜力。美国跨国制药公司主要的长期目标之一是建立国际专利制度，这将使仿制药的出口商难以在产品专利过期或颁发强制许可的情况下在美国市场或第三国市场竞争。美国公司尤其担心作为主要发展中国家出口国的印度可

---

[20] 有关这些因素在谈判中发挥作用的详细说明，参见 John Odell, and Susan Sell, "Reframing the issue: the WTO coalition on intellectual property and public health, 2001" in Odell（ed）, *Negotiating Trade: Developing Countries in the WTO and NAFTA*, Cambridge University Press, Cambridge, （2006）, 85。

能会利用第 6 段的解决方案。印度一直是美国《TRIPs 协议》谈判的主要目标，因为印度在 20 世纪 80 年代没有屈服于美国的双边压力。此外，美国制药公司对印度的 TRIPs 标准不满意，1994 年辉瑞（Pfilzer）写给美国贸易代表的一封信清楚地表明：

> 最后，关贸总协定没有这样做。许多印度人错误地（通常很诚实地）认为，如果他们同意为关贸总协定背书，他们将解决其知识产权和药品专利问题。事实并非如此，特别是如果他们真的想创造一个吸引投资并提供更好药品的环境—— 在十年或更长时间后才在立法上同意关贸总协定的某些条款不能实现其中任何一个目标。[21]

世贸组织总理事会在 2003 年 8 月 30 日通过第 6 段问题的解决方案时，用 6 页详细的规则来明确一个进口国能够从一个出口国进口药品的条件。重点是要注意该解决方案的特征在于高度的规则复杂性。规则复杂性具有一些基本指标：密度、技术性、差异性和不确定性。第 6 段解决方案涵盖了进出口交易（覆盖密度），需要应用专业知识（技术性），涉及国内法和条约法的适用（差异性），并且要求在应用之前必须满足许多条件（不确定性）。[22] 市民社会的倡导者尤其热衷于将规则的复杂性降至最低的解决方案。因此，技术消费者项目（CPTech）和无国界医生等主要参与者推动了所谓的第 30 条解决方案。[23]

第 30 条是《TRIPs 协议》中的一项重要规定，承认各成员可能出于特定目的限制专利权人的权利。权利限制的第 30 条原则可能会被用来创造专利权的新的例外与限制。最简单的第 30 条解决方案可以使世贸组织成员直接同意，在一个成员缺乏制造能力并需要药品的情况下，第 30 条将允许对《TRIPs 协议》第

---

[21] Letter from C.L. Clemente, Senior Vice President – Corporate A□airs, Pfizer Inc to Joseph Papovich, Deputy Assistant U.S. Trade Representative for Intellectual Property, June 7, 1994.

[22] Peter Schuck, "Legal Complexity: Some Causes, Consequences, and Cures", 42 *Duke Law Journal* (1992), 1.

[23] 有关技术消费者项目、无国界医生组织、乐施会和国际卫生行动组织更加偏好第 30 条解决方案的解释，请参见 "Letter from CPTech, Oxfam, MSF and HAI to WTO Delegates regarding December 16, 2002 Chairman's Text for 'solution' to Paragraph 6 of the Doha Declaration on TRIPs and Public Health", available at http://www.accessmed-msf.org/prod/publications.asp?scntid=6120031111255contenttype=PARA。

31（f）条施加的限制创设例外。随着时间的流逝，各国在其本国法律中实施此方法，围绕该例外的国家实践就会出现。关于第 30 条解决方案范围的分歧本可以通过谈判、磋商以及最终由世贸组织争端解决机制来解决。第 30 条解决方案本可以在公共健康和知识产权问题上为回应性国家实践和习惯的发展奠定基础。当前的重点是一个基于原则的解决方案业已存在。世贸组织成员实际谈判的是规则密集的解决方案。我们将在下一节中看到，在实现谈判收益时，这种解决方案让较弱的参与者付出了实实在在的代价。

四、规则复杂性的解决方案——多哈的成本和教训

现在，我们可以转向我们在本文开头提出的四个主张，并说明这些主张如何被围绕《多哈宣言》和第 6 段解决方案的谈判所支持。

（一）在弱势谈判者联盟赢得谈判的情况下，必须有一项旨在实现该收益的战略

谈判胜利或收益是否能转变为真正的收益尚未有定论。在贸易谈判的背景下，谈判收益转化为实际收益的一个例子是，一个国家赢得了关税减让，而给予减让的国家不会采取任何行动来使减让的结果落空，最终结果是第一国获得了其原本并未拥有的出口市场份额。[24] 贸易法的大部分内容可以理解为提供一种机制，以确保各国按照其已经达成的谈判作出让步，并确保它们不使用其他手段和战略来使这些让步的意图落空。在国际谈判的情况下，最有可能实现谈判的胜利，前提是协议的当事方都对履行承诺有浓厚的兴趣，或者一个当事方违反承诺的行为很可能被发现，并且有很强大的实施机制对该违规行为给予制裁。如果没有实现共同收益的自动执行机制或没有强大的执行机制，就会有一个显著风险——谈判收益，尤其是弱者的谈判收益，将不会被兑现。在这种情况下，如果谈判收益没有伴有谈判后的实施机制，那现实风险将是收益永远无法被兑现。

《多哈宣言》是发展中国家在知识产权背景下难得地取得谈判胜利的一个例子。但是，发展中国家没有共同或者个别的战略来利用这一谈判收益。关于

---

[24] 从经济角度讲，给予减让的国家也将赢得利益，但这在贸易谈判代表的眼中并不是这样。Finger, J. Michael, "A Diplomat's Economics: Reciprocity in the Uruguay Round Negotiations", 4 *World Trade Review*（2005）, 27.

《多哈宣言》的谈判与常规意义上的贸易收益无关。相反，正如开篇所述，谈判的目的是要认识到发展中国家面临着严重的公共健康问题，而《TRIPs协议》（因而世贸组织）必须成为解决方案的一部分，而不是问题的一部分。该声明不会创建新权利来推翻《TRIPs协议》。相反，它提供了类似于宪法的原则排序，其中知识产权保护的原则明确地服从于国家保护公众健康的权利。根据《多哈宣言》第4段中的宪法排序，第5段列出了《TRIPs协议》所包含的某些灵活性。这些灵活性可用于保护公众健康。

但是，赢得一场原则竞赛只是确保获得理想的监管成果的开始。原则从本质上说是开放性的，因此必须通过将这些原则制度化的实践和规则加以保护。如果失败的一方将竞赛转移到另一个竞技场，或者如果失败的一方通过产生不支持该原则精神的规则复杂性进行反击，则原则竞赛的胜利可能最终会因为没有制度化的保障而付诸东流。

根据《多哈宣言》，发展中国家曾有机会围绕《多哈宣言》和《TRIPs协议》建立国家实践的形式，这些形式将明确地确定知识产权服从于公共健康监管。国家原本可能会采取的做法是开始例行地为必需药品签发强制许可，建立最适合其本国国情的专利穷竭制度，并在必要时利用《TRIPs协议》第30条。这听起来很像是一家企业的雄心壮志，但这的确是国际法明确承认的一种执行形式。[25]

国家可以通过惯例和习惯来创造法律并赋予条约意义。政治比国际法规则更重要。如果发展中国家集体地、大力地以及依靠媒体运作来追求上述那种选择，美国是否会特别反对它们，例如威胁在世贸组织提起诉讼？考虑到跨国制药公司针对南非提起的诉讼对公共关系造成的灾难[26]，以及美国在全球范围内被视为破坏《多哈宣言》的道德标准这一事实，我们怀疑在世贸组织诉讼的策略对美国造成的损失太高了。发展中国家的做法越广泛和越长久，根据国际法，这些做法就会越重要。

事实证明，发展中国家没有任何上述在谈判之后进一步实现多哈成果的实

---

〔25〕 例如，1969年《维也纳条约法公约》第31条第3款（b）项规定，任何使用条约的后续惯例，如果这些惯例建立了双方同意的关于条约的解释，那么这些惯例都应当予以考虑。

〔26〕 Odell and Sell, *supra*, n.20, 98.

施战略。表1说明在多哈会议召开后的前三年，发展中国家实际上没有颁发多少强制许可。有人会说，缺乏此类活动的原因在于发展中国家缺乏药品专利，因此它们没有必要诉诸强制许可措施。给定药品的专利状态很难确定，尤其是在那些专利局通常没有电子检索工具的发展中国家。在许多情况下，只能亲自到相关的专利局进行人工搜索才能确定药品的专利权。[27]此外，专利权问题通常是对复杂权利要求的解释。像无国界医生组织这样的组织在确定抗逆转录病毒药物的专利状态方面投入了大量资金。无国界医生在最近的一份报告中指出，奈韦拉平在肯尼亚、马拉维、乌干达、赞比亚、津巴布韦和大多数讲法语的非洲国家仍处于专利保护之下。[28]这只是其中一种重要的艾滋病药物。本文认为，表1所示的缺乏强制许可活动的解释几乎可以肯定不是由于发展中国家没有药品专利（尽管药品专利的水平会更低），而是在发展中国家缺乏旨在实现《多哈宣言》谈判成果的法律战略，该战略背后是需要政治支持的。在没有这种战略的情况下，发展中国家被拉入世贸组织就第6段问题进行的另一场谈判。正是从这次谈判中，我们得出了以下两个命题。

表1 多哈宣言之后的强制许可（2001—2004）[29]

国家	年份	许可活动
巴西	2001	自2001年开始，巴西曾数次威胁使用强制许可，但是到目前为止没有颁发任何许可
印度尼西亚	2004	2004年10月5日，印尼颁发了对拉米夫定和奈韦拉平的强制许可
韩国	2002	申请从印度进口格列卫的强制非排他许可，于2003年被拒绝
马来西亚	2003	2003年10月29日，马来西亚国内贸易和消费者保护部部长宣布从印度Cipla公司进口二羟肌苷、齐多夫定和利托那韦+拉米夫定的两年强制许可

[27] 因此，声称专利不是问题并依靠专利状态作为间接证据的研究根基并不稳固。国际知识产权研究所的研究也承认这一点。"Patent Protection and Access to HIV/AIDS Pharmaceuticals in Sub-Saharan Africa", A Report Prepared for the World Intellectual Property Organization by the International Intellectual Property Institute, 2000, 37.

[28] MSF, *Untangling the Web of Price Reductions: A Pricing Guide for the Purchase of ARVs for Developing Countries*, July 2006, 7, available at www.accessmed-msf.org.

[29] 该表是从技术消费者项目（Consumer Project on Technology）在强制许可和健康事项上保留的页面整理而来的。这是作者所知的有关此问题的最佳公共信息来源。Available at http://www.cptech.org/ip/health/cl/recent-examples.html.

续表

国家	年份	许可活动
莫桑比克	2004	2004年4月5日，莫桑比克工业和商业部副部长发布拉米夫定、司他夫定和奈韦拉平的专利权强制许可
南非	2003	2003年12月10日，南非竞争委员会与葛兰素史克（GlaxoSmithKline）和勃林格殷格翰（Boehringer Ingelheim）达成和解。原因是两家公司被指控其利托那韦、拉米夫定、利托那韦+拉米夫定和奈韦拉平的定价过高
赞比亚	2004	2004年9月21日，赞比亚国内贸易和消费者部部长发布拉米夫定、司他夫定和奈韦拉平的强制许可。该许可授予了当地生产商Pharco公司生产三重固定剂量组合药
津巴布韦	2004	2004年5月27日，津巴布韦司法、法律和议会事务大臣宣布紧急状态，以便就抗逆转录病毒药物专利颁布强制许可。在印度的协助下，津巴布韦已经开始在当地生产抗逆转录病毒药物

（二）弱势参与者必须警惕"谈判疲劳"的危险

在20世纪90年代初期，布雷思韦特和达沃豪斯在世贸组织做田野调查时发现，资深员工认为该组织患有"谈判疲劳"：

> 谈判疲劳的状况在就大型基础设施在日内瓦进行的贸易谈判中"正合美国和欧洲的胃口"。他们希望世贸组织做"越来越多的好事"以便使贸易自由化，他们知道只有他们才能适当地向委员会提供资源。"大型玩家有能力玩猫和老鼠的游戏……当他们比其他人（世贸组织官员）遭受更少的谈判疲劳时。"[30]

只需看一下世贸组织在日内瓦任何一天的会议时间表，以及联合国贸易和发展会议或世界知识产权组织等组织中的其他有关会议，就可以看到发展中国家和许多中等发达经济体没有能力为许多需求众多的领域的谈判提供服务。笔者在2000年进行的另一项工作中发现，自20世纪90年代初以来，谈判疲劳的循环加剧了。[31] 笔者采访了负责多个国际组织中多达12个不同领域的发展中国家代表。正如受访者容易承认的那样，派驻专家对这么多领域进行跟踪并不

---

[30] Braithwaite and Drahos, *supra*, n.17, 196.

[31] Drahos, *supra*, n.16.

具有现实可能性。取而代之的是，许多谈判者从一场会议跌跌撞撞地进入另一场会议，而对他们正在处理的内容几乎没有基于客观证据的理解，主要是重复他们在谈话中所收集的，或在办公桌上阅读的简短摘要文件中的内容。

《多哈宣言》第 6 段的谈判为谈判疲劳的危险提供了有用的例证。它们还说明，在谈判永无止尽的世界中，所有谈判胜利都应被视为暂时的。对胜利的任何其他态度都将置人于傲慢和敌对的危险中。

发展中国家和市民社会参与者组成的联盟结合了基于证据的分析和娴熟的公共运动以及可信的威胁标语（"没有《多哈宣言》，就没有多哈回合"），从而最终赢得了《多哈宣言》。在《多哈宣言》之后，发生了两件根本性的事件。美国制药业意识到多哈担保的公共健康自由的危害，其参与第 6 款谈判时带着明确目标，也就是找到限制多哈自由的"解决方案"。第 6 段的谈判成为美国产业弥补损失的机会。同时，美国加强通过自由贸易协定获得更高知识产权保护标准的战略。相比之下，发展中国家对于进行有关知识产权与公共健康的另一次谈判的准备并不充分。多哈贸易回合的启动意味着它们本已紧张的贸易官僚机构将面临额外的需求。面对这种情况，如果它们推迟第 6 段的谈判，并专注于发展支持性的国家惯例，让这些惯例释放《多哈宣言》的全部潜力，发展中国家本来可以做得更好。但事实恰好相反，在美国开辟知识产权双边战线之际，这些国家同时进入另一个世贸组织的谈判周期。

谈判疲劳是一个真实的现象。美国和欧盟知道，围绕复杂问题进行的充满压力的谈判周期将改变并最终压倒大多数实力较弱的参与者。对于弱势参与者而言，谈判的技巧是知道何时离开，何时不陷入谈判周期，以及何时提出其可以提供分析和人员支持的谈判议程。同意严格的谈判时间表和最后期限会产生压力，而强势参与者能更好地吸收这些压力。在这些压力使强势谈判方与弱势谈判方陷入谈判僵局的情况下，随后为解决这种僵局而进行的政治干预也可能会有利于强势谈判方。更强一方的政治代表通常比更弱一方的代表占据更好的讨价还价的地位。

（三）弱势谈判联盟获得的谈判收益需要高度规则复杂性才能实施，而这种实施机制降低了成功实现该收益的机会

前面我们看到，第 6 段解决方案是规则复杂性的一个典型代表。该规定涵盖了进出口交易的各个细节（例如：装运前，被许可人必须在网站上发布有关

数量和产品标签的信息）。它需要技术建议来指导如何在国家专利法体系内实施相关措施，以及指导如何具体实施相关措施。该方案的实施和使用要求应用多种法律渊源，包括专利法、条约法和贸易法。一个国家在其可以执行或发布决定之前，必须考虑多个维度上的各个因素。例如，如果一个国家与美国签订自由贸易协定，则该自由贸易协定规定的义务可能会妨碍第 6 段解决方案的有效使用。值得注意的是，世界银行发布的第 6 段决定的 64 页指南警示了以下内容：

> 本指南只能提供一个起点。第 6 段决定的实际执行将在每个国家现有立法、法规框架、惯例和判例的框架内进行。每个国家的执政者都必须与自己的法律专家合作，以找到适合其情况的解决方案。[32]

与谈判收益相对应，第 6 段决定对发展中国家的实际收益是：是否有大量的仿制药公司使用第 6 段体系向发展中国家出口药品。进入该体系的仿制药公司越多，实际收益就越大。发展中国家将有机会获得更广泛的药品（例如，仿制药公司专门研究注射药物与口服药物）。仿制药公司数量的增加也意味着价格竞争的日益激烈，这是实现药品可及性的第一个必要条件。

从根本上说，如果要实施第 6 段解决方案，就必须为仿制药的出口商提供进入出口市场的足够（法律）确定性，以诱使它们进入那些市场。在发展中国家，与艾滋病、结核病和疟疾等疾病治疗相关的许多药品费用，是由发达国家的私人和公共倡议共同承担的。无国界医生、克林顿基金会（Clinton Foundation）、比尔和梅林达·盖茨基金会（Bill and Melinda Gates Foundation）等组织，以及发达国家政府的独立运作，或通过全球基金等机制的共同行动，为药品的全球出口市场延伸至发展中国家创造条件，而这些市场以前是不存在的。紧要的问题是，就商业现实而言，目前在市场上运行的第 6 段解决方案是否有助于仿制药出口商进入这些新市场。这是关于公司未来行为的有待验证的经验性问题。世界银行高级副行长兼总法律顾问罗伯托·丹尼诺（Roberto

---

[32] Frederick Abbott, and Rudolf Van Puymbroeck, *Compulsory Licensing for Public Health: A Guide and Model Documents for Implementation of the Doha Declaration Paragraph 6 Decision*, World Bank Working Paper No. 61, World Bank, Washington DC, 2005, 3.

Danino）在《世界银行指南》的前言中指出，尽管第 6 段的决定得到广泛报道，但该决定仍未被利用，来给需要药品的国家"带来负担得起的，拯救生命的药品"。[33]

可能有助于解释该决策被缓慢采用的因素之一是其非常复杂的规则。明确的规则为投资决策带来透明度和确定性，这对于鼓励任何形式的投资活动都是必不可少的。规则并非总能带来确定性。[34]一个典型的将专利规则合法化的理由是其可以为投资者提供确定性的手段，使它们可以在有限的时期内有权利用其投资产品。但是，从专利制度旨在服务的社会福利的角度来看，重要的是，专利期结束的规则是同样确定的。仿制药公司的投资者需要知道，确实存在一个制药市场，它们可以生产产品，并在其中与其他公司自由竞争。关于专利何时过期的明确而简单的规定是竞争性的制药市场运作的基础。

第 6 段解决方案的一个问题可能是，它带来更多的不确定性，这将导致仿制药公司不愿使用该方案。所有公司都承受着风险和不确定性。规则复杂性是制药公司的日常。但是在某个时候，公司会得出结论，额外的风险和不确定性不值得任何潜在的回报，即公司将采取规避风险的策略。对于许多仿制药公司来说，在看待第 6 段决定时，情况大概就是如此。笔者参与的一个项目研究自由贸易协定对公共健康的影响，该项目对澳大利亚的 5 家仿制药公司进行了访谈。[35]所有受访者都认为世贸组织的解决方案一定程度上远离了其利益和计划。在采访中，应对风险和不确定性是一个反复出现的主题，那些接受采访的公司称，其看到品牌药公司的专利活动更趋频繁，而在这些专利之中周旋的成本正在增加。这些公司没有充分了解第 6 段解决方案的详细信息。当它们偶尔掌握了更多的信息时，却看不到其中的真正价值。在澳大利亚接受访谈的公司谈到有必要制定简单明了的出口规则，使它们能够及时进入市场。一家公司指出，在第 6 段解决方案的任何实施机制中，大型制药公司都有机会阻碍或停止仿制药的出口，以往经验表明大公司会始终抓住这一机会。这将是一种理性的商业

---

[33] Abbott and Puymbroeck, *supra*, n.31, v.
[34] 有关更简明规则的主张，见 Richard Epstein, *Simple Rules for a Complex World*, Harvard University Press, Cambridge, 1995。
[35] （with Tom Faunce and David Henry）Discovery Grant from the Australian Research Council, *The Impact of International Trade Agreements on the Regulation and Provision of Medicines in Australia*.

做法。这种观察与在制药行业中可以更广泛地观察到的对专利规则的博弈是一致的。[36]

当然,世界其他地区的其他仿制药公司可能会研究第 6 段的决定,并得出与这些澳大利亚公司不同的结论。然而我们怀疑会有许多人得出相似的结论。有一种现实的可能性是,发展中国家谈判代表确实已经同意一种根本不植根于商业生活现实的解决方案。在复杂的规则中也有可能包含复杂规则解决方案所带来的成本,即失去原本可以从协商解决方案中取得收益的风险。复杂的规则解决方案可能还会带来其他成本。可以兜售给相关公众的信息是,该方案已经解决了问题。在任何情况下,公众关注一项议题的时间都很短;大众几乎不太可能跟进实施的技术细节,因为新闻媒体选择报道细节的可能性几乎为零。第 6 段规则的通过是一项重要的象征性仪式,使世贸组织及其支持者声称贸易体制已经对艾滋病大流行做了其应做的工作,而现在是时候转向真正重要的贸易自由化的议题上了。[37]在这种监管形式主义中,贸易体制的参与者承认世贸组织和《TRIPs 协议》对实现更具竞争性的药品市场和更便宜的药品价格的目标至关重要,但随后其中一些参与者却故意实施一种旨在保护其垄断利益的监管解决方案,这一解决方案事实上阻止了上述目标的实现。[38]他们的目标是为世贸组织在药品可及性议题上获得监管便利,而不是取得实质结果。第 6 段的规则复杂性已将重构该规则的权利交还给了美国和制药业。第 6 段规则及其支持言论所隐瞒的是,为了让美国和欧洲的药品垄断利益永久存在,为世界各地的穷

---

[36] US Federal Trade Commission, *Generic Drug Entry Prior to Patent Expiration*, July 2002. 从加拿大仿制药行业的角度解释加拿大专利法规方面的博弈,见 Edward Hore, *Patently Absurd: Evergreening of pharmaceutical patent protection under the Patented Medicines Notice of Compliance Regulations* of Canada's *Patent Act*, 2004, available from the Canadian Generic Pharmaceutical's Association。

[37] *Decision Removes Fnal Obstacle to Cheap Drug Imports*, available at http://www.wto.org/english/news_e/pres03_e/ pr350_e.htm. Statement of the U.S. Trade Representative Robert B. Zoellick on TRIPs and Access to Medicines, available at http://www.ustr.gov/Document_Library/Press_Releases/2003/August/Statement_of_US_Trade_Representative_Robert_B_Zoellick_on_TRIPs_access_to_medicines.html. 美国制药研究与制造商也认为第 6 段解决方案是积极的,并欢迎其法典化。See http://www.phrma.org/news_room/press_releases/phrma_welcomes_trips_and_public_health_agreement/。

[38] 监管形式主义是一种普遍现象,它意味着"接受制度化手段以确保监管目标,同时又失去对实现目标或成果本身的所有关注"。John Braithwaite, Toni Makkai, Valerie Braithwaite, *Regulating Aged Care: Ritualism and the New Pyramid*, Edward Elgar, 2007.

人建立更具竞争性的药品市场的机会被牺牲了。

这就提出一个问题，即较弱势的参与者如何才能避免成为监管形式主义和规则复杂性的受害者，或将该风险降到最低？根本的一点是，谈判者必须先注意到该风险，然后才能决定对风险采取何种措施。这直接将焦点指向信息问题，或者说信息缺乏的难题。通常，谈判中的信息不完善（或有限理性）问题与谈判者缺乏有关彼此的底线、偏好、目标等的信息有关。在第6段解决方案的问题上，我们正在处理的有关该解决方案的操作性的信息是可以获得的最少的信息，我们需要根据这些信息计算出实施该解决方案的更好的一种可能性。这些信息原本可以从仿制药公司那里获得，因为许多仿制药公司在药品出口，以及和品牌制药公司就现有规则进行博弈方面具有多年经验。即使在笔者在澳大利亚进行的少量访谈中，也获得了足够的信息，这些信息表明对复杂的药品出口规则进行博弈的风险确实存在。这个例子表明，如果有可能，弱势参与者应该尽量纠正不完善信息。正如约翰·奥德尔（John Odell）正确观察到的那样，在谈判中，谈判者有时必须运用经验法则进行操作。[39] 但是，还有其他一些场合，他们不应吝惜收集信息，特别是在信息可以合理取得的情况下。鉴于谈判胶着的重点是针对穷人的药品出口市场的结构，任何投入到探究第6段拟议执行方案的可行性当中的资源都可以收到数倍的回报。纠正不完善信息的必然结果是：弱势参与者在获得信息之前，不应被卷入截止日期和谈判时间表中（因为这会加剧谈判疲劳）。

（四）弱势谈判联盟在获得谈判收益时，必须有一个策略来应对失利的强势联盟可能进行的论坛转移，该论坛转移旨在湮灭弱势联盟的谈判利益

自第二次世界大战以来，论坛转移（forum shifting）是美国主要采用的一种做法。[40] 本质上，它允许美国不将谈判议程局限在一个国际论坛上，以此来增加其赢得胜利的机会。论坛转移涉及三个基本策略。谈判议程可以从一个国际组织转移到另一个国际组织，一个谈判议程可以在一个或多个国际组织同时推进，或者一个强势参与者可以放弃某一个国际组织。论坛转移是知识产权全球

---

[39] John Odell, "Introduction" in John Odell, (ed), *Negotiating Trade: Developing Countries in the WTO and NAFTA*, Cambridge University Press, Cambridge, 2006, 1, 10.

[40] Braithwaite and Drahos, *supra*, n.16, 29.

化的基础。在 20 世纪 80 年代，美国将其关于加强执行知识产权的议程从世界知识产权组织转移到了关贸总协定。这一举动催生了《TRIPs 协议》。在 20 世纪 90 年代，在其关心的议题上，美国在 TRIPs 理事会上进展甚微。美国派遣庞大的知识产权专家代表团参加 TRIPs 理事会会议，代表团面临的却是发展中国家联盟提出的与健康和生物多样性有关的问题，而美国则认为这不属于与贸易有关的知识产权议题。[41] 美国将其就知识产权的谈判议程转移到自由贸易协定上。自 2000 年与约旦签订第一个自由贸易协定以来，美国在通过自由贸易协定来追求超 TRIPs 标准方面一直保持着"骄人"的成绩。[42]

一个明显的效果是，这些自由贸易协定限制了一个国家在《TRIPs 协议》下原本应拥有的保护公共健康的权利；这些限制是通过加入下列条款实现的：包括延缓仿制药的批准，要求专利期限延伸，将药品批准和专利状态相联系的专利链接，限制强制许可，禁止平行进口，以及扩大专利保护范围。[43] 发展中国家同意美国自由贸易协定的知识产权章节，有两个基本的负面影响。这两个影响都源于以下事实：这些章节为仿制药公司进入市场设置了重重障碍。一个风险是，仿制药公司将很难在其国内市场与品牌药竞争；另一个风险是，随着越来越多的国家签署这些协议，它们共同限制了整个仿制药产业的进出口市场。[44] 当然，在给定的市场中，这些风险的实际作用将取决于本地变量，例如对自由贸易协定义务的具体执行，本地仿制药公司的专利诉讼能力，本地专利局的监管能力等。重要的是，美国原本无法在世贸组织框架中获得其在自由贸易协定中达成的知识产权标准。

从美国的角度来看，转向自由贸易协定的作用是使目标国家脱离有效的世贸组织联盟，并恢复联盟成立之前就存在的议价能力不平等。即使通常情况

---

[41] 美国贸易代表办公室访谈，日内瓦，2001 年。

[42] John Thomas, *Intellectual Property and the Free Trade Agreements: Innovation policy Issues, Congressional Research Service*, The Library of Congress, December 21, 2005.

[43] United States House of Representatives, Committee on Government Reform Minority Stafft, Special Investigations Division Trade Agreements and Access to Medications Under the Bush Administration, June 2005, I, available at www.reform.house.gov/min.

[44] 对于在《美国—约旦贸易协定》的背景下这两种风险如何发挥作用的讨论，见 Hamed El-Said and Mohammed El-Said, "TRIPs, Bilateralism, Multilateralism Implications for Developing Countries: Jordan's Drug Sector", 2 *Manchester Journal of International Economic Law*（2005）, 59.

下，自由贸易协定的经济学并不青睐实力较弱的国家，[45]较弱国家的领导人仍然可能会看到与世界最强国家建立双边关系的政治利益。较弱国家的政治领导人很可能愿意放弃在其他领域赢得的来之不易的谈判收益，以此作为与美国建立"特殊"关系的代价。弱国的收益可能与贸易没有多大关系，而与其对安全和如何管理美国军事力量的感知有很大关系。[46]在这种情况下，值得回顾罗伯特·基欧汉（Robert Keohane）对"小国与大国之间的埃尔·卡彭（Al Capone）联盟"的见解。在这种联盟中，"保持忠实的结盟可以保护自己，不是为了免受外部的虚幻威胁，而是抵抗强大的盟国本身，就像在芝加哥向卡彭的帮派支付'保护费'一样，商人不是为了保护自己免受其他帮派的侵害，而是为了对付卡彭本身的暴徒"。[47]

从强国论坛转移的角度来看，转移的全部内容就像是从一个个论坛上循环，以便找到在某一个具体的时间点上，其权力得以优化并且弱势联盟谈判优势最小的那一个论坛。从弱国的角度来看，论坛转移带来了极大的危险，因为当弱国取得明确的谈判成果时，就像《多哈宣言》中发展中国家取得的一样，强势参与者可能在另一个论坛上再次质疑这一结果。论坛转移意味着某些谈判从未真正结束。它还表明，最好以历时的、环环相扣的序列进行研究，而不是静态和个案的研究方式。过去10年中，自由贸易谈判激增，这些贸易谈判无疑就是这种情况。[48]

现在转到从药品可及性的谈判中汲取什么教训的问题。重要的是要牢记，美国论坛转移的这一最新例证是其25年来处理知识产权问题的模式的一部分。发展中国家对此模式的反应充满了失败的记录。发展中国家的谈判代表可以指出诸如《多哈宣言》之类的个别成功，但正如结构现实主义理论所预言的那样，美国的强大权力和能力正在削弱这些成功。这个问题的答案是，发展中国家要进化出优越的谈判组织形式，这一组织形式需要有明确的时间和空间维度。如

---

[45] Caroline Freund, *Reciprocity in Free Trade Agreements*, World Bank, April 2003, available at http://www.sice.oas.org/geograph/mktacc/freund.pdf.

[46] 这一观点对于阿拉伯世界而言尤为重要。El-Said, H and El-Said, M, supra, n.43, 75.

[47] Robert Keohane, "Lilliputians' Dilemma: Small States in International Politics", 23 *International Organization*(1969), 291, 302.

[48] Crawford, Jo-Ann and Fiorentino, Roberto V. The Changing Landscape of Regional Trade Agreements, Discussion Paper No. 8, World Trade Organization, 2005.

果在世贸组织内阻止专利垄断的全球化被认为是有效率的,那么在自由贸易协定的背景下这样做也是有效率的。

当然,发展中国家采用联合谈判战略以击败知识产权寻租政治无疑面临巨大挑战,因为知识产权的挑战会随着时间和地点不断扩大。然而,发展中国家必须开始应对这一挑战。出发点是关注联盟和网络之间的性能差异。根据本文的定义,前者由具有协调职能的政府组成,而后者由具有协调职能的网络节点主体(nodal actors)组成(无论是国家还是非国家主体)。[49] 以这种方式进行区别,可以说,联盟主义者在谈判中将重点放在招募政府主体上,而网络工作者则更广泛地招募可以帮助事件推进的节点主体。联盟一直是多边贸易谈判中的传统组织形式,但它们也有潜在的弱点。多边贸易谈判的长期框架意味着单个国家的政府最终能获得的未来价值可能打折,从而不及紧密安排的双边谈判所能提供的现值。政府的贴现计算可能会诱使该政府背弃联盟。另一方面,如果网络可以更广泛地代表可能被长期谈判的结果所影响的利益,则网络可以以不同的方式计算贴现。网络可能比弱国政府联盟拥有更多的信息收集能力,并且网络可能提供更多的技术专长,用于分析问题和立场。网络与联盟之间的这种区别,以及前者相对于后者的成功也有一定的经验支持。促成《多哈宣言》的参与者更多是网络,而不是联盟;2001年在多哈举行的世贸组织部长级会议上几乎没有取得成就(甚至可能被认为是失败的)的"志同道合"国家集团是一个联盟,而不是网络。[50] 还有大量证据表明,美国将贸易谈判作为一种网络化治理的形式,而不是作为一个简单的建设国内联盟的过程。[51]

世贸组织中的发展中国家联盟往往是临时的、非正式的、单一问题的团体,除了谈判之外很少强调制度化。[52] 也许不适合这一概括的制度化联盟的最好例

---

〔49〕 Odell, *supra*, n.38.

〔50〕 有关"志同道合"国家的出色案例研究,请参见 Amrita Narlikar, and John Odell, "The strict distributive strategy for a bargaining coalition: the Like Minded Group in the World Trade Organization" in John S. Odell(ed), *Negotiating Trade: Developing Countries in the WTO and NAFTA*, Cambridge University Press, Cambridge, 2006, 115。

〔51〕 Gregory Shaffer, *Defending Interests: Public-Private Partnerships in WTO Litigation*, Brookings Institution Press, Washington, D.C., 2003; Drahos, supra, n.12, 401.

〔52〕 Peter Drahos, "When the Weak Bargain with the Strong: Negotiations in the World Trade Organization", 8 *International Negotiation*(2003)79-109.

子是参与农业谈判的凯恩斯集团，该组织是在关贸总协定乌拉圭回合期间成立的。[53] 特定地点和临时组建的联盟不是处理谈判的强有力的组织形式，在谈判中，强势参与者有能力在多个论坛中循环进行谈判。出于各种原因，一个组织中可能会出现的弱势参与者联盟，在另一个组织中根本就不会出现。资源有限的发展中国家可能只是将注意力集中在世贸组织上，而仅有限参与世界知识产权组织的谈判；或者它们可能派遣不同的代表到世界知识产权组织，这些派驻世界知识产权组织的代表可能不会像其同事在世贸组织那样，在世界知识产权组织也结成联盟。此外，如果强势参与者转向双边谈判，则可以直接排除反对者结盟的可能性。

正如《多哈宣言》所表明的那样，所有发展中国家在药品可及性议题上都有浓厚的兴趣。事实证明，联盟不是在此问题上进行长时间协调的成功手段，也未能抵抗论坛转移的战略。发展中国家必须找到跨越论坛和跨越时间的方法，来保护药品可及性的谈判收益。实现这种协调的一种方法是采用一个制度化的网络，该网络会纳入尽可能多的节点主体。该网络的核心可能会是准备整合《多哈宣言》基本前提的那些国家。该网络可以从凯恩斯集团的模式开始，构建一个健康与知识产权（HIP）集团。与凯恩斯集团一样，它也会有一个秘书处。但是，健康与知识产权集团将着重于招募参与者，无论是国家还是非国家的参与者，以增加其能力和权力。例如，架构（framing）战略是发展中国家在《多哈宣言》中取得成功的关键，它需要熟稔媒体运营的非政府组织来协助。更重要的是，与凯恩斯集团不同，每当公共健康和知识产权问题被提上谈判日程（例如在世界知识产权组织、世贸组织、世界健康组织和自由贸易协定中）时，健康与知识产权集团都将作为一个网络来协调其成员在论坛上的立场。目标应该是避免在任何谈判背景下单个国家的背叛，而这些背叛最终会损害整个集团的目标（例如，作为凯恩斯集团中的一员，澳大利亚与美国之间的自由贸易协定可能破坏了凯恩斯集团在世贸组织的谈判目标）。基于特定情境而构建的弱势联盟无法阻止这种背叛。通过加入健康与知识产权集团，各国将发出信号，表示它们只会同意不损害其保护公共健康权的知识产权标准。在健康与知识产权集

---

[53] 凯恩斯集团成立于1986年，并在WTO成立之后继续作为一个集团参与农产品谈判。参见http://www.cairnsgroup.org/milestones.html。

团之外的国家，必须向各种非政府组织及其公众负责，说明为什么不参与旨在保护公众健康的网络。

就像凯恩斯集团是一个单一问题联盟一样，健康与知识产权网络仍可以是一个针对单一问题的网络。这将有助于避免网络支离破碎。该网络的目标是在公共健康和知识产权这一单一问题上招募尽可能多的节点主体，以孤立那些以牺牲公共健康为代价来加强知识产权保护的主体。发展中国家将直接同意，药品可及性的问题具有根本的重要性，所以其将围绕该问题制定共同的讨价还价战略。这种联合战略不会阻止其在服务或政府采购等其他问题上采取不同的方案。这种有限联合的讨价还价形式将确保实现公共健康和知识产权谈判中获得的任何收益，而不是允许美国通过论坛转移战略随时间推移夺回谈判收益。不管发展中国家如何回应论坛转移，从药品可及性谈判中获得的明确的教训是：它们必须回应。在持续和多论坛谈判的贸易世界中，弱者的谈判收益是脆弱的，并且最终可能被剥夺。

五、结论

弱势参与者确实会取得谈判成果，《多哈宣言》就是一个例子。但是，在就谈判的作用和世界结构性权力的局限性得出很多结论之前，必须认识到像美国这样的强大国家将通过论坛转移夺回谈判收益。自《多哈宣言》以来，美国已经达成的自由贸易协定正在迅速侵蚀该宣言为发展中国家带来的收益。发展中国家在《多哈宣言》中的经验，是围绕知识产权的重要博弈的一部分，其中包括美国已经使用了至少25年的论坛转移战略。只有通过历时研究分析这一领域的谈判，以及一系列相关事件，我们才能真正了解谈判的可能性和局限性，因为谈判是弱势参与者获得收益的工具。知识产权是结构性权力相遇的领域，这种结构性权力通常会吞没弱势谈判者的谈判联盟和策略。根据人们对知识和信息的财产权边界的界定，美国、欧洲和日本的跨国公司要么变得越来越富裕，要么变得越来越贫穷——现实中，它们想变得更富有。但发展中国家也想变得更富有。知识产权与财富转移密切相关。关于知识产权的谈判不会很快结束。

对于较弱势的参与者而言，《多哈宣言》的教训是显而易见的。他们必须有实现谈判成果的战略，尽其所能采取自助和单方面措施。他们必须避免规则复杂性带来的让步。最重要的是，它们必须找到方法，针对至少一些知识产权问题制定联合的讨价还价策略，以应对美国的论坛转移。制定这一战略的关键在于探索网络化治理世界所提供的可能性。[54]在这方面，传统的联盟构建对发展中国家几乎没有用处。对联盟的背叛业已发生，并将成为一个持续存在的问题。相反，它们必须跨时间和地点升级其网络，以保护其在每一次和每一个论坛上所取得的宝贵谈判成果。

---

[54] 有关发展中国家机会的概述，见 Drahos, supra, n.12, 401; John Braithwaite, "Methods of Power for Development: Weapons of the Weak, Weapons of the Strong", *Michigan Journal of International Law* (2004), 26。

知识产权和后稀缺社会

[美]巴顿·毕比 *

张龙祥　任科颖 ** 译

"一个世纪以前，稀缺必须被忍受；如今，它必须被维持。"
————默里·布克金《后稀缺社会的无政府主义》[1]

一、导言

正如我演讲的题目所示，我今晚要谈的主要话题之一是"后稀缺社会"的概念。在我看来，没有比新加坡共和国更好的地方了。一方面，这是一个非常富有、技术先进、教育程度高的城市国家，其城市居民生活可能已经在许多方面进入后稀缺时代。另一方面，据我了解，现实是，在这个城市岛国里，一些非常基本的东西，如淡水、石油和土地，存在着严重（尽管可以控制）的稀缺。

因此，我认为，新加坡人可能具有独特的优势，既能认识到后稀缺社会的长久希望，又能迅速理解其严重的局限性。

我想讨论的另一个主题是知识产权法，具体来说，是知识产权法与后稀缺社会的关系。它们之间会有什么影响？

在回答这个问题时，我将重点关注知识产权法在后稀缺社会中的潜在社会作用。我的重点不是知识产权法在促进技术变革方面的作用（这是在场的各位可能都熟悉的作用）。相反，我会考虑，即使在一个所谓的后稀缺社会，知识产权法可能基于人为造成的稀缺而保持社会和文化差异。换句话说，我的重点不在于知识产权法对技术变革和技术进步的促进作用，而在于其对维持社会平衡

---

* 巴顿·毕比（Barton Beebe），纽约大学法学院约翰·德斯马赖斯知识产权法教授。这篇论文是毕比教授于2019年3月在新加坡国立大学法学院EW Barker法律与商业中心（EW Barker Centre for Law & Business）知识产权杰出人士年会发表的开幕演讲。

** 张龙祥（1995—），上海外国语大学法学院2019级法律硕士研究生，研究方向：商务法务；
任科颖（1995—），上海外国语大学法学院2019级法律硕士研究生，研究方向：商务法务。

[1] Murray Bookchin, *Post-Scarcity Anarchism*, Montreal: Black Rose Books (1971), at 59.

所发挥的作用。

对此，我将首先讨论一些关于后稀缺社会的经济和社会评论的主要例子，其次，讨论最近一些关于后稀缺社会的法律评论的例子。最后，我将谈谈知识产权法在后稀缺社会中的潜在社会作用。

二、后稀缺社会的梦想

从 20 世纪 60 年代起，经济、政治和社会评论员就开始谈论后稀缺社会，正如谷歌 NGRAM 数据所表明的那样（图1）。从数据来看，20 世纪 70 年代末，随着全球能源危机的爆发，人们对后稀缺社会的希望显著下降，但是这一思想传播的势头在逐渐增长，这不仅体现在法律评论上，也体现在社会科学和大众媒体上。[2]

图1 1900—2010 年谷歌全球书籍词频统计图中"后稀缺社会"词频变化[3]

但仅仅关注"后稀缺社会"这个专业术语是不正确的，因为对这样一个社会的梦想可以追溯到最早的宗教，而且它会一直伴随着我们，其存在的时间比这个术语长得多。这一梦想的重要世俗表达是在 1930 年，约翰·梅纳德·凯恩斯（John Maynard Keynes）在大萧条时期发表的《我们后代在经济上的可能前

---

[2] See Salil K Mehra, "Competition Law for a Post-Scarcity World", Tex A&M L Rev 1 at 2-4, 7-10 (2016)(surveying current discussions of post-scarcity society).

[3] Online:GoogleBooks<https://books.google.com/ngrams/graph?content=%22post-scarcity%22&year_start=1900&year_end=2010&corpus=15&smoothing=3&share=&direct_url=t1%3B%2C%22%20post%20-%20scarcity%20%22%3B%2Cc0#t1%3B%2C%22%20post%20%20scarcity%20%22%3B%2Cc1>.

景》[4]中提出的，当然，它对信仰的依赖并不输于宗教。他在文中解释，其在本文中的目的"不是要研究当前或不久的将来，而是要放下自己的短见，走向未来。因此，我们可以合理地期望我们的经济寿命达到一百年吗？我们的孙辈有哪些经济上的可能？"[5]凯恩斯把大萧条和"充满欲望的世界中巨大的失业反常现象"[6]描述为"暂时的失调阶段"[7]——从长远来看，这是相当准确的。他对时代的判断，在某些方面是相当有先见之明的，那就是："我们正遭受着一种新的疾病的折磨，有些读者可能还没有听说过它的名字，但在未来的几年里，他们会经常听到这种疾病——技术性失业。"[8]但这一发展"意味着从长远来看，人类正在解决其经济问题。我预测一百年后进步国家的生活水平将是今天的4到8倍"。[9]"一般来说"，他写道，"事情的发展过程就是，将会有越来越多的阶级和群体，它们的经济需求问题实际上已经消除了。"[10]这将是"我们经济幸福的终点"。[11]

然而，凯恩斯认识到，经济发展进入一个新的阶段，将会带来一系列新的挑战。下面我将详细介绍其中的一个。但总的来说，凯恩斯预测，那些解决了经济必要性问题的人将面临一个终极的伦理问题，那就是如何正确地追求生活艺术："因此，自人类诞生以来，人类将面临其真正的、永恒的问题——当从紧迫的经济忧虑中解放出来以后，应该怎样来利用他的自由？如何利用科学和复利来为他赢得闲暇，生活得更明智、愉快、惬意呢？"[12]

在凯恩斯的《经济可能性》论文发表40年后，一位截然不同的政治经济思想家提出了后稀缺社会的主题。美国无政府主义理论家默里·布克金（Murray Bookchin）以令人忧虑的方式说："有史以来我们第一次站在后稀缺社会的门

---

[4] John Maynard Keynes, "Economic Possibilities for our Grandchildren", *Persuasion New York: Harcourt Brace*, at 321, 1932.

[5] Ibid., at 322.

[6] Ibid.

[7] Ibid., at 325.

[8] Ibid.

[9] Ibid. at 325-326.

[10] Ibid., at 331.

[11] Ibid.

[12] Ibid., at 328.

前。"[13]对布克金来说，这不是凯恩斯"百年后"的问题。布克金从那些现在我们看来原始的20世纪60年代的技术里看到"能够在历史上第一次为解放提供物质基础的丰富技术"。[14]但布克金强调，即使技术的发展已经建立了后稀缺的物质先决条件，但真正的"后稀缺社会"尚未实现。[15]在凯恩斯看来，后稀缺状态从根本上来说不是一种经济状态，而是一种道德甚至是一种美学状态："稀缺不仅仅是资源稀缺的一种状态——如果说这对人类意味着什么，它就必须包含会助长人类不安全感的社会关系和文化机制。"[16]对后马克思主义无政府主义者布克金来说，这种不安全感是"剥削阶级结构"[17]的结果以及这种结构导致的等级制的财产和权力关系。只有消灭了这些，才能实现后稀缺社会："同样的道理，从根本上说，'后稀缺'一词不仅仅意味着丰富的生活资料，关键是它还包含这些资料所支撑的生活方式。在后稀缺社会中，个人的人际关系和心理必须充分体现这种自由、安全和自我表达，而这些正是富裕才可能实现的。"[18]

三、后稀缺社会的法律评论

凯恩斯在1930年所说的"百年后"是2030年，并不遥远。到那时，我们是否如期解决了我们的"经济问题"？最近的法律评论者似乎是这么认为的。有些人和布克金的想法一样，相信我们已经为后稀缺社会建立了技术前提。

我在这里重点介绍两个主要后稀缺的法律评论例子，它们都是最近这一波关于3D打印技术发展问题的法律论述浪潮中的浪花。首先是马克·莱姆利（Mark Lemley）的文章《一个不存在稀缺的世界中的知识产权》（IP in a World Without Scarcity）。[19]他在文章中预测"即将到来的富裕经济"，[20]一种"丰饶经济学"，[21]以及廉价的本地3D打印和生物打印的出现，这些都"不是在未

---

[13] Murray Bookchin, *Post-Scarcity Anarchism*, Montreal: Black Rose Books（1971）, at 12.
[14] Ibid., at 14.
[15] Ibid., at 12-14."这里应该强调'门槛'这个词，因为现有社会根本没有意识到其技术的后稀缺潜力。"
[16] Murray Bookchin, *Post-Scarcity Anarchism*, Montreal: Black Rose Books（1971）, at 13.
[17] Ibid.
[18] Ibid.
[19] Mark A Lemley, "IP in a World Without Scarcity", *NYUL Rev 90:2*, at 460,（2015）.
[20] Ibid., at 496.
[21] Ibid., at 466.

来，而是肯定在我们的有生之年"实现。[22]莱姆利聚焦"互联网、3D打印、机器人和合成生物学"四大技术，[23]提出："我们完全可以想见，在并不遥远的世界里，人们想要的大多数东西都能够以较低的价格在网站上下载和创造——基本上是原材料的成本。"[24]这些东西不仅包括标准工业产品，还包括生物技术产品，"我们当然还可以想象在那个时候，医生可以根据病人的基因提供个性化的医疗服务"。[25]莱姆利强调，"这个未来不是乌托邦。我所描述的技术并非完美无缺，每一种技术都需要物质投入，而物质投入反过来又要服从稀缺法则"。[26]但是，一种科技乐观主义甚至是科技鼓动主义的修辞话语贯穿他的文章，就像我们在布克金书中看到的一种由紧急的宣言组成的"临界性修辞"一样，它强调，我们正站在一个新的科技时代的门前。[27]这是法律未来主义写作的典型手法。[28]

后稀缺法律评论的第二个例子是德文·德赛（Deven Desai）和杰勒德·马格里欧卡（Gerard Maglioca）的文章《专利遇见纳普斯特：3D打印与物的数字化》(Patent Meet Napster: 3D Printing and the Digitization of Things)[29]。他们声称："3D打印技术的进步正在发起一场工业反革命浪潮……3D打印的前景是，人们几乎可以自由地制作任何他们想要的东西。"[30]和莱姆利一样，德文·德赛和杰勒德·马格里欧卡在描述3D打印的含义时，利用互联网技术和数字复制技术进行大量的类比。他们解释说："3D打印是一种通用的技术，它可以像MP3文件

---

[22] Mark A Lemley, "IP in a World Without Scarcity", *NYUL Rev 90:2*, at 471, 504, 507, "我们离后稀缺时代还有很长的路要走""我正在讨论的技术仍处于初级阶段"。

[23] Ibid., at 462.

[24] Ibid., at 462.

[25] Ibid., at 479.

[26] Ibid., at 496.

[27] Cf Ray Kurzweil, *The Singularity is Near: When Humans Transcend Biology*, New York: Viking (2006). "在21世纪开始之际，人类正处于其历史上最具变革性和激动人心的时期的边缘。"

[28] See also Barton Beebe, "Law's Empire and the Final Frontier: Legalizing the Future in the Early Corpus Juris Spatialis", *Yale LJ 108:7* at 1737-1751, (1999), 提供了一些临界性修辞的例子。See generally Barton Beebe, "Fair Use and Legal Futurism", *Cardozo Stud L & Lit 10 25:1* (2013), 以法律未来主义者视角分析合理使用。

[29] Deven R Desai & Gerard N Magliocca, "Patents, Meet Napster: 3D Printing and the Digitization of Things", *Geo LJ 102*, at 1691, (2014).

[30] Ibid., at 1692-1693.

处理音乐一样处理物理对象。"[31]就像莱姆利一样,他们也使用临界性修辞:"在不久的将来,你的手机将能够扫描物体并生成3D打印文件。"[32]

现在美国法律评论杂志和其他刊物上有很多这样的文章。[33]还有一些他们经常引用的非法学信息源。一个是杰里米·里夫金（Jeremy Rifkin）2014年的著作《零边际成本社会》,[34]其书名不言自明。另一个是雷·库兹韦尔（Ray Kurzweil）2006年的著作《奇点临近》。[35]库兹韦尔预测"奇点"将在2040年到来。[36]这个"奇点"是什么？正如库兹韦尔所解释的那样,奇点是"通过与我们所创造的智能相结合,使我们的有效智能增加十亿倍"的时刻。[37]

我应该承认,我自己以前也曾谈过后稀缺社会的可能性,也赞成临界性修辞。在2010年的一篇文章中,我提出"通用打印机""不仅仅是想象中的,而具有现实的可能性"。[38]我进一步推测,"在这样一个由通用打印所组成的经

---

[31] Deven R Desai & Gerard N Magliocca, "Patents, Meet Napster: 3D Printing and the Digitization of Things", *Geo LJ 102*, at 1691,（2014）.

[32] Ibid, at 1696.

[33] See Salil K Mehra, "Competition Law for a Post-Scarcity World", *Tex A&M L Rev 1*, at 2-4, 7-10,（2016）,调查当前对后稀缺社会的讨论。

[34] Jeremy Rifkin, *The Zero Marginal Cost Society: The Internet of Things, the Collaborative Commons, and the Eclipse of Capitalism*, New York: Palgrave Macmillan, 2014. 法学文献中对里夫金的引用,参见 Frank Pasquale, "Law's Acceleration of Finance: Redefining the Problem of High-Frequency Trading", *Cardozo L. Rev. 36*, 2085 at 2121,（2019）; Alexander Peukert, "Fictitious Commodities: A Theory of Intellectual Property Inspired by Karl Polanyi's 'Great Transformation'", *Fordham IP Media & Ent LJ 29* 1151, at 1155,（2019）; Olivier Sylvain, "Network Equality", *Hastings LJ 67*, 443 at 463,（2016）。

[35] Cf Ray Kurzweil, "*The Singularity Is Near: When Humans Transcend Biology*", New York: Viking, 2006. 举几个法律文献中对库兹韦尔大量引用的例子,James A Dator, "Futures and Trial Courts", *Widener J Pub L 517 18:2*, at 521,（2009）; Deven Desai, "Privacy? Property?: Reflections on the Implications of a Post-Human World", *Kan JL & Pub Pol'y 18:2*, at 174,（2009）; Debora J Halbert, "Intellectual Property in the Year 2055", *IDEA 59:1*, 117 at 128,（2018）; John McGinnis, "How Innovation Makes Us More Equal", *Harv JL & Pub Pol'y 39:147* at 55,（2016）.

[36] Christiana Reedy, "Kurzweil Claims That the Singularity Will Happen by 2045", Futurism 5 October 2017, online: Futurism <https://futurism.com/kurzweil-claims-that-the-singularity-will-happen-by-2045>.

[37] Ibid.

[38] Barton Beebe, "Intellectual Property Law and the Sumptuary Code", *Harv L Rev 123:4*, 809 at 836（2010）.

济体中，可以打印出不同物体质感的表达方式，本质上看，所有商品都是智力产品（即无形设计的体现），除去空间和自我，所有的财产基本上都是知识产权"。[39] 我想知道，在这样一个世界上，知识产权法和政策将发挥什么样的作用。过一会儿，我会更多地讨论这个问题。

但在此之前，请允许我对最近这一波关于3D打印和类似新兴技术的法律评述浪潮表示某种程度的怀疑，也包括我本人的论述在内。加德纳技术成熟度曲线（The Gartner Hype Cycle）可能并不科学（甚至有点夸张），但它可以启发人们去认识新技术是如何随着时间的推移而发展的（图2）。[40] "技术成熟度曲线"表明，在一项新技术推出后不久，就会出现"过高期望的峰值"，其特点是拥有巨大潜力的技术会得到媒体的广泛关注。然后，随着对技术期望泡沫的破裂，技术发展进入"泡沫化的底谷期"，在这个时期，"随着技术实验和应用的失败，人们已经对这项技术逐渐失去兴趣"，"技术生产者要么被淘汰，要么承认技术的失败"。[41] 可以说，目前关于3D打印和其他技术预示着后稀缺社会到来的法律评论反映了对这种技术的法律思考正处于"过高期望的峰值"，尽管媒体报道已经进入泡沫化的底谷期。[42] 毫无疑问，随着这些技术的成熟，人们的期望将沿着技术成熟度曲线的"复苏期"而逐步恢复，直到这项技术发展到达"实质生产的成熟期"而趋于平稳。[43] 然而，这种技术的广泛采用——广泛到一定程度从而进入到一个崭新的时代，所谓的"工业反革命"时代——目前离我们还很遥远。

---

[39] Barton Beebe, "Intellectual Property Law and the Sumptuary Code", *Harv L Rev 123:4*, 809 at 836 (2010).

[40] "加德纳技术成熟度曲线", online: Gartner <https://www.gartner.com/en/research/methodologies/gartner-hype-cycle>. See also Jackie Fenn & Mark Raskino, *Mastering the Hype Cycle: How to Choose the Right Innovation at the Right Time*, Boston: Harvard Business Press, (2008).

[41] 见"加德纳技术成熟度曲线"。

[42] See eg, Signe Brewster, "Whatever Happened to 3D Printing?", online: Techcrunch <https://techcrunch.com/2016/07/10/whatever-happened-to-3d-printing/>; Nick Allen, "Why 3D Printing Is Overhyped (I Should Know, I Do It For a Living)", online: Gizmodo <https://gizmodo.com/why-3d-printing-is-overhyped-i-should-know-i-do-it-fo-508176750>.

[43] 显然，"后稀缺性"一词使用的谷歌网络图与加德纳技术成熟度曲线有相似之处。

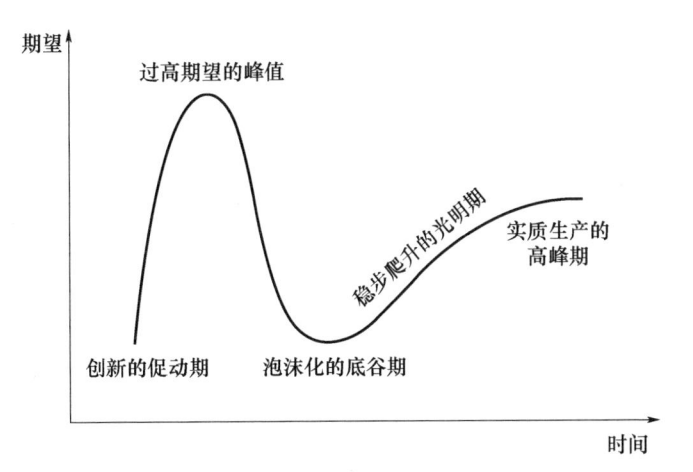

图 2　加德纳技术成熟度曲线

然而，对自己的怀疑论持质疑态度也许是值得的。当回过头来看时，对未来的大多数预测都是可笑的错误。说预测好笑，不仅因为预测将要发生的而没有发生，还因为预测不可能发生的却发生了。最后我想说的是，如果凯恩斯、布克金、莱姆利、德文·德赛、里夫金和库兹韦尔（以及无数其他人）是正确的（我是谁呢，可以质疑他们？），事实上，如果我们处于后稀缺社会的边缘，那么它对法律，特别是对知识产权法会有什么影响呢？

四、知识产权法在后稀缺社会中的作用

当前对这个问题主要是从经济和科技两个方面加以阐述。具体来说，在后稀缺社会中，学者们关注的是知识产权法如何促进或阻碍经济发展和技术进步。最后，我将在这一部分中提出，在后稀缺社会中知识产权法将发挥什么样的社会作用，这是一个更有趣、也更困难的问题。

（一）传统观点：知识产权法是搅局者

莱姆利提供了一个很好的例子，说明学者们关注的重点是经济和技术进步。正如他所言，他预测，当前绝大多数知识产权权利人将"与稀缺的死亡做斗争"。[44] 旧的既得利益者将对抗新的市场搅局者，因为这些旧的既得利益者从稀缺中获利；更重要的是，稀缺制度是指这些既得利益者拥有权力的制度，稀缺

---

[44] Mark A Lemley, "IP in a World Without Scarcity", *NYUL Rev 90:2*, 497, (2015).

是他们权力的基础,他们通过维持稀缺的条件维护自己的权力。[45]这些既得利益者会尝试利用知识产权法的限制功能来达到这个目的。具体而言,他们会寻求加强知识产权方面的立法来限制3D和生物打印技术[46]。他们会寻求对这类技术的研发者施加严格的间接责任,以及对那些利用这类技术对受保护设计实施侵权的主体追究直接责任[47]。

为了避免这种可能性,德赛和马格里欧卡呼吁立法改革来限制(甚至是消除)3D打印的个人责任[48]——但是他们当然承认这项改革所面临的重大难题。[49]他们呼吁制定针对专利侵权的DMCA[50],确切地说这指的是美国于1998年通过并生效的《数字千年版权法》[51]的第512条(c)(1)款[52]。简言之,他们呼吁建立一个通知删除制度,这个制度将限制那些侵犯专利权的3D打印文件储存库的数字中介的责任。他们的提议是,如果这类中间平台在收到通知后就迅速删除侵权内容,就不需要对侵权行为承担责任。大体来说,这些学者的观点是:在后稀缺社会,知识产权法在很大程度上只会是一个搅局者。它只会阻碍创新,而我们应该努力确保它不会这样。

(二)知识产权法的社会角色

传统观点认为在后稀缺社会,知识产权法对创新的重要性至少会降低。我对此感到矛盾,或许甚至对这一观点持有悲观态度。但是这一点暂且不论。

1. 知识产权法和社会稀缺

我要谈论的是在后稀缺社会中知识产权法可能扮演的另一种角色。这种角色与它现在已经在纽约、香港、巴黎或许还有新加坡的某些社区所扮演的角色并没有那么大的差异,在那里许多非常富有的居民已经生活在一个后稀缺世界中。对他们而言,如果说食物是个问题,那问题就是他们拥有太多食物了。并

---

[45] Mark A Lemley, "IP in a World Without Scarcity", *NYUL Rev 90:2*, 497-502,(2015)。
[46] Ibid.
[47] Ibid.
[48] Deven R Desai & Gerard N Magliocca, "Patents, Meet Napster: 3D Printing and the Digitization of Things", *Geo L J 102*, at 1716-1717,(2014)。
[49] Ibid.
[50] Ibid., at 1718-1719,(2014)。
[51] 17 USC 101(1998)。
[52] See ibid at § 512(c)(1)。

且很可能他们拥有如此丰富的资源（和智慧），而令他们真正感到稀缺的只有时间。

《我们后代在经济上的可能前景》一文中，凯恩斯在对后稀缺社会的描述中创造了一个重要的标准。但是，也许还有别的东西对人们来说可能永远是稀缺的。

> 现在可以肯定的是人类的需求是永无止境的。但是人类的需求可以被分成两类——一类是绝对需求，即不管周围的其他人境况如何，我们都会感到这种需求的存在；另一类是相对需求，即只有当这种需求的满足能够使我们凌驾于他人之上，产生一种优越感时，我们才会觉察这种需求的存在。这第二类需求即满足优越感的需求，也许才真正是贪得无厌的，因为当一般的水平有了提高之后，这种需求也会水涨船高。不过，绝对需求也许将很快达到，其实现的时间也许比我们大家所意识到的还要早得多。而当这些需求得到了满足，那时我们就愿意把精力投入非经济的目的上去。[53]

凯恩斯设想了这样一个世界，在那里我们的绝对需求都会得到满足。留给我们的将会是相对需求的问题，很显然他将其看作一种人类用来表现优越感或至少是身份地位的固有需求。人们达到这个目的的标准方式是通过对"稀缺物"的占有，或者对"稀罕物"——美学意义上的稀缺的拥有。[54]但是在一个已经战胜稀缺，并且已经战胜"稀罕"的社会，这种方式如何奏效呢？在一个居家生产技术可以轻易地扫描和复制一件物品（或者通过机器人提供一项服务）的社会，这种方式如何行得通呢？如果我们拥有和获得的绝大多数东西都处于无限的供给中，我们又如何将自己与他人进行区分呢？当然，一种方式是通过"行动"，通过"工作"，通过生产我们创造和赠予的东西，事实上这就是在开放源代码软件领域（并且我觉得在学术界也是如此）确立社会差异的方式。[55]但

---

[53] John Maynard Keynes, *Economic Possibilities for our Grandchildren*, Persuasion New York: Harcourt Brace, at 326（1932）.

[54] Barton Beebe, "Intellectual Property Law and the Sumptuary Code", *Harv L Rev 123:4*, 809, at 814-815（2010）.

[55] See Yochai Benkler, "'Sharing Nicely': On Shareable Goods and the Emergence of Sharing as a Modality of Economic Production", *Yale LJ 114:2*, 273,（2004）. See generally Yochai Benkler, *The Wealth of Networks: How Social Production Transforms Markets and Freedom*, New Haven: Yale University Press（2006）.

是现在我们生活在一个全球消费社会，很多人（不是所有，但是很多）通过消费而非生产来进行自我区分。并且后稀缺社会将把消费社会的这种形式带入一个全新的层次。怎样能使以消费为导向的社会差异在这样一个后稀缺时代的消费社会中继续存活呢？或许你会说，这是绝对做不到的。人们将不会再通过对稀缺物品的占有来寻求社会地位。但是我觉得这个观点是对后稀缺思想的一种误判。这里有一个例子："知识产权已经让我们坚持将稀缺性作为世界的组织原则，而这个世界不再需要这一原则。"[56]我的直觉是，这个世界会一直需要稀缺性。如果我们通过技术消除了困扰我们的稀缺，毫无疑问，我们又会寻求发明新的稀缺，并且我们会一直这样来维持一种"组织原则"。

即便那是真的，即便我们会放弃对等级的追求，我想告诉你的是，消费者仍然会追求比地位、优越或等级更重要的东西。他们会在消费的产品中寻求某些个性、身份的象征，以及在某些程度上区别于大众的差异。为了这样做，他们会寻求那些不管怎样依然稀缺的东西。经济学家（比如说凯恩斯在他关于寻求"优越"的演讲中）[57]似乎总是把社会想象成一个单一的、垂直的、环环相扣的阶层，每个人都在努力攀爬。并且令人并不惊讶的是由于对《美国新闻和世界报道》杂志排名的痴迷，美国律师（以及法律学者）倾向于认同相似的社会理论。[58]但是我认为，更为普遍的是，尤其是在融合了大量多元文化的全球社会中，人们追求的并非优越感，而是纯粹的差异，这种差异并非等级差异，而是更广泛意义上的性质差异，就像避免雷同的差异一样——是与法国社会理论学家让·鲍德里亚（Jean Baudrillard）所说的"千篇一律的地狱"相区别的差

---

[56] Mark A Lemley, "IP in a World Without Scarcity", *NYUL Rev 90:2*, 460, at 465（2015）. 在 Lemley 的主张中，他承认后稀缺社会可能会通过宣告大众对某种奢侈物品的望尘莫及来重塑稀缺性。但关键的一点是，就像我们社会中的公民一样，这个社会中的人可能会通过寻求对不同形式的商品化稀缺物，而非"奢侈商品"的占有来区分他们自己。差异并不总是等级化的，比如说，街头时尚极少主张更多的财富。知识产权法将使这种社会分化的稀缺性能够超越维布伦商品的领域。

[57] John Maynard Keynes, "Economic Possibilities for our Grandchildren", *Persuasion New York: Harcourt Brace*, at 326,（1932）.

[58] Barton Beebe, "Intellectual Property Law and the Sumptuary Code", *Harv L Rev 123:4*, 809 at 827-828（2010）.

异。[59]为了在消费社会获得这样的差异和个性化，消费者们将依旧追求稀罕物和稀缺物，不管在哪里能找到它们（对此我再强调亦不为过，尤其是对法律行业的读者）。我们对等级化、顺序性的社会地位竞争和"炫耀性消费"[60]将会使我们对更为本质的东西，即个体在规模生产的同质化现代消费社会中通过消费以某种方式展现差异性所做的努力视而不见。我想要说明的（而且如果你在时尚业，你已经知道我接下来要说什么，因为你已经身在其中），是知识产权法在后稀缺时代所扮演的社会角色。我指的不是它对激励创新所发挥的作用，而是它对于延续以消费为基础的社会差异，从而促进人们在大众化全球消费社会中的个性的潜在作用。考虑到知识产权法是法律的一个领域，就其核心而言，它的设立是为了在资源过剩的情形下维持人为的稀缺性。制定知识产权法旨在限制人们获取那些边际成本趋近于零的无形作品、设计、发明或商标的物质载体。为了激励创新我们已经这样做了。但现在看来，知识产权法同时也能完美地为后稀缺社会提供稀缺性，在这样一个社会中个体会继续寻找稀缺性。[61]

这就好比是知识产权法披着促进技术进步的"外衣"不断激励新技术的发展，一直将我们推向后稀缺社会，而正是在这样的社会形式下，知识产权法将最终在调整社会秩序（如果不只是在技术政策方面的话）中承担主导性作用。我想起了德·托克维尔（De Tocqueville）针对美国人的一种特征所做出的评论："在美国几乎任何的政治问题迟早都会变成一个司法问题。"[62]那是19世纪。在21世纪，如果那些后稀缺社会的预言都是正确的，那么几乎任何问题最终都会变成知识产权和知识产权法问题。

2. 知识产权法已经在扮演的角色

总而言之，我接下来的观点是知识产权法在后稀缺社会中的首要任务将是通过促进创造各种形式的人为稀缺来永久维持以消费为基础的社会差异。实际上，它不仅会推动，而且会激励人为稀缺的创造。从这个意义上来说，知识产

---

[59] Jean Baudrillard, *The Transparency of Evil: Essays on Extreme Phenomena*, New York: Verso Books (1993).

[60] 基于《第一修正案》的价值，对商标法在规制等级商品中所发挥作用的全面深刻的批评，参见 Jeremy Sheff, "Veblen Brands", *96 Minn L Rev 769*（2012）。

[61] Barton Beebe, "Intellectual Property Law and the Sumptuary Code", *Harv L Rev 123:4*, 809 at 815-816（2010）.

[62] Alexis de Tocqueville, *Democracy in America*（Indianapolis: Liberty Fund, 2012）.

权法很大程度上是一个搅局者。它会在一个我们本来以为可以超越稀缺的世界里重建稀缺。如果技术会剥夺自然维持稀缺的能力，那么文化就会做自然不再能做的事情，并且文化将会通过知识产权法来这么做。讲到这里，部分读者可能会想：这样说也太疯狂了，科幻小说、电子游戏构想，就像关于后稀缺社会的说法一样。但经过反复思考，我认为并非如此。

我所描述的知识产权法在后稀缺社会扮演的社会角色很大程度上就是知识产权法已经在我们的社会中所扮演的角色，至少在北半球国家的经济和文化中是这样。正如我在别处已经更为详尽地解释过的[63]，来自世界各地大量的案例和法院判决都说明知识产权法的差异化功能。

拿早期发生在美国的一个案例来说。在 1995 年 *Mastercrafters Clock & Radio Co v. Vacheron & Constantin-Le Coultre Watches Inc*. 案中[64]，原告 Mastercrafters 制造了一个空气钟的电动模拟设备。空气钟是一种精巧的装置，时针会随着气压的变化不停地转动。很显然，当时它是一种地位的象征——或许现在依然是。Vacheron 因对方制造了电动的廉价仿制品而意图对 Mastercrafters 提起诉讼。本案的诉因是商标侵权，且侵权形式是目前有些商标法制度中所谓的"售后混淆"。[65]没有一个花了 30 美元购买电动钟表的人会把它与一块价值 175 美元（或许按照其价值是今天的 1500 美元）[66]的正品空气钟相混淆。但是在售后情境中，可能会出现混淆的情况，并且法院发现这种售后混淆可能会对 Vacheron 和他的消费者造成损害。美国法官的理由是：一些消费者向原告购买更便宜钟表的目的是获得一种尊贵感，通过向到家的访客展示会让他们以为这是尊贵的物品。[67]法官谴责了 Mastercrafters "通过搭空气钟声誉的便车牟取财产利益的意图"[68]，并且责令其停止侵权。

---

[63] Alexis de Tocqueville, *Democracy in America* (Indianapolis: Liberty Fund, 2012).
[64] 221 F (2d) 464 (2d Cir, 1995) [Mastercrafters].
[65] See Stacey L Dogan & Mark A Lemley, "The Merchandising Right: Fragile Theory or Fait Accompli?", *54 Emory LJ* 461 at 491-493 (2005).
[66] 221 F (2d) 464 (2d Cir, 1995) [Mastercrafters], at 465.
[67] Ibid., at 466.
[68] Ibid.

在美国商标法、版权法和专利法中有很多类似的案子。[69]我们看到欧洲知识产权法中也有很多这样的案子，最著名的是 *L'Oréal SA v. Bellure NV* 一案[70]，欧洲法院（当时的名称）明显试图对 L'Oreal 创造和维持其产品的人为稀缺性所作的努力予以保护。我们也看到这样的"后稀缺性案件"发生在新加坡，然而在这些案子中最为著名的 *City Chain Stores（S）Pte Ltd v. Louis Vuitton Malletier* 一案[71]中，让我很欣慰的是，其最终结果与美国和欧洲判例截然不同。简言之，从 2004 年起 LV 开始在新加坡售卖显示 LV 所谓的"四叶花卉"图案的手表，这是很多消费者从 LV 重复性样式的标识中可以辨认出来的。2006 年，City Chain 开始售卖一款具有相似设计图案的手表，但是以明显更低的价格出售。新加坡高等法院认定其构成商标侵权、假冒以及商标淡化。[72]该判决与我刚才提到的美国案件非常像，正如上诉法院所解释的，初审法院注意到，"人们确实会仅仅因为市场上存在很多假货和廉价仿制品而对奢侈品牌失去兴趣"。[73]

相反，上诉法院的判决读起来像是对美国和欧洲判例逐字逐句的否定。上诉法院判决不存在混淆的可能性，并认为奢侈商品消费者"都是在经过谨慎的检查和考虑之后才购买的"，[74]这两个品牌的手表间显著的价格差异意味着没有 LV 的顾客会产生混淆而去买 City Chain 的手表[75]。更广泛地说，公众仅对两家产品产生联想并不能作为认定混淆可能性的基础，因为并不存在对产品来源的混淆。[76]上诉法院驳回 LV 的仿冒请求，认为存在"由于人们一般不会近距离仔细观察他人戴在手上的手表，通过四叶花瓣图案一眼看上去会将其误认为被

---

[69] Barton Beebe, "Intellectual Property Law and the Sumptuary Code", *Harv L Rev 123:4*, at 845-868（2010）.

[70] C-487/07, [2010] RPC 1（ECJ）.

[71] [2010] 1 SLR 382（CA）. See also David Tan, "Differentiating Between Brand and Trade Mark: City Chain v Louis Vuitton Malletier", *Sing JLS* 202（2010）; David Tan & Benjamin Foo, "The Extraneous Factors Rule in Trademark Law: Avoiding Confusion or Simply Confusing?", *Sing JLS* 118（2016）; 关于 City Chain Stores 案中反淡化问题的讨论，see Wee Loon Ng-Loy, "The Sense and Sensibility in the Anti-Dilution Right", *24 Sing Ac LJ 927*（2012）.

[72] Louis Vuitton Malletier v. City Chain Stores（S）Pte Ltd [2009] 2 SLR（R）684（HC）.

[73] City Chain Stores（S）Pte Ltd v. Louis Vuitton Malletier [2010] 1 SLR 382 at para 61（CA）.

[74] Ibid.

[75] Ibid., at para 60（CA）.

[76] Ibid., at para 58（CA）.

上诉人的手表"的可能性与仿冒认定完全无关。[77]至于商标淡化的主张,除了其他理由之外,上诉法院认定四叶花瓣的设计对于新加坡的公众整体而言并非驰名。

总而言之,这是一个相当智慧的判决——尽管人为稀缺品的供应商,比如 LV 和其他的奢侈品时尚品牌毫无疑问不会欣赏这种智慧。City chain 不仅得益于杰出的律师辩护,而且也得益于法院尚不愿意支持知识产权法尤其是商标法,在一个新兴的后稀缺社会中的新兴社会功能。

五、结语

最后,我来做一个简单的回顾。我以讨论后稀缺社会的梦想开头,尤其是着重于约翰·梅纳德·凯恩斯和默里·布克金的描绘。接下来聚焦关于后稀缺社会的两个代表性法律评论,以及知识产权法在后稀缺社会中要么成为搅局者,要么失去意义的传统观点。最后,我认为知识产权法在后稀缺社会实际上会变得更加重要——更加具有相关性,不在于它对技术进步的影响,而在于它在维护这个社会仍然需要的人为稀缺中将要发挥(这也是知识产权法已经发挥)的社会作用。

可能有一天我们会解决凯恩斯所提出的"经济问题"。但是仍会遗留下来的是一个社会问题,即经济学家弗雷德·赫希(Fred Hirsch)所称的"社会稀缺"[78]。尽管在现代社会中,知识产权法长久以来发挥着推动技术进步的作用,但是作为一个社会问题,从长远来看,它的作用可能是保守的。在如今的消费社会,它会维护我们消费社会中那些以稀缺消费为基础的社会差异化结构和习惯。它也会被用于为后稀缺社会重建稀缺,就如它现在正在扮演的角色那样。

---

[77] City Chain Stores(S)Pte Ltd v. Louis Vuitton Malletier [2010] 1 SLR 382 at para 77(CA).
[78] Fred Hirsch, *Social Limits to Growth*, 2d ed, London: Routledge, 1999.

当代艺术与专利

[澳]迈克尔·布莱克尼[*]
张靖辰[**] 译

一、导言

艺术作品受版权法保护是不言而喻的。[1]的确,首个国际版权保护公约——于1883年提出的《保护文学和艺术作品伯尔尼公约》第2条第1款将版权保护范围内的"艺术作品"定义为:"图画、油画、建筑、雕塑、雕刻及版画。"自20世纪60年代以来,艺术品、艺术技术和艺术家必需品一直被主张可同样受专利法保护。

具体日期从法国艺术家伊夫·克莱因(Yves Klein)获得"国际克莱因蓝"(International Klein Blue)颜色专利;以及其在1960年3月于巴黎举行的《蓝色时代的人体测量》(Anthropometries of the Blue Epoch)展览中,运用涂有颜料的裸体模特作为"活画笔"以将其身体形态留在白色画布上的艺术技术起算。[2]2013年的最后一个季度,在加利福尼亚州圣何塞的ZERO1车库举行的名为"专利未决"(Patent Pending)的展览中,展出了"当代艺术家的艺术品,这些艺术品源于或指向了这些艺术家们已被授予的或正在申请的专利"。[3]

本文将研究艺术可专利性主张的准确性,以及专利法对当代艺术的普遍适

---

[*] 迈克尔·布莱克尼(Michael Blakeney),西澳大利亚大学法学院温斯洛普教授(Winthrop Professor),伦敦玛丽女王大学知识产权法客座教授。本文原文刊载于《玛丽女王知识产权杂志》(Queen Mary Journal of Intellectual Property) 2019年第3期,第244—261页。
[**] 张靖辰(1996—),上海外国语大学2019届本科毕业生,厦门大学知识产权研究院2019级法律硕士研究生,研究方向:知识产权法。
[1] See e.g. Simon Stokes, *Art and Copyright*, Oxford: Hart Publishing, 2012; Elena Cooper, *Art and Modern Copyright: The Contested Image*, Cambridge: Cambridge University Press, 2018.
[2] Alistair Sooke, "Yves Klein: The Man Who Invented a Colour", available at <http://www.bbc.com/culture/story/20140828-the-man-who-invented-a-colour> accessed 19 September 2018.
[3] See <http://zero1.org/exhibitions/patent-pending> accessed 19 September 2018.

用性。

二、专利与美术

英国《专利法》源于 1623 年的《垄断法》。《垄断法》第 6 条允许授予发明人在同领域内对"单独加工或制造新产品的任何方法"长达 14 年的专利权。当然，一个重要的问题是艺术品或艺术创作过程是否可以被视为"新产品的制造方法"。该概念保留在英国 1883 年的《专利、外观设计和商标法》中。1883 年的这部法案后被 1907 年的《专利和外观设计法》所替代，新法通过参照《垄断法》而保留了"发明"的定义。1907 年的《专利和外观设计法》及随后的立法修订随着 1949 年《专利法》的生效而废止。新法同样根据《垄断法》第 6 条中的"任何新的制造方法"对"发明"进行了定义。替代 1949 年《专利法》的 1977 年《专利法》为了与英国于 1977 年 11 月 16 日批准的《斯特拉斯堡专利公约》相一致，在第 1 条对"发明"定义的规定未再参照《垄断法》。1977 年《专利法》第 1 条第 2 款（c）项排除了"文学、戏剧、音乐、艺术作品或其他任何审美创造"的可专利性。[4] 在 Grams App. 案 [5] 中确立此排除包括实用技术①。

澳大利亚的第一部专利法，即 1903 年《专利法》，第 4 条参照了《垄断法》，并以与英国 1883 年《专利法》完全相同的内容对"发明"进行定义。澳大利亚 1903 年《专利法》一直生效至被 1952 年《专利法》所替代。后 1952 年《专利法》随着 1990 年《专利法》生效而被废止。"可专利性发明"这一概念在新法第 18 条第 1 款（a）项中被定义为"一项在任何权利请求中主张的发明：（a）符合《垄断法》第 6 条的制造方法"。1990 年《专利法》议案的解释性备忘录针对该概念解释道："……英国和澳大利亚法院长期的判决表明了一项发明必须属于实用技术，而非美术。"[6] 澳大利亚联邦最高法院②首次对《垄断法》中"新产品的制造方法"的概念含义进行详尽审议是在 National Research

---

[4] Applying Art 52.2 (b) of the European Patent Convention.

[5] O/275/08, available at <https://www.ipo.gov.uk/p-challenge-decision-results/o27508.pdf> accessed 8 De-cember 2018, which was applied in *Epoch Company Limited v Character Options Limited* [2017] EWHC 556 (IPEC).

[6] Patents Bill 1990, *Explanatory Memorandum*, available at <http://www.austlii.edu.au/au/legis/cth/bill_em/pb1990119/memo_0.pdf> para 3.

Development Corporation v. Commissioner of Patents[7]案（以下简称"NRDC 案"）中。这个 1959 年的案例涉及在根除或控制杂草中使用已知化合物方法的权利请求。在 NRDC 案中，澳大利亚联邦最高法院认为"实现了人为创造"和"具有经济意义"的产品或方法是可专利性发明。一个对本文有重要意义的法官附带意见指出：

> 关键是，一种符合《垄断法》所规定的可专利性范围内的方法，必须是具有实质性益处的。从某种意义上说，该方法在国家经济领域内是有价值的，属于与美术不同的实用技术。[参见 Re Virginia-Carolina Chemical Corporation's Application（1958）RPC 35，第 36 页。][8]

Re Virginia-Carolina Chemical Corporation's Application 案并不关注美术是否具有可专利性。这是一起涉及三个案件的诉讼，引发的问题是：什么是英国 1907 年《专利和外观设计法》规定的"制造方法"。劳埃德·雅各布（Lloyd Jacob）法官根据早期案件，例如 Mitchell v. Reynolds（1711）案[9]和 Crane v. Price（1842）案[10]，发现这些案件要求一项发明符合"生产有用、可出售物品"的构成要件。劳埃德·雅各布法官对具有专利性的实用技术与不具有可专利性的美术之间所作的区分似乎源自"专利局在实践中所依据的一位检察官在 1899 年的指示"。[11]但这种区分的权威性较低。一幅画当然是可出售的，其在发挥装饰功能方面当然是有用的。

澳大利亚联邦最高法院在 NRDC 案中所提出的美术与实用技术二分法（fine art-useful art dichotomy）也是根据埃弗利谢德（Evershed）法官在 Re Rantzen's Application[12]案中提出的意见而得出的。在埃弗利谢德法官谈到"可出售的产品"概念时，他认为这一概念一定程度上强调了英国《专利法》对方法所要求的贸易性或工业性。

---

[7]　（1959）102 CLR 252.
[8]　（1959）102 CLR 252 at para 22.
[9]　P Wms 181; 24 ER 347.
[10]　（1842）134 ER 239.
[11]　（1958）RPC at 35.
[12]　（1946）64 RPC 63-66.

三、美术与当代艺术

英国 1977 年《专利法》第 1 条第 2 款（b）项排除了"艺术作品或任何其他相关的审美创造"，这引起了进一步的问题：什么是艺术及审美创造？或许该问题属于哲学思考[13]的主要内容而超出了专利法院的能力范围。1850 年，随着《审美艺术》（Aesthetica）杂志的出版，亚历山大·戈特利布·鲍姆嘉通（Alexander Gottlieb Baumgarten）将"审美"（aesthetics）③一词引入哲学话语。对于希腊哲学家而言，审美涉及感性或者"对感官刺激的反应"的问题；对于欧洲的暴发户来说，拥有艺术品是体现他们社会地位的一个标志，他们的这份思量引发了一个问题：什么是好的艺术品？[14]对此问题，鲍姆嘉通认为审美应定性为一个品味问题，好的品味是对客观美的评价。根据拉夫顿（Roughton）、约翰逊（Johnson）和库克（Cook）的观点，尽管康德（Kant）和赫尔德（Herder）等批评家质疑审美可以受制于规则或原则，[15]但在起草上述第 1 条第 2 款时，审美这个术语是指鲍姆嘉通所说的审美[16]，因此它是可以由专家证人证明的。

澳大利亚知识产权局《专利审查员手册》（Manual for Patent Examiners）指出：

> "美术"（fine arts）通常包括绘画、雕塑、音乐等审美创造，它们是人类智力活动下通过美妙的或有意义的方式寻求表达的产物。
>
> 因此，对于一项似乎被包含于美术领域内的发明，在评估其可专利性时，有必要考虑该创造物是否涉及区别于技术特征的审美或艺术效果。一件物品纯粹的审美意义是不具有可专利性的，但是如果该物品还具有技术特征，例如轮胎胎面，则可以申请专利。创造美感的过程或方法也许会包含技术创新，此类创造物也因此可以申请专利。[17]

---

[13] E.g. see George Schlesinger, "Aesthetic Experience and the Definition of Art", 2 *The British Journal of Aesthetics*, p. 167, 1979.

[14] See ibid.

[15] See Angelica Nuzzo, "Kant and Herder on Baumgarten's Aesthetica", 4 *Journal of the History of Philosophy*, p. 577, 2006.

[16] Ashley Roughton, Phillip Johnson and Trevor Cook, *The Modern Law of Patents (3rd Ed)*, London: LexisNexis, p. 47, 2014.

[17] <http://manuals.ipaustralia.gov.au/patents/Patent_Examiners_Manual.htm#national/paten-table/2.9>.

在缺乏相关判例的情况下,《专利审查员手册》具有一定的参考意义。由于该手册包含了审美创造,故似乎也包含了当代艺术。但《专利审查员手册》在第 2.9.2.4 条以"美术"的概念为出发点,所以对"美术"这一概念的进一步阐释,也许对区分"美术"与"当代艺术"的是有所裨益的。

拉里·夏因尔(Larry Shiner)在《艺术的发明:一部文化史》(*The Invention of Art: A Cultural History*)[18]一书中写道:"'美术'是 18 世纪在西方发明的一个概念。"在此之前,他认为艺术家类似于工匠,艺术家是在其赞助人和雇主的指导下创作。[19] 夏因尔认为,18 世纪所催生的"美术"是由不断扩大的中产阶级之间的艺术交易市场的发展促成的。[20] 在这个市场中,美术与实用物形成了鲜明的对比,美术仅仅因其审美特征而倍受珍视。在当时正在建立的美术馆和博物馆中,公众不由自主地将其全部的注意力放在展出的作品上。[21] 到 19 世纪初,艺术几乎具有了宗教意义。这或许可以在一定程度上解释约翰·拉斯金(John Ruskin)对詹姆斯·麦克尼尔·惠斯勒(James McNeill Whistler)的《黑色和金色的夜曲:降落的焰火》(Nocturne in Black and Gold: The Falling Rocket)(约 1874 年)进行的臭名昭著的攻击,被攻击的这幅作品在伦敦格罗夫纳画廊(Grosvenor Gallery)博物馆展出。拉斯金在《手握钉子的命运女神》(Fors Clavigera)中写道:

> 画廊的主人不应该收纳这些艺术家无知自负的奇思妙想,这些简直是故意的冒牌货。我以前见过,也听说过许多伦敦人的厚颜无耻,但从来没有想过会见识到一个花花公子向民众脸上泼一壶油漆就要两百几尼。[22]

惠斯勒因此而控告拉斯金诽谤,并主张 1000 英镑的赔偿。这场备受瞩目的案件于 1878 年 11 月宣判,法院判决拉斯金向惠斯勒支付一笔微乎其微的损害

---

[18] Larry Shiner, *The Invention of Art: A Cultural History*, Chicago: University of Chicago Press, 2001.
[19] Ibid., pp. 47–52.
[20] Ibid., p. 141.
[21] Ibid., pp. 143–144.
[22] See *Documents associated with: 1st Summer Exhibition*, *Grosvenor Gallery*, *London*, *1877*, available at <https://www.whistler.arts.gla.ac.uk/correspondence/exhibit/display/?rs=10&exhibid=LoGro-1877&sort=> accessed 19 September 2018.

赔偿金。[23]这导致法院对这场私人纠纷的判决在一定程度上成为对新兴的印象派艺术运动的判决，并对美术界造成了明显的伤害。[24]

印象派被视为现代艺术的开端，这一流派一直延续到20世纪60年代末，随着20世纪90年代抽象表现主义的出现而结束。[25]当代艺术是对先前的现代艺术运动的一种回应，它起源于寻求描绘大众文化的艺术家安迪·沃霍尔（Andy Warhol）和罗伊·利希滕斯坦（Roy Lichtenstein）的波普艺术运动。[26]这种状况从20世纪50年代持续到70年代，并通过以杰夫·昆斯（Jeff Koons）等艺术家为代表的新波普艺术运动延伸到80年代。波普艺术包括对平凡事物的再现，例如沃霍尔的《金宝汤罐头》（Campbell's Soup Cans）（1962），罗伊·利希滕斯坦的各种连环漫画和杰夫·昆斯的气球动物（balloon animals）。之后是照相写实主义或超级写实主义，其中艺术家如理查德·埃斯蒂斯（Richard Estes）、查克·克洛斯（Chuck Close）和格哈德·里希特（Gerhard Richter）时常用照片来创作超级写实主义的肖像画和风景画。[27]

当代艺术运动最新的主要发展是概念主义，概念主义下艺术作品的精髓在于其背后的思想。主要的概念艺术家包括达明安·赫斯特（Damien Hirst）、艾未未（Ai Wei Wei）和珍妮·霍尔泽（Jenny Holzer）。

另一个当代艺术的主要发展是生物艺术，下文将对此展开讨论，生物艺术被定义为"适应科学方法并从重组基因、分子生物学和生物技术的哲学、社会和环境暗示中汲取灵感的创造性实践"。[28]

专利律师要问的一个问题是，当代艺术与美术的差异是否如此之大，以至于当代艺术并非同美术作品一样而不具有可专利性？如果我们以概念艺术为例，

---

[23] *The Times*, 27 November 1878, 11.

[24] See Linda Merrill, *A Pot of Paint: Aesthetics on Trial in Whistler v. Ruskin*, Washington, DC: Smithsonian Institution Press, 1992.

[25] Kelly Richman-Abdou, "What is Modern Art? Exploring the Movements that Define the Ground-Breaking Genre" (November 4, 2017), available at <https://mymodernmet.com/what-is-modern-art-definition/> accessed 19 September 2018.

[26] Kelly Richman-Abdou, "Art History: What is Contemporary Art?" (11 May 2017), available at <https://mymodernmet.com/what-is-contemporary-art-definition/> accessed 19 September 2018.

[27] John Russell Taylor, *Exactitude: Hyperrealist Art Today*, London: Thames and Hudson, 2009.

[28] Ali K Yetisen, Joe Davis, Ahmet F Coskun, George M Church and Seok Hyun Yun, "Bioart" 12 *Trends in Biotechnology*, p. 724, 2015.

本雅明·布赫洛（Benjamin HD Buchloh）留意到：

> 因为概念艺术中固有的表达意向是仅通过语言定义（作为分析命题的作品）来代替空间客体和感性体验客体。因此，这一表达意向的视觉性、商品地位、布局模式构成了对上述客体地位的至关重要的冲击。[29]

这种象征性表达的一个极端例子是安德烈·弗雷泽（Andrea Fraser）的作品《无题》（Untitled，2003），这部作品的内容是女艺术家与男收藏家达成了性关系与金钱交易的过程录像。丹尼尔·麦克林（Daniel McClean）解释道，弗雷泽在这部作品中残酷地将女性角度下的沦落风尘和艺术创作与男性角度下的权力运用和艺术收藏结合在一起，意在表达销售合同不再是附带的文件，而是创作作品的无形代码。[30]但这似乎与美术意义上的审美至上相差甚远。

英国和澳大利亚在艺术作品专利性方面的立场可以与美国的相关规定进行比较。

四、美国的当代艺术与专利

在当代艺术与专利之间的关系方面，身为建筑师、设计科学家、发明家和哲学家的理查德·巴克敏斯特·富勒（Richard Buckminster Fuller，1895–1983）是当仁不让的先驱。他以发明的形式展示他的想法，并将其称为"人工制品"（artifact）。[31]《发明：十二归一》（Inventions: Twelve Around One）是他1981年的作品，这部作品是一系列的十三对丝网印刷表，描绘了他的二十四项专利发明。[32]其中每一对都包括一个专利图连同其物理实物的照片。这部作品反映了

---

[29] Benjamin HD Buchloh, "Conceptual Art 1962–1969: From the Aesthetics of Administration to the Critique of Institutions" 55 *October*, pp. 105, 108, 1990.

[30] Daniel McClean, "The Artist's Contract / From the Contract of Aesthetics to the Aesthetics of the Contract", *Mousse Magazine*, September 2010 <http://moussemagazine.it/daniel-mcclean-the-artists-contract-2010/> accessed 20 September 2018.

[31] See <https://www.bfi.org/dymaxion-forum/2018/09/r-buckminster-fuller-inventions-and-models-edward-cella-art-architecture> accessed 10 December 2018. His most well-known artefact is the geodesic dome. See R Buckminster Fuller, *Inventions: The Patented Works of R. Buckminster Fuller*, New York: St. Martin's Press, 1983.

[32] See <https://www.artsy.net/artwork/r-buckminster-fuller-inventions-twelve-around-one-portfolio-of-13-prints-with-catalog> accessed 10 December 2018.

生活经历的复杂性,并直面人们对于时空模糊性的普遍误解,它象征性地结合并区分了"艺术创造和发明的实践"。[33]

与富勒同一时期的堪萨斯城艺术家威廉·W. 阿德金斯（William W. Adkins）对美国 1952 年《专利法》的规定进行了不同寻常的解释,并基于此绘制了专利图纸和专利模型。例如,《专利未决：热灼砂袖口》（Patent Pending: Hot Burning Sand Cuff）是他的此类作品之一。这是一幅关于"沙漠中马车或货运起卸机周围电线装置"的绘画。[34] 玛格丽特·多恩（Margaret Doan）对此阐述道："阿德金斯想法的媒介是'专利和模型,而不是绘画和雕塑',且这种想法源于一种难以捉摸的神经系统疾病。"[35]

L.A. 安吉尔梅克（L.A. Angelmaker）,又名罗伯特·蒂尔（Robert Thill）也通过他 1999 年的装置作品《简化实践》（Reduction to Practice）探索了专利和商业运作之间的关系。[36] 他通过销售或许可两个阿尔文·S. 格兰特（Alvin S. Grant）尚未做出来的可折叠组装平台实用新型专利[37]（Collapsible Platform Assemby Utility Patents）,以"强调专利的完成和发明的实际生产之间存在潜在可能性的持续和永久的状态"。这位艺术家通过回应美国专利商标局官方公报上的一则启事获得了专利权。该装置的手册提出的一个问题是：那些真正构成专利完成的东西混淆了艺术家和发明家的角色,"特别是在面对不曾中断的可任意处置性、忽视、腐朽、修复和毁坏等因素",以及赋予画廊所有者技术转让代理人的角色时尤其如此。[38]

---

[33] Ibid.

[34] Reproduced in Robert Thill, "Intellectual Property: A Chronological Compendium of Intersections between Contemporary Art and Utility Patents", 2 *Leonardo*, pp. 117, 119, 2004.

[35] Quoted in ibid.

[36] 该装置是为 1999 年 10 月 20 日至 11 月 20 日于纽约 Miyako Yoshinaga 画廊举办的《L.A. 安吉尔梅克：在先技术：回顾展,1996–1999》（L. A. Angelmaker: Prior Art: A Retrospectire, 1996-1999）准备的。See Thill（n 34）supra p. 122. "Reduction to practice" occurs under US patent law when a patent application on a claimed invention is filed, see MPEP 2138.05 "Reduction to Practice", available at https://www.bitlaw.com/source/mpep/2138_05.html, accessed 10 December 2018.

[37] Alvin S. Grant, US Patent No 4949647 "Collapsible platform assembly", filed 27 March 1989, granted 21 August 1990; an Alvin S Grant, US Patent No 5669314, filed 1 December 1995, granted 23 September 1997.

[38] Thill（n 34）, supra p. 122.

对美国专利商标局在 2018 年上半年的专利授予进行的一项调查披露了一些能为艺术家助力的产品的专利。美国专利 992582539[39]是一种便携式携带箱，其可以安全地固定颜料管以便颜料储存和运输，并具有额外的能够在绘画过程中将携带箱悬挂在画架上以方便使用的功能。其说明书所描述的便携式携带箱，"可以使画家随时使用颜料管，且其层次性免去了画家寻找特定颜料的不便，以提升画家绘画时的条理和效率，同时还可以减轻画家在身体和精神上的压力"。美国专利 9994714[40]是一个涉及二氧化硅的发明，其用于保护艺术家所使用原料中的彩色颜料。该发明重制了与历史上艺术大师所使用的涂料在成分上相似的涂料，但是在色彩的稳定性方面作出了改善。美国专利 9986817[41]是一项有关精准颜料刷的发明，该发明把细丝限制在一个确定的顶点区域，以在一定表面上精准地进行使用。美国专利 9931886[42]是一个艺术家调色板，该调色板带有一个滴水槽，用于盛放从画笔中挤出且易于堆积的颜料或水。美国专利 9995004[43]是一项具有抗渗漏性和抗透印性的美工用纸，其可以令使用者在板材的一面准备艺术品、草图、设计等的同时，不受到另一面图像的干扰。美国专利 9955782[44]是一种用于烘干使用过石膏、颜料或清漆的艺术家面板或画布的架子。

在美国，已有多种方法被授予专利。其中包括一项制作三维艺术品的方法专利[45]和一项"使用五点透视系统创作图形作品的方法"专利[46]。总体而言，这些方法皆具有实用性。

相比之下，英国高等法院在 Cooper's Application[47]案中对纯粹方法的专利申请表现出了反对态度。而在澳大利亚，方法专利则可获得更多的支持。例如，

---

[39] 27 March 2018.
[40] 12 June 2018.
[41] 5 June 2018.
[42] 3 April 2018.
[43] 12 June 2018.
[44] 1 May 2018.
[45] US Patent 9747821, 29 August 2017.
[46] US Patent, 6002405, 14 December 1999.
[47] (1902)19 RPC 53 at 54.

Welcome Real-Time v. Catuity Inc.[48]案中的赫里（Heerey）法官根据 NRDC 案所阐明的原则，批准了用于商业运营的方法或方案专利。在 Grant v. Commissioner of Patents[49]案中，联邦法院合议庭认为，问题不在于一种商业方法是否具有可专利性，而是一项发明是否属于可授予专利的主题。[50]这涉及人为创造和"具体的、有形的或可观察的效果。"[51]一种新的绘画方法的发明似乎可以满足这项标准。

五、伊夫·克莱因的"专利"

如上所述，英国广播公司报道了伊夫·克莱因已获得"国际克莱因蓝"（IKB）颜色专利，[52]以及一种有趣的将这种颜料涂在画布上的艺术方法。[53]同样，法国评论家爱德华·特雷波兹（Edouard Treppoz）指出，"克莱因于 1960 年申请并获得了著名的身体绘画专利"后，专利保护开始倾向于艺术家。[54] 1960 年 5 月，伊夫·克莱因向法国专利局（French Patent Office）存放了 Soleau 信封（enveloppe Soleau）[55]，并与巴黎艺术颜料供应商爱德华·亚当（Edouard Adam）确认了颜料配方"国际克莱因蓝"的日期。[56]这是一种深海蓝颜色，其颜色的固定是基于其中哑光合成树脂黏合剂的特性。事实上，克莱因和亚当并未进行完整的专利申请，可能是因为他们使用的是当时由法国 Rhône-Poulenc 制

---

[48]（2011）51 IPR 327 at [128].

[49]（2006）69 IPR 221.

[50] Ibid at [26].

[51] Ibid at [30].

[52] 考虑到 20 世纪初广泛的染料专利，这种应用并不完全是幻想。See eg Johann Peter Murmann, "The Complex Role of Patents in Creating Technological Competencies: A Cross-National Study of Intellectual Property Right Strategies in the Synthetic Dye Industry, 1850-1914", 11 *Papers on Economics and Evolution*, 2002. 另请注意 I.T.S. 橡胶有限公司的专利申请（1979）96 RPC 318，其中惠特福德（Whitford）法官准许对"应用于壁球的蓝色"进行专利申请程序。

[53] Alistair Sooke, "Yves Klein: The Man who Invented a Colour", available at <http://www.bbc.com/culture/story/20140828-the-man-who-invented-a-colour> accessed 19 September 2018.

[54] Edouard Treppoz, "Quelle(s) protection(s) juridique(s) pour l'Art contemporain?", *Revue internationale du droit d'auteur*, pp. 51-60, 2006.

[55] Soleau 信封是以其发明者的名字命名，提交至 INPI 的密封信封，以作为在法国有效的发明优先权的证明。其将被保留五年，并可能再延长五年。

[56] Denys Riout, *Yves Klein: L'aventure monochrome*, Paris: Gallimard, pp. 36-37, 2006.

药公司开发并销售的以 Rhodopas M 或 M60A 命名的聚乙酸乙烯酯，[57]抑或是因为乔托（Giotto）在帕多瓦的 Srovovnini 教堂上在先地使用了这个蓝色。[58]

1961 年 4 月 14 日，克莱因提交了一项"装饰或建筑集成的方法以及通过应用该方法获得产品"的专利申请。[59]这是基于他使用"活画笔"的方法。欧洲专利数据库文件显示，这项申请并没有被授予完整的专利。[60]

六、"专利未决"

"专利未决"是 2013 年 9 月 28 日至 12 月 20 日在加利福尼亚州圣何塞的 ZERO1 车库举办的展览。它被策划成"一个以专利为出发点，探寻艺术家、所有权和发明之间关系的联合展览"。[61]其以当代艺术家的作品为特色，这些作品是基于已获授权的专利，或正在申请的专利。[62]"专利未决"将继续 ZERO1 对艺术家与发明二者间关系的探索，深入艺术家的经历，结合专利制度以揭示在当代对思想享有所有权和予以共享之间的复杂性。[63]据说，这在一定程度上是受到美国《专利法》修改的启发。该修改于 2013 年 3 月 16 日起将美国专利申请制度从"先发明优先"变更为"先使用优先"。这同时是对在硅谷设立一个美国专利商标局计划的回应。[64]参与的艺术家有玛吉·奥思（Maggie Orth）、菲尔·罗斯（Phil Ross）、丹尼尔·罗津（Daniel Rozin）、斯科特·斯尼比（Scott Snibbe）、卡米尔·厄特巴克（Camille Utterback）、罗米·阿希托夫（Romy Achituv）和凯瑟琳·理查兹（Catherine Richards）。下文研究了这些艺术家的专

[57] Romina Rezza, Anna Brunetto, Paola Buscaglia, Oscar Chiantore, Tommaso Poli, Anton Rava, Maria Teresa Roberto and Francesca Zenucchini（2015），"Study on Laser Cleaning of *Sculptures-Éponge* by Yves Klein"（2015）60（sup1）Studies in Conservation 582, available at <https://www.tandfonline.com/doi/full/10.1179/0039363015Z.000000000212> accessed 21 September 2018.
[58] Barbara Bolt, "Whose Joy? Giotto, Yves Klein and Neon Blue", 1 *The International Journal of the Image*, p. 57, 2011.
[59] *Procédé de décoration ou d'intégration architecturale et produits obtenus par application dudit procédé*, FR1258418（A）.
[60] <https://worldwide.espacenet.com/publicationDetails/biblio?locale=en_EP&FT=E&CC=FR&NR=1258418&KC=#> accessed 21 September 2018.
[61] <http://zero1.org/exhibitions/patent-pending> accessed 21 September 2018.
[62] Ibid.
[63] Ibid.
[64] Ibid.

利或正在申请的专利。

玛吉·奥思的展览品是 2013 年的《模糊传感器》（The Fuzzy Apparatus），她将其描述为"具有里程碑意义的专利电子绒球，是其美国实用新型专利（美国专利 7054133，2004）：电子纺织品触摸灯控制器的一个诙谐、超现实主义实例"。参观者触摸巨大的球形灯泡会将其打开并调暗。[65]这项专利的摘要将其描述为"一种电容式照明或调光器开关，它使用由电子纺织品制成的柔软或模糊的织物而不是金属或塑料板作为表面材料"。基于专利法的审美艺术与实用技术二分法，如何对该艺术作品进行分类成为一个问题。奥思在她的网站上解释说：

> 当我在 2004 年为模糊传感器和电子绒球申请专利时，我的想法是矛盾的。作为企业家，我当然希望我的发明可以被有经济效益地利用，以把我的模糊传感器作为产品和技术进行销售和推广。而在艺术的角度上，我认为为电子游戏机申请专利是对备受尊敬的科技世界的一种超越性和幽默性的侵犯。[66]

斯科特·斯尼比的展览品是 2005 年的《放大》（Blow Up），"这是一个录制、传播和回放人类的呼吸的大型装置"。[67]参观者被邀请坐在桌边，对着一排小扇子吹气。传感器捕获与气流的方向和速度有关的信息，然后将这些信息转换成风扇墙。[68]这项作品是他对美国专利 6923079 的实施，该专利的标题为"记录，传输和 / 或回放代表气流的数据"。专利摘要指出：

> 获取表示气流输入的一个或多个特征的数据（例如，与人类相关联的气流，如人类呼吸或由人类运动引起的气流或风洞气流），并且在必要或需要时处理，然后存储，再传输到远程位置和 / 或回放。回放获取的气流数据需要生成与输入气流相对应的显示气流。

斯尼比的网站将他描述为"增强现实（augmented reality）、基于手势的人机界面、数字视频和交互艺术的先驱"。[69]并说，他"拥有超过 25 项专利，他

---

[65] <http://www.maggieorth.com/art_FA.html> accessed 21 September 2018.
[66] Ibid.
[67] <http://www.zero1.org/exhibitions/patent-pending/snibbe> accessed 21 September 2018.
[68] Ibid.
[69] <https://www.snibbe.com/bio/> accessed 21 September 2018.

的交互艺术收藏在纽约现代艺术博物馆、惠特尼博物馆和其他机构"。[70]他在纽约现代艺术博物馆的展览品《比约克：自然定律》（Björk: Biophilia，2014）是"一种具有交互式图形、动画和音乐评分功能的音乐专辑和混合软件应用程序"。该作品作为纽约现代艺术博物馆艺术设计收藏的第一款应用程序被收购。[71]斯尼比有很多专利和专利申请都是涉及数字和交互式媒体的发明。[72]在他的任何专利中都没有具体提到他的技术在艺术作品中的应用。然而他在自己的网站上解释说，他的作品"经常是互动性的，需要观众亲身接触不同的媒体，包括移动设备、数字投影和机电雕塑"。[73]斯尼比基于概念艺术传统表示："我希望通过互动来促进人们对世界的理解，即相互依存。这消除了我们每个人或任何现象都与现实的其余部分孤立存在的错觉。"[74]

丹尼尔·罗津的展览品是三个图画的组合：2003年的《沙龙/约旦河西岸》（Sharon/West Bank）、2004年的《山姆大叔/糖果》（Uncle Sam/Candy）及2003年的《伊夫斯和玛丽莲/纽约天际线》（Yves and Marilyn/New York Skyline）。为了探索流行文化和政治，这些照片将作为美国符号的山姆大叔与消费文化中的糖果进行了对比，将以色列前总理阿里埃勒·沙龙（Ariel Sharon）的头像与约旦河西岸的地图进行了对比，将情侣伊夫·蒙当（Yves Montand）和玛丽莲·梦露（Marilyn Monroe）的剧照与纽约的天际线进行了对比。[75]这些照片是通过使用他1997年美国专利6552734中的技术创建的，该技术"基于至少两个输入图像生成合成图像的系统和方法，该系统和方法使静态数字打印能够根据观察者的距离显示两个完全不同的图像"。

---

[70] Ibid.

[71] <https://www.moma.org/explore/inside_out/2014/06/11/biophilia-the-first-app-in-momas- collection/> acc-essed 21 September 2018.

[72] Eg US patent, 10031921, 24 July 2018（媒体条目元数据的存储方法和系统）；US patent application 20150220249, 6 August 2015（触摸式媒体创造的方法和设备）；US patent application 20150234564, 20 August 2015（展示交互式媒体条目的方法和设备）；US patent application 20140310335, 16 October 2014（通过网络创建交互式情境感知体验的平台）；US Patent 7143357, 28 November 2006（协作式数字媒体开发的系统和方法）；US patent application 20140306987, 16 October 2014（用于可视化和排名关联媒体内容的方法和系统）。

[73] <https://www.snibbe.com/bio/> accessed 21 September 2018.

[74] Ibid.

[75] <http://www.zero1.org/exhibitions/patent-pending/rozin> accessed 21 September 2018.

卡米尔·厄特巴克和罗米·阿希托夫的"文字雨"（Text Rain）装置使用了他们2004年6月8日获得的美国专利6747666，"用于促进无线、全身、实时用户与数字生成的文本数据进行交互的方法和系统"。这是一个交互式显示系统，允许用户在虚拟环境中操纵投影图像。"文字雨"允许参与者"使用常见的身体器械抬起并玩耍物理空间中虚拟的掉落字母。参与者的动作在视频投影中会以黑白的形式出现。随着时间的推移，这些字母会根据参与者的动作而组成一首关于身体和语言的诗歌"。[76]

菲尔·罗斯2013年的作品《真菌构造多面体》（Mycotectural Polyominoes）是一座将蘑菇作为建筑材料的抽象雕塑。[77]罗斯将这一新领域称为"真菌结构"（Mycotecture），并根据这一方法创作了《真菌构造多面体》，进而产生了"同等条件下比混凝土更坚固"的有机材料。[78]显然，罗斯申请了一项专利"作为一项防御性举措，以确保他可以继续创作，而不必担心寻求相关技术所有权的公司对他提起诉讼"。

就上面提到的所有发明而言，它们的实际应用是不言而喻的。事实上，在专利文件中已经阐明了这一点。例如，罗斯的专利摘要提到，"本发明提供了一种真菌基质，该基质可以被模压成型，并且可以简单而廉价地被预处理成精确的几何规格"。有机衍生的建筑材料还结合了结构增强层，以提高承重和其他结构能力。[79]将纯粹审美性的艺术排除在专利保护之外似乎不适用于当代艺术。

七、艺术：专利申请

罗伯特·蒂尔将约瑟夫·斯坎兰（Joseph Scanlan）对其实用专利"植物生长培养基"（Plant growth medium）[80]的使用作为融合了波普艺术和概念艺术的艺术创作的例子。[81]该专利涉及咖啡渣与可用作种植植物培养基的商业和工业废料（例如石膏、锯末和爱普生盐）的混合物。斯坎兰的《有价矿土》（Pay Dirt）

---

[76] <http://www.zero1.org/exhibitions/patent-pending/utterback-achituv> accessed 21 September 2018.
[77] Method for Producing Fungus Structures，US20120135504A1，31 May 2012.
[78] <http://www.zero1.org/exhibitions/patent-pending/ross> accessed 21 September 2018.
[79] <https://patents.google.com/patent/US20120135504A1/en> accessed 21 September 2018.
[80] US Patent No. 6，488，732，filed 9 May 2001，granted 3 December 2002.
[81] Thill（n 34）supra pp. 122-123.

是一个作品集，其描绘了一个用铲子插入的生长培养基，包含培养基的物质发酵的过程、一系列描绘土壤的包装和品牌以及最终产品的图画。斯坎兰向蒂尔解释说："不管一个想法采取什么形式——专利、配方、大规模生产的产品——它都是艺术……这项专利是一种将理性严谨与商业吸引一并瓦解的方式。"[82] 斯坎兰显然对"知识产权的法律结构被荒谬的土壤配方所掩盖"的方式感到高兴，他解释说："大多数人倾向于以解构主义、纳普斯特（Napster）、嬉皮士的方式批判知识产权，我更愿意尽可能地坚持这个体系，让它自我颂扬或批判。"[83]

在对专利申请过程类似的解构中，加拿大艺术家凯瑟琳·理查兹和 W. 马丁·斯内尔格罗夫（W. Martin Snelgrove）在 2013 年"专利未决"展览中展示了包括他们于 2003 年 5 月 1 日申请的一项名为"寻找爱的方法和装置"（Method and Apparatus for Finding Love）发明专利的拼贴画。[84] 专利的摘要将这项发明描述为："一个由孤独或社交无能者携带或嵌入其体内的装置，其通过这种方式可以与持有相似装置的人进行交流，以预测由持有者基于相关的性、社会、智力或精神兴趣而产生吸引力的可能性。"随申请一起提交的图表包括列奥纳多·达·芬奇（Leonardo da Vinci，1483—1890）的线性绘画《抱银鼠的女子》（Lady with an Ermine）、布龙齐诺（Bronzino）的《维纳斯和丘比特的寓言》（Venus, Cupid, Folly and Time，约 1544—1545）和鲁本斯（Rubens）的线性绘画《圣塞巴斯蒂安》（Saint Sebastian，1615）。附加在这些画上的是耳环、鼻钉、乳头夹等。专利审查员似乎反对这些补充，并要求删除它们。[85] 申请书援引马塞尔·杜尚（Marcel Duchamp）的《大玻璃》（The Bride Stripped Bare by Her Bachelors，1915—1923）作为现有技术。该申请似乎没有获得授权。但这可能无关紧要，因为艺术家们已经将该申请纳入一件艺术品中，这件艺术品的名称取自发明的名称，其中包括一个玻璃橱窗中的专利申请副本，以及电子电路、传感器和转移到纸上的线条图。将其悬挂在该艺术品附近是对专利审查员提出的补充意见表示反对。艺术家们解释说：

---

[82] Ibid p. 123.
[83] Quoted in ibid.
[84] US Patent Pub. No.: US 2003/0083544A1.
[85] See <http://www.fondation-langlois.org/e-art/e/catherine-richards.html> accessed 17 September 2018.

> 在不透明玻璃变成透明之前，我们必须离显示器很近，这样我们才能查看专利申请。在一个展示柜中，该申请似乎不可访问且距离很远；其不再是日常文本，而是受保护的文档。事实上，我们对它的了解只是局部的，因为就像它的主题一样，它必须立即被巧妙地揭示和隐藏起来，就像专利意味着对一个值得保护的想法或发明的所有权一样。[86]

将申请中的专利作为艺术的一个特别引人注目的例子是路易斯·加姆尼（Luis Camnitzer）在1997年的装置作品《专利申请》（Patentanmeldung）。加姆尼1937年出生于德国，后随家人逃往蒙得维的亚。在他1964年定居美国之前，他在那里成为乌拉圭首屈一指的概念艺术家。[87]他在汉堡的巴斯塔画廊（Galerie Basta）展出的《专利申请》，内容包括一盏灯、灯下方的白色地毯、一张蚀刻的玻璃桌和19张草木土地的照片。桌子上蚀刻着的是两张1942年11月德国火葬场专利申请中的建筑草图。[88]桌子边缘包裹的是俄罗斯军事法庭审讯Topf & Söhne公司工程师弗里茨·桑德（Fritz Sander）时用德语引用的话。Topf & Söhne公司曾向奥斯维辛集中营（Auschwitz）、比尔克瑙集中营（Birkenau）、布痕瓦尔德集中营（Buchenwald）、达豪集中营（Dachau）、古森—茅特豪森集中营（Gusen and Mauthausen）提供火葬场。对该引用语的翻译[89]内容如下：

> 我决定建造一个高容量的火葬场。1942年11月，我完成了大规模火葬的计划，并将其交给柏林帝国专利局。火葬场应该像一条流水线一样运作，尸体在格栅上不间断地被运送，这样火葬场就可以不间断地运转。这项申请由于被列为最高机密，无法被授予专利。[90]

加姆尼则解释说，正是桑德的"发明家的苦楚"（bitterness of the inventor）

---

〔86〕 Ibid.
〔87〕 See Luis Camnitzer, "Hans Herzog in Conversation with Luis Camnitzer", in Hans Michael Herzog and Katrin Steffen（eds）: *Luis Camnitzer*, Berlin: Hatje Cantz, p. 40, 2010.
〔88〕 Reproduced in Patrick Greaney, "Last Words: Expression and Quotation in the Works of Luis Camnitzer", 1 *The Germanic Review: Literature, Culture, Theory*, pp. 94-106, 2014.
〔89〕 Ibid., pp. 105, 107.
〔90〕 格里尼（Greaney）报道称Topf & Söhne最终在1953年获得了专利，而且桑德的专利申请也是荷兰以色列作家威姆·范·里尔（Wim van Leer）的一部戏剧的主题，名为"专利未决和D.R.P. 861731"（德国帝国专利861731），ibid at（n 42）.

使他着迷于这一主题:"他的知识产权未被其工作领域最负盛名的机构所认可。这相当于一个博物馆不承认我们的创作物是艺术作品。"[91]

八、生物艺术

"生物艺术"的概念由巴西裔美国生物艺术家爱德华多·卡茨(Eduardo Kac)在创作作品《时间胶囊》(Time Capsule)时第一次提出,该作品系1997年11月11日将一枚动物识别微芯片植入艺术家脚踝的网络广播和电视直播。[92] 卡茨后来的作品涉及运用DNA创作艺术品,这不可避免地引发了一系列争议。其中典型的是他2000年的作品"绿色荧光蛋白兔"(GFP Bunny,GFP是指绿色荧光蛋白)。[93] 他宣布[94]他已经委托"创造"了一只名叫"阿尔巴"(Alba)的转基因兔子,他的宣传活动包括一张他抱着一只白色兔子的照片和一张经过摄影后期增强而呈现绿色的兔子照片。[95]

这种绿色荧光蛋白是从维多利亚多管发光水母中提取出来的,后编入阿尔巴的一个祖先的受精卵中。当其被特殊光谱照射时,色彩会很明显得到呈现。[96] 卡茨坦率地承认,他试图通过这种生物工程学以及将阿尔巴融入他的家庭生活来激起人们对艺术或科学层面的讨论,所有这些都是生物艺术运动的特征。[97] 阿尔巴是由法国国家农业研究院研发的。由于法国国家农业研究院坚持要把阿尔巴留在其建筑内,这导致了"自由阿尔巴"(Free Alba)运动,不过这也成为卡茨创作的一部分。[98] 例如,2003年3月14日至5月4日,卡茨在世界各地的报纸上开展了"自由阿尔巴"运动,[99] 并于2003年3月14日至5月4日在法

---

[91] Quoted in Greaney, p. 107.
[92] See <http://www.ekac.org/figs.html> accessed 21 September 2018.
[93] See <http://www.ekac.org/gfpbunny.html> accessed 21 September 2018.
[94] Eduardo Kac, "GFP Bunny" <http://www.ekac.org/gfpbunny.html#gfpbunnyanchor> accessed 21 September 2018.
[95] Ibid.
[96] See Eduardo Kac, *Telepresence and Bio Art*, Ann Arbor: University of Michigan Press, p. 266, 2005.
[97] See ibid, pp. 265–266; Lori B Andrews, "Art as a Public Policy Medium", in Eduardo Kac (ed), *Signs of Life: Bio Art and Beyond*, Cambridge: MIT Press/Leonardo Books, pp. 125-150, 2007.
[98] See <http://www.ekac.org/gfpbunny.html> accessed 21 September 2018.
[99] See Eduardo Kac, "Free Alba" at <http://www.ekac.org/freealba.html> accessed 19 October 2017.

国南特的当代艺术中心（Le Lieu Unique）[100]以及2004年9月19日至10月21日在里约热内卢的劳拉玛西亚当代艺术画廊（Laura Marsiaj Arte Contemporânea）举办了公共装置展览。[101]2000年12月3日至12月13日，他在巴黎的几个街区张贴了阿尔巴的照片，包括玛黑区、拉丁区、圣杰曼德佩区、战神广场、巴士底、蒙巴纳斯和蒙马特高地。[102]

在卡茨之前，DNA已被用于艺术品创作。例如，《微观维纳斯》（Microvenus）是1986年由艺术家乔·戴维斯（Joe Davis）和分子遗传学家达娜·博伊德（Dana Boyd）合作完成的，"是一个代表生命和女性特质的古代日耳曼符文被编码成二进制图像，并以28个碱基序列合成DNA分子的形式引入细菌中"。[103]

还应该指出的是，有很多生物艺术家延续了卡茨的想法，并将遗传物质引入了他们的创作。在西澳大利亚，伊奥纳特·祖尔（Ionat Zurr）和欧隆·卡兹（Oron Catts）于1996年创立了"组织培养和艺术"（Tissue Culture and Art）以作为"一个开放式的研究项目，探索利用组织技术作为艺术表达的媒介"。他们在1998年举办了首次展览。[104]2000年，他们在西澳大利亚大学创建了"共生A"（Symbiotic A）作为一个研究中心，使艺术家们能够尝试生命科学实验。祖尔和卡兹专门从事再生医学和组织工程的技术项目，在这些项目中，细胞类型是在可生物降解的合成支架材料上生长的。他们用"半生命体"（semi-living）一词来描述他们对这些材料的工作，[105]并将"半生命体"实体定义为"一个新的、自主的实体，位于生命与非生命、有机生长与构建、客体与主体之间的模糊边界上"。[106]这方面的一个例子是"Meart"——半生命体艺术家（Meart—

---

[100] See <http://www.ekac.org/alba.publicart.html> accessed 19 October 2017.

[101] See <http://www.ekac.org/rabbitremixinrio.html> accessed 19 October 2017.

[102] See "GFP Bunny. Paris Intervention" at <http://www.ekac.org/albaseven.html> accessed 19 October 2017.

[103] J Davis, "Microvenus" 55 *Art Journal*, p. 70, 1996, referred to in Yetisen et al. supra (n 28) p. 728.

[104] Oron Catts and Ionat Zurr, *Tissue Culture & Art Stage One*, *Exhibition Catalogue*, Perth: PICA Press, 1998.

[105] See Oron Catts and Ionat Zurr, "Growing Semi-Living Sculptures: The Tissue Culture & Art Project", 4 *Leonardo*, p. 365, 2002.

[106] Ionat Zurrand Oron Catts, "An Emergence of the Semi-Living', in *The Aesthetics of Care? The Artistic, Social and Scientific Implications of the Use of Biological/Medical Technologies for Artistic Purposes"*, presented by Symbiotic A & The Institute of Advanced Studies, University of Western Australia, Perth Institute of Contemporary Arts, 5 August 2002, available at <http://www.tca.uwa.edu.au/publication/THE_AESTHETICS_OF_CARE.pdf> 67 accessed 21 September 2018.

the semi living artist），由胚胎大鼠皮层的神经元和"湿件"——在多电极阵列（Multi Electrode Array）和"软件"接口上生长，连接"湿件"和机械手（绘图）。[107]

共生A与澳大利亚行为艺术家、珀斯科廷大学设计与艺术学院教授史泰拉克（Stelarc）合作，在2006年利用种植在聚合物支架上的外科手术细胞建造了一个四分之一比例的史泰拉克耳朵复制品，并将一个耳形的曼特波（Medpor，一种多孔、生物相容性材料）支架植入艺术家自己的左前臂。[108]

卡茨在对"绿色荧光蛋白兔"的描述中宣称："虽然过去的每一个文明都孕育并赞美了无数虚构的生物，但是在阿尔巴之前，从来没有一个艺术家想象出一个活的哺乳动物，然后着手将它变成现实。"[109]他解释说，"绿色荧光蛋白兔"项目是一个复杂的社会事件，始于创造一个在自然界中不存在的空想动物。[110]阿尔巴被描述为"一只白化兔子，在蓝光照射下会发出明亮的绿光，它是由维多利亚多管发光水母中发现的绿色荧光基因的增强版创造出来的"。[111]考虑绿色荧光蛋白兔子的艺术"创造"在专利法意义上是否等同于"发明"是一件有趣的事情，这在法律上也许是有意义的。

2019年4月23日，在美国专利和商标局的数据库中搜索"绿色荧光蛋白"，可检索到25959项专利。[112]2008年诺贝尔化学奖由下村修（Osamu Shimomura）、马丁·查尔菲（Martin Chalfie）和钱永健（Roger Y Tsien）共同获得，以表彰他们发现和研发了绿色荧光蛋白。[113]正如瑞典皇家科学院的新闻稿

---

[107] The first public outcome of the project（Fish & Chips – stage 1）was presented in the Ars Electronica Festival, "Takeover", 2012, see Guy Ben-Ary and Thomas DeMarse, "Meart（AKA Fish and Chips）" at 57 <www.fishandchips.uwa.edu.au/project/publications.html> accessed 25 April 2019.

[108] See Oron Catts and Ionat Zurr, "Growing for Different Ends", 56 *International Journal of Biochemistry & Cell Biology*, pp. 20, 27, 2014.

[109] Eduardo Kac, "GFP Bunny" available at <http://www.ekac.org/gfpbunny.html> accessed 21 September 2018.

[110] Ibid.

[111] Ibid.

[112] <http://patft.uspto.gov/netacgi/nph-Parser?Sect1=PTO2&Sect2=HITOFF&p=1&u=%2Fnetahtml%2FPTO%2Fsearch-bool.html&r=0&f=S&l=50&TERM1=%93green+fluorescent+protein%94&FIELD1=&co1=AND&TERM2=&FIELD2=&d=PTXT> accessed 23 April 2019.

[113] See <https://www.nobelprize.org/nobel_prizes/chemistry/laureates/2008/> accessed 21 September 2018.

所指出的："1962 年，在美丽的维多利亚多管发光水母中首次观察到非凡的、明亮发光的绿色荧光蛋白。从那时起，这种蛋白质就成为当代生物科学中最重要的工具之一。"[114] 大量的专利涵盖了各种各样的应用。一项关键专利是 1994 年 9 月 9 日提交，并于 2000 年授予马丁·查尔菲的专利，该专利提出了"一种生产维多利亚多管发光水母绿色荧光蛋白的荧光突变体的方法……；在允许表达绿色荧光蛋白和相关蛋白的条件下培养引入的细胞；并选择表达绿色荧光蛋白的培养细胞……"卡茨通过援引科学文献[115]和查尔菲与其合作者在 1998 年出版的一本有关绿色荧光蛋白的书，坦率地陈述他对这项开创性工作的贡献。[116] 这可能会影响卡茨专利的新颖性。

"绿色荧光蛋白兔"[117]引起了这样一个问题：卡茨是否是相关基因的发明者，或者是艺术品创作方法的所有者。正如卡茨所解释的，"绿色荧光蛋白兔"是在法国国家农业研究院实验室工作的动物学家路易斯·贝克（Louis Bec）、科学家路易斯·玛丽·伍德比纳（Louis-Marie Houdebine）和帕特里克·普鲁内特（Patrick Prunet）的宝贵帮助下完成的。[118] 法国国家农业研究院拒绝卡茨将阿尔巴从实验室带走引发了一些争议。卡茨对"实验室限制阿尔巴的自由"的回应是"在自家门口悬挂带有绿色兔子的剪影旗帜"。[119] 不可避免的是，一个不是生物技术专家的艺术家将不得不依赖于其他人的专业知识。在这种情况下，艺术家能被认为是合作发明者或共同发明者吗？

澳大利亚对有关合作发明人的规定遵循美国法律，美国法律规定各方需实施并达到对共同采取的所有步骤所产生的发明作出了实质性贡献。[120] 合作发明

---

[114] See <https://www.nobelprize.org/nobel_prizes/chemistry/laureates/2008/press.html> accessed 21 September 2018.

[115] See Eduardo Kac, "GFP Bunny", available at <http://www.ekac.org/gfpbunny.html> accessed 21 September 2018.

[116] Martin Chalfie and Steven Kain, *Green Fluorescent Protein: Properties, Applications, and Protocols*, New York: Wiley-Liss, 1998.

[117] <http://www.ekac.org/geninfo2.html> accessed 25 April 2019.

[118] <http://www.ekac.org/gfpbunny.html#gfpbunnyanchor> accessed 21 September 2018.

[119] Ibid.

[120] McGill University v. Bionamics Ltd（2007）72 IPR at 149, following *Primmcoy Pty Ltd v. Teer*（2003）60 IPR 164 and *Monsanto Co v. Kamp* 269 F. Supp. 818（D.D.C. 1967）.

者的贡献不一定是均等的，但必须包括实质上的贡献。[121]如上所述，绿色荧光蛋白基因的分离和插入是其他人的在先发明。将绿色荧光蛋白基因插入兔子体内很难定性为合作发明的行为。根据判例法，不是第一个观察到发明的有用特性或效果的人就可以成为共同发明人。[122]哈里斯（Harris）在对美国判例法的研究中指出，合作发明人的强紧密性是基于行为人对"已经完成的可操作发明所涉及的本质细节性工作"，这与那些广泛的、一般概念意义上，甚至可能是所有相关人员中最重要的、单一意义上的，但并未参与实质细节性工作的人员的贡献是截然不同的。[123]

在这个基础上，卡茨可能不是绿色荧光蛋白兔的合作发明者。由于无法取得有关作品《创世纪》（Genesis）相关人员及其各自贡献的详细信息，因此无法就此问题得出结论。

许多生物艺术家试图提出关于科学在社会中的作用的问题，探索知识性话语、批判性话语、分析性话语和艺术现实之间的差距。卡茨采用了一种更为平淡的姿态，重申了杜尚对"艺术家必须活下去"的强烈支持。[124]

> 它是如此简单。他需要生活。那么博物馆能提供什么呢？它在一定程度上能够使你工作和生活。博物馆购买后，你将继续制作艺术品。就像你需要工作，在某个地方生活并赚钱一样，艺术家需要售卖才能继续创作。[125]

卡茨的生物艺术作品对于博物馆中这些艺术品的参观者而言具有吸引力，他还提出了受专利保护的流程在运用DNA进行艺术品创作中的作用问题。有趣的是，2005年4月28日提交并于2014年获得授权的一项美国专利涉及"一种用于创建审美图像的图像辅助媒介，该图像是用于展示作品或物品的，它是由

---

[121] Polewood Pty Ltd v. Foxwood Pty Ltd（2008）165 FCR 527, [33].

[122] Consolidated Aluminum Corp. v. Foseco Int'l Ltd., 10 U.S.P.Q.2d（BNA）1143, 1172（N.D. Ill1.1988）, aff'd, 716 F. Supp. 316（N.D. IUl. 1989）, aff'd, 910 F.2d 804（Fed. Cir. 1990）.

[123] Robert W Harris, "Conceptual Specificity as a Factor in Determination of Inventorship", 67 *Journal of Patent & Trademark Office Society*, p. 315, 1985.

[124] Jens Andermann and Gabriel Giorgi, "We Are Never Alone: A Conversation on Bio Art with Eduardo Kac", 2 *Journal of Latin American Cultural Studies*, pp. 279, 296, 2017.

[125] Ibid.

包括 DNA 在内的智能材料制成的"。[126] 该发明涉及的辅助媒介可以包括引起智能材料通过改变形状、尺寸、体积、密度、光特性、颜色、外观和/或审美元素的其他物理特性来作出反应的刺激、触发或影响。该专利可能包含许多生物艺术作品。当然，如果受到质疑，发明人必须证明其特定发明的新颖性。

现在，一些企业的网站上有大量根据贡献者的 DNA 进行艺术创作的例子。[127] 从哲学的角度看，这些例子与最初的生物艺术家的社会、政治和文化目标相距遥远，但其却反映了卡茨的实用主义。

九、结论

当代艺术在美国的专利申请或许并不意味着专利法对艺术专利采取比以往更加宽松的态度，而是更大程度地表明当代艺术也许与美术有所不同。就美术而言，其主要特征在于审美吸引力，但如上述例子所示，某些当代艺术也包含具有实用性的实质内容，以及对艺术与社会之间交易关系的探索。

美术申请专利的障碍在于专利法对美术和实用技术的划分。这种二分法可以追溯到反垄断法对制造方式的要求。然而，专利法的政策和对制造方法的解释可以随着现代发展而改变。如今，美术可以被认为是具有明显实用性、可销售性的产物。

在美国，对艺术方法专利和艺术家必需品的更多支持可能源于美国版权法的倾向性，[128] 其中一件作品的审美部分若可独立于实用功能而存在，则可作为版权作品而受到保护。[129] 例如，在 Transworld Mfg. Corp. v. Al Nyman & Sons, Inc[130] 案中，因装饰眼镜盒的审美设计与实用功能不可分离，版权保护的申请被

---

[126] US Patent 8921473, granted December 30, 2014.

[127] Eg <http://www.dna11.com/> "We create personalized DNA Portraits"；<http://t.co/ ZmKsTjgm29> "Now You Can Buy Art Created from your DNA"；<https://www.facebook. com/dnaart.aus/> "We create ready to hang DNA artworks"；<http://www.skite.com.au/2015/04/20/dna-art-personalised-portraits-from-your-own-genetic-information/> accessed 21 September 2018.

[128] US Copyright Act（Title 17, U.S.C. section 102）.

[129] See Leonard D DuBoff, "What Is Art – Toward a Legal Definition", 12 *Hastings Communications & Entertainment Law Journal*, pp. 303-312, 1990.

[130] 95 F.R.D. 95（D.C. Del. 1982）.

法院驳回。[131] 显然，如果将这种原则适用于专利法，某些艺术作品将因其审美要素占主导地位而被拒绝授予专利保护，但专利保护可以延伸至艺术方法，因为功能性具有至高无上的地位。

应当指出，版权法对艺术作品是否能受到保护的问题已有所涉及。例如，在 1992 年美国第二巡回上诉法院 Rogers v. Koons[132] 一案中，法院判决昆斯的雕塑《一串小狗》(String of Puppies) 侵犯了罗杰斯 (Rogers) 的《小狗》(Puppies) 相片版权。但是，在 2006 年 Blanch v. Koons[133] 案中，美国第二巡回上诉法院认为，昆斯在将安德烈·布兰奇所拍摄的女性腿部照片的一部分合成到较大的拼贴画中时，构成合理使用。彼得·雅兹 (Peter Jaszi) 认为，不同的判决结果可能反映了对概念艺术文化理解的演变。[134]

专利法在多大程度上能够进行类似的演变？当然，在英国，首要障碍是 1977 年《专利法》第 1 条第 2 款 (c) 项将"……艺术作品或任何其他审美创造"排除在专利权之外。这所引发的问题是：当代艺术是否包含"艺术作品"？以及根据第 1 条第 2 款 (c) 项的结语，这些艺术作品是否必须是审美创造？概念艺术是否包含审美？

在澳大利亚 1990 年《专利法》中没有对应第 1 条第 2 款 (c) 项的规定，澳大利亚联邦最高法院在创设专利原则时具有一定程度的灵活性。2013 年，在 Apotex Pty Ltd v. Sanofi-Aventis Australia Pty Ltd[135] 案中，澳大利亚联邦最高法院驳回了医学治疗方法基于政策考量不具有可专利性的主张，此判决是基于法院反对此类专利的情况下作出的。[136] 澳大利亚联邦最高法院认可现代医学的商业背景环境。按照这样的思路，联邦最高法院也可以接受当代艺术的可专利性。

---

[131] Ibid at 96. Applied in National Theme Productions, Inc. v Jerry B. Beck, Inc. 696 F. Supp. 1348 (S.D. Cal. 1988).

[132] 960 F.2d 301 (2d Cir. 1992).

[133] 467 F.3d 244 (2d Cir. 2006).

[134] Peter Jaszi, "Is There Such a Thing as Postmodern Copyright", 12 *Tulane Journal of Technology & Intellectual Property*, pp. 105-106, 2009.

[135] [2013] HCA 50.

[136] See Michael Blakeney, "The Patentability of Medical Treatments", 6 *Bio-Science Law Review*, p. 2, 2017.

类似地，在 D'Arcy v. Myriad Genetics 案中，澳大利亚联邦最高法院认为：[137]

> 发明是涉及"制造"的东西，其一定存在于某种"东西"中。它可能是一种产品，可能是一个方法，可能是在 NRDC 案语境下可定义为"人为创造"的结果。无论如何定义，它一定是人类行为所产生的某种东西。[138]

综上所述，大多数当代艺术都涉及由人类行为所产生的"创造"。

在 Myriad Genetics 案中，澳大利亚联邦最高法院指出，对于新型权利主张的案件，NRDC 案的法院判决并不"排除该法目的所依据的政策因素考量以及法律一致性的考虑"。[139] 在关于 DNA 专利申请的政策考量中，澳大利亚联邦最高法院对授予生物技术发明这一新领域创新活动专利的寒蝉效应表示担忧。[140] 如果专利保护涉及新风格或类型的绘画，这也是值得考虑之处。但是，正如布兰森（Branson）法官在联邦法院合议庭于 Grant v. Commissioner of Patents[141] 案判决中所指出的："只有在对发明使用进行限制所产生的社会成本被其社会效益抵消之时，发明才可享有专利保护。"[142] 当代艺术的教育、娱乐和教化作用，以及对艺术哲学基础的理解，都可以作为社会效益的例子。

译者注：
① 广义而言，"useful art"指各种艺术和巧技，在文学艺术领域多指"实用艺术"，在专利领域多指"实用技术"。
② 澳大利亚联邦最高法院（High Court of Australia，或译：澳大利亚联邦高等法院、澳大利亚高等法院），是澳大利亚联邦司法体系中的最高法院。
③ "Aesthetics"一词源于希腊语"aisthetikos"，其最初的意义是"对感观的感受"。在美学领域中，一般将"aesthetic creation"翻译为审美创造。鉴于本文"aesthetic"侧重于指认识客体的类型和本质，故译之为"审美"。

---

[137] [2015] HCA 35.
[138] Ibid at para 6（per French CJ, Kiefel, Bell and Keane JJ）.
[139] Ibid at para 5（per French CJ, Kiefel, Bell and Keane JJ）.
[140] Ibid at para 95.
[141] （2006）69 IPR 221.
[142] Ibid at [20].

在竞合的权利之间筑墙：
联邦法的优先适用和公开权

[美]丽贝卡·图施奈特[*]

李尔康[**] 译

引言

在规制虚假宣传方面，公开权与商标存在竞合；在鼓励创作方面，公开权与著作权存在竞合；在保护人格尊严和个人形象控制方面，公开权与传统的隐私权和名誉权存在竞合。公开权近来被用以扩张原告对作品及其使用的控制，即使该作品及其使用并未侵犯任何与公开权具有相同合理性理论基础的其他权利。公开权这种变幻莫测的性质令其非常危险。

联邦法优先适用[①]的案例中所体现的权利竞合的规则有助于提供一种目的解释的方法。如果某个州的公开权法与联邦著作权法的立法目的近似，就会出现两种权利的冲突，此时联邦法律将被优先适用。如果该州的公开权法有不同于联邦法的立法目的，那么公开权法背后的立法目的应当对我们分析适当限制公开权有所指引。原告更改其诉讼主张的名称不应当使他们能够将其权利扩大到超出这些权利的合理化基础之外。

通过对比联邦法优先适用和美国宪法第一修正案如何通过目的解释的方法限制优先权，我们可以看到，知识产权法的边界工作做得多么差，法院的裁判规则经常不统一，或者错误理解了其他制度的真正作用。完善途径之一是使用类型化的方法，而不是使用缺乏可预测性的个案平衡；联邦法优先适用和第一修正案原则都可以适用这种方法。另一种完善途径是将第一修正案视为独立的知识产权制度，具有一般优先适用性。正如布兰代斯大法官（Justice Brandeis）

---

[*] 丽贝卡·图施耐特（Rebecca Tushnet），美国乔治城大学法律中心法学教授。
[**] 李尔康（1994—），上海外国语大学2017级法律硕士研究生，研究方向：意大利语法律。现在上海市光大律师事务所工作。

所说，一般的规则是，思想"像空气一样自由地供人们共同使用"，这一规则只能通过成文法修改，同时第一修正案可以防止成文法限制思想或者事实的利用。[1]

一、公开权的扩张

公开权的扩张令人震惊。[2]笔者仅以最近发生的两个骇人听闻的案件为例：2015年，某州地方法院允许原告对某竞速游戏提起公开权诉讼。[3]该竞速游戏提供了一个真实赛道的视觉再现，其中包含一条横幅的图像，这条横幅上标有意大利维拉格（Virag）地板公司的商标。[4]单词"维拉格"也是公司所有人之一米尔科·维拉格（Mirco Virag）的姓氏，法院接受了维拉格公司的商标是米尔科·维拉格的化身的主张。[5]尽管第一修正案阻止了原告对该竞速游戏提起商标侵权之诉[6]，但是基于该游戏对米尔科的身份进行了所谓的"使用"这一事实，原告却可以对该游戏提起公开权诉讼——基于同一条引发第一修正案禁止的混淆诉讼的横幅。[7]即使在此类案件中，商标和公开权不同的第一修正案限制明显存在冲突，法院依然不愿意对公开权进行限制。[8]

---

[1] Int'l News Serv. v. Associated Press, 248 U.S. p. 215, p. 250 (1918) (Brandeis, J., dissenting).

[2] See, e.g., Stephen McKelvey et al., "The Air Jordan Rules: Image Advertising Adds New Dimension to Right of Publicity—First Amendment Tension", *26 Fordham Intell. Prop. Media & Ent. L.J.*, p. 945, pp. 954-959 (2016).

[3] Virag, S.R.L. v. Sony Comput. Entm't Am. LLC, No. 3:15-cv-01729, 2015 WL 5000102 (N.D. Cal. Aug. 21, 2015), appeal filed Virag, S.R.L. v. Sony Comput. Entm't Am. LLC, No. 16-15137 (9th Cir. Jan. 29, 2016).

[4] Ibid., p. 2.

[5] Ibid., p. 1.

[6] Ibid., pp. 8-13.

[7] Ibid., p. 7. 因为该诉讼以身份为基础，所以不要求游戏中的维拉格商标与米尔科·维拉格的姓氏在拼写上是相同的。按照这种理论，使用"微软"（Microsoft）商标会涉及比尔·盖茨的公开权；使用"苹果"（Apple）商标会涉及史蒂夫·乔布斯的公开权；使用"维珍"（Virgin）商标，则涉及理查德·布兰森的公开权，等等。

[8] 对比 Brown v. Elec. Arts, Inc., 724 F. 3d, p. 1235, pp. 1242-1247 (9th Cir. 2013)（该案判决依据第一修正案，保护原告免受虚假宣传的侵害，仅仅基于被告使用了原告的肖像和传记资料的事实）和 In re NCAA Student-Athlete Name & Likeness Licensing Litig., 724 F.3d 第 1268 页（9th Cir. 2013)（该案判决依据第一修正案，未保护原告免受公开权的侵害，同样是基于被告使用了原告的肖像和传记资料的事实）。

同样地，某加利福尼亚初审法院在近期的一个案件中认为，原告提起诉讼的法律依据显示了其胜诉的可能。该原告主张，脸书（Facebook）在网页（包括为批评原告而设置的脸书页面）上放置广告的行为，商业化地利用了原告的姓名和形象，侵犯了其法定的公开权，并且构成了加利福尼亚州法规定的普通法上的盗用。[9]因为"真实性"和"缺乏呈现的负面性"不能成为公开权诉讼的抗辩理由，所以与最高法院很早就宣布无效的有利于原告的诽谤规则相比，公开权的权利范围更加广泛。将原告的诉求引导到正当的诉讼事由中——阻止原告规避诽谤法中合理的限制——是显而易见的解决问题的方法[10]；然而，最高法院批准了一项对公开权的解释，从表面上看，该解释允许唐纳德·特朗普总统控制广告支持或营利性的媒体——也就是说几乎所有的媒体——对他的姓名的每一次提及。[11]

权利扩张的一个原因是，公开权没有一个条理清晰的正当理由，其权利范围没有一个明显的边界。如果公开权的正当理由，是允许一个人有权控制未经其允许的、对其肖像的使用，那么任何对其身份的使用，甚至是提及其身份的行为都可能侵犯其公开权，这种权利最多只会受到其他人的宪法第一修正案权利的外部约束。[12]根据这一逻辑，法院一般只根据不需要任何理论支持的例外情况来限制权利[13]，或根据往往难以理解的第一修正案的观点来限制权利。[14]

有详尽的理论试图赋予公开权独立性，其边界由其所要保护的法益的性质来界定。例如，马克·麦肯纳（Mark McKenna）给公开权提供了一个以人格为基础的依据。[15]但是，法院通常并没有试图在该权利背后提供任何连贯的理论。

---

[9] Cross v. Facebook, Inc., No. CIV537384, 2016 WL 7785723（Cal. Super. Ct. May 31, 2016）.
[10] See Hustler Magazine, Inc. v. Falwell, 485 U.S. 46（1987）.
[11] Cross, 2016 WL 7785723, p.4.
[12] See White v. Samsung Elecs. Am., Inc., 989 F. 2d, p. 1512（9th Cir. 1993）.
[13] See, e.g., N.Y. CIV. RIGHTS LAW §§ 50-51（McKinney 2016）; Messenger ex rel. Messenger v. Gruner + Jahr Printing & Publ'g, 727 N.E. 2d, p. 549, pp. 551-552（N.Y. 2000）(per curiam)（"纽约州不承认普通法的公开权……[纽约州法]被狭义地诠释……"）。
[14] Comedy III Prods., Inc. v. Gary Saderup, Inc., 21 P. 3d, p. 797（Cal. 2001）（在美术出版物和印有美术出版物的短袖衫上适用公开权）。
[15] Mark P. McKenna, "The Right of Publicity and Autonomous Self-Definition", 67 *U. PITT. L. REV.* 225(2005).

在有些案例中，公开权成为可以服务所有相关法益的百宝囊，从人格到鼓励创作，再到反虚假联想。[16]在其他的案例中，公开权属于一种财产权，就像一个无法进一步查询的黑匣子。[17]笔者个人怀疑能否找到一个内在的正当理由，成功地将公开权与商标类型的权利区别开来，但是在司法中缺乏对公开权正当理由的关注，导致对公开权的权利边界也同样缺乏关注。

二、著作权法优先适用作为边界执行者

近期的案例强调了利用优先适用理论并通过做减法的方式为公开权创造一种定义的可能性：当国会试图实现一个特定的目标，例如通过一个特定方法鼓励创作，那么各州不得通过利用其他方法鼓励创作来打破这种平衡。尽管发表言论的人就一个真实的人创作一个新的描述的时候，保护其第一修正案下的权利仍然是重要的，但是当被诉的使用行为基于一个受著作权保护的作品，而被描述者又是自愿出现在该作品中②时，联邦法优先适用可以定义公开权的边界。

（一）著作权应当如何在公开权案件中发挥作用

Dryer v. National Football League 案体现了联邦法优先适用的作用[18]，在该案中，前橄榄球运动员提起了公开权诉讼，理由是被告在比赛录像和采访汇编的影片中使用了其真实的、非诽谤的比赛片段。[19]驳回运动员们的起诉有两种理由，一是第一修正案，二是联邦法优先适用，第八巡回法院上诉法院选择了后者。通过对比赛录像和球员、教练以及比赛中其他人的采访视频进行编辑，被诉影片刻画了"国家橄榄球联盟历史中重要的比赛、赛季和运动员"。[20]

---

[16] See, e.g., Cardtoons, L.C. v. Major League Baseball Players Ass'n, 95 F.3d, p. 959, pp. 967-968 (10th Cir. 1996).

[17] Hart v. Elec. Arts, Inc., 717 F.3d 第 141 页（3rd Cir. 2013）. Cardtoons, 95 F.3d, p. 968, 与之相反，赋予公开权"财产保护的形式，允许人们从自己的人格中获取全部的商业利益"，但是之后继续检查公开权的确切的正当理由，并且在这些理由不起作用的时候，为未获授权的使用提供了第一修正案的保护，同上，第 976 页。

[18] 814 F.3d, p. 938 (8th Cir. 2016).

[19] Ibid., p. 941.

[20] Ibid.

本案中，公开权和著作权存在冲突，这在扩张的公开权诉讼中是一个常见问题。[21] 在该案中，运动员们试图阻止国家橄榄球联盟电影公司商业性地使用其拥有著作权的影片。[22]《著作权法》第301条规定，符合以下条件，著作权法优先适用：（1）原告的权利主张基于与著作权相同的权利，且（2）没有"例外因素"将原告的权利主张与著作权区分开。[23] 该测试中的两个标准都极其模糊——例如，目的显然不是一个例外因素，因为将目的作为要件之一会限缩著作权可诉的情形，但是普通法盗用（misappropriation）之诉在什么时候以及是否可以优先适用，这在很多巡回法院仍然存在争议。[24]

　　为了避免著作权优先适用，本案中的运动员们主张，他们在比赛录像中的表现是其形象的一部分，他们并非依据著作权提起诉讼。[25] 上诉法院驳回了这一主张，因为现代著作权的客体包含了体育比赛的实况录像。[26] 国家橄榄球联盟电影公司对比赛进行实况录像经过了运动员的同意，所以公司对录像拥有有效的著作权。[27] 因此，本案公开权诉讼所依据的作品属于著作权的

---

[21] See, e.g., Wendt v. Host Int'l, Inc., 197 F.3d, p. 1284, 1286（9th Cir. 1999）（Kozinski, J., dissenting from denial of reh'g en banc）; White v. Samsung Elecs. Am., Inc., 989 F.2d, p. 1512, 1514（9th Cir. 1993）（Kozinski, J., dissenting from denial of reh'g en banc）.

[22] Dryer, 814 F.3d, p. 940.

[23] Copyright Act, 17 U.S.C. § 301（2012）; see also Mark Lindsay, "Complete Preemption and Copyright: Toward a Successive Analysis", *20 J. INTELL. PROP. L. 43 (2012)*（explaining the "extra element" test）.

[24] See generally Joseph P. Bauer, "Addressing the Incoherency of the Preemption Provision of the Copyright Act of 1976", *10 VAND. J. ENT. & TECH. L. 1*, pp. 71-80（2007）（讨论了法院在公开权诉讼中适用《著作权法》第301条时面临的很多问题）; Thomas F. Cotter & Irina Y. Dmitrieva, "Integrating the Right of Pulicity with First Amendment and Copyright Preemption Analysis", *33 COLUM. J. L. & ARTS 165 (2010)*（支持公开权诉讼冲突优先适用，在包含非商业性表演、缺乏具体例外的案例中）; Jennifer E. Rothman, "Copyright Preemption and the Right of Publicity", *36 U.C. DAVIS L. REV.*, pp. 199, 231（2002）（主张冲突优先适用应当排除公开权诉讼，当被描述的人同意原始作品，并且使用没有侵犯著作权）。

[25] Dryer, 814 F.3d, p. 942.

[26] Ibid.

[27] Ibid.

标的。[28]

本案的判决是完全正确的——值得注意的是，当原告的诉讼基于静止的照片而不是动态的影像时，一些法院驳回了相同的论点。[29]在相互冲突的案例中，法院接受这样的论点，即公开权保护的是一个人的脸或外表，一般而言，这是一种柏拉图式的理想，而不是照片捕捉到的特定时刻。[30]笔者的质疑是，法律在处理图像方面的一般问题导致了对摄影作品的轻视，这意味着与被描绘者的权利相比，法院不能平等对待摄影作品与其他类型的著作权作品。同样的问题可能导致法院难以区分两种情形，一是基于使用照片中某人形象提起的诉讼，二是基于使用某人照片提起的诉讼。主张基于照片的公开权诉讼应当适用著作权法的法院是更加诚实的。[31]

适用《美国法典》第 17 卷第 301 条（17 U.S.C. § 301）③的第二个问题是，

---

[28] See also Ray v. ESPN, Inc., No.13-1179-CV, 2014 WL 2766187, p. 5（W.D. Mo. Apr. 8, 2014）（被告播放描述原告的录像是有著作权的作品，明显属于著作权的客体，本案判决著作权优先适用）；Fleet v. CBS, Inc., 58 Cal. Rptr. 2d, pp. 645, 647（Cal. Ct. App. 1996）（原告同意在影片中出现，但是原告声称未获得报酬，因此他们的表演是未经授权的，本案判决著作权优先适用）。

[29] See, e.g., Toney v. L'Oreal USA, Inc., 406 F.3d, p. 905, p. 910（7th Cir. 2005）；Downing v. Abercrombie & Fitch, 265 F.3d, p. 994, p. 1005 n.4（9th Cir. 2001）.

[30] 拒绝优先适用《著作权法》第 301 条的法院认为关于照片中名人身份的法规与关于受著作权保护的图片的法规是不同的。但是，一个人形象不具可版权性的事实不会终止依据《著作权法》第 301 条提出的质询。国会试图阻止各州对著作权一般范围内的标的提供类似著作权的保护，即使该标的不具可搬迁性。See, e.g. Montz v. Pilgrim Films & Television, Inc., 649 F.3d, p. 975, pp. 979-980（9th Cir. 2011）（著作权标的的范围比著作权法提供的保护范围更广……为了优先适用的目的，固定在一个真实媒介中的思想和概念属于著作权保护……尽管联邦著作权法将被固定的思想排除在保护范围之外）；Toney, 406 F.3d, pp. 910-911（各州法如果与联邦著作权法冲突，则优先适用联邦著作权法，即使该表达既未获得著作权，也不具可版权性）；Nat'l Basketball Ass'n v. Motorola, Inc., 105 F.3d, p. 841, p. 849（2d Cir. 1997）（州立法对没有可版权性的事实提供保护，例如棒球比赛比分，优先适用联邦著作权法）。

[31] E.g., Maloney v. T3Media, Inc., 94 F.Supp. 3d, p. 1128, pp. 1137-1138（C.D. Cal. 2015）（在不区分肖像和作品的情况下，认为销售和分发运动员的照片侵犯其公开权，会否认著作权优先适用的效果。此外，这样会妨碍著作权人依据著作权法行使排他性权利，让任何摄影作品中的主体可以否决摄影者基于著作权法拥有的权利，使得著作权法意图保护的排他性权利被摧毁）；Milo & Gabby, LLC v. Amazon.com, Inc., 12 F. Supp. 3d, p. 1341, p. 1350（W.D. Wash. 2014）（在针对被告复制原告孩子照片而提起的公开权诉讼中，判决《著作权法》第 301 条优先适用），appeal filed Milo & Gabby LLC v. Amazon.com, Inc., No. 16-1290（Fed. Cir. Dec 7, 2015）。

是否存在一个例外因素可以挽救这些诉讼。审理 Dryer 案的法院审视了公开权的正当理由，没有发现这样的例外因素。法院认为，著作权的目的是"为创造和传播思想提供经济激励"[32]，但是公开权的目的是"为某人的创造活动提供激励，并保护消费者免受误导性广告的侵害"[33]。由于各州保护消费者的利益，基于在广告中使用著作权作品而提起的公开权诉讼可能有消费者保护和反欺诈等与著作权法目的无关的目的。但是对于非商业性使用，例如一个诉讼"试图将著作权人使用作品价值的权利置于原告控制作品传播的利益之下，从而试图主张排他性权利在著作权的一般范围内"，会导致著作权法优先适用。[34]

需要解释一下，被公开权鼓励的"创造性活动"和"思想"不完全相同[35]，但是——尤其是在现代经济中——表演一般通过创造性作品表现，名人表演的价值通常源于创造性作品的货币化。[36]因此，在鼓励新作品的创作和鼓励名人

---

[32] Dryer v. Nat'l Football League, 814 F.3d, p. 938, pp. 942-943（8th Cir. 2016）（alteration in original）（internal quotation marks omitted）[quoting Harper & Row Publishers, Inc. v. Nation Enters., Inc., 471 U.S., p. 539, p. 558（1985）].

[33] Ibid., p. 943（internal quotation marks omitted）[quoting C.B.C. Distrib. & Mktg. Inc. v. Major League Baseball Advanced Media, L.P., 505 F.3d, p. 818, p. 824, reh'g en banc denied（8th Cir. 2007）].

[34] Ibid., p. 943 [（quoting Nat'l Car Rental Sys., Inc. v. Comput. Assocs. Int'l Inc., 991 F.2d, p. 426, p. 428（8th Cir. 1993）].麦卡锡教授也呼吁使用第 301 条区分广告 / 非广告性使用。2J. Thomas McCarthy, *The Right of Publicity and Privacy* § 11:55, p. 817（2d ed. 2008）（当被告"在一个有表现力的、非广告的媒体上复制表演录像"，麦卡锡教授建议著作权法优先适用是合适的）。其他巡回审判区也接受了区分商业广告和普通使用的观点。See Facenda v. NFL Films, Inc., 542 F.3d, p. 1007, 1029（3d Cir. 2008）（理由是州立法需要管理贸易活动，包括广告。但是限制素材被用于表达性作品的方式超出了州立法的范围，进入了著作权法的领域。）; Laws v. Sony Music Entm't, 448 F.3d, p. 1134, p. 1141（9th Cir. 2006）（优先适用的分析应当区别广告使用和使用作品本身）; see also 1 Melville B. Nimmer & David Nimmer, Nimmer on Copyright § 1.01 [B][3][b][iv][I]（rev. ed. 2015）（调查了相关的案例，并发现在使用作品本身和使用作品并用于销售之间存在普遍性的区别）。

[35] 在标准的理由中，著作权本应该鼓励表达，因为著作权不为思想提供排他性权利，但是思想可能作为一个副作用被摆脱。

[36] Cardtoons, L.C. v. Major League Baseball Players Ass'n, 95 F.3d, p. 959, p. 973（第十巡回法庭，1996 年）（主要的经济主张支持公开权，就是因为公开权为创造性活动和成就提供了动力。在这种观点下，公开权引诱人们花费时间、精力和资源来发展才能，这是公众认知的前提。但是这些才能给那些有商业价值的人即时利益，其产业的产品——例如电影、歌曲和体育活动——最终造福整个社会）。

表演之间有太多重叠，依照优先适用的目的，它们应当被同等对待。[37]在商业环境中，如果没有欺骗消费者的因素，那么就不存在区分公开权和著作权的例外因素。

审理 Dryer 案的法院强调，并非所有的广告使用都应该纳入公开权的范围。不是所有的商业或者广告性使用都涉及欺骗。"麦当娜从来没有吃过我们的香蕉，但是我们认为，如果她吃了，她一定会喜欢"，这样的广告词不可能构成虚假宣传。[38]奥巴马总统在中国长城旅游时穿某广告商夹克的真实报道或照片也不会构成虚假宣传。[39]此外，Dryer 案法院认为，优先适用应当区分商业言论和非商业言论，法院没有认可类似商标法规范的虚假宣传之诉可以被适用于国家橄榄球联盟影业的"非商业性"的言论中。基于非商业言论的虚假宣传诉讼通常败诉的原因是，商标法理论本身已经在第一修正案的影响下发展出了针对非商业言论的特别对策，所以"混淆可能性"测试并不适用于电影、歌曲或者类似作品中的商标使用。[40]

也就是说，法院承认在非商业言论中也可能存在虚假宣传。例如，某传记可能被错误地贴上授权传记的标签，这可能会影响消费者的决定。但是原告试图过分抑制对于其真实提及的过度主张的风险——例如原告主张，消费者可能会认为传记拥有或者需要原告的授权——是如此之高，以至于我们不允许原告尝试证明

---

[37] 例如，在 Dryer 案中的运动员参加有录像的橄榄球比赛能获得报酬；他们获得的报酬明显与比赛的电视市场有关。See also C.B.C. Distrib. & Mktg., 505 F.3d, p. 824（驳回了美国职业棒球大联盟运动员的公开权诉讼，并且特别指出，运动员参加比赛获得了丰厚的报酬，他们还可以从代言和赞助合同中获得其他丰厚报酬）；Cardtoons, 95 F.3d, p. 973（大部分拥有商业价值的体育和娱乐明星参加的活动能够使他们获得大量收入；他们身份的商业价值只不过是他们表演价值的一个副产品）；Ibid., p. 974（除此之外，通过公开权额外获得报酬通常是不合理的，因为大部分拥有商业价值的名人都已经获得了丰厚的报酬）。

[38] See Cardtoons, 95 F.3d, p. 968（如果［假设的公司］米切尔水果公司在广告牌上使用了麦当娜的照片和"麦当娜可能有十个铂金相册，但是她从来没有一个米切尔香蕉"，麦当娜可能不会提起虚假宣传诉讼。但是她可能提起公开权诉讼，因为米切尔水果公司出于商业目的不正当地使用了她的名字和照片）。

[39] See Stephanie Clifford, Coat Maker Transforms Obama Photo into Ad, N.Y. TIMES（Jan. 6, 2010），http://www.nytimes.com/2010/01/07/business/media/07garment.html.

[40] See Rogers v. Grimaldi, 875 F.2d, p. 994, p. 999（2d Cir. 1989）（在一个表达性作品中使用商标无须承担责任，除非这个使用"与该作品没有艺术上相关的联系；或者，如果有艺术相关的联系，除非该使用明显会让他人对作品的源头或者内容产生误解"）。

可诉的混淆性代言，除非虚假宣传是明显的。这一规则禁止原告在非商业言论的案件中获取间接证据，并基于这些间接证据提出虚假宣传或者隶属关联的混淆理论。因此，商标能够在非商业言论和代言责任之间设置不可渗透的边界。

因此，如果以是否拥有规制虚假宣传的目的作为区分公开权和著作权的关键，那么商业与非商业的区分只是一个替代方案，且并非在任何情况下都能发挥作用。基于虚假宣传的诉讼不适用优先适用原则；正如审理Dryer案的法院在说理中指出的，目的解释有助于理解"等同于著作权的权利"和第301条规定的"额外因素"。这样的处理也可以解释公开权诉讼中的"额外要件"究竟是什么。对比之下，要求被诉的言论必须是商业性的，例如要求蓄意抄袭，限缩竞合权利适用的情形，而不是增加了著作权侵权诉讼先决条件的额外要件，并避免了著作权优先适用。

虽然可以基于第301条解释著作权优先适用的案例，因为第301条的规定非常模糊，但是单独的冲突优先适用的概念也有助于理解公开权和著作权的界限。[41]当州立法妨碍联邦法的目的，或者某部法律像联邦著作权法一样规定了优先适用条款时，联邦法得以优先适用。[42]当州立法以作品为基础主张权利且该作品在著作权法或专利法保护的范围之内时，不论该作品是否具有著作权或者可专利性，联邦法优先适用通常是合适的。[43]在最近的联邦法优先适用的案例中，联邦最高法院使用了目的解释方法，类似于第八巡回法院在Dryer案中的做法：各州可以保护消费者为目标，但是其不可以试图通过对联邦法不保护

---

[41] See Rebecca Tushnet, "A Mask That Eats into the Face: Images and the Right of Publicity", 38 COLUM. J.L. & ARTS 157, 194-95 (2015); cf. Laws v. Sony Music Entm't. Inc., 448 F.3d, p. 1134, p. 1145 (9th Cir. 2006) ("我们认为，公开权的发展可以轻易代替著作权。这一点，国会明确地在《著作权法》第301条中排除了。我们是否可以总结说，[原告]提出的盗用诉讼不被著作权法优先适用，那么几乎所有对有著作权的录音的使用都会侵犯原始表演者的公开权……如果获得许可的人对著作权作品的使用，可能在任何时候被表演者起诉，很难想象著作权的意义何在") 。至少，第301条要求的"客体"和"额外要件"是模糊的，冲突优先适用注意事项更支持将他们视为优先适用公开权诉讼，而不是著作权作品的非广告性使用。

[42] See Geier v. Am. Honda Motor Co., 529 U.S., p. 861, p. 867 (2000) 。

[43] See Sears. Roebuck & Co. V. Stiffel Co., 376 U.S., p. 225, pp. 231-232 (1964) (允许一个州通过使用不正当竞争法来阻止一个物件的复制，这个物件的技术进步太小以至于不能申请专利，那么相当于允许这个州向公众封锁联邦法律规定属于公众的东西); Compco Corp. V. Day-Brite Lighting, Inc., 376 U.S., p. 234, pp. 237-238 (1964) (same) 。

的对象直接赋予垄断性的权利来鼓励创造。[44]

最为显著的是，在 Bonito Boats v. Thunder Craft Boats 案中，最高法院表示了其担忧，"通过创设类似专利权的权利，州立法可以不再使用美国国会在过去 200 年间建立的可专利性标准对发明进行评估"。[45]尽管致力于保护消费者的权利不会被联邦法优先适用，但是一个"为了鼓励产品创新而保护生产者"的纯粹反抄袭的权利，只能由联邦法进行规定。[46]在 Bonito Boats 案中，最高法院认为，州为船身创设反抄袭规则以鼓励创造这一目标是（不可接受的）。[47]该州没有采用专利法的高创造性标准为保护设定同样的限制，这使得州法规定的这种权利非常容易，干扰了联邦计划及其更有针对性的激励措施。[48]相比之下，州立法对商业秘密的保护不会被联邦法优先适用，最高法院解释说，这是因为"州对于非专利思想使用的限制被规定在促进联邦专利制度之外的必要范围内"。[49]

对于描述公共事件的创造性作品，公开权的正当理由与著作权法基本相同：激励创作性表演的产生。[50]冲突优先适用意味着公开权是否鼓励创作是无关紧

---

[44] See Bonito Boats, Inc. v. Thunder Craft Boats, Inc., 489 U.S., p. 141, pp. 156-157（1989）; see also Kewanee Oil Co. v. Bicron Corp., 416 U.S., p. 470, p. 487（1974）（判决认为州贸易秘密法和专利法之间不存在冲突，因为被诉行为的类型在本质上是不同的，并且法律保护隐私，即使贸易秘密保护也有鼓励创作的作用）.

[45] Bonito Boats, 489 U.S., p. 157.

[46] Ibid.

[47] Ibid., p. 158.

[48] Ibid.; see also Ibid, pp. 159-160 ["我们认为，这样的保护很明显与联邦的政策相冲突，一般流传的所有思想都用于共同利益，除非它们被有效的专利所保护".（quoting Lear, Inc. v. Adkins, 395 U.S. 第 653 页, 第 668 页（1969）]; Ibid., pp. 164-165（对于美国国会认定属于所有人的思想，各州没有权利为其提供相同的保护）.

[49] Ibid., p. 166. 在相同的句子中，法院称"州的保护不是只关注促进发明"，也许这意味着只要公开权还有其他目标，那么公开权就可以有鼓励创造的目的，但是考虑到法院进一步总结说，只有对促进非鼓励目的的"必要的"规则才是可以接受的，对于"只"（exclusively）的解释与法院说理的其他部分不一致。换句话说，鼓励创作可能是州法权利的一个副作用，但是其本身不能成为其他法益保护的正当理由，例如阻止欺诈消费者。

[50] Zacchini v. Scripps-Howard Broad. Co., 433 U.S., p. 562, p. 567（1977）（表演者对其表演转播拥有的控制权，可以为他们提供经济刺激，鼓励他们为公共利益创作表演。专利法和著作权法中也有同样的考虑……）; see also C.B.C. Distrib. & Mktg., Inc., v. Major League Baseball Advanced Media, L.P., 505 F.3d, p. 818, p. 824（8th Cir. 2007）（主张公开权的意义在于鼓励创作者的创造活动，并且保护消费者免受广告的误导）; Laws v. Sony Music Entm't, Inc., 448 F. 3d, p. 1134, p. 1145（9th Cir. 2006）（recognizing the similarity）.

要的，因为这是联邦政府的保留权力。通过这种方法，公开权与基于其他不会优先适用的诉因得以区分，例如商标权、诽谤和侵犯隐私——并且，如果公开权的目的是保护声誉、隐私或消费者权益，那么联邦法不会被优先适用，但是公开权将受到第一修正案的限制。

（二）"同意"的作用

所有上述讨论都建立在一个假定中，即著作权作品刻画的人物同意该作品的创作，然而，在人物漫画、传记、"狗仔队"拍摄的照片或者使用他人姓名的作品中，情况并不一定如此。因为优先适用只有对那些获得被刻画人同意的作品才有意义，它在限制公开权方面不能发挥主要作用。

但是，同意通常能够保护著作权人使用其作品的权利。例如，运动员在比赛的时候知道国家橄榄球联盟影业对他们进行了拍摄，这意味着他们同意创作受版权保护的作品——足球比赛电影——来体现他们的贡献。[51]运动员的同意使著作权法优先适用具有正当性。[52]适用州公开权法要求运动员的同意是有效的，但本案中的关键问题是，运动员是否作出了联邦著作权法规定的同意：同意他们的形象以录像的形式被固定下来。依据独创性标准，运动员是否需算作创作者？无论这个问题的答案如何，运动员的同意都是切实存在的。[53]

在 Wendt 案中，著作权人以一档电视节目中的演员为原型，创造了衍生品——电子动物机器人，该行为侵犯了演员的公开权，同样的著作权优先适用的

---

[51] Dryer v. Nat'l Football League, 55 F. Supp. 3d., p. 1181, p. 1200（D. Minn. 2014）; see also Balt. Orioles, Inc. v. Major League Baseball Players Ass'n, 805 F.2d, p. 663, pp. 675-676, p. 675, n.22（7th Cir. 1986）（在相似的情况下判决联邦法优先适用）。

[52] 乔尼佛·罗斯曼（Jennifer Rothman）教授主张，因为相似的原因，在任何情况下，包括著作权作品随后在广告中被使用，只要某人同意在该作品中出现，那么就应当优先适用联邦法。See Rothman, supra note 24, p. 254; see also Cotter & Dmitrieva, supra note 24, p. 215（在涉及非商业表演并缺乏例外因素的案例中，主张联邦法应当优先适用）。

[53] Cf. Jules Jordan Video, Inc. v. 144942 Can. Inc., 617 F.3d, p. 1146, p. 1155（9th Cir. 2010）（电影演员声称其名字和形象出现在盗版电影里，法院判决联邦法优先适用，因为"演员的诉讼的本质是……被告在未经授权的情况下复制并且传播了影片"，而不是原始的著作权电影被制作出来而没有这个演员所知的参与）; Nat'l Basketball Ass'n v. Motorola, Inc., 105 F.3d, p. 841, p. 847（2d Cir. 1997）（指出国会在起草固定条款时"特别考虑到体育赛事"，并发现固定条款将表演与固定工作结合起来，以达到优先适用的目的）。

理由在这类案例中可以适用吗？[54]答案是肯定的，尽管第九巡回法庭判决演员胜诉。[55]演员不需要同意衍生产品的创作；他们的同意没有为著作权人利用该作品设定限制。因为著作权人有权创作衍生品，任何以鼓励创作为基础的理论都应当与国会鼓励著作权人创作衍生作品的目的相一致。只有以其他理论为基础的公开权，例如为解决广告中的虚假宣传问题，才能避免著作权法的优先适用。

如果人们不同意被提及或者被描述呢？对于其他正当理由与公开权相重叠的侵权行为，不以受害人同意在大多数真实的表演中被提及或者被描述为要件。当对事实的处理传达了一个错误的印象（起诉理由是错误曝光[56]），或者侵犯了一个人的隐私且缺乏足够的公共利益的正当理由（当描述以公共事件为基础，将会非常难成立）时，这个规则才受到外在限制。对于获得同意的作品，虚假宣传有时候可能是一个合适的理论——相比错误曝光，这个理论更加适合于广告，尽管二者的理论基础是一样的。

但是，如果在未获得同意的情况下描述他人，被描述者可能拥有范围更广的公开权，并且可以利用著作权的鼓励理论。最高法院判决的关键案例 Zacchini 案引发了公开权的扩张，从功能上看，该案是一个普通法著作权案，在该案中，一个电视新闻的团队未经表演者同意，拍摄了其表演。[57] Zacchini 案是在 1977

---

[54] Wendt v. Host Int'l, Inc., 125 F.3d, p. 806, p. 809（9th Cir. 1997）, reh'g denied 197 F.3d, p. 1284（9th Cir. 1999）.

[55] Ibid., p. 814-815.

[56] Restatement（Second）of Torts § 652E（Am. Law Inst. 1977）.

[57] See Zacchini v. Scripps-Howard Broad. Co., 433 U.S., p. 562, p. 573（1977）（州法对公开权这一利益的保护与专利和版权保护有着非常相近的目的……）; Ibid., p. 575（如果被告在电视上转播原告的表演，州法要求被告赔偿原告的损失不会违反宪法，否则，被告就拥有拍摄并播放著作权作品而不需要向著作权人承担责任的特权……）; Ibid., p. 576（法院在判决中称，"同样的考虑存在于本法院适用专利法和著作权法的司法实践中"）; McCarthy, supra note 34, p. 819（查西尼案是一个州著作权法诉讼，而不是公开权诉讼）; Stacey L. Dogan & Mark A. Lemley, "What the Right of Publicity Can Learn From Trademark Law", 58 STAN. L. REV., p. 1161, p. 1187（2006）; Wendy J. Gordon, "An Inquiry into the Merits of Copyright: The Challenges of Consistency, Consent, and Encouragement Theory", 41 STAN. L. REV. 1343, 1365 n. 97 (1989)（same）; Diane Leenheer Zimmerman, "Who Put the Right in the Right of Publicity?", 9 DEPAUL-LCA J. ART & ENT. L. 35, pp. 49-50, p. 50, n.43（1998）（same）; cf. Comedy III Prods., Inc. v. Gary Saderup, Inc., 21 P.3d, p. 797, p. 806（Cal. 2001）（查西尼案不是一个普通的公开权案：被告转播了原告的全部表演，其行为构成普通法著作权侵权）.

年作出判决的，现行的《著作权法》（1978年1月1日生效）在当时尚未生效。与此前的立法不同，依据1976年《著作权法》，表达性作品一旦在有形的媒介中被固定即获得保护，而不是等到其出版之时；只有当州普通著作权法保护非固定作品时，才会优先适用联邦法。[58]这样的改变可能会影响一些公开权诉讼，但是在Zocchini案中，原告的现场演出在未经其同意的情况下被播放，这仍然在现代著作权法规定的范围之外，因此该案在现今的背景下也不会优先适用联邦法。

依据著作权法优先适用来理解同意的案例，可以帮助我们理解非同意案件的合适的范围，Zacchini案中认可的公开权与普通法著作权及其鼓励创作的目的，以及隐私保护的正当理由相一致。[59]公开权的扩张远远超过了可以对复制整个表演而提起的诉讼，也远远超过了那些法定的边界。如果当事人同意在作品中出现且没有保留同意后续使用作品的权利，则应当优先适用著作权法；普通法著作权应当鼓励被描述者的创作，在未经其同意的情况下，其有在完成作品之前拒绝分享的权利。但是这些权利不应该扩张到超过鼓励表演的边界，除非这个权利有其他具体的、与第一修正案兼容的目的，例如保护消费者免受虚假宣传的侵害。否则，行为人将有权控制有关他的任何讨论，这样的权利无法将未被授权的传记或纪实小说与未被授权的电子游戏区分开。

三、第一修正案关于联邦法优先适用的教训

（一）目的解释的统一

尽管在联邦法优先适用的案例中经常使用目的解释法，第八巡回法院在C.B.C. Distribution & Marketing, Inc. v. Major League Baseball Advanced Media, L.P案[60]中，在分析第一修正案时也使用了目的解释，在该案中，以营利为目的的棒球联盟游戏侵犯了棒球运动员们依据密苏里州法律拥有的公开权，因为该游戏使用了运动员的姓名和其他识别性数据。第八巡回法院在说理中称，运

---

[58]　See Lapham v. Porach, No. 06-Civ-6861, 2007 WL 1224924 第13页（S.D.N.Y. Apr. 25, 2007）.

[59]　See Cardtoons, L.C. v. Major League Baseball Players Ass'n, 95 F.3d, p. 959, p. 973（10th Cir. 1996）[查西尼……抱怨的是被告对他表演经济价值的盗用，而不是对他人格的经济价值的盗用。法院鼓励创作的理由明显在表演权案件中更具有说服力，而不是在一个涉及盗用名人人格的公开权案件中。（citing RESTATEMENT（THIRD）OF UNFAIR COMPETITION § 46 cmt. c（AM. LAW INST. 1995）].

[60]　505 F.3d, p. 818（8th Cir. 2007）.

动员们依据该州的法律提起公开权侵权诉讼,尽管"加拿大广播电视公司的使用行为并不完全属于传统的商业利用,即以广告或推销的目的使用某人的姓名,从而声称或者暗示某人为某产品代言"[61],但是依据密苏里州的法律,提起公开权诉讼不要求被告进行了虚假宣传,只要求被告的意图或者目的是通过使用某人的人格获取商业利益即可。[62]

但是,第一修正案推翻了州立法的规定。上诉法院在主张中称,"加拿大广播电视公司的棒球游戏中使用的信息已经进入公共领域,如果法律规定他人没有权利使用这些信息,那么这样的法律规定是奇怪的"。[63]此外,上诉法院指出,"本案涉及的仅仅是州立法通过公开权意图维护的权利"。[64]法院认可个体有在某一领域耕耘并收获的权利,鼓励个体参与创作,保护其免受误导性广告的侵害,但是使用已获得高薪的运动员的真实数据均不涉及前述问题。[65]

至于无法用金钱衡量的利益,例如"保护自然权利,奖励名人的劳动,以及避免情感伤害",使用已获得报酬的运动员的真实表演与这些均没有关系;此外,"有些法院指出,公开权只是用于保护经济利益,非经济利益则是直接地被所谓的隐私权所保护",法院也接受把公开权限制在经济利益保护的范围内的做法。[66](换句话说,任何基于道德权利的公开权应当同样受第一修正案的限制,作为基于道德权利的隐私权,排除运动员对自己公开表演数据的控制。)C.B.C.案中法院说理的错误在于,那些问题的框架基于个案平衡,而不是基于被诉表演的商业或非商业状态的类型化的平衡。[67]

---

〔61〕 Ibid., p. 822.

〔62〕 Ibid.

〔63〕 Ibid., p. 823.

〔64〕 Ibid., p. 824.

〔65〕 Ibid.

〔66〕 Ibid. 尽管加利福尼亚测试适用于艺术品时存在很多问题,但该测试认可,作为一项经济权利,公开权被用于反对批评是不合适的:"依据第一修正案,公开权不能成为一个通过审查不被人喜欢的描绘来控制名人形象的权利。第一修正案规定,一旦名人将自己推到聚光灯下,对名人形象的评论、戏仿、讽刺和其他表达必须被给予广泛的权利。公开权本质上是一个经济性权利。公开权人拥有的不是审查权,而是一个阻止他人滥用名人名誉产生的经济价值的权利……" Comedy III Prods., Inc. v. Gary Saderup, Inc., 21 P.3d, p. 797, p. 807(Cal. 2001).

〔67〕 Melville B. Nimmer, "The Right to Speak From Times to Time: First Amendment Theory Applied to Libel and Misapplied to Privacy", 56 CALIF. L. REV., p. 935, pp. 942-943(1968)(解释了分类平衡的优势)。

类似地，在被告使用棒球运动员戏仿名称、图像和事实制作棒球卡的案件中，第十巡回法院选择了平衡权利保护的利益与第一修正案的方法。[68]但是，第十巡回法院对戏仿在相关利益上的影响表达得更为笼统，而不是依赖在此前的个案中确立的戏仿的价值。[69]目的解释不需要在个案中重新进行平衡。例如，这种解释方法可以帮助我们认定对某广告提起的公开权诉讼是否涉及虚假宣传。如果涉及，那么在商业表演背景下的宣传的真实混淆应该避免第一修正案的问

---

[68] Cardtoons v. Major League Baseball Players Ass'n, 95 F.3d, p. 959, pp. 972-973（10th Cir. 1996）. 在该案中，第十巡回法院也提到了拥塞、公地悲剧的观点：名人应当能够控制他们的形象，避免名人形象的过度曝光，这种过度曝光最终会摧毁名人形象的价值。Ibid., pp. 974-975. 这本质上是一个淡化理论；正如法院在 Cardtoons 案中指出的，只有在商业广告的背景下，这一理论才可以适用。See ibid., p. 975. 也许更加重要的是，这一理论似乎没有现实基础；淡化的经验证据——特别是通过过度曝光导致的淡化——是缺失的。研究表明，淡化使用没有对知名商标产生任何作用。Paul J. Heald & Robert Brauneis, "The Myth of Buick Aspirin: An Empirical Study of Trademark Dilution by Product and Trade Names", 32 CARDOZO L. REV., p. 2533（2011）. 研究表明，使用公共领域内的作品同样没有产生任何过度曝光的效果。Christopher Buccafusco & Paul J. Heald, "Do Bad Things Happen When Works Enter the Public Domain?: Empirical Test of Copyright Term Extension", 28 BERKELEY TECH. L.J. 1 (2013); Paul J. Heald, "Does the Song Remain the Same? An Empirical Study of Bestselling Musical Compositions（1913-1932）and Their Use in Cinema（1968-2007）", 60 CASE W. RES. L. REV. 1 (2009); Paul J. Heald, "Property Rights and the Efficient Exploitation of Copyrighted Works: An Empirical Analysis of Public Domain and Copyrighted Fiction Bestsellers", 92 MINN. L. REV., p. 1031（2008）. 过度曝光没有损害美国国旗或者其他的标志的沟通价值。Mark A. Lemley, "Ex Ante Versus Ex Post Justifications for Intellectual Property", 71 U. CHI. L. REV., p. 129, p. 146, n.63（2004）[一个标志性作品即使被反复地贬低，也不可能影响公众对该作品的认识……尽管在不同场景中重复使用和滥用，自由女神像、蒙娜丽莎、总统山和埃菲尔铁塔依旧保持了它们的标志性形象。莎士比亚的作品、弗兰肯斯坦（和他的怪兽）、德古拉、守财奴、山姆大叔和亚瑟王也是如此。]; see also Christo Boshoff, "The Lady Doth Protest Too Much: A Neurophysiological Perspective on Brand Tarnishment", 25 J. PROD. & BRAND MGMT., p. 196（2016）（没有发现丑化的实证基础）; Rebecca Tushnet, "Gone in Sixty Milliseconds: Trademark Law and Cognitive Science", 86 TEX. L. REV., p. 507（2008）（否定淡化理论具有经验基础，并且认为淡化规则是违反宪法的商业言论规范）.

[69] 在 Cardtoons 案中，法院强调，本案中的运动员已经获得很好的补偿，法院同时认为，将运动员替换成其他公众人物，例如未获高薪的政客或者教授，如果他们的活动也产生新闻，那么本案的结论可能不同。Cardtoons, 95 F.3d, p. 974. 笔者认为法院的观点是错误的，因为即使没有被很好地补偿，戏仿对任何人产生的鼓励作用可能是相同的，第一修正案也允许戏仿的存在，况且被戏仿者不可能给戏仿者授权。因为名人很少会允许他们的形象被戏仿，如果允许名人控制他人对其形象的戏仿，不会直接给他们带来任何额外的收入。这只会使得他们可以避开嘲笑和批评。

题。[70]类型化的方法不需要对公开权诉讼中作品价值作出危险、富有艺术难度的判断。就像 Rogers v. Grimaldi 案中的商标法测试的理论，认为艺术性使用不产生违约责任，除非表演者明显地误导了原告的代言或误导使人们认为与原告有联系，该理论简化了质询，这本身就包含一个保护言论的效果，因为它明确了原告在什么情况下不可以提起诉讼。[71]

（二）从著作权借鉴"转换性"的不足

为什么不从著作权那里借鉴合理使用的概念呢？有观点认为，著作权的第一修正案保护与商标和诽谤中的第一修正案测试一样，与基于激励的公开权相关。[72]笔者不赞同这种观点，理由与著作权和很多公开权诉讼的目的相关联。

首先，著作权优先适用的原则意味着，如果案件的焦点是激励创作，那么著作权优先适用会无视第一修正案并阻碍公开权诉讼。如果公开权涵盖的是未经授权的对不固定表演的复制，并在这种有限的、未优先适用联邦法的情况下激励创作，就像在 Zacchini 案中一样，那么合理使用的抗辩理由很可能是合适的。然而，著作权的合理使用作为对其他所谓侵犯公开权行为的主要限制是不合适的——而一旦我们开始用目的解释的方式看待公开权，这种不合适就变得有意义了。

其次，与此相关的是，著作权合理使用确定了这样一种情况，即其他创作者的动机会受到巨大损害，或者通过扩大著作权人对后续使用的控制，不会对其产生适当的激励。当主要考虑因素涉及虚假关联或声誉利益时，著作权合理

---

[70] 通常，笔者支持在虚假广告和商标诉讼中应当要求实质性。Rebecca Tushnet, "Running the Gamut From A to B: Federal Trademark and False Advertising Law", *159 U. PA. L. REV.* p. 1305（2011）. 但是，联邦贸易委员会（FTC）认为，如果代言广告可能影响消费者的购买决定，消费者被名人的观点所引导，那么该代言广告就是实质性的，这在我看来是一个宪法的允许方法。16 C.F.R. § 255.1（b）(2009). 此外，如果一个广告导致人们对名人是否代言了某一特定产品产生误解，那么应该重点保护的是该名人避免错误联系的人格利益——人拥有的法益，商标没有，而不仅仅是名人控制其人格的所有商业化使用的愿望。

[71] William McGeveran, "The Trademark Fair Use Reform Act", *90 B.U.L. REV.*, p. 2267, p. 2289, p. 2313（2010）.

[72] See Pamela Samuelson, "Reviving Zacchini: Analyzing First Amendment Defenses in Right of Publicity and Copyright Cases", *57 TUL. L. REV.*, p. 836, p. 837（1983）.

使用就无法识别这些利益不足以证明责任的情况。

再次，最高法院已经明确指出，在第一修正案的框架下，不只是合理使用才使得著作权法可以被接受。思想／表达的区别和不保护事实同样限制了著作权；控制思想或事实对言论自由的影响太大是无法承受的。因此，一项只借用合理使用而并非对思想和事实缺乏保护的对公开权诉讼的抗辩就不可能像著作权那样具有第一修正案的全部保障。识别名人的信息通常是真实的——盗用名人身份需要复制名人实际拥有的特质。[73] 在某些案例中，例如 White v. Samsung 案[74]，被告制作了一个广告，在广告中使用了一个顶着金发的机器人，使人联想到瓦娜·怀特，或者 Geller v. Fallon McElligott Advertising 案，[75] 该案中，被告的广告以一个可以弄弯勺子的人为主角，据称这个技巧使人联想到尤里·盖勒，有人可能会说，被复制的不是事实本身，而是一个独立的"人物角色"——但在这个意义上，"人物角色"听起来很像一种风格，通常被认为是一种不受保护的思想。因此，如果我们真的借用著作权原则来限制公开权，那么公开权很可能会限缩至不存在的地步。[76]

著作权缺乏对事实和思想的保护，这也有助于解释公开权借用合理使用的另一个问题。正如马克·麦肯纳（Mark McKenna）所力证的那样，合理使用抗辩需要对两件作品进行比较，以确定被告的作品是否通过提供新的含义

---

[73] See C.B.C. Distrib. & Mktg., Inc. v. Major League Baseball Advanced Media, L.P., 505 F.3d, p. 818, p. 823（8th Cir. 2007）.

[74] 989 F.2d, p. 1512（9th Cir. 1993）.

[75] No. 90 Civ. 2839, 1991 WL 640574（S.D.N.Y. July 22, 1991）.

[76] 例如，著作权永远不能保护事实，所以使用著作权限制意味着有关名人的事实可以在广告中不受阻碍地使用，像一些法院推测的那样，即使是名人——甚至名人的名字——在广告中出现都意味着名人代言了该产品。See Abdul-Jabbar v. Gen. Motors Corp., 85 F.3d, p. 407, p. 413（9th Cir. 1996）（在电视广告中使用名人代言是商业惯例，陪审团可能会发现通用汽车在广告中使用名人的名字暗示名人的代言……）；Allen v. Nat'l Video, Inc., 610 F. Supp. 612, 627 n.8（S.D.N.Y. 1985）（当伍迪·艾伦雕像的公共形象出现在一个商业广告中，他的出现会不可避免地被理解成他代言了该产品）.

或信息而改变了原告的作品。[77]但这种比较需要两件作品,而公开权诉讼涉及一个人和一件作品,什么情况下二者之间的转变是"转换性的",这并不清晰。特别是考虑到在涉嫌侵权的作品中采用的个人身份元素通常是事实或想法,合理使用的"转换"理念——专注于作品中表达性、可保护性的元素——并不适用于原告的身份。这种不可通约性导致判例极其不一致:法院无法决定是被告作品整体上应当具有转换性,还是原告作品的具体描述应该具有转换性。

最后,这些理论问题在实践中得到了证实:一些法院已经采纳利用类似著作权法合理使用的抗辩对公开权进行第一修正案的限制,结果表明这是一场灾难。法院试图简化测试,只询问被告的使用是否具有转换性,而不考虑其他通常的因素。询问原告身份的真实或创造性(著作权合理使用测试的第二个因素),询问被告的使用在市场上对"原本"或其授权的衍生物会产生什么影响(第四个因素)是如此的荒谬,或者最多让人感觉这个认定标准从概念上是多么不适用于公开权抗辩(第三个因素),而更像是形而上学的问题。

即使是这样简化,著作权法上的转换性也无法为公开权服务。包括笔者在内的许多学者都反对将转换性作为一项公开权的抗辩事由。[78]我们的反对集中在两个问题上。第一,因为很难弄清楚作品"转换"人物角色意味着什么,标

---

[77] Mark P. McKenna & Shelby Niemann, 2016 Trademark Year in Review 35(Feb. 5, 2015)(unpublished manuscript), https://papers.ssrn.com/sol3/papers.cfm?abstract_id= 2886627. 还有一系列目的转换的著作权的案例,这些案例中,一个纯粹对原告作品的复制反而是公平的,因为被告使用的目的是与原告完全不同的,例如当一个搜索引擎复制网页目的是索引,而不是传达关于任何特定网页的信息。但是使用的问题基本是相同的。

[78] See, e.g., Stacey Dogan, "Bullying and Opportunism in Trademark and Right-of-Publicity Law", 96 B.U. L. REV., p. 1293, pp. 1309–1310(2016); David Franklyn & Adam Kuhn, "Owning Oneself in a World of Others: Towards a Paid-For First Amendment", 49 WAKE FOREST L. REV., p. 977(2014); Tushnet, supra note 41; Thomas E. Kadri, "Comment, Fumbling the First Amendment: The Right of Publicity Goes 2–0 Against Freedom of Expression", 112 MICH. L. REV., p. 1519(2014); Geof- frey F. Palachuk, Note, "Transformative Use Test Cannot Keep Pace with Evolving Arts: The Failings of the Third and Ninth Circuit 'Transformative Use' Tests at the Intersection of the Right of Publicity and the First Amendment", 16 U. DENV. SPORTS & ENT. L.J., p. 233(2014).

准的不同导致了不可预测的结果,对言论产生了寒蝉效应。[79]第二,转换标准得出的结论是,对名人的真实描述是侵权的,这意味着新闻故事和照片——受保护的非商业言论的核心——应该被认为是侵权,法院只是通过没有说服力的法令来处理这个问题,将某些现实主义与其他现实主义区分开来。[80]

四、进一步讨论如何保护和限制公开权

利用公开权作为保护名人人格完整或隐私的权利是可行的。这些法益与鼓励创作或者打击虚假宣传是不同的。然而,关于这些道德的正当理由以及它们对真实信息的有限影响,已经有过很多先例;第一修正案本身就排除了纯粹基于人格主张的大多数权利。[81]一般来说,事实是不能被拥有的。[82]当一个组织

---

[79] See, e.g., Hart v. Elec. Arts, Inc., 717 F.3d, p. 141, pp. 165-166(3d Cir. 2013)(大多数人和持不同意见的人认为,在足球比赛游戏背景下对足球运动员的描绘是否具有转换性);ETW Corp. v. Jireh Publ'g, Inc., 332 F.3d, p. 915, pp. 936-937(6th Cir. 2003)(大多数人和持不同意见的人不同意被告画家对绘画贡献的价值);Winter v. DC Comics, 69 P.3d, p. 473, p. 476(Cal. 2003)(推翻上诉法院关于不具有转换性的裁决);Daniel v. Wayans, 213 Cal. Rptr. 3d, p. 865(Cal. Ct. App. Feb. 9, 2017)(大多数人对将照片和卡通放在一起具有转换性持不同意见);Tushnet, supra note 41, pp. 170-178(讨论适用于公开权的转换所固有的矛盾). Compare In re NCAA Student-Athlete Name & Likeness Licensing Litig., 724 F.3d, p. 1268, p. 1271(9th Cir. 2013)(认为在幻想游戏中使用运动员的形象并不是"转换"), and Hilton v. Hallmark Cards, 599 F.3d, p. 894, p. 911(9th Cir. 2010)(发现将帕丽斯·希尔顿的脸和简单生活秀中的卡通身体组合在一起不具有转换性,因为"基本的设置是相同的"), with Hoffman v. Capital Cities/ABC, Inc., 255 F.3d, p. 1180, p. 1184, n.2(9th Cir. 2001)(声明杂志引用电影《窈窕淑男》中达斯汀·霍夫曼的照片是转换性的,因为"霍夫曼——男人的身体被淘汰了,取而代之的是一个新的、穿着不同衣服的身体"), and Noriega v. Activision/Blizzard, Inc., No. BC551747, 2014 WL 5930149, p. 5(Cal. Super. Ct. Oct. 27, 2014)(发现玛努尔艾尔·诺里艾佳在《使命召唤:黑色行动2》中的形象具有转换性,因为游戏作为一个整体而不是使用本身具有转换性)。

[80] See, e.g., Hart, 717 F.3d, p. 168; cf. Comedy III Prods., Inc. v. Gary Saderup, Inc., 21 P.3d, p. 797, p. 811(Cal. 2001)[判决主张,虽然不太知名的被告画的《活宝三人组》(Three Stooges)的炭笔画没有转换性,但安迪·沃霍尔(Andy Warhol)对名人的视觉描绘具有转换性,因为沃霍尔一直在评论名人现象]。

[81] Cf. C.B.C. Distrib. & Mktg., Inc. v. Major League Baseball Advanced Media, L.P., 505 F.3d, p. 818, p. 824(8th Cir. 2007)(法院的裁判理由是:名人可以通过控制赞助和阻止引发混淆的商业使用的方式保护他们的经济利益,但是基于非经济利益而控制对他们表演的真实报道,不能成为压制真实言论的理由)。

[82] See Int'l News Serv. v. Associated Press, 248 U.S., p. 215, p. 250(1918)(Brandeis, J., dissenting)(法律的一般规则是:人类生产的最高贵的东西——知识、确定的真理、概念和思想——在自愿地与他人交流之后,就像空气一样可以自由地为人们所用)。

"合法地获得有关具有公共意义的事件的真实信息时，国家官员不得以宪法为依据惩罚信息的公布，因为此时缺乏进一步维护最高级的国家利益的必要"。[83] 因此，一个以人格为基础的公开权不是一个控制真实、非诽谤性的公共言论的权利。[84]

还有一种观点谴责为了他人的利益盗用他人形象和创造这种形象所付出劳动。然而，为了使基于反搭便车或者禁止滥用原则的公开权具有合法性，我们需要对搭便车的错误之处有清楚的理解，尤其是在非商业性言论的语境下。我们还需要解释为什么一个主体创作一个电子游戏、一幅画作，甚至一个搞笑广告的行为属于搭便车，即使前述作品的主题让其他人感兴趣，因为它与一个特定主题甚至是一个独立的人有关。[85] 我们都站在巨人的肩膀上，但是这只是一个比喻。在不对他们施加物理性干扰的情况下，这些巨人需要一个解释，为什么我们不能站在他们的肩膀上。著作权法、规范诽谤的法律和商标法都至少在某些情况下为这个问题提供了恰当的答案，但公开权却没有。或者，正如第十巡回法庭在 Cardtoons 案中所说，"盲目地求助于第一原则在我们的平衡分析中没有分量"。[86]

结论

第一修正案在为信息私有财产设定界限方面发挥了优先适用的作用。然而，判例法目前允许原告通过将其权利主张转换为公开权来规避第一修正案对商标的限制，Viraj 案只是其中一个非常明显的例子。同样地，一些商标权利人现在

---

[83] Smith v. Daily Mail Publ'g Co., 443 U.S., p. 97, p. 103 (1979).

[84] Cf. Hustler Magazine, Inc. v. Falwell, 485 U.S., p. 46, p. 50 (1988)（拒绝允许故意施加精神痛苦的侵权行为来逃避适用于言论诽谤的严格要求）。

[85] 85 See Cardtoons, L.C. v. Major League Baseball Players Ass'n, 95 F.3d, p. 959, p. 976 (10th Cir. 1996)（在所有名人的戏仿作品中，Cardtoons 公司在名人人格中添加了自己的重要的创造内容，创作了一个全新的产品。事实上，允许 [棒球运动员] 去控制或者从戏仿交易卡中获得利益，将鼓励对 Cardtoons 公司创造性成果的窃取）。

[86] Ibid., p. 975. 同样的问题在"劳动沙漠"方法中也存在，该方法主张名人有权利用他们名声中的一些经济利益，或者是提出其他没有权利从名人身份的价值中获得利益的"不当得利"方法。See ibid., pp. 975-976. 名人的出名并非仅仅通过他们自己的努力，而且人们普遍接受无偿地从别人的劳动中获益，就像欣赏邻居精心打理的花园。See Lemley, supra note 68, p. 149.

吹捧著作权保护商业标语（logo）的优点，从而控制不构成商标侵权的使用[87]，这一点至关重要，因为著作权合理使用和商标保护适用的方向并不相同。[88]因此，第一修正案应该为解决潜在的知识产权竞合作出贡献，法院现在还不够关注允许私人任意选择不同产权类型的诉讼的风险。在我们当前的政治环境下，主张自己的私有财产权（著作权）的被告比主张第一修正案中的言论权的被告在避免他人的公开权侵权主张方面做得更好，这一点令人不安，但或许并不令人意外。在联邦法优先适用和第一修正案的抗辩上统一适用目的解释的方法可能会改善司法方面的理解，即公开权如何允许名人过多地控制非诽谤言论，包括商业和非商业言论。

译者注：
① 依照美国法律规定，如果对同一个法律关系联邦法和州法均作出规定，则联邦法优先适用。目前联邦层面对公开权没有统一的国会立法，因此，如果联邦法可以规范公开权保护的对象，则联邦法优先适用。
② 该作品的创作是经过该主人公同意的。
③ 《美国法典》第17卷第301条规定了联邦版权法的优先适用。

---

[87] See, e.g., Janet Fries & Kelly Horein, Protect Your Brand Via Copyright, DBRANDING BLOG (Apr. 4, 2016), http://www.dbrandingblog.com/protect-your-brand-via-copyright/; Rebecca Tushnet, "INTA: Copyright Law for Trademark Lawyers", *REBECCA TUSHNET's 43 BLOG* (May 9, 2012, 8:54 AM), http://tushnet.blogspot.com/2012/05/inta-copyright-law-for-trademark-lawyers.html（总结了商标权人代表关于如何利用著作权来获得额外权利的讨论）；see also Omega S.A v. Costco Wholesale Corp., 776 F.3d, p. 692, p. 696（9th Cir. 2015）（法院维持了反对使用著作权推翻商标法上的首次销售权的试图尝试）. 相反的问题，使用商标来扩大著作权没有赋予的权利，也可能发生，即使在 Dastar Corp. v. Twentieth Century Fox Film Corp. 案之后. See Mary LaFrance, "A Material World: Using Trademark Law to Override Copyright's First Sale Rule for Imported Copies", *21 MICH. TELECOMM. & TECH. L. REV*, p. 43, pp. 70-72（2014）.

[88] See, e.g., Matthew D. Bunker, "Advertising and Appropriation: Copyright and Fair Use in Advertising", *54 J. COPYRIGHT SOC'Y U.S.A.*, pp. 167, 168（2007）（指出"商标合理使用在概念上与著作权十分不同"）。

没有理由的侵害专利权警告与防止不正当竞争法之权衡[①]

[日] 驹田泰土[*]
杨茹磊[**] 译

一、导言

如果专利权人认为竞争者有侵权行为，对其顾客提出了警告，但后来发现权利无效或不属于侵权，就会产生《防止不正当竞争法》第2条第1款第15项[②]规定的损害信用的不正当竞争问题。

在上述情况下，因为侵权警告没有理由，在未进行确认的情况下，如果顾客为了避免卷入纷争而停止和竞争对象（生产者）的交易，则该竞争者就由于警告受到了严重的损害。

另外，专利权人在审判外提出禁令请求原本就是法律允许的，也不能期待专利权人对受到侵权的判断总是正确的。在上述情况下如果直接肯定《不正当竞争法》的责任，则将过度遏制专利权人提出侵权警告的意愿。

在这种顾虑之下，学说早已考虑到了侵权警告的相当性。即使该警告没有基于事实，如果其以合理的方式行使专利权的话，也可以否定专利权人的法律责任。

为此产生的判断框架，如后文所述，有活用损害赔偿的过失要件（"形式说"）和依据违法阻却事由的正当行为论（"相当说"）。虽然对于两种学说中的哪一种作为判断框架更好有各种各样的探讨，但是法院对于两种学说都有采用。近几年采用"形式说"进行判决的案件正在增加，而"相当说"的影响也在增加，故两种学说不能简单地看作处于对立状态。

---

[*] 驹田泰土，日本上智大学法学院教授。本文原载于《专利研究》2018年第9期，第5—21页。
[**] 杨茹磊（1996—），上海外国语大学法学院2018级法律硕士研究生，研究方向：日语法律。

在"相当说"中，只要符合正当行为的法律构成要件，就应该可以在某种程度上明确区分真正的权利行使和非真正的权利行使。然而，所谓真正的权利行使这种概念，并不比医疗和运动中的正当行为这种概念明确。需要考虑各种各样的情形来判断认定对顾客提起的侵权警告是真正的行使权利还是与之相反（实际上，这种方法正在被用于判例中）。但是，这样的方法有可能使问题变得更加复杂。

笔者以前对"相当说"就持有疑问，对于受此影响的近几年的判例也同样怀有疑问。因此在下文中，笔者在重新整理"相当说"和"形式说"内容的基础上，主要参考近几年的判例，探讨对顾客的侵权警告是否应承担不正当竞争的责任。

此外，由于该问题属于研究焦点，对于何种专利权人的告知相当于侵权警告、属于虚假事实的告知，以及是否毁损了生产者营业的信誉这类其他的问题，本文将不会专门进行研究。因此，下文单独提及"侵权警告"的时候，除非另有说明，特指针对非生产者的顾客作出。

二、基本判断框架——"相当说"和"形式说"

如前文所述，对于没有理由的侵害专利权的警告，《防止不正当竞争法》的解释大致分为形式说和相当说两种。前者虽然略微在形式上承认不正当竞争的成立，但对于专利权人的情况则在过失的认定判断中进行讨论。后者在判断不正当竞争的成立与否和违法性的有无中，直接考虑侵权警告的相当性。

（一）相当说

提倡相当说[1]的学者认为，专利权的侵权判断本来就需要特殊的专门知识

---

[1] 土肥一史「営業誹謗行為としての権利侵害警告」日本工業所有権法学会年報5号第56（94）页、同「取引先に対する権利侵害警告と不正競争防止法」『知的財産法の理論と現代的課題』（中山信弘先生還暦記念，弘文堂，2005）第436（450）页、黒田英文「知財関係案件の裁判外の交渉のあり方」NBL 781号第32（37）页、外川英明「特許事件と営業誹謗行為—違法性阻却事由を中心に—」日本弁理士会中央知的財産研究所編『不正競争防止法研究「権利侵害警告」と「営業秘密の保護」について』（レクシスネクシス・ジャパン，2007）第39（49）页、髙部眞規子「知的財産権を侵害する旨の告知と不正競争行為の成否」ジュリ1290号第88（96）页、平野和宏「営業誹謗」『知的財産権侵害訴訟の今日の課題』（村林隆一先生傘寿記念，青林書院，2011）第325（329）页、小野昌延＝松村信夫『新・不正競争防止法概説』（第2版，青林書院，2015）第463页。另外，还参考了大野聖二「判批」商標・意匠・不正競争判例百選第212（213）页。

和经验，不能期待专利权人经常正确地主张权利。如果因侵权警告引起的不正当竞争的成立仅与侵权的成立有关的话，权利人必须意识到要承担高度的危险，因此，就会对正当权利行使造成寒蝉效应。

另外，不应将侵权警告当作在审判之外轻松实现权利的一种手段。因此，不应该无限制地允许结果错误的侵权警告，如果发现导致警告的侵权判断以及警告的情况和方式适当，则否定不正当竞争的成立（或者阻却违法性）；否则，承认不正当竞争的成立（或者是违法性）。

（二）来自形式说的批判

形式说对相当说有十分尖锐的批判。[2] 形式说认为，只要侵权警告在结果上不正确，就不能说它是正当的权利行使，它在文本中没有施加否定性要求，并且在解释上不合理，判断标准含糊不清。侵权警告在结果上不正确时就会缺乏对生产者作为受害者的保护。

还有人认为，即使存在专利权人一方难以判断侵权的情况，也可以在过失判断中考虑这一点，在某些情况下，不承认损害赔偿即可，而不应否定不正当竞争的成立本身，使禁止措施的救济成为不可能——否则，将无法防止因散布虚假事实而造成的信用损失的扩大。

---

[2] 田村善之『不正競争防止法』（第2版，有斐閣，2003）第447页，铃木将文「判批」判评550号（判时1870号）第30（32）页，金井重彦等著『不正競争防止法コンメンタール』（レクシスネクシス・ジャパン，2004）第152页（窪木登志子），金子敏哉「判批」ジュリ1286号第124（126）页，相良由里子「虚偽事実の告知・流布行為の認定」牧野利秋等著『知的財産法の理論と実務 第3巻 商標法・不正競争防止法』（新日本法規，2007）第394（406）页，愛知靖之「判批」L&T 55号第45页（50页），渋谷達紀『知的財産法講義Ⅲ』（第2版，有斐閣，2008）第230页，同「取引先に対する知的財産権侵害の警告」法学会雑誌49卷1号第2（17）页，岡田洋一「特許権侵害の警告と信用毀損行為」法律論叢（明治大学）82卷2=3号第47（65）页，小野昌延编著『新・注解 不正競争防止法 上巻』（第3版，青林書院，2012）第790页（木村修治），高林龍「特許権侵害警告と虚偽事実の告知流布」中山信弘ほか编『知財立国の発展へ』（竹田稔先生傘寿記念，発明推進協会，2013）第255页（272页）。也参考了金井重彦等著『不正競争防止法コンメンタール』（改訂版，レクシスネクシス・ジャパン，2014）第205页（町田健一）。

另外，虽然有人想要通过运用公正评论的法理来导入相当说［高部（注1）第96页］，由于对公众的侵权通知很难说是以谋求公益为目的而进行的评论，因此有人认为"政策论以上的理论性说明是困难的"（高林・同上第266页。另外，笔者对于将"侵害专利权之意的告知"视为评论而非事实说明的做法，也持消极态度。同第270页）。

（三）来自相当说的反驳

对于上文的批判，相当说一方展开了以下反驳[3]。

就算在法院作出权利无效或者非侵权的判决之后，专利权人想要继续侵权警告时，因为该警告已经不能被认定为正当的知识产权权利的行使，有可能被认为是不正当竞争行为，所以并不是说禁止措施不被认可。

原本在考虑这个问题时，就必须要在因侵权警告而导致信誉毁损者的保护请求，以及确保权利人在行使其知识产权权利时不会有不合理的犹豫之间取得平衡。为此，也要考虑警告的情况、方式等客观情形，探讨实质上的违法性的有无。过失的有无，说到底就是是否把虚假事实误信为真实，从而导致结果回避义务和注意义务是否被承认的问题，在过失判断中，考虑诸如警告的情况、方式等客观情形是不合理的。

三、判例

早期的判例大致上遵从形式说的判断框架[4]，但以"磁力信号记录用金属粉末案"为开端确立的相当说在一段时期引人注目。那些在以前被称为"新倾向的判例"[5]，在之后热度稍减，在近几年不如说出现了明确支持"形式说"而否定相当说的判例。但是，总的来看，可以说这两种学说还是处于并存的

---

[3] 三村量一＝平津慎副「判批」知財研フォーラム92号第70页之后，尤其是第76页。

[4] 瀬川信久「知的財産権の侵害警告と『正当な権利行使』近時の裁判例をめぐって」知的財産法政策学研究9号的第111页（第130页）展示了27个判例（到"磁力信号记录用金属粉末"案为止）。

　　但是，作为这个时期的判例，"台账纸"案可以说是例外。虽然没有叙述与相当说有关的一般理论，但"也可以充分判断被诉侵权物件进入本案设计的技术范围，是应当考虑进入该技术范围，还是应该判断偏离，这就是所谓的一纸之差"，X（反诉被告）认为"被诉侵权物件进入本案设计的技术范围，对贴着自己公司的商标销售被诉侵权物件的所述收件公司，即使发送了警告文件，也会被认为是合理的"，将该侵害警告视为违法，也不能认为属于反不正当竞争法中所述的"在竞争关系中对他人的商业信誉进行虚假事实陈述……的行为"，实际上立足于相当说（对此，"同案二审"被认为是立足于形式说）。"相册台账"案也是将侵权警告中"未提及无效判决的存在"判断为存在"竞争关系虚假的陈述损害他人营业上的信用"的一个要素，仅此一点，在判断是否属于不正当竞争方面，可以说与考虑警告情形的立场相近。

[5] 畑郁夫＝重富貴光「不正競争防止法2条1項14号の再検討—近時の東京高裁・地裁の新傾向判決を考える—」判夕1214号第4页、鈴木信也「権利侵害の告知・流布と信用毀損行為～近年の裁判例の分析を中心として～」日本大学知財ジャーナル（2017）第79（81）页等。

状态。

(一) 判例中的相当说

从倾向于"相当说"的判例，可以得出以下判断框架。

(1) 侵权警告有作为真正权利行使的一环作出的行为（"真正权利行使型"），和以通过毁损竞争者对于顾客的信用，从而实现在与该顾客的交易中以及为在市场竞争中占据优势地位的目的作出的行为（"竞争者排除型"）这两类，在虚假场合产生的不正当竞争的责任，属于竞争者排除型（"磁力信号记录用金属粉末案"、"钢轨案"二审）。

(2) 如果真正权利行使型的侵权警告结果不正确的话，形式上属于不正当竞争（或者属于条文所述"告知虚假事实"），但会被评价为正当行为，由此阻却违法性。此种情况下的竞争者排除型会作为不正当竞争产生责任（"磁力信号记录用金属粉末案"二审、"洗米的制造方法案"、"珊瑚砂案"、"常时接乐案"、"justhome2家用账簿盒案"、"钢轨案"一审、"衣架夹案"、"地震感知器案"）。

(3) 竞争者排除型的侵权警告，属于"超过社会通识认为必要的范围"或者"与社会通识明显不相称"（"磁力信号记录用金属粉末案"二审、"衣架夹案"）。

(4) 侵权警告属于真正权利行使型/竞争者排除型的哪一种，应当将警告文书的形式、主要内容，警告之前交涉的经过，警告文书发放时期、期间、分发的数量、范围，警告文书发布对象的职业/事业规模，对于诉讼的应诉能力，之后的专利权人及交易方的行动等各事项进行综合判断（"磁力信号记录用金属粉末案""洗米的制造方法案""椅子案""珊瑚砂案""衣架夹案""地震感知器案"）。

另外，在提起诉讼前，通常会进行侵害警告，因此也有将不正当诉讼的成败标准（终审昭和63·1·26民集42卷1号第1页）应用于此的审判案例。例如在"磁力信号记录用金属粉末案"二审中，专利权人在知道欠缺事实、法律依据的同时，或者是在提起侵权诉讼时进行通常认为有必要的事实调查以及法律研究的话，就会很容易得知缺乏事实及法律依据时，仍然进行侵权警告，则该警告违法，如果不是该情形则会阻却违法性。在"激肽释放酶含量测量法"案中，侵权警告作为提起诉讼的前提，在被认可为事前真诚地追求解决纠纷时，该行为符合起诉要件，不具有违法性。

近几年，知识产权高等法院大合议将 X（反诉被告）对 Y（反诉原告）的顾客发出的通知认定为真正权利行使型的警告，并将其判决为合法（"垃圾储藏器案"）。但是该判决没有明确说明将相当说作为一般理论予以采用。另外，该通知内容认定 X 在知晓侵权事实的情况下行使权利没有超过表达一般意向的范围，本身就不是侵权警告，所以形式说也有可能达到同样的结论。

除此之外，也有认可侵权警告者的主张，判决属于正当行为或者阻却违法性的案例。这些案件在结论上都是判决违法的（"用户认证系统案"及同案二审），目前还不清楚这是采用了相当说的宗旨，还是为了"慎重起见而作出的判决"。

"螺栓案"二审中，因为存在 Y 持有的专利权无效的理由，Y 对于 X 的顾客进行的侵权警告是告知虚假事实，法院判决认定"应该在综合考虑是否存在使专利权人的权利行使产生不必要萎缩的可能性，以及是否存在损害商业信用的竞争企业的利益的基础上，判断是否存在违法性和故意或过失"。本案的警告时点存在明显无效的理由，Y"至少没有故意或过失"。通过综合判断可能阻却违法性这一点，可以说是立足于相当说的观点。[6]"齿列矫正支架案"、"齿列矫正支架案"二审（引用原判决）也显示了相同的一般理论。

也有将与侵权警告相关的相当说扩张适用在保全措施中的判例。[7]"活动矩阵型表示装置"案认定明知欠缺事实、法律依据，或者是一般人容易知晓，仍然将产品流通处作为对象申请临时处分的行为，属于损害生产者信用的不正当竞争行为。到目前为止，这只不过是判例（前述终判昭 63·1·26）所示的不正当诉讼思维方式的应用而已[8]，除此之外，以排除竞争者为目的提出诉讼的情况也是如此。因此是否适用后者的类型，应当综合判断到申请为止和竞争者的交涉过程再来决定。同案二审虽然对于临时处分的申请不适用《防止不正当竞争法》，

---

[6] 爱知（注 2）第 50 页中，将本判决评价为"与将过去的两种思考方式统一·一元化相似的理论构成"，另一方面评价为"维持违法性判断本身的必要性"，"不论判决书怎么写，本质上或许本判决也……想要采取违法性阻却论"。

[7] 洪振豪的《批判》知识产权法政策学研究 23 号第 295 页也指出了同样的观点。

[8] "岩城制药案"二审中，因为专利权人将生产者和其顾客作为共同被告提起的侵权诉讼败诉，故通过该手续行使的侵权主张在结果上也是错误的，以最高法院判决昭和 63·1·26 民集第 42 卷第 1 号第 1 页为基准，认可该主张的正当行为。同案一审也展示了大致相同的判决。

但是对于违法行为的成立与否，适用同一标准。

（二）判例中的形式说

"地震感知器案"以后，适用形式说的判断框架的判例略有增加。就像"洗手间马桶水箱球座案"一样，也有明确排斥相当说的判例。该判决如下。

> 由于《防止不正当竞争法》在第 2 条单独详细规定了不正当竞争行为的类型，包括是否在要求主观要件的同时，规定该法第 3 条的禁止令及该法第 4 条损害赔偿请求权的发生要件；另一方面，在该法的第 19 条中，具体规定了即使通过满足该行为类型而构成不正当竞争，也不具体适用禁止令和损害赔偿请求等的情况，对于判断该法第 2 条规定的是否构成不正当竞争，在解释时加入条文中没有的主观要件，据此讨论符合要件性、违法性阻却事由，可以说没有遵从《防止不正当竞争法》的主旨。另外根据 Y 的主张，在审判程序中，就算判定为虚假事实，由于该法第 2 条第 1 款第 15 项所规定的不正当竞争自身可以否定，在此情况下，就算承认该法第 3 条的其他要件，也会因为原本就不是不正当竞争而不认可对于未来的禁止的请求。同时，需要指出的是，作为行使知识产权权利的一环，Y 发出的侵权警告属于不正当竞争，可能会损害知识产权权利的行使。如果停留在侵害警告的阶段，其处理方式与基于知识产权提起诉讼的方式不同，另一方面，竞争对手的商业信誉已因无法客观行使的侵权警告而受到损害，从该救济的角度来看，也应予以充分考虑。
>
> 因此，不能认可 Y 的上述主张，对于作为此种知识产权权利行使一环的主观情形，在肯定是不正当竞争的基础上，指出所提出的降低行使权利的风险，并考虑到在侵犯知识产权的情况下作出侵权判决的困难，应该在该法第 4 条规定的可以解除过失判断的限度内予以考虑。

"蓝光光碟案"是根据作出 FRAND（Fair Reasonable and Non-discrimina Toryterms）声明的专利权发出的侵权警告。该判决认为此种行为是滥用专利权，不妨碍成立不正当竞争，"关于在通知的过程中应保护权利人的情况，只要在判断禁止令的必要性和作出故意过失的判决时考虑就够了"。由此来看，可以说是遵从形式说的。

（三）近年判例中的过失判断

如上所述，尽管相当说处于略微的颓势[9]，但该说在近年来根据形式说作出的判决中依然有影响。比如在"养鱼饲料用添加物案"以及同案二审（引用原判决）中，一般认为虽然应该否定真正权利行使型侵权警告相关的故意和过失，但对于竞争者排除型，则应该肯定故意或者过失。从在相当说中将这两种类型放入过失判断这一点来看，能够看到其影响。

还有人指出，相当说的判例作为综合判断的对象的情况，在形式说的判例中也在过失判断中被提及，与过去相比考虑因素变得多样化[10]。

1. 侵权警告的温和性

比如在"螺栓案"二审中，由于侵权警告的内容和形式不属于社会通常观念上的明显不相当，"至少"Y没有过失，在此案考虑的事实中，警告文书记载了"最后考虑到给消费者带来的麻烦，想要采取尽可能温和的方法""本案为尊重专利权的方向，不扰乱市场，试图通过构筑友好关系来处理问题"等事实，即考虑了权利行使的方式是否稳定便利。"口红案"同样是关于权利行使温和性的问题。该判决考虑到对顾客的侵权警告的方式是"固执、广泛，可以被认为具有威胁性"，应认定其是基于过失的信誉毁损行为。

尽管是与商品等标识相关的案例，"行李箱设计案"同样是基于侵权警告的行为方式有问题的判决案例。该案中，X（反诉被告）认为自己的商品包装作为商品等的标识受到保护，在自己主页上标注了警告文案。法院认为，从其宣传广告的实际情况来看，X这种想法并不是完全不合理，从判决的角度来看，一般来说认定包装的周边产品的标识度很困难，X的主页上刊载的文章目的如果是叙述对Y（反诉原告）提起诉讼的经过的话，在该时点应该把主张或意见保留表现出来，然而由于是肯定的记载，"在选择这种表现这一点上，X违反了注意义务，X对于实施上述认定的不正当竞争的行为具有过失，据此应当承担损

---

[9] 今井弘晃「営業誹謗行為（不正競争防止法2条1項14号）の最近の裁判例の展開について」『現代知的財産法実務と課題』（飯村敏明先生退官記念，発明推進協会，2015）第1051（1056）頁，认为对于直接立足于相当说的判例来说，"地震感知器案"是最后的判例（实际上，"椅子案"也是这样）。

[10] 今井（注9）第1061页。积极评价这种倾向的有相良（注2）第408页、町田（注2）第205页、菊池浩明「信用毀損行為」牧野利秋等著『知的財産訴訟実務大系Ⅱ』（青林書院，2014）第508（521）頁。

害赔偿责任"。

2. 专利权的有效性调查

在此之后，对于查明专利权无效的理由，判定侵权警告是虚假事实的案例，判断过失的标准往往是在警告时是否具体了解可能导致专利无效的公知技术，或者一般人是否能够容易知晓（"用户认证系统案"二审、"齿列矫正支架案"、"齿列矫正支架案"二审）。也有虽然没有特别引用这样的标准，但是在警告的时间点，由于无效理由的存在并不明确，进而否定了专利权人过失"螺栓案"（二审）的案例。

这些判例的立场，可以理解为不要求专利权人承担一般的有效性调查的义务[11]。

另外，关于保全措施，使用的标准还不太明确。在不是单纯的侵权警告，而是以顾客为对象提出的临时处分申请的案件中，对于专利权的有效性，似乎向权利人赋予了一般的调查义务（"活动矩阵型表示装置"案及同案二审）。这些判决肯定了专利权人在判断违法性和一体化的过失时忽视了缺乏创造性等无效理由，但在二审判决时，认定"只限于（该）专利权及其申请的审查过程的详细调查""不能进行充分的调查和评价"。一审判决虽然认定"容易得知存在缺乏创造性的无效理由"，但是到底能不能这样说还尚存疑问[12]。

3. 与生产者的事前交涉

"用户认证系统案"二审中，尽管软件产品生产商 X 和专利权人 Y（也有律师等专家）真诚地沟通，表达了否认侵权的意见，但是，由于 Y 没有通过司法程序来解决意见的分歧，而是试图通过警告 X 的顾客来解决问题，因此 Y 存在过失。

这个案例显示出在警告顾客前先对生产者进行警告，并与生产者进行谈判的必要性。在谈判中，既然生产者提出相应证据主张并非侵权，那就最好避免对顾客（后来发现没有理由）进行警告，从而导致生产者信誉毁损。

---

[11] 另一方面，"螺栓案"二审的原判决，以专利申请 3 年多以前，一个企业只发给本领域技术人员的技术信息小册子这一主要事例来肯定专利权人的过失，就权利的有效性对专利权人施加了很高的注意义务，平野（注 1）第 335 页对这个判决也进行了正当的批判。

[12] 今井（注 9）第 1061 页。

四、研究

接下来，就本文研究的问题，表明笔者立场。

（一）形式说的批判没有一针见血的部分

从形式说对相当说一直以来的批判中，可以看出其没有一针见血的内容。

1. 对添加并无明文规定的消极要件的批判

在正当防卫和紧急避险的情况下，能够否定施害者的损害赔偿责任。这些有明文规定（《民法》第720条），对于正当行为和合法的自力救济，虽然没有明文规定，但一般被定义为违法阻却事由（此外，正当行为在《刑法》上有规定，第35条）。

所谓违法性，指的就是行为违犯法律规范，该违犯由实质性的依据进行判断。只要将其定义为违法性阻却，就不能将其认定为添加了新的消极要件。

2. 对欠缺禁止令救济的批判

正如形式说学者所述，以专利权人过去的侵权判断和警告状态等的相当性，决定能否请求现在/将来的信誉毁损行为的停止和预防是不恰当的。但是，由于相当说的出发点是不要求专利权人对权利的有效性和侵权的成立与否有完全的判断能力，可以说，在认识到警告的理由有高度盖然性之前，过去的行为只有在一定的条件下才能够免责。实际上，就像已经看到的那样，相当说一方也反驳认为，在显示出权利无效或者是非侵权的公权力的判断之后，侵害警告通常不具有相当性（因此，与信用毁损相关的不正当竞争成败的标准也变得明确）。

由此，也可以有以下的处理方式。在生产者基于信誉毁损向专利权人提起的诉讼中，法院虽然认可侵权警告没有理由的部分，但对于过去的警告，综合判断各事项来否定违法性，驳回损害赔偿请求。另外，对于禁止令的请求，虽然视情况而定，但当专利权人在口头辩论终结，可能得知没有警告的理由时，予以认可[13]。

（二）相当说的恰当与否

形式说对相当说的批判虽然有未正中靶心的地方，但是在没有理由的

---

[13] 这种处理即为《著作权法》把"明知"作为要件视为侵权条款的内容。古城春美＝堀籠佳典「判批」著作権判例百選（第4版）第220（221）页。另外，还参考了吉田和彦「判批」著作権判例百選（第5版）第136（137）页。

侵权警告中将一定的部分作为正当行为进行救济的相当说，基本上是不妥当的[14]。

相当说中，就算属于没有理由的诉讼，似乎也受到了原则上被认定为是"正当行为"的判例（上述最高法院判决昭和63·1·26）的强烈影响。判决所述"正当行为"[15]，与作为违法性阻却事由的一般的正当行为的关联虽不明显，但相当说的判例说到底是作为违法性被禁止的情况而提及的，所以从这个观点开始进行批判性的讨论。

---

[14] 由于德国法律的情况在日本一直没有得到很好的介绍，在此简单介绍一下。

在德国，没有单独讨论针对生产者和针对客户的侵权警告。这两种情况都被视为侵犯了生产者的商誉（Eingriff in das Recht am eingerichteten und ausgeübten Gewerbebetrieb）。

在侵权警告中，德国基本法上的所有权条款（第14条）保障的知识产权权利人的利益，与同样由基本法保障的一般行动的自由（allgemeine Handlungsfreiheit）之间的平衡成为一个问题。后者被认为是在知识产权效力未及的范围内，在遵守法律的条件下应该开放的竞争性的利益。

因此，超出知识产权效力的范围（即没有理由）提出侵权警告，就会被评定为违法。具体来说，就是构成了侵犯生产者商誉的行为，任何人因该侵权行为受到损害的，可以根据该国《民法》第823条第1款的规定要求赔偿。另外，可以根据德国《反不正当竞争法》（第3条、第4条第1款、第8款、第9款、第9条）提出索赔，但根据这些规定，当事人之间必须有竞争关系。反之，即使不存在竞争关系，也可以主张侵犯商誉。

虽然上述原则得到了司法判例的普遍支持，但也有一些司法判例似乎采取了不同的立场。由于学术界的批评，2004年，德国联邦最高法院第一民事审判庭决定终止诉讼，并在大民事审判庭（Großer Senat für Zivilsachen）对这些原则的有效性提出质疑（BGH, 12. 8. 2004, GRUR 2004, 958; WRP 2004, 1366）。通常情况下，只是对不正当竞争法的请求是否可行提出问题。

案例简述如下：从X处接到商标权侵害通知后成为侵权诉讼被告的Y，申请取消该权利的判决。后又提出反诉，要求X赔偿该手续所需的费用。由于取消了该商标的注册，X撤销了对Y的申诉。

德国联邦最高法院大民事审判庭在其2005年的裁决（BGH, 15. 7. 2005, GRUR 2005, 882; BGHZ 164, 1; WRP 2005, 1408）中裁定，对一般知识产权而不仅仅是《德国商标与其他标识保护法》规定的提出没有理由的侵权警告构成的对商誉的侵犯，警告者承担损害赔偿责任。

这是大民事审判庭的立场，被认为并没有改变先例，而是原则上停留在那里（BENKARD, Patentgesetz, 11 Aufl. C. H. Beck, 2015, PatG Vor §§9 bis 14, Rdnr. 16 [U. Scharen]; BUSSE/KEUKENSCHRIJVER, Patentgesetz, 8 Aufl. De Gruyter, 2016, PatG §139 Rdnr. 293 [A. Keukenschrijver]）。因此，在德国，对于无故发出侵权警告的人，相对容易确定其损害赔偿责任。对侵害商誉的成立与否进行利益权衡（Interessenabwägung）的解释也被普遍否定。

[15] 对此，濑户正义在「判决」最高法院判决民事昭和63年度第1（18）页（注18）引用我妻荣『新订债权总论』（岩波书店，1964年）第79页时指出，"一般的违法性理论，即第三人作为权利的行使所做的行为原则上并不违法，只有当该行为整体违反公序良俗时才成为违法的理论"。

1.不是法律行为

无理由的侵权警告，不是专利权保护范围内的行为。因此，这不是法律行为或其等同行为。另外，因为本来就不能行使权利，不能说是自力救济，所以也没有讨论合法的自力救济的余地。

2.是正当业务行为？

归根结底，相当说可以说是将真正权利行使型的侵权警告作为正当业务行为来对待。如前所述，非真正权利行使型的侵权警告，作为竞争者排除型而被认定为违法。

但是，由于专利权原本就是排他的独占性权利，该权利的行使不管在什么场合，都可以认定为客观上为排除竞争者而建立市场优势地位（参照"激肽释放酶量测量法案"）。即专利权的行使原本有排除竞争者的一面，但是，将某种类型的侵权警告认定为真正的权利行使，而不是排除竞争者，似乎有些牵强。

一般来说，虽然行为符合暴力罪和伤害罪的构成要件，但被认定为正当业务行为的，有医疗行为和体育运动行为[16]。通常，这些行为能够阻却违法性，但是违背社会通识的行为会被作为例外的违法行为。相当说的主旨或许是将专利权人的侵权警告也作为这类行为来进行处理。然而，在医疗行为和体育运动行为的情况下，判断这些是否在社会常态的范围之内相对比较容易，但侵权警告的情形并非如此[17]。如上所述，因为专利权的行使，与排除竞争者的方面本来就是不即不离的关系。

相当说主张的出发点在于，希望专利权人不要过分犹豫审判外的权利主张。形式说也是如此。也就是说，虽然认定有侵权的存在，但是其实不属于侵权，专利权人如果在十分注意的情况下仍被问责的话，会承担很大的风险，他们就会在这类情形下，基于想要不承担或减轻承担责任这一点来考虑。这种顾虑完全可以纳入过失判断中，而且似乎没有理由不这么做。相当说由于必须制定真正权利行使的行为类型，则有必要构造与上述出发点无关的"权利行

---

[16] 此外，对于辩护活动、采访活动、宗教活动、争议行为等，也肯定了合法经营行为的性质。最决昭51·3·23刑集30卷2号第229页，最决昭53·5·31刑集32卷3号第457页，神户简判昭50·2·20刑月7卷2号第104页，最大判昭48·4·25刑集27卷3号第418页。

[17] 上述畑＝重富（注5）第17页提出了支持专利政策与相当说之间的联系，但对相当说能否从该政策的目标中得出表示质疑。当然，对正当业务行为的判断不应取决于当时的政策。

使的应有形式"这一概念[18]。其结果是，产生了列举出许多应该考虑的客观情况（注意要点）的倾向（比如将警告后的专利权人的行为也作为考虑因素）。然而，像这样设定多数注意要点的话，就会违背设定方的意图，会使专利权人行使侵权警告变得困难，反而会背离当初不过分萎缩专利权人行使侵权警告的目的[19]。

如果要对否定侵权警告的违法性本身举出一个可以说适当的优点的话，那就是其可以驳回生产者要求返还不当得利的请求。但是，如果之后判明没有理由，就算是相当的侵权警告，也应该让专利权人返还不当得利。否则，就会过分倾向于专利权人的有利地位，缺乏对信用受到损害的生产者的保护。这一点如果深究起来的话，也不能说是优点。

因此，可以将没有理由的侵权警告称为正当行为的，最多也只能局限于提出诉讼的范围[20]。如果是在提出诉讼的过程中进行的，那么警告的责任也只能作为其中的一个环节来处理，因为提出诉讼本身就是行使受宪法保障的审判权利。在能被称为滥用诉权的情况下，包含警告在内，自然不能称为正当行为。但是否属于滥用，以专利权人在明知没有事实、法律根据的情况下，或者在一般人容易得知的情况下，是否仍然提起诉讼作为判断的基础（前述最高院判决昭和63·1·26）。与之不同，没有必要设定是否有竞争者排除目的的标准。

不过，顾客在收到侵权警告后立刻停止交易的话，在结果上与判决外的禁

---

[18] 上文（注4）引用的濑川第129页，认为仅在真正的权利行使这一点上否定专利权人的责任过于宽泛，因此，在侵权警告中，需要以下三种违法阻却类型：询问型（是否存在侵权行为）、伴随司法程序的中止型、不侵害被警告方的正当判断型（即不利用对方的无力应诉情形，不欺骗或威胁对方）。但是，正如本文所述，一般情况下，顾客没有侵权相关的信息，会表现出回避纠纷的倾向，没有应对警告的能力，因此，如果遵循这个标准的话，能够阻却违法性的作用实际上是相当有限的。

[19] 另外，根据截至2008年的调查结果（特许第2委员会第6小委员会「競合他社の取引先への警告が営業誹謗行為とみなされないための留意点」知财管理58卷10号第1299页），"在11个案件中，有5个案件法院基于阻却违法性理论判断没有违法性，这与19件案件中有8件根据多数说判定为无过失的案件占比几乎相同。有学者指出，"即使基于阻却违法性的理论进行判断，也并不意味着被认定为非违法性的比例会增加"（第1307页）。

[20] 另外，在"养鱼饲料用添加物案"、"养鱼饲料用添加物案"二审中，即使可以说对生产者的客户进行临时处置的通知是侵权警告，从结果上看却属于没有理由的侵权，但法院否认申请的违法性，承认随之而来的不正当竞争成立，并肯定了专利权人的过失。

止令在外观上并无差异[21]。可能只有当诉讼在一定的时间内实际提出时，才能够说它伴随诉讼提出。

3. 过失判断的理想方式

如上所述，侵权警告的相当性在过失判断中考虑就足够了，但是具体的判断应该是怎样的呢？

（1）证明责任

在相当说的立场上，侵权警告的相当性是阻却违法性事由，暂且不论形式上的证明责任，关于这一点的实质性的证明责任应该由专利持有者来承担。实际上，这样的证明也应该由专利权人来承担。

另外，《防止不正当竞争法》第4条中所述的故意和过失，按照通常的证明责任来考虑的话，应该由被害人即生产者来证明[22]。但是，将专利权人的侵权判断等不相当的证明责任直接让生产者来承担，是不适宜的。专利权人了解这种情况，因为他们是提出警告的人，而不是生产者。因此，笔者认为在没有理由的侵权警告中，应当认定专利权人的过失[23]。这样解释的话，由于执行不当的临时处分，给对方造成损害的赔偿责任，与一般认为申请人的过失也是一致的（最高院判例昭43·12·24民集22卷13号3428页）。

（2）高注意义务

然而，在侵权警告中，究竟何种有用性能够被认可？

对生产者实行侵权警告有一定的优点。在交由法庭此种高成本的方式交涉前，双方交换信息，通过分析专利权人对于侵权的判断有多确定、移交裁判手续的有利和不利，能够摸索出促进解决的方式。生产者也是如此，比起突然被起诉，应该想要首先收到警告。

---

[21] 对此，平野（注1）第331页提到："提起诉讼和在诉讼外作出的侵权警告是两回事，但对于拥有专利权等的人在预期以侵犯专利权等为由提起诉讼时发出的侵权警告，在提起诉讼时即使适用最高法院此前的63·1·26号判决的标准，认定该警告不构成诽谤行为，与在该诉论提起前所发出的警告也被认为是诽谤行为相比较而言，是不平衡的。"应当理解，只有在合理的时间内提起诉讼，才能排除侵权警告的违法性。

[22] 参见三山峻司「判批」『最新判例知财法』（小松阳一郎先生還暦記念，青林書院，2008年）第566（581）页。"首先，针对《防止不正当竞争法》中没有过失推定的事实，有必要梳理违反14号文的不正当竞争行为在适用上的过失与损害赔偿请求中的过失举证责任之间的关系……"

[23] 金子·前注（注2）第126页。

另一方面，对于生产者而言，单纯的客户通常没有足够的信息来确定是否侵权。因此上述优点通常对于客户而言是不合适的。由于收到侵权警告的顾客讨厌被卷入纷争当中，有想要立刻回避的倾向（"洗手间马桶水箱球座案"），该警告本质上具备了专利权人不经过诉讼实现自身利益的便利性。这样一来，对顾客侵权警告的有用性就会一般性地变小，用法律来保护顾客免受不当侵权警告的必要性也会相应降低。

由此，对于警告者的注意义务应该设定得高一点（"磁吸式笔筒案""激肽释放酶量测量法案""洗手间马桶水箱球座案"）[24]。例如，关于某类型的行为是否属于侵权尚处于争论之中，在当前法律没有规定的情况下，对实施该行为的顾客进行侵权警告就应当慎重行事。"弗雷德佩里案"中，从这种观点来看，虽然对违反许可协议中生产现场的规定生产的商标产品进行平行进口是合法的（不侵权），但商标所有权人以当时法律解释尚不明确为理由，承认其有未对警告保持谨慎的过失（不过，也有立场完全相反的"蓝光光碟案"。在该判决中，对方以根据 FRAND 条约，在有接受许可的意向的情况下能否请求禁止令的警告时点还没有确定的法律解释为理由，否定了警告者的过失）。

（3）侵权警告的经过和形式

就像已经看到的那样，在近几年的判例当中，有将侵权警告的经过和形式纳入过失判断的倾向。对此，由于过失将虚假的事实误认为真实，过失的有无属于是否应当认定为违反结果回避义务和注意义务的问题，因此有人认为过失判断中考虑作出警告的经过和形式是不合理的[25]。

但是，从侵权警告的经过来看，专利权人相信有侵害，采取这样的行动也有可能被认为是有道理的。所以仅限于这种情况的经过，笔者认为在过失判断中考虑这种情况是有合理性的。相反，在像本文那样将专利权人的注意义务设定得很高的情况下，注意义务的内容往往要求专利权人在确定其侵权判断后，采取以下步骤来进行警告。

也就是说，侵权警告要首先对生产者实行[26]。受到警告的生产者在想要主

---

[24] 前注（注2）所引的高林第273页，也认为鉴于向顾客发出的侵权警告本质上是自力救济，因此该警告应为"限于明显的侵权行为，且在可以肯定的情况下作出"。

[25] 三村＝平津・前注（注3）第76页，爱知・前注（注2）第49页。

[26] 土肥・前注学会年报（注1）第94页也是同样的结论。

张先用权等有使用权的情况下，可能会拿出证据反驳。或者，也有可能拿出专家的意见，证明自己的产品不在专利发明技术范围内（参照"瓦楞纸芯材案"）。总之，如果在相当的期间内，生产者没有确切的反驳，就能够说侵权的确定性增加的话，专利权人也就产生了在审判外进行简单迅速救济（据此，尽早防止本质上容易受到侵害的权利——专利权的价值损耗）的正当性。到了这个阶段，即使对顾客进行侵权警告，也可以认为是在充分履行注意义务的基础上进行的。

当然，以上只是一般理论，专利权人过失的有无，还是要视案例而定。如果有其他特别的事实发生，使得专利权人确信自己的侵权判断的话，仅依据该点就能够否定专利权人的过失。"喷涂方法案"中，Y的本发明的专利申请和同一日的另一发明的专利申请被拒绝审查，在其不服判决的裁判中，法官认为就算用"天然石"代替"陶瓷"，依然是同等方法，因此通知两个发明相同。法院认为，即使Y以上述情况为基础，认为"自然石"和"上色石英砂"是一样的，并提出了侵害警告，作为本领域的技术人员，也有不足之处，因此否定了Y的过失（"中国色调涂装方法案"、"中国色调涂装方法案"二审也是如此）[27]。

另外，在过失判断中考虑侵权警告的书面表现是否妥当，是不必要的。因为不管是什么样的书面告知侵权，在判定为没有理由的情况下，可以说认定毁损他人信誉，告知虚假事实是不会变的。在过失判断中，专利权人是否要注意避免这种结果很重要，而实际带来该结果的文字表达是否合适并不重要。

相当说在违法性判断的时候也要考虑侵权警告的发布期间和发布对象的范围，这些事实，应该在损害数额而不是在过失判断中反映出来。就算发布期间短、范围小，如果现实中给生产者带来信誉毁损的话，原则上就有救济的必要。期间短和范围小，不是直接否定过失（违法性自然也是如此）的理由[28]。

---

[27] "吸水管案"也是，在另一项诉讼中，Y销售的水草用剪刀等产品的形态被认定为符合商品等的标识，由于法院认可对销售与Y类似产品的厂家的销售禁令，支持Y认为X的产品采用了与自己的产品相似的形式属于商品的表示等的合理理由之一，否认Y的故意和过失。

[28] 铃木·前注（注5）第88页，指出当侵权通知的手段是通过网站时，"由于信息传播的目的地不同，预计对他人的影响会比侵权警告的情况下更大"，因此，宜结合网站的具体情况来考察故意过失的判断和损害赔偿金额的计算。但是，由于传播对象的规模大并不是结果回避的问题，所以应该专门在损害论的部分进行研究（该行为的恶性程度最多也只能反映在损害赔偿的数额上）。

同时，相当说也要考虑受侵权警告的顾客的调查能力和应诉能力。该理由虽不明确，但不论如何，如果顾客自己判断警告没有理由，想要在诉讼中主张这一点的话，似乎只要知道生产者的信用并没有受到损害就可以了。相反，就算顾客有高超的调查能力和应诉能力，如果遵从结果上是毫无理由的警告的话，那么只能说生产者一方受到了信用损失。如果专利权人作出警告有过错（过失）的话，则应让其赔偿损失。

（4）调查义务

一般而言，专利权人能够请求进行相应的调查是，生产者的产品是否属于该专利发明的技术范围内，是否能根据已知的公知技术来否定该专利发明的进步性，以及权利是否无效。在属于技术范围，能够肯定进步性，由此进行警告的情况下，自然也比较容易认定过失（参照"无纺布一次性过滤器案""洗手间马桶水箱球座案"）；在根据中立的律师、代理人等专家的鉴定来施行警告的情况下，也比较容易否定过失[29]。但是，有利害关系的专家的意见不作为考虑的对象（参照"楼梯防滑材料案""五谷分选器案"）。

另外，在想要实行侵权警告的时点，如果知晓确实存在会使警告无效的公知技术的话，应谨慎考虑是否能够修正，修正后是否仍能够追究生产者的侵权责任，原则上在实行修正审判请求的基础上，应该进行侵权警告（参照"自来水管防锈方法案"[30]）。第三人请求无效审判的情况下，也应该在慎重考虑该请求是否成立，是否能请求修正，修正后是否能在属于技术范围的基础上，进行侵权警告。而且警告时也应当告知对方这些事实（但是，仅从这一点来看，与其说不做就会成为专利权人的过失，不如说应该看作是诚实信用原则上的请求）。以上注意义务，在发出侵权警告的时刻，虽然专利权人不具体了解，但如果是一般人就很容易知晓的已知技术的话，也同样恰当。

---

[29] 上文引用的土肥学会报告第99页（注1）也得出了同样的结论。前述田村（注2）第451页指出，如果存在因依赖专利局对技术范围的判断而导致警告的情况，可以否认过失。见"滑轮用塑料轨道案"。

[30] "自来水管防锈方法案"是Y公司取得"一种管道或类似物体的内衬方法"的发明专利，并警告其业务伙伴（水务局）侵权，后被认定为无效审判的案件。本案中，法院认为，虽然Y在取得专利权时已经知道与管道内表面涂层有关的公知发明，根据权利要求书，可以解释为属于专利的技术范围，但由于Y在没有充分审查的情况下就开始主张权利，因此法院肯定了Y的过失。

那么，在侵权警告的时点，专利权人能够轻易了解的公知技术导致权利溯及既往地消失的情况下，或者是不得不修正，生产者的产品不在技术范围内的情况下，应该怎样做？这种公知技术也应该成为专利权人有义务调查的对象吗？这样的话，专利权人对于权利的有效性，会承担一般性的调查义务。

学术界虽然也有在此立场上的善意的看法[31]，但是大多数人不这样认为。对原本超过一般人能够得知的范围赋予专利权人调查义务，虽然并不等同于"恶魔的证明"，但实质上赋予其类似的责任，可以说，这事实上是向无过失责任的转换。但是，和瑕疵担保以及不履行债务等不同，对于原本以过失作为要件的不正当竞争的损害赔偿责任来说，没有特别的理由来进行解释，已经与制度的宗旨相偏离了。至少在已经提出无效审判请求并且专利权人明确引用的情况下，以及尽管尚未确认，但已经发布了无效审判，且一般人容易知道引起无效的已知技术存在的情况下，应该肯定专利权人的过失[32][与之看法相同的判例，有"滑轮用塑料轨道案"、"磁吸式笔筒案"、"豆腐填充用包装袋案"、"气敏元件案"、"养鱼饲料用添加剂案"、"养鱼饲料用添加剂案"二审（引用原判决）、"范围过滤器案"、"有机 EL 案"[33]]。

（5）从实用新型法的规定中得到的启示

实用新型法中有这样的规定：如果后来由于判决登记无效或通过更正被排除在考察范围之外，导致行使权利和侵权警告在事后成为无理由的情况下，必须赔偿对方的损失（第 29 条第 3 款）。根据专利局的解释，由于该法中规定"可以不进行实质要件的审查而赋予权利"，所以权利人可以决定"在行使权利

---

[31] 三村＝平津・前注（注3）第78页。另外，在前注高林（注2）第269页的注28中，指出法律推定专利侵权人的故意和过失（第103条），与这种推定极为有限的事实相反，很容易否认发布了没有理由的侵权警告的专利权人的过失，这是不平衡的。

[32] 平野・前注（注1）第333页，土肥・前注学会年报（注1）第98页，同・前注记念论集（注1）第454页，髙部・前揭（注1）第97页也是一样的结论。「少なくとも進歩性欠如を理由とする無効について」，愛知・前注（注2）第53页。同样，前注田村（注2）第451页也指出"由于缺乏创造性……而导致专利权被视为无效，很多情况下很难说相信专利局在授予专利时作出的具备创造性的判断是有过失的"。

[33] 愛知・前注（注2）第52页，概述了权利人对于缺乏创造性的无效理由存在误信的案例（主要是2007年以前），分析认为"否定过失的案例和肯定的案例对立"，"在肯定的案例中，有很多案例都认定了额外追加的情形，很少有判决认定过失的情况"。

时，拥有高度的注意义务"[34]。而且，此处所述的"损失"，能够认定是由于实用新型权利人错误地行使权利而给生产者造成的损失。

另外，行使包含侵权警告在内的权利时，也有规定称，如果给予相当的注意，例如对技术评估报告作出积极的评估等，权利人则不对另一方的损害承担责任（同条第 1 款"但书"）。

技术评估报告的制作，实际上是根据专利局的跟踪审查得来的[35]。如果这样做，实用新型持有人将不承担任何赔偿责任，因此在行使通过实质审查授予的专利权时应以同样的方式理解。比如对生产者提出临时处分的申请之后，作为被保全权利的专利权，认可在提出请求时不易得知无效理由的存在，即使临时处理命令失去了根据，也应该理解为，该专利权人不承担因临时处分的执行而产生的损失的赔偿责任。

此外，生产者被执行临时处分而无法将产品出售给客户，与客户由于侵权警告而拒绝购买生产者的产品之间，本质上没有显著差异，故如果专利权人对该执行不承担任何赔偿责任的话，那么其通过警告客户对生产者造成的损害不承担赔偿责任似乎也是合理的。

五、结语

笔者认为，形式说一方对相当说的批判是不准确的。但是，基于形式说的判断框架，判定没有理由的侵权警告是正当行为并不违法的这种做法，应当限于提起诉讼的情况。除此之外，为了侵权警告而雕刻权利行使的"真实性"这一概念是困难的，而且这样做的意义似乎也不大。也可以只考虑不过分萎缩专利权人在审判外的权利主张的原始目的，为了达成这个目标，以有无过失的形式来判断专利权人在进行警告之前对侵害判断是否给予了足够的注意就够了。

---

[34] 特許庁編『工業所有権法（産業財産権法）逐条解説』（第 20 版，発明推進協会，2017）第 939 頁。

[35] 渋谷達紀『知的財産法講義 I 』（第 2 版，有斐閣，2006）第 398 頁。另外，《实用新型法》第 29 条之 2 规定，在出示技术评估报告书提出警告后，方可对侵权人等实施权利。"稳固高座椅子案"认识到在未提交技术评估报告的情况下对顾客发出侵权警告，构成不正当竞争，并认识到该权利极有可能被宣告为无效，且权利的行使将被拒绝，因此，将其作为一项有效性方面不存在特殊问题的权利进行警告，是"违背法律宗旨的非法行为"。

即使是最近几年正式确立的司法判例，也受到相当说理论的影响，过失判决趋于复杂。但是，应当仅考虑实现上述目标所需的情形。对于权利的有效性调查，虽然也有肯定专利权人一般的调查义务的看法，但是没有必要对专利权人赋予那么大的调查义务。

【判例】

1. 大阪地判昭和 53·12·19 无体例集 10 卷 2 号 617 页"滑轮用塑料轨道"
2. 大阪地判昭和 55·7·15 判夕 427 号 174 页"楼梯防滑材料"
3. 名古屋地判昭和 59·8·31 无体例集 16 卷 2 号 568 页"磁吸式笔筒"
4. 大阪地判昭和 60·5·29 判时 1174 号 134 页"专辑总账"
5. 大阪地判昭和 61·4·25 判夕 609 号 89 页"豆腐填充用包装袋"
6. 大阪地判平成元·9·18 判工 2173 号第 26 页"自来水管防锈方法"
7. 大阪地判平成 4·2·27 平元（ワ）10342 号"台账纸"
8. 大阪高判平成 5·6·17 平 4（ネ）595 号"同案二审"
9. 名古屋地判平成 5·2·17 平 3（ワ）2834 号"纸箱芯材"
10. 东京地判平成 6·12·26 昭 52（ワ）771 号"五谷分选器"
11. 大阪地判平成 11·10·14 平 9（ワ）11113 号"喷涂方法"
12. 大阪高判平成 13·4·17 平 11（ネ）3750 号"同案二审"
13. 大阪地判平成 11·10·14 平 9（ワ）5847 号"中国色调涂装方法"
14. 大阪地判平成 12·1·20 平 10（ワ）10756 号"气体检测器"
15. 东京地判平成 13·9·20 判时 1801 号 113 页"磁信号记录用金属粉末"
16. 东京高判平成 14·8·29 判时 1807 号 123 页"同案二审"
17. 东京地判平成 13·10·25 判时 1786 号 142 页"弗雷德佩里"
18. 东京地判平成 14·12·12 判时 1824 号 93 页"洗米的制造方法"
19. 东京地判平成 15·10·16 判夕 1151 号 109 页"珊瑚砂"
20. 东京地判平成 16·1·28 判时 1847 号 60 页"常时接乐"
21. 东京地判平成 16·8·31 判时 1876 号 136 页"justhome2 家用账簿盒案件"
22. 东京地判平成 17·12·13 判时 1944 号 139 页"钢轨"
23. 知识财产高判平成 18·6·26 平 18（ネ）10005 号"同案二审"
24. 东京地判平成 18·3·24 判时 2028 号 125 页"活动矩阵型表示装置"

25. 知识财产高判平成 19·10·31 判时 2028 号 103 页 "同案二审"
26. 东京地判平成 18·7·6 判时 1951 号 106 页 "养鱼饲料用添加物"
27. 知识财产高判平成 19·5·29 平 18（ネ）10068 号，平 18（ネ）10073 号 "同案二审"
28. 东京地判平成 18·8·8 平 17（ワ）3056 号 "衣架夹"
29. 东京地判平成 18·10·11 平 17（ワ）22834 号 "地震感知器"
30. 大阪地判平成 19·2·15 平 17（ワ）2535 号 "激肽释放酶测量法"
31. 知识财产高判平成 19·5·15 平 17（ネ）10119 号 "范围过滤器"
32. 名古屋地判平成 19·8·30 平 18（ワ）2709 号 "椅子"
33. 东京地判平成 22·9·17 判时 2138 号 119 页 "螺栓"
34. 知识财产高判平成 23·2·24 判时 2138 号 107 页 "同案二审"
35. 东京地判平成 24·5·29 平 22（ワ）5719 号 "有机 EL"
36. 知识财产高判平成 25·2·1 判时 2179 号 36 页 "垃圾储藏器"
37. 知识财产高判平成 25·8·28 平 25（ネ）10018 号 "口红"
38. 东京地判平成 27·2·18 判时 2257 号 87 页 "蓝光光碟"
39. 大阪地判平成 27·3·26 判时 2271 号 113 页 "稳固高座椅子"
40. 大阪地判平成 28·5·10 平 27（ワ）11759 号 "岩城制药"
41. 知识财产高判平成 29·3·22 平 28（ネ）10094 号 "同案二审"
42. 大阪地判平成 28·10·27 平 28（ワ）636 号 "行李箱设计"
43. 东京地判平成 29·2·17 平 26（ワ）8922 号 "齿列矫正支架"
44. 知识财产高判平成 29·2·17 平 29（ネ）10045 号 "同案二审"
45. 知识财产高判平成 29·2·23 平 28（ネ）10009 号，平 28（ネ）10033 号 "吸水管"
46. 大阪地判平成 29·4·23 平 28（ワ）2610 号 "无纺布一次性滤纸"
47. 大阪地判平成 29·6·15 平 28（ワ）5104 号 "洗手间马桶水箱球座"
48. 东京地判平成 29·8·31 平 27（ワ）36981 号 "用户认证系统"
49. 知识财产高判平成 30·2·22 平 29（ネ）10089 号 "同案二审"

译者注：

① 本文原标题为"没有理由的侵害专利权警告和防止不正当竞争法——有必要讨论权利行使的'真实性'吗？"，由于标题过长，译者根据译文内容稍做修改。

② 该规定的编号一直随着法律的修订而变动，1993年（平成5年）的时候是第2条第1款第11项，到1999年（平成11年）改成第1款第13项，2001年（平成13年）改成第14项，2015年（平成27年）改成第15项。本文发表于2018年，因此文中引用该规定的编号是第15项，但是，在本文发表之后的2019年（令和元年），该规定的编号又被改成第21项。

侵权诉讼的事实审中未主张订正之再抗辩[①]的专利权人能否在上告审[②]中主张订正审决[③]的生效
——裁纸刀案

[日]君嶋祐子 *
杨蔚丰 ** 译

一、事实概要

（一）本案中，发明名称为裁纸刀（シートカッター）的本案专利的专利权人 X 主张 Y 销售 Y 产品的行为侵犯了本案专利权，请求 Y 停止 Y 产品的制造、转让等行为，并请求 Y 赔偿损失。

（二）本案专利权唯一的权利要求 1（下文将该发明简称为"本案专利发明"，其专利简称为"本案专利"）中的记载内容可分解为以下构成要件进行说明。

（1）拥有 1 号刀片；（2）2 号刀片；（3）设有上述 1 号刀片和上述 2 号刀片的本体；（4）与上述本体以可移动方式连接的引导板的；（5）以上述本体相对上述引导板进行移动，使上述 1 号刀片或上述 2 号刀片从上述引导板中露出为特征的；（6）切割工具。

（三）本案专利申请的经过

（1）2010 年 2 月 15 日：X 进行了专利申请。

（2）最初申请时的发明：申请时的权利要求书中记载的是"在刀刃的旁边设有引导工具（4）的薄板切割工具之裁纸刀"。

（3）2013 年 7 月 16 日：X 仅对权利要求书的记载内容按照事实概要第（2）

---

* 君嶋祐子，庆应义塾大学法学部、法学研究科教授。本文原刊载于《統・知の財産法最高裁判評釈大系（小野昌延先生追悼論文集）》，第 339—354 页。

** 杨蔚丰（1994—），上海外国语大学 2013 级法学院本科毕业生，就职于中伦律师事务所。

项进行了修正。

（4）同年9月27日：专利注册登记。

（四）一审经过

2013年12月，X对Y提起了本案诉讼。对此，Y认为专利存在《特许法》[4]第123条第1款第（1）项[5]（新增事项）或者第（4）项[6]（违反明确性要件）中的无效理由，主张无效抗辩（上述无效理由合称为"无效理由一"，上述抗辩合称为"无效抗辩一"）。

另外，在一审过程中，Y于2014年1月6日向特许厅主张无效理由一，请求无效审判（以下简称"无效审判一"），但是特许厅于2014年7月15日作出请求不成立审决。Y于同年8月提起审决取消诉讼[7]（审决取消诉讼一），请求撤销无效审判一的审决。

东京地方法院于2014年10月30日驳回无效抗辩一，支持了X的部分诉讼请求，判决Y停止侵权、赔偿损失。Y提出控诉。

（五）原审经过

在落款日期为2014年12月26日的控诉理由书中，Y主张以违反新颖性、进步性[8]为理由的新的无效抗辩（上述无效理由合称为"无效理由二"，上述抗辩简称为"无效抗辩二"或者"本案无效抗辩"）。

经过共4次的辩论准备程序[9]，到2015年11月原审口头辩论终结前，X都未主张订正之再抗辩。

原审于2015年12月16日支持无效抗辩二，撤销一审判决中有关Y败诉的部分，判决驳回X的所有诉讼请求。

知识产权高等法院[10]于同日判决驳回审决取消诉讼一的诉讼请求，该判决于2016年1月6日生效。

（六）原审判决宣告后的经过

X于2016年1月6日提出上告和上告受理申请[11]，同时以缩减权利要求书的范围为目的请求订正审判，同年10月，特许厅作出本案订正审决，该审决生效。最高法院受理上告受理申请，并作出本案判决，驳回上告[1]。

---

[1] 上告被认为没有《民事诉讼法》第312条第1款或第2款所规定的事由而被驳回。最决平29·6·16（平28（オ）501号）。

(七)其他相关案件的经过

本案判决中未提及的案件的经过如下。

(1)分案申请专利的异议申请[12]案件

在本案原审审理过程中,X对本案专利进行分案申请,并于2015年5月15日登记(以下简称"分案专利"),Y于同年10月5日针对分案专利提出异议申请。

X在分案专利的上述异议申请程序中,于2016年5月23日和收到撤销理由通知书[13]的2017年1月16日对分案专利提出订正请求。对此,特许厅于2017年6月19日支持分案专利的权利要求1—4的订正,维持与权利要求2—4相关的专利,对于被删除的权利要求1作出驳回异议申请的决定。

(2)本案专利的第二次无效审判、审决取消诉讼

另外,在本案上告审过程中,Y于2016年2月9日主张本案专利违反支持要件[14]、明确性要件[15]、实施可能性要件[16]、分案专利作为在先申请的第39条第2款[17]等(以下合称"无效理由三"),请求无效审判(以下简称"无效审判二"),针对本案订正审决中载明的订正后的权利要求书的记载内容,特许厅于2017年6月28日作出请求不成立审决。Y提起审决取消诉讼(审决取消诉讼二),请求撤销无效审判二的审决。

(3)本案判决后,2018年4月11日,知识产权高等法院作出判决,驳回关于审决取消诉讼二的诉讼请求。

二、判决主旨

由于原审中Y主张本案无效抗辩时,针对另案审决的审决取消诉讼正在审理过程中,另案审决在2016年1月6日之前尚未生效,因此X在原审的口头辩论终结前未能提出订正审判请求或者专利无效审判中的订正请求(《特许法》第126条第2款、第134条之2第1款[18])以消除本案无效抗辩中的无效理由。

X的主张重点是,本案上告审审理过程中,本案订正审决生效,本案专利相关的权利要求书被缩减,因此原判决的基础之行政处分被之后的行政处分变更,存在《民事诉讼法》第338条第1款第(8)项规定的再审事由,原判决存在对判决造成明显影响的违法情形。

在专利侵权诉讼中，被诉侵权人可以主张无效抗辩，而专利权人可以主张订正之再抗辩。《特许法》第 104 条之 3 第 1 款[19]规定无须专利无效审判即可主张无效抗辩，是为了尽可能在专利侵权诉讼程序内迅速解决专利侵权相关的纠纷。而该条第 2 款[20]的目的是防止有关无效抗辩的审理和判断造成诉讼拖延。上述法理对于订正之再抗辩也应无异〔可参考日本最高法院平成 18 年（受）第 1772 号平成 20 年 4 月 24 日第一小法庭判决，民集第 62 卷第 5 号第 1262 页[2]〕。

此外，如上所述，在专利侵权诉讼中针对无效抗辩可主张订正之再抗辩，《特许法》第 104 条之 4 第（3）项[21]的目的是在此前提下一次性解决专利侵权相关的纠纷。

即使是在专利侵权诉讼的终局判决生效前，若允许专利权人在事实审的口头辩论终结前未主张订正之再抗辩，而在此之后以订正审决等的生效为理由对事实审的判断提出异议，则与在针对终局判决的再审中允许主张订正审决生效一样，相当于允许事实审中的审理和判断全部重来。

那么，专利权人在事实审的口头辩论终结前未主张订正之再抗辩，而在此之后以订正审决等的生效为理由对事实审的判断提出异议这一行为，除非关于未主张订正之再抗辩存在达到迫不得已这一程度的特殊事由，否则属于不当地拖延专利侵权相关纠纷的解决的行为，根据《特许法》第 104 条之 3 及第 104 条之 4 的各规定的宗旨，应当是不被允许的。

本案中，X 在原审口头辩论终结前，请求订正审判或提出订正请求在法律上是不可能的。原审中被诉侵权人主张无效抗辩，在另案审决中的无效理由与本案无效抗辩的无效理由不同，现另案审决的审决取消诉讼已经在审理过程中，因此在另案审决未生效等事由下，实际上应无须请求订正审判或提出订正请求即可主张针对本案无效抗辩的订正之再抗辩，据此，X 在原审中并非无法主张针对本案无效抗辩的订正之再抗辩，关于 X 未主张订正之再抗辩也不存在其他达到迫不得已这一程度的特殊事由。

---

[2]　以下简称"小刀加工装置案"最高法院判决。

三、解说

（一）本案判决的意义[3]

首先，本案判决在根据 2011 年法律修改[4]新设立的《特许法》第 104 条之 4 的宗旨的基础之上，拓展了"小刀加工装置案"最高法院判决中的驳回在专利侵权之诉上告审中提出的订正审决生效之主张这一法理。

其次，在以往的下级法院判例中，原则上需要实际提出订正审判请求或者在无效审判中提出订正请求（以下简称"订正请求等"）才能主张订正之再抗辩，而本案判决表明在本案的事由之下，在控诉审中无须提出订正请求等也可主张订正之再抗辩。

据此，即使存在无法提出订正请求等事由，专利权人若在专利侵权诉讼中不尽早主张订正之再抗辩，则将无法回避无效抗辩。这使得在采取当事人主义的民事诉讼中，双方当事人应尽早提出主张，在双方当事人充分主张举证之后再进行判断成为可能。

在学术研究方面，最高法院首次将基于《特许法》第 104 条之 3 第（1）项的规定的抗辩称为"无效抗辩"[5]这一点，以及将"订正之再抗辩"定义为"以通过订正使得无效抗辩相关的无效理由被消除为理由的再抗辩"并加以使用这一点也值得关注[6]。本文将在下文中遵从本案判决中的用语示例。

---

[3] 本案的注解有：大寄麻代·L&T78 号 62 页，高林龍＝三村量一＝上野達弘编『年報知的財産法 2017-2018』25 页〔高林龍〕，田村善之·WLJ 判例コラム 125 号（2018WLJCC001），愛知靖之·L&T80 号 69 页，吉田广志·民商 154 卷 3 号 486 页，铃木將文·平成 29 年度重判解（ジュリ臨時増刊 1518 号）274 页，前田健·判評 718 号 15 页（判時 2383 号 161 页），飯村敏明·星埜正和·L&T80 号 36 页，小泉直樹·ジュリ 1512 号 8 页，大寄麻代·ジュリ 1526 号 103 页，平井佑希·AIPPI63 卷 4 号 11 页，平野和広·知管 68 卷 5 号 638 页，上田竹志·法セ 762 号 120 页，渡辺森児·リマークス 58 号 118 页。

[4] 根据特許法等之一部を改正する法律（平成 23 年法律第 63 号）进行的特许法修改。

[5] 高林龍＝三村量一＝上野達弘编『年報知的財産法 2017-2018』27 页〔高林龍〕注 2。

[6] 关于订正之对抗主张的法律性质，通说认为其是阻止专利无效抗辩的再抗辩（岩坪哲「特許無効の抗弁に対する訂正の位置づけ」AIPPI52 卷 4 号 202 页等），本案判决也被认为明确了该立场。与此相对的是认为其是预备性的诉讼理由的学说（若林諒「ナイフ加工装置事件最判判批」L&T43 号 114 页）。

（二）对专利侵权诉讼判例中的专利无效和订正的评价

1. Kilby 案最高法院判决[7]之前的权利要求书的解释——参考并去除现有技术

Kilby 案最高法院判决之前，1861—1912 年（明治年代）以来，日本的判例认为在宣告专利无效的审决生效之前，审理专利侵权诉讼的法院应当视专利为有效[8]。

然而，在 1955 年（昭和 30 年）的最高法院判决之后[9]，对于在字面上包含现有技术（因此缺乏新颖性）的权利要求书，审理专利侵权诉讼的法院准许通过去除现有技术将保护范围缩减为小于权利要求书的字面意思再进行解释的做法。即根据被登记的专利权利要求书的字面意思进行解释从而确定发明专利为部分无效时，审理专利侵权诉讼的法院未经专利无效审判或订正请求等程序而对权利要求书进行限缩性解释，从而确定专利权的客体，这与通过订正请求等回避无效理由的订正被支持的情形是一样的。在当时，专利无效审判及其审决取消诉讼，以及与之同时进行的订正审判导致专利无效或者订正作出终局性判断需要很长时间[10]②，为了迅速解决专利侵权纠纷，审理侵权诉讼的法院通过上述对权利要求书的限缩性解释进行处理[11]。

此外，为了在专利全部无效时也能阻止专利权的行使，作为限缩性解释的拓展，存在将发明专利的保护范围限定为说明书所记载的实施例的学说（实施例限定说），以及不考虑专利是否有效，允许被诉侵权人以实施现有技术为抗辩

---

[7] 最判平 12·4·11 民集 54 卷 4 号 1368 页（下文简称"Kilby 案最高法院判决"）。

[8] 大判明 37·9·15 刑录 10 辑 1679 页〔导火线制造器械〕，大判大 6·4·23 民录 23 辑 654 页〔玻璃手镯制造装置〕等。

[9] 最判昭 37·12·7 民集 16 卷 12 号 2321 页〔运煤车〕认为应当参考现有技术解释权利要求书，此外，最判昭 39·8·4 民集 18 卷 7 号 1319 页〔液体燃料燃烧装置〕、最判昭 49·6·28 金判 420 号 2 页·裁判集民集 112 号 155 页〔卷帘门〕肯定了从在字面上被解释为包含现有技术的权利要求书中去除现有技术从而确定保护范围的做法。

[10] 在 1993 年（平成 5 年）的《特许法》修改之前，无效审判和订正审判是各自独立的程序，为了消除所谓的"接传球现象"导致的程序拖延，在根据平成 5 年法律第 26 号及平成 15 年法律第 47 号进行特许法修改后，通过 2011 年的法律修改，规定从请求无效审判开始到该审判的审决生效为止，对订正审判请求进行限制，只有在无效审判程序中的特定时期才能提出订正请求。可参考中山信弘『特許法〔第 3 版〕』（弘文堂，2016 年）267 页以下。

[11] 详见拙作「特許処分の法的性質—特許無効の抗弁論争に対する一提言」学会年报 21 号 1 页，11 页以下。

（现有技术抗辩或自由技术抗辩）阻止专利权行使的学说。此外，还存在支持权利滥用抗辩的判例（知道专利存在无效理由而行使专利权的行为属于权利滥用而不能被允许），也有学者强有力地主张应当直截了当地准许专利无效抗辩[12]。

2. 权利滥用抗辩（Kilby案最高法院判决）中的专利无效和订正

在上述判例和学说下，2000年4月11日，Kilby案最高法院判决认为"即使是在专利的无效审决生效之前，应当认为审理专利侵权诉讼的法院是可以判断专利是否明显存在无效理由的，经审理认为该专利明显存在无效理由时，除非有特殊事由，基于该专利权的停止侵权、损害赔偿等请求属于权利滥用而不被允许"，对持有不同看法的以前的最高法院判例[13]进行了相抵触程度的变更。

此外，该判决还认为"不足以认定存在专利权人请求订正审判等特殊事由"，原审就该案专利权的行使支持了权利滥用抗辩是正确的。

Kilby案最高法院判决以后，对于存在包括缺乏新颖性在内的任一无效理由的专利权，审理专利侵权诉讼的法院对权利滥用抗辩的主张都进行了审理判断。关于驳回这种权利滥用抗辩的特殊事由，最高法院列举了"专利权人请求订正审判"这一情形作为示例。

3.《特许法》第104条之3所规定的无效抗辩和订正之再抗辩

鉴于在Kilby案最高法院判决的基础上，准许权利滥用抗辩的审判实务稳定了下来，根据2004年的法律修改[14]新设立的《特许法》第104条之3第1款规定："该专利属于应被专利无效审判宣告无效的，专利权人或专用实施权人不得向对方当事人行使其权利。"

对于权利滥用抗辩，订正请求等被认为是驳回该抗辩的特殊事由，而对无效抗辩，订正请求等也被主张为订正之"对抗主张"或"再抗辩"[15]。

---

[12] 可参考拙作「特許処分の法的性質—特許無効の抗弁論争に対する一提言」学会年报21号12页以下，以及该文脚注34-37记载的判例和学说。

[13] 参见大判明37・9・15刑录10辑1679页〔导火线制造器械〕，大判大6・4・23民录23辑654页〔玻璃手镯制造装置〕等。

[14] 根据裁判所法等の一部を改正する法律（平成16年法律第120号）进行的修改。

[15] 東京地判平19・2・27判夕1253号241页〔多关节搬运装置〕，知财高判平21・8・25判時2059号125页〔切削方法〕，東京地判平22・6・24（平21（ワ）3527号等）裁判所ホームページ〔液体収納容器〕，知财高判平26・9・17判時2247号103页〔共焦点分光分析〕（下文简称"共焦点分光分析案"知产高等法院判决）等。

4."小刀加工装置案"最高法院判决[16]

在"小刀加工装置案"这一专利侵权诉讼中,对于被诉侵权人 Y 主张的同一无效理由,一审支持权利滥用抗辩,原审支持无效抗辩,驳回专利权人 X 的诉讼请求和控诉。X 在侵权诉讼中未主张订正之抗辩,而在一审败诉后,反复提出又撤回订正审判请求共 4 次,提出上告和上告受理申请之后,通过提出第 5 次审判请求获得订正审决,在上告受理申请理由书的提交期限内主张订正审决的生效导致存在《民事诉讼法》第 338 条第 1 款第(8)项规定的再审事由,原判决存在对判决造成明显影响的违法情形。

最高法院回避了对一般原则的阐述,认为"就本案而言,可能存在《民事诉讼法》第 338 条第 1 款第(8)项规定的再审事由",但是"即使存在再审事由……本案中 X 以本案订正审决生效为理由对原审的判断提出异议的行为,不当地拖延了 X 和 Y 之间关于本案专利侵权的纠纷解决,根据《特许法》第 104 条之 3 规定的宗旨是不被允许的"。

在说理时,最高法院认为《特许法》第 104 条之 3 第 1 款的目的是尽可能在专利侵权诉讼的程序内迅速解决专利侵权相关的纠纷,该条第 2 款的目的是防止有关无效抗辩的审理判断造成诉讼拖延,因此"根据该条第 2 款的宗旨,不仅是无效主张,否定或推翻无效主张的主张(以下简称'对抗主张')也是驳回的对象,如果被认为是以不当地拖延审理为目的提出来的,以缩减权利要求书的订正为理由的针对无效主张的对抗主张也会被驳回"。此外,最高法院认为,"X 在一审中也可以针对被上告人的无效主张提出对抗主张,根据上述《特许法》第 104 条之 3 规定的宗旨,至少在上述无效主张被一审判决采纳后的原审审理中……应尽早提出以订正为理由等的对抗主张……"X 的主张"相当于在原审判决宣告后才提出本应在原审审理中尽早提出的对抗主张……不得不说,这是不当拖延了本案专利侵权相关纠纷解决的行为"。

泉法官赞同多数意见的结论,但认为订正审决的生效不属于《民事诉讼法》第 338 条第 1 款第(8)项规定的再审事由,且无须事先请求订正审判也能以订正之对抗主张阻止无效抗辩,只需对请求订正审判后无效部分被排除,并且被诉侵权人的产品在限缩后的权利要求书相关的发明的保护范围内这一点进行主

---

[16] 参见"小刀加工装置案"最高法院判决。

张举证即可。

5."共焦点分光分析案"知识产权高等法院判决[17]

数名专利权人 X 于 2010 年 11 月 16 日提起专利侵权诉讼，Y 于 2011 年 12 月 22 日的一审第 6 次辩论准备程序中主张基于无效理由一等的无效抗辩，X 在同一天对此进行反驳。X^1 在 2012 年 7 月 3 日请求订正审判，于同年 9 月 11 日获得订正审决，并于 9 月 18 日在一审中主张基于该订正的订正之再抗辩。之后，Y 于同年 11 月请求专利无效审判，因特许厅作出无效不成立审决而于 2013 年提起审决取消诉讼。2013 年 8 月 30 日，原审判决支持无效理由一，驳回 X 的诉讼请求。对此，X 提出控诉，并在控诉审中主张新的订正之再抗辩。

知识产权高等法院认为，原则上提出合法的订正请求等是订正之再抗辩的要件，例外是，"专利权人提出订正请求等在法律上有困难时，则从公平的角度单独考察其事由，如果无须提出合法的订正请求等的特殊事由被认可，那么缺乏该要件的订正之再抗辩的主张也是允许的"。

鉴于 Y 在一审审理过程中基于无效理由一主张了无效抗辩后，X^1 请求订正审判获得了订正审决，以及 2 个月后 Y 基于无效理由一请求无效审判，在该审判程序内也可提出订正请求，在对新的订正之再抗辩的订正内容进行考量后，知识产权高等法院认为在进行控诉审之前不存在提出该订正具有困难的事由，因此专利权人为对抗无效理由一而主张订正之再抗辩时，尽管有可能提出相应的订正请求等，却不利用这一机会，直到控诉审才主张新的订正之再抗辩，即使在控诉审时无法提出订正请求等，也只能说是由自己的责任导致的，因此不认可存在无须提出合法的订正请求等的特殊事由。

此外，关于订正请求等在法律上有困难的情形，知识产权高等法院列举了"专利侵权诉讼中被诉侵权人主张无效抗辩的同时提出相同内容的无效审判请求，之后被诉侵权人被允许基于新的无效理由在该侵权诉讼中主张无效抗辩，针对该无效理由未提出无效审判请求这样的例外情形"中的"针对已经存在的无效审判请求不允许提出订正请求的期间内"作为示例。

---

[17] 参见東京地判平 19・2・27 判夕 1253 号 241 页〔多关节搬运装置〕，知财高判平 21・8・25 判時 2059 号 125 页〔切削方法〕，東京地判平 22・6・24（平 21（ワ）3527 号等）裁判所ホームページ〔液体收纳容器〕，知财高判平 26・9・17 判時 2247 号 103 页〔共焦点分光分析〕（下文简称"共焦点分光分析案"知产高等法院判决）等。

"裁纸刀案"可以说是属于此处知识产权高等法院所列举的"例外情形"。

（三）判例研讨——订正请求等原则上必要说的背景

"小刀加工装置案"最高法院判决、"共焦点分光分析案"知识产权高等法院判决以及本案判决反复强调应当在侵权诉讼的初期主张订正之再抗辩，禁止未在初期主张的专利权人主张订正之再抗辩或生效订正审决。

此外，专利权人在侵权诉讼中未事先主张订正之再抗辩，而是在侵权诉讼之外，提出不足以防御作为争议焦点的无效理由的订正审判请求（"共焦点分光分析案"），或是在侵权诉讼的审理进行到相当程度时才提出订正审判请求（"小刀加工装置案"），获得订正审决后，再向审理侵权诉讼的法院主张生效订正审决。如果允许提出这些主张的话，将会使侵权诉讼的一审、控诉审以订正前的权利要求书的解释为前提进行的审判成为徒劳。关于知识产权审判高等法院和最高法院为何反复对专利权人采取看上去很严格的态度，本案判决非常认真地说明了《特许法》第104条之3及第104条之4的立法宗旨，"根据其宗旨"，认为专利权人的行为属于不当地拖延专利侵权纠纷的解决而不被允许。

笔者认为尽管法院采取了严格的态度，专利权人仍然作出了上述行为的理由有以下几点。

一方面，对专利权人而言，第一，在审理侵权诉讼的法院关于是否无效的心证尚不明朗时，应该会想回避订正主张，因为该主张会限缩自己的权利范围，甚至有可能承担新的专利无效的风险。第二，在采取当事人主义的侵权诉讼或无效审判中的订正请求中，侵权纠纷的对方当事人可能会针对订正后的权利要求书提出各种反驳，若针对该反驳的再反驳失败的话，则有被判断为无效的风险[18]。与此相对，订正审判这个单方当事人程序的优点是对方当事人无法参加，因此权利要求书能够相对容易地获得对自己有利的订正审决，而且即使订正未被支持，也可以回避并非出于本意的订正或者无效判断。

另一方面，侵权诉讼的被诉侵权人为了阻止专利权人请求订正审判，会在侵权诉讼的初期提前请求无效审判。但是，如同本案一样，先以不起决定性作用的无效理由请求无效审判，在专利权人未请求订正审判，特许厅作出请求不成立审决后，在其审决取消诉讼审理过程中，在侵权诉讼中主张新的且重要的

---

[18] 田村善之·WLJ判例コラム125号（2018WLJCC001）14页。

无效理由时，专利权人便丧失了在特许厅提出订正请求等的机会，被迫在采取当事人主义的侵权诉讼中主张订正之再抗辩。本案判决表明，本案的专利权人本应当采取那样的做法。

发生在本案之前的"共焦点分光分析案"的知识产权高等法院也以附带意见的形式指出，在与本案事实相同的情况下，无须提出订正请求等即可主张订正之再抗辩的特殊事由是被认可的。

如上文所述，Kilby 案最高法院判决之前，一方面规定在侵权诉讼中不能主张无效理由，另一方面法院通过对权利要求书的限缩性解释，允许专利权人不提出订正请求等也可在限缩的权利范围内行使专利权。Kilby 案最高法院判决之后，随着权利滥用抗辩或者无效抗辩被准许，不再是法院通过对权利要求书进行限缩性解释，而是专利权人通过向对方当事人主张订正之再抗辩以回避无效理由。

关于订正之再抗辩的主张是否需要提出订正请求等，虽然法院一开始意见有分歧，但后来还是认为原则上需要提出订正请求等[19]。

有学者对其理由作出了说明，包括：（1）需要对作为审理对象的发明专利的内容进行明确；（2）防止专利权人主张订正之再抗辩获得胜诉判决之后，却不在特许厅进行订正程序，企图让含有无效理由的权利存续下去这种"吃白食"的行为[20]；但两者都被指出不是关键性的理由[21]。在学说方面，订正请求等不要说㉓也是有影响力的[22]。

至于法院采取原则上必要说的实质性理由，笔者认为可能是因为需要在侵权诉讼中提前整理好实际上要审判的争议焦点。

---

[19] 参见東京地判平 19・2・27 判夕 1253 号 241 页〔多关节搬运装置〕，知财高判平 21・8・25 判時 2059 号 125 页〔切削方法〕，東京地判平 22・6・24（平 21（ワ）3527 号等）裁判所ホームページ〔液体收纳容器〕，知财高判平 26・9・17 判時 2247 号 103 页〔共焦点分光分析〕。

[20] 来源于高林龍＝三村量一＝上野達弘編『年報知的財産法 2017-2018』27 页〔高林龍〕以下。更为详尽的参考资料有松葉栄治「訂正の再抗弁」小泉直樹・末吉亙編『ジュリスト増刊・実務に効く知的財産判例精選』69 页，72 页以下，愛知靖之・L&T80 号 75 页以下。

[21] 愛知靖之『特許権行使の制限法理』29 页，高林龍＝三村量一＝上野達弘編『年報知的財産法 2017-2018』27 页〔高林龍〕以下，田村善之・WLJ 判例コラム 125 号（2018WLJCC001）13 页以下。

[22] 岩坪哲「特許無効の抗弁に対する訂正の位置づけ」AIPPI52 巻 4 号 202 页，ナイフ加工装置最判中的泉法官的意见，高林龍＝三村量一＝上野達弘編『年報知的財産法 2017-2018』33 页〔高林龍〕，田村善之・WLJ 判例コラム 125 号（2018WLJCC001）14 页等。

在侵权诉讼中，双方分别提出无效抗辩及订正之再抗辩后，法院的心证认为专利无效时，针对订正前的权利要求书，法院会:（1）对被主张的权利要求进行保护范围的界定，（2）认定是否无效（被主张的无效理由×权利要求数量），（3）认定是否侵权（被诉侵权产品或方法数×被主张的权利要求数）[若支持无效抗辩则无须判断，（3）此处姑且对双方当事人的主张进行整理]的审理。另外，针对订正后的权利要求书也是（1）'对被订正了的权利要求进行保护范围的界定，（2）'审理是否符合订正要件，（3）'认定是否无效（通过订正是否消除了（2）的无效理由，订正后的权利要求书被主张新的无效理由时审理其是否成立），（4）'认定是否侵权（被诉侵权产品或方法数×权利要求数）。

与此相对，在订正审判中，特许厅只听取专利权人的主张，只需审理（1）、（1）'及（2）'。而在无效审判中的订正请求中，特许厅通过听取双方当事人陈述，审理（1）、（2）、（1）'、（2）'及（3）'。

要求适时提出订正之再抗辩，并原则上认为主张订正之再抗辩需要提出订正请求等这一法院的立场，也许是想让当事人在侵权诉讼的早期完成（1）、（2），以及（1）'—（4）'的主张举证，并且通过将（1）、（1）'和（2）'交给特许厅审判部[24]，审理侵权诉讼的法院可以集中精力审理（3）'和（4）'。

在侵权诉讼的事实审中，若被诉侵权人主张无效抗辩，而专利权人未主张订正之再抗辩，法院在审理完（1）—（3），支持无效抗辩并作出驳回专利权人诉讼请求的判决后，专利权人在上告审中以订正审决的生效为理由对事实审的判决提出异议的行为，不仅是在特许厅只听取专利权人的主张就对（1）、（1）'和（2）'作出的判断就将一审、控诉审两个审级中（1）—（3）的审理和判决化为乌有，更是在让审理侵权诉讼的法院针对订正后的权利要求书对（1）—（3）重新作出审判。此外，在侵权诉讼的控诉审的审理进行到一定程度后再提出订正之再抗辩的行为也几乎同样使得纠纷解决从头来过。

（四）对订正审判在专利侵权纠纷中的评价

1. 订正审判的制度宗旨

专利权是就外延不明确的技术思想，即想法本身就可以向所有人主张权利的排他性权利。为明确发明专利的保护范围，权利的产生需要按照《特许法》第36条所规定的记载要件撰写权利要求书、说明书及制作必要的附图后申请专利，并对该申请按规定进行审查后进行注册登记（《特许法》第66条第1款）。

在申请阶段允许以申请书中最初附加的说明书等记载的范围为限对权利要求书进行扩大的修改［《特许法》第17条之2第（3）项］，而在专利权产生后，为了使根据权利要求书等解释发明专利的保护范围后实施外围技术的竞业者不会遭受意料之外的专利权主张，在订正请求等中只允许限缩权利要求书等以缩小专利权的权利范围为目的的订正（《特许法》第126条第1款、第5款及第6款，第134条之2第1款及第9款）。

订正审判的目的是防止在专利申请审查（以及不服驳回查定之审判[22]）程序中未被发现的瑕疵导致将来专利被判断为无效，让专利保持有效的状态从而专利权人能够行使权利，因此这是赋予专利权人的单方当事人程序[23]。

2. 订正审判在专利侵权纠纷中存在的问题

订正审判是根据专利权人的请求由特许厅的审判组织进行审理的单方当事人程序，与订正有法律上利害关系的第三人没有被赋予参与该程序的机会。因此，其能使专利权人为了将来在与专利权有关的具体纠纷中不让本处于有效状态的专利权被主张专利无效而事先做好准备，就这一点而言，订正审判是有益的制度。但是由于纠纷的对方当事人无法作为当事人参与该程序，在解决具体纠纷时，就程序保障而言，可以说其是不够完善的制度。

在法院开始审理专利侵权诉讼这一解决当事人间的具体纠纷的程序后，特许厅未听取侵权纠纷的对方当事人即被诉侵权人的陈述，也不让正在指挥诉讼程序的法院参与，只听取专利权人的主张，就以订正审决对专利权人根据其在法院主张的权利要求书中记载的内容而主张的权利范围进行变更，导致侵权诉讼中的审判从头来过，这不仅在被诉侵权人的程序保障上存在问题，而且就迅速解决侵权纠纷而言也是存在问题的。

从这个角度来看本案，在控诉审的最开始，即控诉理由书中，被诉侵权人基于无效理由二主张无效抗辩后，尽管控诉审法院对此进行审理并作出判决，专利权人却未在控诉审法院主张订正之再抗辩，而是在审决取消诉讼一的判决

---

〔23〕 可以说是不以具体争讼为前提的单方当事人程序，与专利申请审查程序一样，被设计成防备将来的具体争讼的民事行政程序，即非讼案件程序（可参考拙作「出願審査手続の法的性質」牧野利秋判事退官記念『知的財産法と現代社会』281頁）。但是，订正审判被使用的情形有不少是像本案一样，在围绕专利行使或有效性的纠纷进行到白热化阶段时，或者是在为行使专利权做事前准备时。应当说程序构造的目的与实际上程序被使用的目的是有偏差的。

生效后才提出订正审判请求，在侵权诉讼的上告审中主张订正审决的生效。若参照以通过听取双方当事人陈述从而迅速解决个人之间的具体纠纷为使命这一民事诉讼制度的宗旨，则本案判决未准许相关主张的做法是值得肯定的。

（五）对本案判决的评价和今后的课题

笔者认为，与订正之再抗辩有关的判例的演变起因于订正审判在专利侵权纠纷中存在的上述问题。在现行法律制度下，就订正之再抗辩、无效审判与订正请求等的关系而言，能运用法律制度和最新的判例法理来封住对方的武器就能胜诉。现行的订正审判制度是只对专利权人赋予程序保障的制度，若在解决当事人间纠纷的专利侵权诉讼中也能运用该制度的话，专利权人会尽可能使用订正审判，而对方当事人会尽可能对此进行阻止。结果是在解决侵权纠纷的法院里，双方当事人都不在程序的早期提出主张，直到控诉审或上告审时真正的争议焦点才变得明确，若法院予以受理并进行审理的话，事实审中的不少程序将成为徒劳。

本案判决作出一种示范，即使存在无法向特许厅提出订正请求等这一事由，法院也能够促使专利权人尽早主张订正之再抗辩，让双方当事人充分主张举证，就这一点而言，本案判决是有其价值的。

然而，也有不少学者指出，一直认为原则上需要提出订正请求等才能主张订正之再抗辩的法院会在何种情形下允许未提出订正请求的订正之再抗辩，在这一点上还不能说存在确定性的判例的情况下，专利权人主张的是其在审决取消诉讼一的判决生效后立即请求订正审判而获得的订正审决的生效，就本案纠纷的解决而言，驳回这一主张是否对专利权人一方过于苛刻了[24]？但是，本案属于"共焦点分光分析案"知识产权高等法院判决中关于无须提出订正请求等的例外情形所列举的非常具体的示例（尽管是附带意见），而且本案中 X 拥有对从专利申请到权利行使的专利争讼非常熟悉的代理人[25]，因此笔者认为不能说本

---

[24] 田村善之・WLJ 判例コラム 125 号（2018WLJCC001）12 页以下，吉田广志・民商 154 卷 3 号 504 页以下，爱知靖之・L&T80 号 77 页，渡边森儿・リマークス 58 号 121 页等。

[25] 本案专利申请虽然权利要求非常宽泛且单一，说明书的记载也很简单，但经过修改和订正保持了有效的状态，另外本案专利的分案申请也针对 Y 的异议申请进行了相应的订正而保持有效状态，因此，X 通过本案专利申请而公开的发明中，本来就有新颖性的部分在本案判决后也受到这两个专利权的保护。

案判决在强迫 X 去做其办不到的事。虽说如此，在本案的控诉审中被诉侵权人主张无效理由二时，知识产权高等法院本应通过诉讼指挥确认专利权人是否提出订正之再抗辩，以后遇到同样侵权案件的法院也应当进行相关的确认[26]。

另外，在不知道法院是否会作出专利无效的判断时，如同本文"判例研讨"部分所述，专利权人自然不愿主张订正之再抗辩。因此，有学者指出当法院获得关于专利无效的心证时，应当向当事人公开心证，并给予专利权人提出订正之再抗辩的机会[27]。关于无效抗辩，高林教授认为在"在诉讼的初期对二、三个以内的无效理由按顺序进行主张"的基础上，"对抗无效抗辩的订正之再抗辩的主张的数量自然有限"，"针对无效抗辩中法院可能会采用的主张，通过公开心证，给予权利人对相关无效抗辩主张订正之再抗辩的机会，对此专利权人若不主张订正之再抗辩的话，之后的订正之再抗辩主张应一律驳回，而若专利权人在此情形中主张订正之再抗辩则无须向特许厅提出订正审判请求或订正请求，正如主张无效抗辩无须向特许厅请求无效审判一样"。[28]

若在诉讼程序的初期就让专利权人主张订正之再抗辩，法院在那时候还无法就专利无效进行讨论，因此难以就专利无效的判断进行心证公开。在那种情形下，笔者认为，可以考虑在无效抗辩的争议焦点整理完毕时，促使专利权人提前针对法院即将进行判断的各个无效理由主张订正之再抗辩，以防无效抗辩成立，在法官对所有争议焦点的相关主张和证据讨论完毕时，就支持无效抗辩的无效理由公开心证，若法官认为提前对该无效理由主张过的订正之再抗辩成立，则促使专利权人向特许厅提出订正请求等。

为了解决起因于订正审判的程序构造问题，今后在订正之再抗辩的运用方面下功夫固然重要，但仅靠这一点成果是有限的。笔者认为，在运用方面下功夫的同时，把法律修改考虑进来，讨论改进方案也是很重要的。

---

[26] 关于这一点，也有意见认为法院很难作出对一方当事人有利的诉讼指挥，但是现阶段关于订正之再抗辩的主张时间和要件的审判实务正在迅速变化，在最高法院作出本案判决以后，基于该判决，法院应当就明确订正之再抗辩的主张时间进行诉讼指挥。

[27] 高林龍＝三村量一＝上野達弘編『年報知的財産法 2017-2018』32 頁以下〔高林龍〕，田村善之・WLJ 判例コラム 125 号（2018WLJCC001）17 頁，吉田広志・民商 154 巻 3 号 505 頁。

[28] 高林龍＝三村量一＝上野達弘編『年報知的財産法 2017-2018』32 頁以下〔高林龍〕。

译者注：
① 在日本的专利侵权诉讼中，被告认为专利存在无效理由时，可以向法院主张专利无效抗辩，对此专利权人可以通过修改权利要求书等消除无效理由进行反驳，即所谓的"订正之再抗辩"。
② 日本采取三审制，对一审判决不服可以提出控诉，对控诉审判决不服还可以提出上告。
③ 根据日本《特许法》第126条第1款，在专利权登记后，专利权人可向特许厅（相当于我国专利局）请求订正审判以对申请书所附的说明书、权利要求书或附图进行订正。特许厅对订正审判请求作出的决定称为"订正审决"。
④ 日本对发明专利、实用新型专利和外观设计专利分别以《特许法》《实用新案法》及《意匠法》进行保护。
⑤ 《特许法》第123条 专利属于下列各项所列情况之一的，可请求专利无效审判以宣告专利无效。此时，如果专利具有两个以上权利要求，可按权利要求分别进行请求。

（1）专利是对一件进行了不符合第17条之2第3款规定的要件的补正的专利申请（不包括外文文件申请）而授予的；

《特许法》第17条之2 一项申请，授予专利权之查定的副本送达之前，专利申请人可对专利申请的申请书所附的说明书、权利要求书或附图进行补正。但在收到根据第50条的规定所发出的通知之后，仅在下列情况下得以补正：

3. 根据第1款的规定对说明书、权利要求书或附图进行补正时，除了通过提交译文错误订正书而进行的之外，应当在专利申请的申请书最早所附的说明书、权利要求书或附图……所记载的事项范围内进行。

⑥ 4. 专利是对一项不符合第36条第4款第（1）项或第6款［不包括第（4）项］规定的要件的专利申请而授予的；

《特许法》第36条第4款 前款第三项的发明的详细说明，其记载应符合下列要求：

（1）按照经济产业省令的规定，清楚且充分地进行记载，达到使具有发明所属技术领域通常知识的人能够实施的程度；

《特许法》第36条第6款 第2款的权利要求书，其记载应符合下列要求：

（1）欲获得专利之发明应当在发明的详细说明中有记载；

（2）欲获得专利之发明是清楚的；

（3）各权利要求的记载简明；

⑦ "无效审判"相当于我国专利无效宣告；"请求不成立审决"相当于我国专利无效宣告的维持专利权有效的决定；"审决取消诉讼"相当于我国专利法（2020年修正）第46条第2款规定的专利无效行政诉讼。
⑧ 相当于我国专利法中的创造性。
⑨ 日本《民事诉讼法》第168条设定的程序是诉讼初期在口头辩论程序之外进行的程序，

在该程序中，法官和原被告双方围绕争议焦点和今后的诉讼方向进行意见交换，整理出与争议焦点有关的事实、证明该事实所需的证据，制订审理的计划。

⑩ 2005年，知识产权高等法院作为东京高等法院的特别支部设立，主要审理全国所有有关专利权的控诉案件以及不服特许厅审决的诉讼案件。

⑪ 对知识产权高等法院的控诉审判决不服时，根据其理由的不同可以提出"上告"（日本《民事诉讼法》第311条第1款）或"上告受理申请"（日本《民事诉讼法》第318条第1款）。提出"上告"的理由是控诉审判决存在违反宪法或法律规定的诉讼程序严重违法情形，提出"上告受理申请"的理由是控诉审判决存在与违反最高法院判例或其他法律解释有关的重要事项等。

⑫ 《特许法》第113条规定的程序，任何人都可以在专利公报发布之日起六个月内根据该条所规定的理由向特许厅长官提出专利异议申请。若异议成立，则专利将被撤销，专利权视为自始不存在。

⑬ 根据《特许法》第120条之5，撤销专利之前给予专利权人提出意见书和订正的机会。

⑭ 《特许法》第36条第6款第（1）项。

⑮ 《特许法》第36条第6款第（2）项。

⑯ 《特许法》第36条第4款第（1）项。

⑰ 《特许法》第39条第2款　关于同样的发明存在同日提交的两件以上专利申请的，仅经专利申请人协商所确定的一名专利申请人能够就该发明获得专利。未能协商一致或未能进行协商的，各专利申请人均不得就该发明获得专利。

⑱ 《特许法》第126条第2款　在专利无效审判从属于特许厅审理时起至审决（对于按权利要求分别提起审判请求的，为全部审决）生效为止，不得请求订正审判。

　　《特许法》第134条之2第1款　专利无效审判的被请求人，仅能在根据前条第1款或第2款、次条、第153条第2款或第164条之2第2款的规定指定的期间内，得以请求对申请书所附的说明书、权利要求书或附图进行订正。……

⑲ 《特许法》第104条之3第1款　在关于侵犯专利权或专用实施权（相当于我国的独占许可）之诉中，如果该专利属于应被专利无效审判宣告无效的，……专利权人或专用实施权人不得向对方当事人行使其权利。

⑳ 《特许法》第104条之3第2款　根据前款规定所提出的攻击或防御的方法，如果是以不当地拖延审理为目的而提出的，法院可依申请或依职权作出驳回决定。

㉑ 《特许法》第104条之4　关于侵犯专利权或专用实施权之诉……的终局判决生效之后，下列审决生效的，诉讼当事人在对该终局判决提起的再审中，不得主张审决之生效。

　　……

　　（3）宣告对该专利的申请书所附的说明书、权利要求书或附图准予订正的审决中符合政令规定的。

㉒ 无效审判的审决取消诉讼审理过程中，专利权人另行向特许厅请求订正审判，准许缩减权利要求书的订正审决生效时，由于法院不宜对订正后的专利进行审理，审决便自动被撤销，无效审判案件再度回到特许厅进行审理，审判官再度进行无效审判的审理。这种案件在法院和特许厅之间反复的现象当时在日本被称为"传接球现象"。
㉓ 是指无须提出订正请求等即可主张订正之再抗辩。
㉔ 相当于我国的专利局复审和无效审理部。
㉕ 相当于我国的专利复审程序，详见《特许法》第121条。

"在消费者中被广泛知悉"的意思与商标权滥用

——最高裁 2017 年 2 月 28 日判决 Eemax 事件

[日] 田村善之 *

秦政 ** 译

一、导言

本专栏选取的案例是最判[1]平成 29.2.28 平成 27（受）1876[2] "エマックス" 案件，是最高裁[3]的裁判案例，判决在认定《防止不正当竞争法》第 2 条第 1 款第（1）项[4]与《商标法》第 4 条第 1 款第（10）项[5]中 "被消费者广泛知悉" 的意思的同时[1]，在侵犯商标权诉讼中，对除斥期间经过后才以商标权无效为由提起注册商标无效的抗辩不予支持，并将对被消费者广泛知悉的近似商标行使商标权的行为认定为权利滥用行为。

二、事件概要

本案当事人及利益相关者：

日本建装工业（X）：本诉原告·反诉[6]被告（被控诉人·被上告[7]人）

东京 Eemax（Y）：本诉被告·反诉原告（控诉人·上告人）

P2：Y 公司的法定代表人

美国 A 公司（Eemax Inc.）：涉案热水器的生产销售商

---

* 田村善之，东京大学大学院法学政治学研究科教授，日本知名知识产权学者，日本文部科学省 21 世纪 COE 项目「新世代知的财产法政策学的国际据点形成」负责人。本文原文刊载于 2017 年《WLJ 判例コラム》第 115 号。

** 秦政（1994—），上海外国语大学 2019 级法律硕士研究生，研究方向：日语法律。

[1] 关于本案存在一部分误解，在上告受理决定中，《防止不正当竞争法》第 2 条第 1 款第 1 项与《商标法》第 4 条第 1 款第 10 项的解释适用错误 "以外" 的部分（即 X 对 Y 主张支付维修费用的部分）被排除了。（清水知惠子 [判解] Law & Technology76 號 65 頁 2017 年）

X 与生产即时电热水器的美国 A 公司签订了在日本国内独家代理销售热水器的协议，并且 X 使用以水平文字写成的"エマックス""Eemax""EemaX"作为商标销售热水器。Y 则是独立进口该热水器在日本国内销售，使用了与上述商标相同的商标。本诉中 X 主张 Y 使用商标的行为属于《防止不正当竞争法》第 2 条第 1 款第（1）项规定的不正当竞争，要求其停止使用商标并赔偿损失。

与此相对，Y 对 X 提起反诉，主张 Y 享有注册商标 1（"エマックス"横写的商标）、注册商标 2（"エマックス""EemaX"纵向写成的二段商标），基于此，Y 要求 X 停止使用与其注册商标相类似的商标。对于反诉，X 主张，上述的商标属于《商标法》第 4 条第 1 款第（10）项中规定的不能注册的商标，提出 Y 公司不能行使商标权等内容。

以下介绍本案简要事情经过。
1994 年 11 月 1 日：X 与 A 公司签订日本区热水器的独家代理销售合同。
2003 年秋季：P2 和 X 商定本案热水器的代理商事宜。
2003 年 11 月 14 日：P2 设立 Y 公司，开始从 X 处采购热水器然后销售，但是 Y 注册了一个"エマックス東京"的商号，以此为诱因，从这时起二者开始有纠纷。
2004 年 2 月 28 日：X 警告 Y，指出 Y 使用的电子邮件地址侵犯了 X 的"エマックス"和"商标权"[8]，但是 X 并未申请注册这个商标[2]。
2005 年 1 月 25 日：Y 申请注册本案商标 1"エマックス"（2005 年 9 月注册成功）。

> 被告 Y 公司在 2003 年 11 月 14 日成立后，一直销售带有"エマックス"商品标识的即时电热水器……也知道原告没有申请注册热水器的商标，Y 公司不顾原告提出反对异议，在明知自己的行为与原告的销售行为存在竞争关系的情况下，于 2005 年 1 月 25 日提交申请注册商标 1，并于 2005 年 9 月 16 日注册成功。（本案第一审判决认定）

---

[2] 在这之后，在 2006 年 6 月 Y 针对 X 的请求损害赔偿的诉讼中，双方于 2007 年 5 月 25 日就双方之间没有销售代理商协议等内容达成诉讼上的和解。

2010 年 3 月 23 日：Y 又申请注册本案中的商标 2 "エマックス Eemax"（二段商标）（2010 年 11 月 5 日注册成功）。

> 被告听从专利商标代理人的建议，以字母符号注册商标，与商标 1 的情况相同，也知道原告没有申请注册热水器的商标、不顾原告提出反对异议，在知晓以上事实的情况下实施损害原告利益的行为，于 2010 年 3 月 23 日申请注册商标 2，同年 11 月 5 日注册成功。（本案第一审判决认定）[3]

2012 年 12 月：X 以违反《防止不正当竞争法》第 2 条第 1 款第（1）项为由提起本诉。

2013 年 12 月：Y 以 X 侵害商标权为由提起反诉。

2014 年 2 月 6 日：X 在第一审的反诉答辩书中以《商标法》第 4 条为由提起商标权无效抗辩（权利行使限制的抗辩）。[9]

第一审大分地判[10]平成 26.9.18 平成 24（ワ）881 "エマックス" 案件判决中，关于 X 提出的 Y 违反《防止不正当竞争法》第 2 条第 1 款第（1）项的请求，法院肯定了 X 商品标识的周知性[4]，支持了 X 的诉请。另外，关于 Y 提出的侵害商标权的请求，第一审认可了 X 援引《商标法》第 4 条第 1 款第（10）项的无效抗辩[11]（权利行使限制的抗辩），没有支持 Y 提出的侵权诉请。

随后 Y 控诉到福冈高判[12]平成 27.6.17 平成 26（ネ）791，控诉法院也驳回

---

[3] 同时，2009 年 7 月，X 对 Y 基于《防止不正当竞争法》提起请求停止使用的诉讼，在这个控诉审中，双方于 2011 年 7 月 8 日，以 Y 保证不再使用 "Eemax" 的商品名等内容达成诉讼上的和解。

[4] 有关认定周知性的判决如下。本案的即时电热水器，在原告 1994 年 11 月开始销售热水器的前后，被冠以 "Eemax" 的标识，该标识多次出现在报纸等媒体上，还进行了实物展示等，到 2000 年 7 月，已经被销售到许多公司（如上所述，清水建设的内部会报指出，到 1996 年 7 月 25 日，已经向公寓、办公室、医院等销售了 1000 台以上，原告的销售资料显示，到 2000 年 7 月，对 157 家企业都有销售记录）。原告为广告宣传支付了相应的费用。而且，被告的法定代表人 P2，虽然原本与原告没有任何人力或资本联系，但在 2003 年秋天开始与原告协商代理商协议，而且其在同年的 11 月 28 日向原告代表人寄送的信件（甲 14）中，被告为其在设立过程中，于商号上使用了 "エマックス" 文字而道歉，在资金和手续都没有完成的情况下，将从商号中删除 "エマックス" 名称。

根据这一系列事实，原告在日本国内销售 A 公司的即时电热水器时，使用的 "エマックス" 等标识，最晚到 2003 年秋天，也就是 P2 和原告协商有关电热水器日本国内销售代理协议时，原告的商品标识在日本国内，已经可以认为其在消费者之间被广泛知悉（被周知）。

Y 的上诉，维持原判。福冈高等裁判所所作的判决主要还是引用原第一审判决的内容[5]。

在这次上诉之前，关于 X 先前针对本案的各注册商标提出的请求宣告商标无效的准司法审判[13]，2015 年 3 月 31 日，特许厅以违反《商标法》第 4 条第 1 款第（10）项为由宣布本案中的注册商标无效，但是，控诉判决作出后，知产高裁[14]以不适用《商标法》第 4 条第 1 款第（10）项为由，撤销了特许厅的无效宣告[6]。

---

[5] 控诉审中，Y 主张其同时进口销售美国 A 公司生产的产品，这能否对抗 X 提出的违反《防止不正当竞争法》第 2 条第 1 款第（1）项，成为案件焦点，法院驳回此项主张。美国 A 公司生产的产品，由于不符合日本的电压规格，直接投放很可能产生设备故障的风险，所以 X 投入流通的贴有著名标识的产品，因为采取了防范此类风险的措施，其质量与 Y 公司的产品是不同的，那么（如果肯定 Y 的主张）就有损质量保证，另外的原因还在于，作为真正制造商的公司 A 对即时热水器流向 Y 持否定态度。

关于这一点，即使这些产品是从同一来源散开来的，在日本销售的"原装产品"与平行进口的产品之间存在质量差异的情况下，对违反《防止不正当竞争法》第 2 条第 1 款第（1）项的辩护，存在是否允许主张真正商品的平行进口的讨论。由于此案最高裁尚未解决，为节省篇幅，在此不作评论，但笔者有关免除商标侵权责任的观点没有变，参照田村善之「商標法の保護法益」同『ライブ講義知的財産法』（2012 年·弘文堂）126~131 页，与本案有关的论述、参见鈴木將文即将出版的［判批］Law & Technology77 号。

[6] 关联判决部分如下。《商标法》第 4 条第 1 款第（10）项中的"被广泛知悉"是指，在业务关联商品和竞争产品结合在一起的市场中，对于业务范围内的消费者或交易者来说，与业务有关的商品等的来源是周知的，这个周知的程度，虽然没有必要在全国范围内被知道，但是一般，在一个地区，也就是说必须在包括一个县的整个区域和几个相邻县的地理区域中被知晓。

被告从 1995 年 5 月开始销售即时电热水器，到 2005 年 8 月商标注册被评估时，①被告仅有两个带有自己使用商标的即时热水器广告；②使用商标在报纸、杂志和电视广播中宣传即时电热水器仅有 8 次，还分为从 1994 年到 1997 年以及从 2002 年到 2004 年两个阶段，就只是零散地宣传而已；③虽然被告使用商标进行即时电热水器的实物展示有 31 次，但平均每年只有 3 次，而且这些展示地点大都分布在日本西部；④被告在此期间热水器的销售数量数据完全不清楚，只是根据报纸等资料推测每年数百台（这些资料是被告交易方的公司内部刊物，缺少客观性证据）；如果将消费者或交易者的范围界定为家用壁挂式即时电热水器的消费者，那么消费者或客户的数量显然不多（可以推断，涉案即时电热水器上有与引证商标"EemaX"相似的标识），而且，交货地似乎遍布全国，并没有特定的趋势；⑤被告公开的广告和展览费用是全公司范围的广告和展览费用，不只限于带有引用商标的热水器的费用，至于金额，前者通常在百万日元范围内，而后者很可能不到百万日元，综合起来可以得出事实是，在壁挂式即时电热水器的全国市场上，给消费者或贸易商留下印象的成本显然是很小的。

在这种情况下，该案的证据证明，被告本身对引用商标有关的广告宣传并不积极，报纸杂志等对此的报道次数也很少，且带有引用商标的热水器的销售数量并不清楚，也就可以推测其对全国规模的市场的销售影响非常小。考虑到这样的广告宣传和销售业绩，在本案的商标注册评估时，无须确定家用壁挂式即时电热水器或以电为热源的即时热水器的市场规模，就可以认定没有一个引用商标是众所周知的。此外，被告在自己公司主页上进行宣传活动，因为无论是谁都可以直接开设主页，所以这并不能证明周知性。被告的其他详细的主张也没法被采纳，上述的证据以外的证据，都不足以推翻该认定。

三、最高裁的判决

（一）概略

最高裁2019年2月28日撤销原判决，案件发回原审。以下是判决事项的概略。

（1）原判决中，法院支持X对Y提出的诉请，即Y违反《防止不正当竞争法》第2条第1款第（1）项，根据原判决指出的事实并不能直接认定X的标识具有周知性。

关于原判决驳回Y对X提出的侵害商标权的诉讼请求，

（2）2005年商标注册无效宣告的5年除斥期间届满后，在未证明存在不正当竞争的情况下，应对X提出商标无效的抗辩不予支持。

（3）但是，在和自己业务相关的产品标识中，恰好该商标是为人所知悉的，且该注册商标符合《商标法》第4条第1款（10）项的规定，那么X就可以主张Y对其行使商标权利即构成对该权利的滥用。

（4）然而，从本案原判决展示的事实来看，无法认定每个注册商标都适用《商标法》第4条第1款第（10）项的规定的情形。

（二）判决要旨

1. 不具备《防止不正当竞争法》第2条第1款第（1）项中要求的周知性

根据前述事实关系，被上告人使用"Eemax"商标销售的热水器，根据产品的内容[15]和交易的实际情况，能够看出它的销售范围并没有限定在一定的区域内，而是在日本国内大范围销售。而且，从被上告人关于热水器的广告宣传来看，……在多家行业报纸上刊载了有关被上告人与A公司之间达成代理销售协议的宣传介绍文章。虽然为宣传热水器举办了展示会，但是被上告人只在1995年和1999年刊登两次广告，如果考虑到热水器销售范围是在整个日本国内，从1994年到2012年，被上告人花费的广告和展览费用并不算太大。而且，从被上告人热水器的销售情况看，它向包括大型建筑公司在内的相当多的公司进行销售，虽然该部分销售量可能会超过一定水平，但是具体销售量等总体销售情况并不清楚。这样一来，即使考虑到上告人的代表通过熟人知道热水器的存在并开始与被告商谈销售代理协议，从这些事情也不能直接得出被上告人使用的商标在日本国内广为人知的结论。

原审没有充分审理调查被上告人热水器的具体销售情况，只基于一审当事人提出的事实直接得出结论，认定被上告人使用的商标符合《防止不正当竞争法》第 2 条第 1 款第（1）项中的"在消费者中被广泛知悉"，因此，原审中认定上告人 Y 使用与被上告人 X 商标相同的商标的行为适用该法律条文的判决，应当是适用法律错误。

2. 对除斥期间届满后申请商标无效准司法审判的抗辩的否定

原审法院判决本案的每个注册商标都适用《商标法》第 4 条第 1 款第（10）项。2005 年注册的商标，从商标注册成功之日起，被上告人在本案中主张适用第 4 条，到辩论准备手续截止日，经过了 5 年都没有以违反《商标法》第 4 条为由申请注册商标无效。

《商标法》第 47 条第 1 款[16]规定，商标注册违反第 4 条第 1 款第（10）项的情况，除非以不正当竞争的目的注册商标，商标注册成功之日起经过 5 年除斥期间，不能再提起商标注册无效的准司法审判。这条规定的宗旨是，虽然注册商标违反《商标法》的规定应当被判定无效，但是在除斥期间内没有任何主体申请商标注册无效的准司法审判，除斥期间届满后，为了保护注册商标既存的状态，就不再争论注册商标的有效性（参照最高裁平成 15 年（行ヒ）第 353 号同 17 年 7 月 11 日第二小法廷判决·民集 217 号 317 页）。接着，根据《商标法》第 39 条[17]参照适用《专利法》第 104 条之 3[18]第（1）项的规定（以下简称"本条规定"），在侵害商标权诉讼中，通过无效准司法审判使商标注册被认定为无效的情况下，商标权人无法对另一方行使权利。如上所述，因为商标自注册之日起已经过了 5 年，根据《商标法》第 47 条第 1 款不能以《商标法》第 4 条第 1 款第（10）项为由对商标注册提起无效准司法审判，所以没有提起无效准司法审判且上述期间已经届满，就算对方主张存在无效事由，在这个诉讼中也无法判定商标无效。而且，如果在上述期间届满后允许以《商标法》第 4 条作为理由主张本条规定（《专利法》104 条）的抗辩，那么商标权人即使提起侵权诉讼，对方主张这样的抗辩，商标权人无法行使权利，也达不到《商标法》第 47 条第 1 款中保护商标注册既存状态的目的。

这样说来，从商标注册之日起经过 5 年，未以《商标法》第 4 条为由提起商标注册无效的准司法审判，除非该商标注册具有不正当竞争的目的，否则商标侵权诉讼里的相对方，即便以违反《商标法》、存在无效事由为由主张本条规定（《专利法》104 条）的抗辩也不予支持。

3. 对被广泛知悉的对方提出的诉请是权利滥用

一方面，《商标法》第 4 条第 1 款第（10）项中规定，申请商标注册时，证明他人商品或服务（以下简称"商品等"）来源的标识、在消费者中已被广泛知悉的商标或者类似的商标不能注册，这是为了防止有关商品货源的混淆，同时也是为了协调商标注册申请人与"被消费者广泛知悉"的业务标识持有人之间的利益。在商标注册违反《商标法》第 4 条第 1 款第（10）项，但还是获准注册的情况下，即使商标权人主张该注册商标权受侵害，要求停止使用，也不会被支持。因为在没有特殊理由的情况下，这种行为被视为破坏《商标法》维护的客观公正的竞争秩序，不允许商标权滥用权利（参照最高裁昭和 60 年（才）第 1576 号平成 2 年 7 月 20 日第二小法廷判决·民集 44 卷 5 号 876 页）。因此，在 Y 反诉 X 侵害其商标权的诉讼里，商标侵权诉讼的相对方，即原告 X，就可以主张注册商标与自己的业务相关且被人熟知，符合《商标法》第 4 条作为抗辩，主张被告 Y 对自己行使商标权是权利滥用，因为商标注册成功之日起经过了 5 年就不能主张本条（第 4 条）规定的抗辩，所以就主张相关权利滥用抗辩……这就不能说是无视《商标法》第 47 条的宗旨。

如果从商标注册之日起经过 5 年，申请人都未以违反《商标法》第 4 条为由提起商标注册无效的准司法审判，那么无论商标注册是否具有不正当竞争的目的，商标权侵权诉讼的相对方，都可以以这个注册商标是作为与自己业务相关的商品标识被申请注册的，且是符合第 4 条的"被消费者广泛知悉"的相同或类似商标为由进行抗辩，主张商标权人对自己行使商标权是权利滥用。因此本案中被上告人的主张，就是以适用《商标法》第 4 条为由，且本案中的各个注册商标在注册时与被上告人业务标识有关，又与被消费者广泛知悉的商标是近似商标。该主张的主旨就是对被上告人行使商标权是不被允许的，其中就包含上述权利滥用抗辩的主张。

4. 对适用《商标法》第 4 条第 1 款第（10）项的否定

根据上述内容，2005 年原审法院在不清楚商标注册是否有不正当竞争目的的情况下，支持抗辩，虽然其判决存在错误，但因为被上告人在此案中的主张包含权利滥用的抗辩，那么 2005 年注册的商标在注册时不管有无不正当竞争的目的，都应该讨论适用《商标法》第 4 条适当与否。

所以，如果本案中的注册商标考虑到被上告人对热水器的广告宣传和销售情况等内容，被上告人使用的商标到本案中的注册商标申请注册时，很难直接说在日本国内被消费者所熟知。因此，原审没有充分调查被上告人热水器的具体销售情况，就根据当事人在原审中提出的事实直接得出结论：被上告人使用的商标是《商标法》第4条第1款第（10）项中"在消费者中被广泛知悉"的商标，原审中对本案注册商标符合条件的判断，应当是适用法律错误。[7]

四、不具备《防止不正当竞争法》第2条第1款第（1）项"被需求者广泛知悉"要件的问题

（一）问题所在

使用和"被消费者广泛知悉"的他人商品标识相类似的商标会引起混淆，《防止不正当竞争法》第2条第1款第（1）项就是对此类混淆行为予以规范。这其中，"被消费者广泛知悉"的要件，在理论上被称为"周知性"要件。本判

---

[7] 本判决附带山崎敏充补充意见。如下所述，权利滥用的判决考虑了各种情况，包括本案中有关当事人之间的关系和过去诉讼的情况，也给出发回后应当如何判决的建议。

是否构成权利滥用，应当综合考虑本案的具体情况作出判断，争论商标权的行使是否权利滥用其实也需要综合考虑。商标权是即使没有发明、著作等的创作行为也能取得的权利，行使商标权被当作权利滥用的案例至今为止相当多，从这些案例中，我们可以在一定程度上将被判定为权利滥用的案件类型化。根据法庭意见，违反《商标法》第4条第1款第（10）项时，在注册商标与标注自己的业务的商品标识属于同一或者类似的商标的情况下，对具有周知性的标识行使商标权，除非有特别的情况，都会构成权利滥用，它被认定为典型的权利滥用案例。

另外，根据原审的认定，被上告人和生产热水器的美国A公司签订了日本国内独家代理销售协议，被上告人使用商标进行热水器销售，上告人和被上告人之间虽然有过热水器的代理协议，但之后已经解除了协议，独立进口本案中的热水器在日本国内销售，上告人围绕本案的热水器销售，在这次诉讼之前，就有过两次和被上告人之间的诉讼纠纷。这两次诉讼，经过以上告人的商标使用行为适用《防止不正当竞争法》第2条第1款第（1）项为内容的第一审判决后，在控诉审中，上告人保证不使用"エマックス"商品名，两者达成诉讼上的和解。这些上告人和被上告人的关系和过去的诉讼原因经过等事实，与判断上告人行使商标权是否构成权利滥用存在重大关联，本案被上告人以上述这些事实情况为基础，可以主张上告人行使商标权的行为属于权利滥用。

原审中，在被上告人将权利滥用作为基础主张的情况下，关于注册商标适用《商标法》第4条第1款第（10）项，原审法院判决不许使用本案的各个商标权，本法庭意见是该案的判决无正当理由，并将案件发回原审法院。这样的话，本案发回后的审理，若以各个注册商标适用《商标法》第4条第1款第（10）项为由，认定不构成权利滥用，应当将原审未判定的包含上告人和被上告人的关系和过去的诉讼原因等情况考虑在内后，重新审理并判断上告人行使本案中的各个商标权的行为是否构成权利滥用。

决是措辞内容[19]（指周知性）在 1993 年《防止不正当竞争法》被全面修订后第一个有关这个要件的最高裁判决[8]。

本判决中指出，"<u>被上告人使用的'Eemax'商标销售的热水器，根据产品的内容和交易的实际情况，能够看出它的销售范围并没有限定在一定的区域内，而是在日本国内大范围销售</u>"。在此基础上，从原判决认定的事实"<u>不能直接得出被上告人使用的商标在日本国内被交易人（贸易商）所熟知的结论，也就是说有销售业绩并不意味着被人熟知</u>"。

上述画线的句子里，如果只读后半部分，似乎周知性要件要具备"在日本国内大范围地在交易者之间被熟知"这一条件。但是，判决的意思必须要结合画线句子的前半部分来解读，判决中关于周知性要件的内容，其实参照了以往下级审判案例中一些要求大范围知悉程度的例外案例。最高裁所采纳的就是在以前下级审判案例中存在例外的情形，并以此为前提作出裁判。

（二）以前的判例[9]

1. 肯定狭小区域周知性的判例

以前下级审的判例中，有只在狭小地域内被周知的情况，这些案例都肯定了其中的标识具备周知性。

例如，在青森县八户地区的被告使用类似标识销售产品一案中，法院作出认定（相关商标或标识）在青森县八户地区具有周知性的判决（大阪地判昭和 51.4.30 無体集 8 卷 1 号 161 頁［ピオビタン A］）[20]；发生在中央区八丁堀的案子，判决也认定在以东京都中央区为中心的地区内具有周知性（東京地判昭和

---

[8] 旧的《防止不正当竞争法》第 1 条第 1 款第（1）项规定的周知性要件为"于本法实施的地域内被广泛知悉"，如果要维持原判决就只要在中部地区被广泛知悉就足够了，即使在刑事案件中，也有不要求日本全国范围内知悉的情形，最决 1959.5.20 刑集 13 卷 5 好 755 頁"ニューアマモト"案例就是这种类型，相关判决书提到，另外，《防止不正当竞争法》第 1 条第 1 款中"于本法实施的地域内广为人知"的解释，与本案触犯同法同条同款规定的犯罪的原判决是正确的。这个决定是依据旧的《防止不正当竞争法》第 1 条第 1 款第（1）项的解释，能够看出虽然不是必须在日本全国被知悉，但是根据上述解释也不能使周知性要件的外延明确化。旧《防止不正当竞争法》时代的有关案例，在田村善之《周知性要件的意义》判例时报 793 号 10—16 页（1993 年）中有所体现，同时 1993 年《防止不正当竞争法》第 1 条的语言修改的意义在《不正当竞争法概说》（第 2 版·2003 年·有斐阁）37·43—44 页也有阐释。

[9] 不管语言的差异，一般看来 1993 年修改前后周知性要件的实体并没有变化，下文将修改前的判例作为先例来介绍。

37.11.28 下民 13 卷 11 号 2395 頁［京橋中央病院］）；被告的总店所在地离原告的店铺只有步行 5 分钟的距离，处在原告配送和发放传单的区域内，这个案子也肯定了相关标识在东京江东区、墨田区以及周边地区具有周知性（東京地判平成 17.3.23 平成 16（ワ）20488［酒類五分利屋］、知財高判平成 17.10.13 平成 17（ネ）10074［同］）；被告在佐世保市内经营一案，法院也肯定了相关标识在本市范围内具备周知性（長崎地佐世保支判昭和 41.2.21 不競判 843［山縣西部駐車場］）；等等。

2. 保护的范围

像这样周知性区域被认定是限定范围的情况下，保护范围也可以理解为限于周知的区域。说明这个理论的范例，是横滨地判 1983.12.9 无体集 15 卷 3 号 802 页的"かつれつあん"一案。在这个案子里，横滨市炸猪排美食连锁店"勝烈庵"要求镰仓的大船市的"かつれつ庵"和静冈县富士市的"かつれつあん"停止使用相关标识，原告的商业标识"勝烈庵"在镰仓的大船市被很多人熟知，法院支持了对"かつれつ庵"的请求，但是法院认为其在静冈县富士市并不具备周知性，就驳回了原告对"かつれつあん"的诉讼请求。

如上所述，如果说周知性是在一定的地区被知悉，那么保护范围仅及于周知的地区，如果商品标识的主体一方提起诉讼，必须要主张和举证的是，商品标识在类似标识使用者的经营地区内是具有周知性的[10]。《防止不正当竞争法》第 2 条第 1 款第（1）项所说的"需求者"就是类似标识使用者的"消费者"[11]。

3. 周知的程度

因此，认定商标在一定范围内被周知，即使对其保护范围进行限制，降低周知性要件的要求也不需要担心保护范围被不当扩大。相反，过度提高对周知性要件的要求，即便在一定范围内被周知，但在更大范围内还是有产生故意混淆的可能，这就可能导致商标达不到周知性要求而被故意混淆使用。

实际上，到目前为止的裁判案例中，除了后文所述的例外类型，只要使用

---

[10] 关于旧《防止不正当竞争法》时代的案例，详见田村善之《周知性要件的意义》判例タイムズ 793 号 13 页。

[11] 1993 年《防止不正当竞争法》第 1 条的语言修改的意义，详见《不正競争法概説》（第 2 版・2003 年・有斐閣）43—44 页。

具有识别力的标识进行经营，就可以认为在相应的范围内其标识是被周知的[12]。

例如，总店在伊势市，以"万屋食品株式会社"为商号，以调味料、酒水、饮料、干货的批发零售为业务，经营志摩市营业所的原告，对使用"株式会社万屋薬品"商号，销售药品、化妆品、食品、杂货等的被告（截至1993年，拥有8家商店，年销售额达22亿日元）提出停止使用商号等要求。法院在判决中认定，原告的经营起源可以追溯到明治时代，即使只考虑1991年的年销售额为11亿日元的事实，原告的商号在伊势市及周边地区也具备周知性（津地判1995.9.12判不競810ノ252ノ6頁［万屋薬品］）[13]。

4. 例外类型

这种一般认定标准并不适用于所有的案件，在一些例外案例中，主张周知性还必须有更加详细的证据和举证。

第一，在该行业的常见标识中，因为商品的容器、形状等具备功能性，其本身就可能被消费者当成商品的一部分，如果想进一步突出该商品，就需要让消费者把这些当作显著性标识，使得消费者能够清楚认识到自己购买的商品，这需要一些特殊方法[14]。

第二，被告的经营扩大到更大范围的地区，如果扩大到远离原告的经营范围，原告为了证明自己的商品标识在被告的经营范围及周边具备周知性，还必

---

[12] 田村善之「裁判例にみる不正競争防止法2条1項1号における規範的判断の浸食」『知的財産法の理論と現代的課題』（中山信弘還暦・2005年・弘文堂）404頁。

[13] 但是，为了开展经营活动自然会有最小地区范围的单位，所以在这个范围内周知应该是必须的。如果在最小的经营范围都不被知悉，就很难说已经形成值得保护的信用；相反，如果不附带这种限制，就必须白白地绕过他人的标识，这可能过度妨害商品等标识选择的自由（田村・不正競争法概説40—41頁）。接着，这里的问题是为了不让类似标识使用者的经营活动单纯地停滞，在类似标识的使用者的经营地区必须满足周知性。例如，对于诸如葡萄酒之类的普通零售产品，即便是代表法国餐厅的类似标识也只在乃木坂及其周边地区才被人周知，所以如果以此为由在该地区停止使用其他标识，可能妨害推广活动和电视广告以及报纸杂志的纸面广告活动，因此应当否定他人类似标识的周知性（案例东京地判5.142305"シェピエール"的结论）。但是，考虑到推广销售和广告等区域可能是分离的，类似标识在更大范围内具备周知性，那么其诉请就可能得到部分支持（时井真《判批》知识产权法政策学研究26号324-326頁，2010）。

[14] 有关周知性要件，详见田村・不正競争法概説44—45頁、「裁判例にみる不正競争防止法2条1項1号における規範的判断の浸食」『知的財産法の理論と現代的課題』（中山信弘還暦・2005年・弘文堂）404頁・406—407頁。

须特别举证和说明[15]。

第三，不集中在特定区域，产品销售量少且销售范围广泛，虽然销售范围扩大，但是没有满足最低程度周知性，这种情况下就不认为具备周知性。（東京地判 2004.12.10 2003（ワ）24414［スーパーフレックス］（法官附带意见[21]）、知財高判 2005.6.30 平成 17（ネ）10061（同）（法官附带意见）、東京地判平成 22.4.23 平成 21（ワ）1680［元気健康本舗 genki21］（法官附带意见）[22]。在这种情况下，因为很难说该显著标识在特定地区广为人知，所以只能主张标识在全国范围内广为人知，这样的结果就是，未必能判定该标识在全国范围内广为人知。

再例如，劳务派遣行业里的案例，某企业的销售额仅占全国销售排名第 101 位公司的八分之一，法院的判决是，其即使在东京都内也并不为人熟知（東京地判平成 17.6.15 平成 16（ワ）24574［プロフェッショナルバンク］）。因为如果这种规模的标识都要回避的话，就算是业内人士也很有可能遭受无法预料的损失，这也许会妨害商标的自由选择[16]。

符合这种类型的一个典型案例是进口商品。因为大多进口商品的性质就是不集中在特定区域，产品销售量少且销售范围广泛。例如，原告从韩国进口的建议零售价为 1575 日元的香皂，1 年零 8 个月内只有不到 11000 个的销售额（每天平均不到 20 个），然后，叫作"バイオセリシン"的同名被告商品从韩国进口并出售，在市场上形成混淆的案件，考虑到原告的销售地分散在全国等情况，判决没有认可周知性（大阪地判平成 17.9.26 平成 16（ワ）12713[バイオセリシン美容石鹸]）（还有其他案例，大阪地判昭和 62.11.30 判不競 494 ノ 134 頁 [STEFANO RICCI]）。

当然，以全国的市场为对象，如果可以达到前述周知认可度的情况下，则可以肯定其周知性。例如，原告产品的国内份额平均为 2.3%，在制造业全部 37 个公司中排名前 15（2000 年排名第 8 位）的"キタムラ機械株式会社"使用的"KITAMURA"，在机械关联者之间，不分地区地认可周知性是理所应当的（法

---

[15] 有关周知性要件，详见田村·不正競争法概説 45 頁、同 /「裁判例にみる不正競争防止法 2 条 1 項 1 号における規範的判断の浸食」『知的財産法の理論と現代的課題』（中山信弘還暦·2005 年·弘文堂）405-406 頁。

[16] 川村明日香［判批］知的財産法政策学研究 11 号 241—242 頁（2006 年）。

官附带意见、東京地判平成 16.5.28 判時 1868 号 121 頁 [KITAMURA MACHINE WORKS])。

（三）本判决的意义

在本案的判决中，关于即时电热水器上所附的产品标识，考虑到"销售地区并不是限定区域，而是在日本全国范围"的这个因素，又因为在 19 年之中平均每一年的广告宣传费用只有 140 万余日元，展销会费只有 81 万余日元，且销售数量等销售状况并不清楚的情况下，不能认定具备周知性，最高裁撤销了原判决。

如前文所述，最高裁以本案中的商品等标识"不是在日本国内大范围地被交易者熟知"为理由，撤销原判决。如果突然读到这个，就会以为周知性要件要具备在日本国内被广泛知悉这一条件。但是，裁判要旨这样说是有前提的，其中提到本案中的商品"根据产品的内容和交易的实际情况，能够看出它的销售范围并没有限定在一定的区域内，而是在日本国内大范围销售"。这个说明（最高裁的理由）就变得有问题了。

本案的产品是进口商品，不集中在特定区域，产品销售量少且销售范围广泛的情形下，要具备前述的周知性要件，必须要有特别的主张和举证，属于例外类型中的一个。换句话说，因为很难说该显著标识在特定地区广为人知，所以只能主张标识在全国范围内广为人知（参照前述大阪地判［STEFANO RICCI］、大阪地判［バイオセリシン美容石鹼］）。

最高裁的裁判要旨指出，"根据产品的内容和交易的实际情况，能够看出它的销售范围并没有限定在一定的区域，而是在日本国内大范围销售"，这部分可以理解为指出这个案件的特殊性。因此，本案的判决的适用范围，只及于这一类案件，至于其他类型的案件，一律不要求"在日本国内大范围地被交易者知悉"。

除去这些特殊性，本案的判决要控制周知性要件的一般理论的扩大。结论就是，有关周知性要件的本案，应当被当作是特定类型（而且是借鉴周知性问题的一般事例的例外类型）的典型裁判案例。

五、对无效准司法审判的除斥期间届满后权利滥用抗辩的认可

（一）问题所在

商标权侵权诉讼中，被告一方根据无效准司法审判，在与该商标有关的注

册商标应当被认为是无效的情形下，可以免除侵权责任（《商标法》第39条、《专利法》第104条之3）。理论上，（主张注册商标）无效的抗辩是众所周知的防御方法[17]。但是，请求商标注册无效的准司法审判被设定了5年的除斥期间（《商标法》第47条，注意，如果出于不正当竞争目的或不正当目的申请注册商标，则不适用除斥期间）。那么，除斥期间经过后，在商标权侵权诉讼中提出的无效抗辩能够被支持吗[18]？又或者，在2004年修改的《专利法》104条之3的无效抗辩被认可前，最判2001.4.11民集54卷4号1368页"半導体装置"（キルビー事件）[19]中就已经认可了，基于无效专利行使权利是不是可以适用法理上的权利滥用[20]，这也是个问题。

（二）先前的判例

关于这个问题，先前判例存在分歧。

---

[17] 《专利法》104条之3的防御方法，虽然被叫作无效的"抗辩"，但只是为了方便称呼，并不是通常意思上的抗辩，换句话说，不是被疑侵害人一方承担证明责任这种意义上的抗辩，参照飯村敏明「発明の要旨認定と技術的範囲の解釈、さらに均等論の活用」パテント64卷14号67页（2011年）、時井真「冒認出願及び記載要件に関する証明責任をめぐる諸問題」知的財産法政策学研究38号142页（2012年）。

[18] 持否定观点的是，渋谷達紀『知的財産法講義Ⅲ』（第2版・2008年・有斐閣）481页、工藤莞司［判批］判例時報1928号178-179页（2006年）、森義之［判批］中山信弘＝大渕哲也＝茶園成樹＝田村善之編『商標・意匠・不正競争判例百選』67页（2007年・有斐閣）、清水節「無効の抗弁」飯村敏明＝設樂隆一編『知的財産関係訴訟』133页（2008年・青林書院）、茶園成樹「無効理由を有する商標権の行使」Law & Technology43号54页（2009年）、宮脇正晴「商標法におけるキルビー抗弁・権利行使制限の抗弁（特104条の3抗弁）に関する問題点」パテント63卷別冊2号246页（2010年）、眞島宏明／金井重彦＝鈴木將文＝松嶋隆弘編『商標法コンメンタール』（2015年・レクシスネクシス・ジャパン）742页、村林隆一＝井上裕史／小野昌延編『新注解商標法（下卷）』（2016年・青林書院）1411页、鈴木／［判批］Law & Technology77号。

[19] 参照田村善之［判批］知財管理50卷12号1847-1866页（2000年）。

[20] 持否定观点的是，高部眞規子「特許法104条の3を考える」知的財産法政策学研究11号135页（2006年）。持否定观点的是，田村善之『商標法概説』（第2版・2000年・弘文堂）313页、渋谷・『知的財産法講義Ⅲ』（第2版・2008年・有斐閣）482页、森／『商標・意匠・不正競争判例百選』67页（2007年・有斐閣）、清水／『知的財産関係訴訟』133页、茶園／「無効理由を有する商標権の行使」Law & Technology43号54页（2009年）、宮脇／「商標法におけるキルビー抗弁・権利行使制限の抗弁（特104条の3抗弁）に関する問題点」パテント63卷別冊2号246-247页（2010年）、眞島／『商標法コンメンタール』（2015年・レクシスネクシス・ジャパン）742页、村林＝井上／『新注解商標法（下卷）』（2016年・青林書院）1411页、鈴木／［判批］Law & Technology77号。

第一，关于是否认可《商标法》第 39 条、《专利法》第 104 条之 3 的无效抗辩，存在以否定说为前提认定的情形。（知财高判平成 18.11.6 平成 18（ネ）10031 号［Future］仅仅只在法官附带意见认定存在不正当竞争目的，认可了无效抗辩），東京地判平成 19.10.25 平成 19 年（ワ）5022 号［モズライト］（法官附带意见认定存在不正当竞争目的，认可了无效抗辩），知财高判 2008.8.28 判時 2032 号 128 頁［同］（附带意见））

所以，除斥期间经过的案件，不主张基于《商标法》第 39 条、《专利法》第 104 条之 3 的抗辩，而是主张注册商标存在无效事由，行使商标权是权利滥用，结果就是判决"权利滥用"。因此，有的判决认可这种"权利滥用"理由。在一些判决中，法院认为属于"权利滥用"，但不属于"使用与自己业务相关的服务商标"，同时根据《商标法》第 3 条第 1 款的规定，认为存在无效的理由，最后驳回侵权诉请。实质上这些判决承认了无效抗辩（東京地判平成 24.2.28 平成 22（ワ）11604［グレイブガーデン］)[21]，但其他的判例，采用的是不认可这种"权利滥用"本身的立场（東京地判平成 17.4.13 平成 16（ワ）17735］［LEGACY］、東京地判平成 19.12.21 平成 19（ワ）6214［マッキントッシュ］（附带意见连《商标法》第 4 条第 1 款第 15 项的适用性也否定了）。

第二，和专利无效抗辩[23]有关，也有以否定说为前提作出的判决。（例如東京地判平成 13.9.28 判時 1781 号 150 頁［M/mosrite］（法官附带意见认定存在不正当竞争目的，认可了权利滥用的抗辩）、東京高判平成 14.4.25 平成 13（ネ）5748［同］（法官附带意见））

综上，总的来说，以前的案例并不是没有例外情况，但判例的趋势是，除斥期间经过后在无效准司法审判中无论是主张无效抗辩，还是主张专利无效类型的权利滥用，都不被支持。

（三）本判决的意义

本案的判决，虽然否定了除斥期间经过后基于《商标法》第 39 条、《专利法》第 104 条之 3 的无效抗辩，但反过来，认可了行使商标权是权利滥用行为。

---

[21] 这个判决，虽然构成"权利滥用"，但没有提及专利无效抗辩的明确要件，只凭无效理由就认定权利滥用，实质上等同于认可了《专利法》第 104 条之 3 的抗辩。

这和无效抗辩不同的是，如果是无效抗辩，无论对谁都不能行使权利，但如果根据本判决所说的权利滥用法理（下面为了方便，称"抗辩"），就可以对"在消费者之间被广泛知悉的主体"以外的人行使权利。

（四）检讨

1. 关于否定除斥期间经过后主张无效抗辩的问题

除斥期间经过后申请无效准司法审判，如果认可基于《商标法》第39条、《专利法》第104条之3的无效抗辩，商标权人就无法赢得商标权侵权诉讼，无法使商标权受到保护，那为什么还要设定除斥期间呢？

如果说有不合适的地方，就是在《商标法》第4条第1款第（10）项无效事由下，如果商标权取得时有不正当竞争的目的，就不适用除斥期间（《商标法》第47条），这个不正当竞争目的如果能灵活判定的话是最好的（这个目的需要个案判定）。假如说除斥期间的设定本身是不当的，这就属于立法的问题了。因此，在除斥期间经过之后，不应认可无效的辩护。关于这一点，本判决的说理是合理的。

2. 向"在消费者中被广泛知悉"商标的主体行使商标权是权利滥用的问题

本案判决转向本专栏所说的权利滥用抗辩，也就是指在提交申请时向"在消费者中被广泛知悉"的商标主体行使商标权是权利滥用。

但是，根据上文所述，商标取得时如果具有不正当竞争目的，一开始就不适用无效准司法审判的除斥期间。

再者，"在消费者中被广泛知悉"的主体如果满足《商标法》第32条第1款规定的要件，成立在先使用。《商标法》第4条第1款第（10）项中的"在消费者中被广泛知悉"要件和《商标法》第32条第1款"在消费者中被广泛知悉"的要件的异同有很多理论学说[22]，有的认为要适用《商标法》第4条第1款第（10）项就必须在更广范围内被周知，相反就不适用。关于这一点现有的学说理论，都认为只要适用《商标法》第4条第1款第（10）项，也适用《商标法》第32条第1款。那么，至少在"在消费者中被广泛知悉"的范围内，在先

---

[22] 田村善之「需要者の間で広く認識されている商標」発明91巻8号96-103頁（1994年）、同『商標法概説』（第2版・2000年・弘文堂）52-56頁、80-83頁。

使用者可以继续使用标识，所以提出权利滥用抗辩的理由存疑[23]。

一般情况下，如果支持在先使用，就不能超出"在消费者中被广泛知悉"的范围使用。也就是说支持这种观点[24]，援用《商标法》第 32 条第 1 款，被疑侵害者就无法将经营扩大到周知范围以外的区域，至于 Eemax 抗辩，该抗辩与在先使用肯定是有差别的。反过来说，这种情况下如果认可权利滥用的抗辩，《商标法》第 32 条第 1 款的限制条件又是为了什么呢？

总之，不得不说本判决提出权利滥用抗辩是值得商榷的[25][26]。

六、不满足《商标法》第 4 条第 1 款第 10 项的"在消费者中被广泛知悉"要件的问题

本案判决支持 Eemax 抗辩，提出一种抽象的理论，即如果商标注册符合《商标法》第 4 条第 1 款第（10）项，也就是存在无效事由的情况下，Y 对 X 行使权利构成权利滥用。所以有关本案具体适用，其实引用的是《防止不正当竞争法》第 2 条第 1 款第（1）项规定的"在消费者中被广泛知悉"要件。从原判决认定的事实来看，无法认定符合《商标法》第 4 条第 1 款第（10）项中的

---

[23] 此外，基于在先使用的情况，可以向商标权人要求采取防止混淆的措施（《商标法》第 32 条第 2 款）这种说法也是错误的（铃木/[判批] Law & Technology77 号，本判决的权利滥用抗辩，因为存在逃避与公共利益有关的防止混淆措施的请求权的效果，被指出其与《商标法》的宗旨背道而驰）。并且，在先使用的主张，以在先使用者没有不正当竞争的目的为要件（《商标法》第 32 条第 1 款），即便是权利滥用抗辩，考虑到在先使用者若有此目的，这个抗辩也不会被认可。而且，如果说到理由，《商标法》第 4 条第 1 款第（10）项的要件判断时间是申请时和注册时（《商标法》第 4 条第 3 款），《商标法》第 32 条第 1 款的要件判断时间是申请时，不管申请时是不是"在消费者中被广泛知悉"，注册时就不再适用[《商标法》第 4 条第 1 款第（10）项的无效事由不存在]，在大多数情况下，《商标法》第 32 条第 1 款不再满足"继续"使用的要求，因此，讨论的价值似乎有限。
[24] 田村·『商標法概説』（第 2 版·2000 年·弘文堂）83 頁。持反对意见的是田中芳树「商標法 32 条 1 項の先使用権の認められる範囲」Law & Technology 別冊 1 号 88-89 頁（2015 年）。
[25] 铃木/[判批] Law & Technology77 号。
[26] 还有，笔者认为，不以申请的时间点为准，而是以侵害诉讼为基准，就已经丧失了贯彻注册主义的意义，对在全国被广泛知悉的标识的主体，鉴于注册主义的最终宗旨，笔者认为，商标权人对被广泛知悉的标识持有人行使商标权，是权利滥用。（田村·『商標法概説』（第 2 版·2000 年·弘文堂）89-91 頁、同/[判评] Law & Technology77 号 117-126 頁、東京地判平成 11·4·28 判時 1691 号 136 頁［ウィルスバスター］)，在申请时并不被全国周知，以《商标法》第 4 条第 1 款第（10）项的周知性为焦点的权利滥用抗辩的目的和要件都不同。

"在消费者中被广泛知悉"。

关于《商标法》第 4 条第 1 款第（10）项，以前的判例里，虽然没要求在全国被广泛知悉，但是需要在邻近的几个县域中被知悉（如東京高判昭和 58.6.16 無体集 15 卷 2 号 501 頁［DCC］、東京高判平成 14.6.11 平成 13（行ケ）430［品川インターシテイ］、東京高判平成 17.3.24 判時 1915 号 142 頁［IE 一橋学院］、知財高判平成 27.12.24 平成 27（行ケ）10084［エマックス］、知財高判平成 27.12.24 平成 27（行ケ）10083［エマックス EemxX］）。具体来说，不止德岛县，至少被关西地区的交易者、消费者广泛知悉的情形（知財高判平成 22.2.17 判時 2088 号 138 頁［ももいちごの里］），被关东、中京、关西地区的消费者知悉的情形（東京高判平成 11.2.9 判時 1679 号 140 頁［串の坊］），还有在以关东为中心，北海道、东北以及中部各县，在大学考生中被广泛知悉的情形（前述案例東京高判［IE 一橋学院］），在以上各个案例中，法院都认可《商标法》第 4 条第 1 款第（10）项的适用性。

参照之前的案例来理解，虽说用了相同的语句，如前所述，如果说在狭小区域被知悉就足够满足条件，那比起《防止不正当竞争法》第 2 条第 1 款第（1）项的要件，《商标法》第 4 条第 1 款第（10）项的要求就更高[27]。因此，本判决既然否定《防止不正当竞争法》第 2 条第 1 款第（1）项的适用性，参照以前的判例，认定不符合《商标法》第 4 条第 1 款第（10）项也是极其自然的。虽说是这样，但本判决并没有展开论及《商标法》第 4 条第 1 款第（10）项的判定基准和《防止不正当竞争法》第 2 条第 1 款第（1）项的一般关系，而只停留在陈述"依据被上告人对热水器的广告宣传和销售等情况，被上告人的使用商标，直到本案中有关的注册商标被申请注册时，无法直接得出该商标在日本国内被交易者熟知的结论"。所以，关于《商标法》第 4 条第 1 款第（10）项的适用性问题，本案未超出以往判例的范畴。

---

[27] 因此，笔者把《商标法》第 4 条第 1 款第（10）项中的"在消费者中被广泛知悉"要件称为"广知性"，在语句上和周知性相区别（同／「需要者の間で広く認識されている商標」発明 91 卷 8 号 98 頁、宮脇正晴／平嶋竜太＝宮脇正晴＝蘆立順美『入門知的財産法』（2016 年・有斐閣）249 頁）。

七、发回重审的处理

最后，终于到了发回重审会怎么处理这件事了。

根据原审当事人提供的事实，判决认为不适用《商标法》第 4 条第 1 款第（10）项和《防止不正当竞争法》第 2 条第 1 款第（1）项。发回重审，既然以最高裁的意见为前提，那么除非有新的重大证据能满足这些条款中规定"在消费者中被广泛知悉"的要件，否则要逆转判决是很困难的。

因此，首先，X 主张 Y 违反《防止不正当竞争法》第 2 条第 1 款第（1）项的请求，不满足这一条里的"在消费者中被广泛知悉"要件，被驳回诉讼请求的可能性非常大。

其次，有关 Y 以侵害商标权为由对 X 提起的诉请，法院否定 X 基于《商标法》第 4 条第 1 款第（10）项的抗辩（Eemax 抗辩之外，主张在商标注册取得的时候有不正当竞争目的，在此基础上基于《商标法》第 39 条、《专利法》第 104 条之 3 提出无效抗辩）的可能也很大。而且，最高裁的判决虽然什么都没有提及，但是只要以之前的认定作为前提，本案中的商品不过是在日本国内少而广的销售，很难认定它在哪个特定区域内被广泛知悉，所以恐怕以《商标法》第 32 条㉔第 1 款为基础，主张在先使用的抗辩也很难吧。

但是，Y 提出的商标权侵权的诉请，X 能够主张的抗辩不只上面那些。例如，以美国 A 公司的商标在国外"在消费者中被广泛知悉"，所以违反《商标法》第 4 条第 1 款第（19）项为由，基于《商标法》第 39 条、《专利法》第 104 条之 3 提出无效抗辩（不适用《商标法》第 47 条的除斥期间），还可以违反《商标法》第 4 条第 1 款第（7）项的公序为由，基于《商标法》第 39 条、《专利法》第 104 条之 3 提出无效抗辩[28]。最重要的山崎补充意见[29]建议，考虑到本案中包含过去和解的原因及经过的特殊情况，是有可能成立权利滥用的[30]。

---

[28] 但是，参考了《商标法》第 4 条第 1 款第（19）项的现有规定来进行判定，知财高判平成 20.6.28 平成 19（行ケ）10392［コンマー］也作出了否定的判决。

[29] 参照山崎敏充补充意见关于权利滥用的观点。

[30] 一直以来，即使学说也认为不应该适用除斥期间经过后申请无效准司法审判、依据专利无效抗辩的权利滥用的法理，但有可能适用考虑到诸多情况的一般意义上的权利滥用的法理。

"在消费者中被广泛知悉"的意思与商标权滥用 — 209

在写作本文时,从名古屋大学的铃木将文教授那看到了将刊载在 *Law & Technology* 77 上但尚未公开发表的文章。此外,立命馆大学的宫胁正晴教授和中村联合专利律师事务所的富冈英次律师也就本案提出了建议。特此感谢。

译者注:
① 最判是指日本最高裁判所的判决,日本最高裁判所是日本最高法院。
② 此处是日本法院的案件编号,"平成27(受)1876"是指事件名,"最判平成29.2.28"是指裁判机关和裁判日,相当于我国的沪2020(xxx)号案件。下文有类似情形不再一一说明。
③ 指日本最高裁判所,即日本最高法院。
④ 日本《防止不正当竞争法》第2条第1款第(1)项规定:"本法所称'不正当竞争'是指以下内容,表示他人商品的标识等(指与他人业务有关的产品的名称、商品名称、商标、标记、容器或包装,以及与他人的业务相关的其他产品或销售。以下相同)在消费者中被广泛知悉,使用相同或相似的商品标识,或转让使用该商品标识的产品,交付、展示以进行转移或交付,出口、进口或者提供电信线路服务,与他人的商品或销售产生混淆的行为。"
⑤ 日本《商标法》第4条规定:"下列商标,不管前条的规定如何,都不能获得商标注册:……(10)与消费者广泛知晓的其为表示他人业务所属商品或者服务的标识相同或者近似,并使用在相同或者类似商品或者服务上的商标。"
⑥ 在原告X诉被告Y的诉讼中,被告Y提起反诉,主张其享有注册商标1、注册商标2的商标权。
⑦ 日本采取三审制,对一审判决不服可以提出控诉,对控诉审判决不服还可以提出上告。
⑧ 此处"商标权"是指日语エマックス和英文Eemax等一系列与此有关的权利,但因为X并没有注册二者的商标权,所以才加引号。
⑨ 原告X诉被告Y的诉讼中,被告Y提起反诉,主张其享有注册商标1、注册商标2的商标权。原告X则认为Y的注册商标违反《商标法》第4条第1款第(10)项,商标权应当是无效的。
⑩ 大分地判是指日本大分市地方裁判所作的判决。
⑪ 无效抗辩是指在专利侵权诉讼中,原告主张作为请求基础的专利,如果应该被认为是无效的,如被告该抗辩被承认,原告的请求就会被舍弃。
⑫ 此处指福冈高等裁判所所作裁判。
⑬ 日本"無効審判"指无效准司法审判,是指对已经被注册的商标持有异议者向特许厅提出的宣布其无效的请求。之后日本特许厅在审查后作出的无效宣告,即日文的"無

效审决",相当于我国商标局评审委员会对申请商标注册无效的请求,按照准司法程序进行审理后作出的审查裁决(无效审查)。

⑭ 日本"知产高裁"是日本知识产权高等法院,于2004年4月1日成立,统一审理知识产权民事和行政上诉案件。

⑮ 此处指产品构造和功能等一切与商品有关的内容。

⑯ 日本《商标法》第47条第1款:"商标注册违反第3条、第4条第1款第(8)项或者第(11)项至第(14)项或者第8条第1款、第2款或者第5款的规定的,商标注册违反第4条第1款第(10)项或者第(17)项的规定的(出于不正当竞争目的获得商标注册的除外),商标注册违反第4条第1款第(15)项的规定的(出于不正当竞争目的获得商标注册的除外)或者具备第46条第1款第(3)项规定的情形的,自商标权设定注册之日起满5年的,不得再请求该商标注册的无效准司法审判。"

⑰ 日本《商标法》第39条:"《特许法》第103条(过失的规定)、第104条之2至第105条之6(具体方式的明示义务、特许权人等的权利行使的限制、书面文件的提交等、损害计算的鉴定、相当损害额的推定、秘密保持命令、秘密保持命令的撤销以及诉讼记录的阅览等的请求通知等)以及第106条(信用恢复措施)的规定,准用于商标权或者专有使用权。"

⑱ 日本《特许法》(《专利法》)第104条之3:"在与侵犯专利权或专有许可有关的诉讼中,如果发现专利因无效宣告而无效,或者专利有效期的延期登记因延展登记无效而无效,则专利权人或独占被许可人不能对另一方行使权利。

关于前款规定的进攻或防御方法,如果认为是出于无理拖延听证的目的而提出的,则法院应作出以请愿或依职权解雇的决定。

第123条第2款的规定指出,可以为与专利有关的发明申请专利无效审判的人以外的其他人,应根据第1款的规定提出攻击或防御方法。"

⑲ 1993年修正前的《防止不正当竞争法》的措辞是"在本法实施的区域内被广泛知悉",1993年修正后使用新的说法"在消费者中被广泛知悉",在理论上被称为"周知性"。

⑳ 此处括号中的日文是案例来源,下同。

㉑ 指不在裁判理由中的法官附随意见。

㉒ 此处为列举的被否定周知性的案例类型。

㉓ 指专利无效抗辩,キルビー一案的判决指出:"本件专利明显存在无效理由,可以切实地预见其专利权如果被请求进入无效审判将确定地被认定为无效,因此对基于该专利权的停止侵权和损害赔偿等请求准许是不适当的……从而,即使在专利无效审决确定之前,审理专利侵权诉讼之法院,于其审理结果认为该专利权存在明显的无效理由时,基于该专利权的停止侵权、损害赔偿等请求,除有特殊情形外,应认为是权利滥用而不予支持。"

㉔ 日本《商标法》第32条:"(因先使用而获得的使用商标的权利)在他人商标注册申请之前,没有不正当竞争目的的,在日本国内在注册商标申请的指定商品或者指定服务上

或者与其类似的商品或服务上使用该注册商标或者与其近似的商标,在提出该商标注册申请时[指按照第9条之4的规定,或者按照第17条之2第1款或者第55条之2第3款(包括第60条之2第2款中准用的情形)中准用的《意匠法》第17条之3第1款的规定,将该商标注册申请视为修改文件提交之时的情况下,指原商标注册申请时或者修改文件提交时],其使用已经使消费者广泛知晓商标是表示其业务所属商品或者服务的标识时,如果继续在该商品或者服务上使用该商标,则该使用者享有继续在该商品或者服务上使用该商标的权利。承继该业务的人,也拥有相同的权利。

商标权人或者专有使用权人,可以请求按照前款规定拥有使用商标权利的人附加防止其业务所属商品或者服务与自己业务所属商品或者服务混淆的适当的标记。"

韦斯特杰科案之后的域外效力和近因原则

[美]蒂莫西·R. 霍尔布鲁克[*]
谢睿[**] 译

美国最高法院在韦斯特杰科有限责任公司诉ION地球物理公司一案（WesternGeco LLC v. ION Geophysical Corp.）中的判决，潜在地涉及大量跨实体领域，包括损害赔偿的性质、近因原则和域外效力。本案中，对于专利权人因侵权而遭受的境外利润损失是否能够适用《美国法典》第271条第（f）款第（2）项的问题，最高法院并未宽泛处置，而是采取了一种审慎、保守的审判思路。在解决这一问题时，法院采用了其曾在RJR纳比斯科股份有限公司诉欧洲共同体案（RJR Nabisco Inc. v. European Community）中用于确定美国法律域外效力范围的两步走框架。第一步是审查法律是否明示其能够域外适用，从而推翻无域外效力的推定。第二步是评估案件中是否存在发生于美国境内，且为美国专利法所关注的行为，即使案件中的其他行为都发生在美国境外。如确有此类行为，则美国法仍适用于涉案产品。在本案中，最高法院略过第一步，但在第二步的分析中确认损害赔偿的地域限制和责任的条文有关。最终，最高法院确认损害赔偿能够适用于美国境外的有关行为。

这一判决释明了有关美国法律域外适用的几个重要方面：最高法院通过略过RJR纳比斯科案审理流程的第一步，明确表示：无域外效力推定不能和第二步的焦点分析混为一谈。通过进一步阐释第一步，最高法院明确回答了无域外

---

[*] 蒂莫西·R. 霍尔布鲁克（Timothy R. Holbrook），埃默里大学法学院副教授长，埃默里大学法学院阿萨·G. 坎德勒（Asa G. Candler）法学教授，在韦斯特杰科公司诉ION地球物理公司一案中为美国最高法院撰写了知识产权法学者的非当事人意见申述。作者向迈克尔·安德森（Michael Anderson）和大卫·鲁茨（David Rutz）的出色研究致谢。本文原刊载《耶鲁法律与技术期刊》2019年第21期，第189—226页。

[**] 谢睿（1997—），上海外国语大学2019级法律硕士研究生，研究方向：民商法。

效力推定是否适用于救济性规定的问题。最高法院也对第二步进行了详细的释明，并采用一种将救济性规定的域外适用范围与相应责任条款相联系的方法。

这一判决也留下了许多有待讨论的问题。具体而言，目前仍不清楚联邦巡回法院帕沃英蒂格盛诉仙童半导体案（Power Integrations, Inc. v. Fairchild Semiconductor International, Inc.）和卡内基·梅隆大学诉迈威尔科技集团有限公司案（Carnegie Mellon University v. Marvell Technology Group, Ltd.）作为裁判先例是否仍适用于韦斯特杰科案和其他有关美国专利法域外适用的案件。笔者认为，即使初审中采用的方法有误，帕沃英蒂格盛案和卡内基·梅隆案的最终结论也仍是正确的。笔者还将探讨法院为何没有拓宽近因原则可能在未来的专利案件中，特别是在涉及跨国损害赔偿理论的案件中所能够承担的重要作用。联邦巡回法院本可以，也应当采用狭义的近因概念，以对跨国损害赔偿理论作出限制。

引言

一般情况下，当最高法院裁定重新审理一个案件时，至少在该案所涉的实体法律领域内，最高法院的判决会引起广泛关注。这样的一些案例，如有关《雇员退休收入保障法》（ERISA）的案件，可能不会占据全国新闻头条，但仍非常重要。[1]

专利法也是如此。有的情况下，最高法院受理的专利案件会引起普通民众和大众媒体的关注。[2]但一般而言，普通美国人可能并不关心对专利要求书中某个术语的解释是否包含事实问题，[3]或者提高专利侵权损害赔偿的适当标准意味着什么。[4]然而，在专利领域，专利律师和诉讼参与人应当对法院的任何案例都保持注意。近年来，最高法院对专利法产生了浓厚的兴趣，其自2000年以

---

[1] See Advocate Health Care Network v. Stapleton, 137 S. Ct. 1652（2017）.
[2] See Bill Mears, Court: Human Genes Cannot Be Patented, CNN（June 13, 2013 8:21 PM）, https://www.cnn.com/2013/06/13/politics/scotusgenes/index.html; Adam Liptak, Justices, 9-0, Bar Patenting Human Genes, N.Y. TIMES（June 14, 2013）, https://www.nytimes.com/2013/06/14/us/supreme-courtrules-human-genes-may-not-be-patented.html.
[3] Teva Pharms. USA v. Sandoz, 135 S. Ct. 831（2015）.
[4] Halo Elecs., Inc. v. Pulse Elecs., Inc., 136 S. Ct. 1923, 1928, 195 L. Ed. 2d 278（2016）.

来受理了48起与专利法有关的案件。[5]有时候，特定案件中的法律问题甚至超越了专利法的范围，比如设定签发永久性禁令的标准，[6]或者《确认判决法》的适用范围。[7]的确，特哈斯·纳雷希尼亚（Tejas Narechania）教授建议，这种"领域分裂"（field splits）——不同的实体领域对同一学说的处理不一致，可能正是最高法院受理大量专利案件的原因。[8]

第一眼看去，最高法院重审韦斯特杰科有限责任公司诉ION地球物理公司一案的结果，似乎难以引起任何专利法领域之外的人（可能也包括许多专利法领域内的人）的关心。[9]这一案件涉及对《美国法典》第35卷第271条第（f）

---

[5] Timothy R. Holbrook, "Is the Supreme Court Concerned with Patent Law, the Federal Circuit, or Both: A Response to Judge Timothy B. Dyk", 16 *CHI.-KENT J. INTELL. PROP.* 313, 314（2017）. 自笔者写了此文作为对戴克大法官（Justice Dyk）的回应起，最高法院在2017年10月受理了三起案件，分别是：Oil States Energy Servs., LLC v. Greene's Energy Grp., LLC, 138 S. Ct. 1365（2018）；SAS Inst., Inc. v. Iancu, 138 S. Ct. 1348（2018）；WesternGeco LLC v. ION Geophysical Corp., 138 S.Ct. 2129（2018），截至撰写本文时在2018年受理了一起案件 Helsinn Healthcare S.A. v. Teva Pharm. USA, Inc., 139 S. Ct. 628（2019）。最高法院在2018年还受理了一起案件，Return Mail, Inc. v. U.S. Postal Serv., 139 S. Ct. 397（2018），还有2019年的Iancu v. Nant Kwest, Inc., 139 S. Ct. 1292, 1293（2019）。当然，案件的统计数量可能受分类方式影响，因此专利案件的数量可能存在差异。

[6] eBay Inc. v. MercExchange, L.L.C., 547 U.S. 388（2006）；e.g., Swarovski Aktiengesellschaft v. Bldg. No. 19, Inc., 704 F.3d 44, 54（1st Cir. 2013）（在商标范围内使用eBay）；Salinger v. Colting, 607 F.3d 68, 75（2d Cir. 2010）（在版权范围内使用eBay）；Geertson Seed Farms v. Johanns, 570 F.3d 1130, 1136（9th Cir. 2009）（在环境法范围内使用eBay），依据其他理由撤案，Monsanto Co. v. Geertson Seed Farms, 561 U.S. 139（2010）。

[7] MedImmune, Inc. v. Genentech, Inc., 549 U.S. 118（2007）；Nike, Inc. v. Already, LLC, 663 F.3d 89, 96（2d Cir. 2011）（在商标法范围内使用MedImmune），aff'd, 568 U.S. 85（2013）；Klinger v. Conan Doyle Estate, Ltd., 988 F. Supp. 2d 879, 886（N.D. Ill. 2013），aff'd, 755 F.3d 496（7th Cir. 2014）（在版权案件中使用MedImmune）；Sevigny v. United States, No. 13-CV401-PB, 2014 WL 3573566, at *4（D.N.H. July 21, 2014）（在破产案件中使用MedImmune）。

[8] Tejas N. Narechania, "Certiorari, Universality, and a Patent Puzzle", 116 *MICH. L. REV.* 1345, 1348（2018）[也就是说，最高法院没有考虑两个上诉法院是否对同一问题作出不同的判决，而是考虑两个法律领域（例如专利法和证券法）是否以不同的方式适用同一理论]；Timothy R. Holbrook, "Explaining the Supreme Court's Interest in Patent Law", 3 *IP THEORY* 62, 71-72（2013）（认为最高法院在特定领域进行干预能更正针对专利的法律规则）；Robin Feldman, "Ending Patent Exceptionalism and Structuring the Rule of Reason: The Supreme Court Opens the Door for Both", 15 *MINN. J.L. SCI. & TECH.* 61, 66（2014）（在反托拉斯语境下讨论专利例外情况）。

[9] WesternGeco LLC v. ION Geophysical Corp., 138 S. Ct. 2129（2018）, rev'g, 837 F.3d 1358（Fed. Cir. 2016）.

款规定的特别侵权予以损害赔偿的问题，该侵权涉及从美国出口的特定行为。尽管美国政府建议由最高法院审理此案，[10]但许多人认为韦斯特杰科一案涉及的问题其实很狭窄。

实际上，如温氏图（图3）所示，该案件涉及三个交叉的法律领域，潜在地呈现了领域分裂的问题。这一案件至少涉及三项问题，超出了第271条第（f）款第（2）项侵权损害赔偿这一较窄的范围。

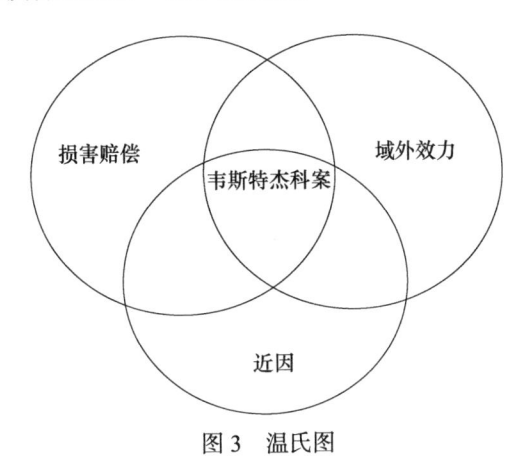

图3　温氏图

此案适用了《专利法》第284条所规定的损害赔偿，也是最高法院首次对专利侵权损害赔偿作出直接认定。《专利法》第284条赋予专利权人"足以弥补侵权损害"（damages adequate to compensate for the infringement）的救济权利。[11]在韦斯特杰科一案前，最高法院从未直接释明该条款的救济性质；[12]相反，最高法院仅在确定宣判前适用利息的适当标准时曾对第284条进行过讨论。[13]

韦斯特杰科获得的赔偿涉及在美国国外的活动。因此，该案还涉及专利法的无域外效力推定。这种推定是指，除国会有明确说明外，将美国法律的适用

---

[10] Brief for the United States as Amicus Curiae, WesternGeco LLC v. ION Geophysical Corp., 138 S. Ct. 2129（2018）（No. 16-1011）. 2017 WL 8234654 [下称 First Brief for the United States].
[11] 35 U.S.C. § 284（2018）.
[12] Timothy R. Holbrook, "Boundaries, Extraterritoriality, and Patent Infringement Damages", 92 NOTRE DAME L. REV. 1745, 1767（2017）.
[13] Gen. Motors Corp. v. Devex Corp., 461 U.S. 648, 649（1983）.

范围限定在美国境内的行为。[14]近年来，最高法院对这一推定产生了新的兴趣，在 RJR 纳比斯科股份有限公司诉欧洲共同体一案中确立了规则。[15]在 RJR 纳比斯科案中，最高法院正式采用了两步法来评估一项法律规定是否可以管辖在美国国外开展的活动。[16]第一步是评估是否存在推翻无域外效力推定的情形，即"明确肯定该项法律规定适用于域外行为"。[17]如果不是，则第二步需要法院确定该成文法的"焦点"："如果与该法律条文焦点相关的行为发生在美国，则即使其他所有涉案行为发生在国外，该案也可以适用国内法律。"[18]

韦斯特杰科案引出了一个有趣的域外效力问题：针对无域外效力推定，以及 RJR 纳比斯科一案的审理框架，能否适用于如《美国专利法》第 284 条的一般救济性规定？还是仅能适用于责任界定阶段和管辖权的确定？换言之，如果法院的结论是某个成文法在责任层面具有域外效力，域外行为适用损害赔偿是否与域外效力问题无关？或者说，法院是否需要就责任条款和一般救济条款分别确认其是否存在推翻无域外效力推定的情形，类似于两步走框架？在联邦巡回法院，韦斯特杰科案只是三起类似案件中的一起，[19]这三起案件还包括帕沃

---

[14] Kiobel v. Royal Dutch Petroleum Co., 569 U.S. 108, 115 (2013)(该标准规定"当立法机关没有作出域外适用法律的明确指示时，法律就不应适用于域外行为")[引自 Morrison v. Nat'l Australia Bank Ltd., 561 U.S. 247, 255 (2010)]；Morrison, 561 U.S. at 255 (这一推定基于这样一种概念，即国会通常只对国内事务而非国外事务进行立法）；E.E.O.C. v. Arabian Am. Oil Co., 499 U.S. 244, 248 (1991)[除非国会明确表示肯定，否则我们必须假定这一规定只和国内情况有关。引自 Benz v. Compania Naviera Hidalgo, S.A., 353 U.S. 138, 147 (1957) and Foley Bros. v. Filardo, 336 U.S. 281, 285, (1949)]。

[15] 136 S. Ct. 2090 (2016)。

[16] Ibid, p. 2101。

[17] Ibid。

[18] Ibid。

[19] 联邦巡回法院两次试图处理韦斯特杰科案中的域外效力问题，起初采用了帕沃英蒂格盛案明确的严格的地域管辖规则，但考虑到光环电子公司案的先例 [Halo Electronics, Inc. v. Pulse Electronics, Inc., 136 S. Ct. 1923 (2016)]，最高法院最终撤销巡回法院的这一判决。WesternGeco L.L.C. v. ION Geophysical Corp., 791 F.3d 1340, 1351 (Fed. Cir. 2015)(根据帕沃英蒂格盛案，韦斯特杰科无法就未能赢得国外服务合同而导致的利润损失获得救济，据称该损失是由于 ION 向韦斯特杰科的竞争对手提供侵权产品所致），cert. granted, vacated, 136 S. Ct. 2486 (2016)。该案随后以增加赔偿数额的判决驳回了原判。联邦巡回法院仍采用其关于补偿的地域管辖规则，而没有重新考虑最高法院关于域外效力的先例，见 WesternGeco L.L.C. v. ION Geophysical Corp., 837 F.3d 1358, 1361 (Fed. Cir. 2016), rev'd 138 S. Ct. 2129 (2018)。

英蒂格盛诉仙童半导体案[20]以及和卡内基·梅隆大学诉迈威尔科技集团有限公司案。[21]尽管帕沃英蒂格盛案、卡内基·梅隆案都涉及《美国法典》第35卷第271条第（a）款的赔偿问题，但以上案件的判决均否认了对国外损害的赔偿。[22]在韦斯特杰科案之前，最高法院尚未明确该推定对救济性规定是否适用，这就使得韦斯特杰科案成为有关域外效力的重要判例。

最后，韦斯特杰科案还引出一个关于损害赔偿近因的有趣问题。该案例中，有两重直接原因造成了损害。首先，损害来自美国国外的行为。因此，该案就引出近因性和地域性的交集。换言之，无域外效力推定是否与近因有所区分？或者说，是否应将对域外效力的考虑纳入近因分析中？其次，该案所涉损害不在于销售专利发明，而是使用专利发明。这种损害比直接销售发明造成的损害更为间接，因而产生了近因问题。

因此，韦斯特杰科案有可能演化为一种影响甚广的观点，涉及司法原则的各个方面，对于高深莫测的专利侵权条款而言，其不止是一个案例那么简单。最终，最高法院在此案中的判决相对较窄，避免了许多更广泛的暗示。尽管如此，这一判决仍回答了一些问题，并为其他问题的解决提供了一些启发。

本文探讨了韦斯特杰科一案对专利法及其他法律的影响。第一部分呈现本案的简要情况，以及最高法院的判决。第二部分探讨法院确实回应了的问题，特别是法院略过 RJR 纳比斯科案审理框架第一步的影响。该部分还探讨了最高法院通过第二步的分析要阐明的内容。最重要的是，法院明确指出，对于一般救济规定，其域外效力取决于相应的责任条款。第三部分转而讨论最高法院悬而未决的问题，以及法院在未来的案件中如何解决这些问题。具体而言，第三部分回顾联邦巡回法院在帕沃英蒂格盛案和卡内基·梅隆案中的裁决是否在韦斯特杰科案中得以沿用。笔者对此的观点是肯定的。第三部分也讨论了近因在未来专利案件中可能发挥的重要作用，特别是涉及域外损害赔偿理论的案件。最后是本文的结论。

---

[20] 711 F.3d 1348, 1372（Fed. Cir. 2013）.
[21] 807 F.3d 1283, 1311（Fed. Cir. 2015）.
[22] Bernard Chao, "Patent Law's Domestic Sales Trap", 93 *DENV. L. REV.* ONLINE 87（2016）; Bernard Chao, "Patent Imperialism", 109 *NW. U.L. REV.* ONLINE 77（2014）.

一、监管技术、船舶和公海

（一）专利侵权损害赔偿和域外效力

韦斯特杰科案涉及的技术为"海上地震拖缆技术……部署在使用声波信号和传感器的船只尾部，以生成海底表层的三维地图，从而促进自然资源的勘探和管理"。[23] 韦斯特杰科在得克萨斯南部地区法院起诉 ION 地球物理公司（以下简称"ION 公司"）侵犯了该公司 4 项技术的美国专利。[24] 2007 年，ION 公司开始销售竞对产品，其在美国制造专利产品的组件，然后将它们送到外国公司，在公海使用，使用区域不在任何国家的管辖范围内。[25] 只要组装完成，ION 公司的产品能够实现的功能就和韦斯特杰科的专利产品一模一样。

审判中，陪审团认为 ION 公司侵犯了韦斯特杰科的 4 项专利。[26] 韦斯特杰科提供的证据表明，由于 ION 公司的侵权，其损失了 10 份海底勘探合同。陪审团裁定，ION 公司违反了《美国法典》第 35 卷第 271 条第（f）款第（2）项，并根据第 35 卷第 284 条的规定，判决韦斯特杰科获得国外潜在利润损害赔偿 9340 万美元，以及专利合理许可费 1250 万美元。

地区法院以数条理由驳回了 ION 公司提出的作出对自己有利判决的动议，认为其不满足第 271 条第（f）款第（2）项规定的侵权意图，因为出口的零部件不存在实质性的非侵权用途，并且 ION 公司在该专利注册前便已掌握该专利内容。[27] 此外，ION 公司辩称，国外的潜在利润损害赔偿必须撤销，因为其并不源于本案中的国内侵权行为；相反，该损失仅仅是韦斯特杰科估算得出的，是其国外竞争对手在国外水域进行 10 次地震勘测使用 ION 公司设备获得的收入。[28] ION 公司认为，第 271 条第（f）款第（2）项并不能提供这样的保

---

[23] WesternGeco L.L.C. v. ION Geophysical Corp., 953 F. Supp. 2d 731, 739 (S.D. Tex. 2013), aff'd in part, rev'd in part, 791 F.3d 1340 (Fed. Cir. 2015), cert. granted, judgment vacated, 136 S. Ct. 2486, 195 L. Ed. 2d 820 (2016), and aff'd in part, vacated in part, rev'd in part, 837 F.3d 1358 (Fed. Cir. 2016).

[24] Ibid.

[25] WesternGeco, 791 F.3d at 1349.

[26] Ibid., p. 1344.

[27] WesternGeco, 953 F. Supp. 2d at 750.

[28] Ibid., p. 755.

护，一旦这样判决将会给美国法带来不适当的域外效力。[29]ION 公司坚持认为，其仅应对"提供"这些零部件负责，该规定的适用范围不应扩展到随后在国外"制造"或"使用"设备的行为。[30]地区法院驳回了此项动议，并认为不应排除国内侵权行为造成的境外利润损失。

但是，联邦巡回法院对本案中可获得的损害赔偿有着迥然不同的见解。[31]联邦巡回法院的结论是，鉴于无域外效力推定，失去订单而造成的利润损失不能算入损害赔偿数额。[32]联邦巡回法院依据在帕沃英蒂格盛案和卡内基·梅隆案中对专利侵权损害赔偿采用的严格地域限制得出以上结论。[33]在这三起案件中，即使存在上游的国内侵权行为，联邦巡回法院也均驳回了针对外国活动的损害赔偿判决。瓦拉赫法官（Judge Wallach）持不同意见，他反对这种泾渭分明的地域性规则。相反，他关注问题的症结所在："当专利权人成功证明美国法下的专利侵权行为和境外利润损失时，两者必须存在何种程度的关联，才能使用国外活动衡量原告的损害赔偿？"[34]

---

[29] Ibid.

[30] Ibid.［ION 公司认为必须撤销利润损害赔偿，因为其并非基于本案中的国内侵权行为，而是基于韦斯特杰科在进行的地震勘测中估计国外竞争对手因在国外水域非侵权使用 ION 公司设备而获得的收入。ION 公司表示，《美国法典》第 271 条第（f）款不允许将前述内容纳入损害赔偿的范围，此举将给美国法带来不适当的域外效力。ION 公司坚称，其仅对供应的组件负责，不能扩展到最后在国外制造或使用设备的范围。］

[31] 联邦巡回法院曾两次裁决此案，它根据最高法院在 Halo Electronics, Inc.v. Pulse Electronics, Inc. 136 S. Ct. 1923（2016）一案中的判决，撤销了初审，并将其复审，审查专利损害赔偿标准参见 WesternGeco LLC v. ION Geophysical Corp., 136 S. Ct. 2486（mem.）（2016）。联邦巡回法院恢复其关于专利赔偿地域限制的第一项判决。本文将引用其第二项判决。瓦拉赫法官在两项判决中的异议有所不同，本文将引用其中适当的一项。

[32] WesternGeco L.L.C. v. ION Geophysical Corp., 791 F.3d 1340, 1349（Fed. Cir. 2015）（"我们认为，这些由丢失订单造成的损失，不能获得损害赔偿"）。

[33] Ibid., p. 1351. 参见 Power Integrations, Inc. v. Fairchild Semiconductor Int'l, Inc., 711 F. 3d 1348（Fed. Cir. 2013）。由于某些原因，联邦巡回法院在韦斯特杰科案的第二项判决中没有重新考虑损害赔偿的理由，也未解释 Carnegie Mellon University v. Marvell Technology Group, Ltd., 807 F.3d 1283（Fed. Cir. 2015），该案同样采用了严格的地域限制。(因此，我们必须撤销损害赔偿金的原始部分和补充部分，以及持续收取的专利许可费部分。这些专利许可费仅适用于产地不在美国，不在美国使用，也不被进口至美国的芯片。需要重新审判，以确定这些芯片是否在美国销售。)

[34] WesternGeco L.L.C. v. ION Geophysical Corp., 837 F.3d 1358, 1365（Fed. Cir. 2016）（瓦拉赫法官的不同意见）。

尽管联邦巡回法院在其说理中依据的是无域外效力推定，但该法院并未使用最高法院 RJR 纳比斯科公司诉欧洲共同体一案中对美国法域外效力的两步走框架。根据 RJR 纳比斯科案，法院应首先确定无域外效力推定是否被推翻，这是对"成文法明确、肯定地表明其能够域外适用"的情况而言的。[35] 如果在第一步未推翻该推定，则法院随后进行第二步，评估该成文法关注的焦点，确定案件的事实部分是否存在该成文法规制的国内行为，即便一部分行为可能发生在国外。[36] 由于法院在第二步必然考虑案情中特定的国内外活动，因而所涉法律条文的焦点取决于任何给定案件的特定事实。这样一来的结果是，按照 RJR 纳比斯利案的审理框架，很难将任何一个法院的结论概括为第二步。

最高法院在征求联邦总检察长关于批准调卷令的意见时表达了对这一案件的关切。当最高法院在专利案件中表现出这样的关切时，其审理这一案件的可能性将大大提升，特别是在政府也建议最高法院审理的情况下。[37] 事情的进展也确实如此，美国政府的确建议法院批准调卷令。

有趣的是，联邦总检察长采取了相当激进的立场。首先，他认为无域外效力推定根本不适用于救济性规定。[38] 相反，只要确定了责任，对损害赔偿的唯一限制就只有近因，域外效力问题不再约束损害赔偿。[39] 联邦总检察长还认为，法院没有解决 RJR 纳比斯科案的审理框架能否适用于救济性规定的问题，但他也认为，即使能够适用，该框架在本案中也将支持专利权人获得损害赔偿。[40] 联邦总检察长不仅抨击了联邦巡回法院对此案的判决，还抨击了此前帕沃英蒂

---

[35] RJR Nabisco, Inc. v. European Cmty., 136 S. Ct. 2090, 2101 (2016).

[36] Ibid.

[37] John F. Duffy, "The Federal Circuit in the Shadow of the Solicitor General", 78 GEO. WASH. L. REV. 518, 540-44 (2010).

[38] 参见 First Brief for the United States，联邦总检察长的申述同样将损害和责任的域外性，与现有规定及其穷竭性进行了比较。这种观点与对域外效力的担忧相混淆。至于现有法律规定和其穷竭性，正是外国活动在美国产生的影响，无须担心美国法律对外国活动的规制。与此形成对比的是，美国法律通过为域外活动或损失设定赔偿而对域外行为进行规制。理论上，现有法律规定对救济域外损失手段的穷竭可以促使美国国内行为人以不同的行为方式减轻国内影响，从而间接减少域外的有关活动。但是，涉及现有规定和域外效力的政策对于外国活动导致的损害和赔偿却不尽相同。

[39] 同上，第 13 页。

[40] 同上，第 13—14 页。

格盛案和卡内基·梅隆案的判决，两起案件的判决均否认美国法的域外效力。[41] 由此，联邦总检察长将这起案件描绘得远不只是第271条第（f）款的损害赔偿规定本身那么简单，而是关系到联邦巡回法院是否通过更广泛的途径来规制由国内侵权引起的外国活动导致的损害。联邦总检察长在其出具的非当事人意见申述中多次强调了这些更加宏观的问题。[42]

至此，大幕已然拉开，静候最高法院上演一台好剧。然而，最高法院似乎不太可能作出一个宽泛的、针对所有问题的判决，事实也确实如此，最高法院作出了一个较为保守的判决。

（二）最高法院对韦斯特杰科案的判决

最高法院最终对案件中叠加的多重因素采取了中庸的立场。即使本案涉及各种问题，包括对专利侵权损害赔偿的救济，域外效力问题以及近因问题的解释，最高法院的判决书写得仍相当保守。与联邦巡回法院不同，最高法院采用了RJR纳比斯科案的两步走审理框架。显然，最高法院略过了关于无域外效力推定是否被推翻的第一步。最高法院指出："虽然'通常最好从第一步开始'，但法院可以酌情决定'在适当的情况下'从第二步开始。"[43] 法院拒绝执行第一步，因为这一步会"需要解决'棘手的问题'，而这些问题并不会改变'案件的结果'，但可能在未来的案件中产生深远的影响"。[44] 法院希望避免的问题是，这种推定不适用原则是否应"适用于仅仅是对国会宣布非法的行为提供一般性损害赔偿的法律条文，如第284条。要解决这一问题可能会涉及专利法以外的其他许多法律"。[45] 因为第一步仅取决于成文法的内容而非案件事实，所以对这一问题的任何坚持将远远超出第284条和专利法本身。

但是，法院在第二步中得出结论，即基于本案案情，被告应就国外行为向

---

[41] 同上，第19页。

[42] Brief for the United States as Amicus Curiae Supporting Petitioner at 9-10, WesternGeco LLC v. ION Geophysical Corporation, 137 S. Ct. 2206（mem.）（2017）（No. 16-1011），2018 WL 1168813（主张："证据不足以规制域外行为或暗示存在推翻无域外效力推定的关切"，以及即使在RJR纳比斯科案的审理框架下，也会得出同样的结论）。

[43] WesternGeco LLC v. ION Geophysical Corp.，138 S. Ct. 2129, 2136（2018）[quoting RJR Nabisco, Inc. v. European Cmty., 136 S. Ct. 2090, 2101 n.5（2016）].

[44] Ibid.[quoting Pearson v. Callahan, 555 U.S. 223, 236–37（2009）].

[45] Ibid.

原告赔偿。法院在第二步应审查"案件是否涉及成文法的国内适用"。为回答这一问题，法院认定《美国法典》第284条的焦点是侵权。[46]因此，第284条的焦点就取决于案件中有关第271条的侵权定义。[47]于是，法院转向对第271条第（f）款第（2）项进行焦点分析。法院认为，本案中与第271条第（f）款第（2）项的焦点相关的行为是由美国供应零部件，这一行为是国内行为。法院认为："本案中与该焦点相关的行为显然发生在美国国内，即ION公司供应侵犯韦斯特杰科专利权零部件这一国内行为。"[48]这些国内行为导致了损害后果，原告正是针对这些损害后果寻求损害赔偿救济，因此，原告应该可以获得该损害赔偿。所以，法院驳回联邦法院对损害赔偿设定的地域效力限制。

法院驳回ION公司认为该成文法的焦点仅仅是损害赔偿，对域外活动的适用超过了这一焦点范围的抗辩。法院认为："虽然第284条确实规定了损害赔偿，但该成文法的字面规定不一定是其焦点。"[49]成文法的焦点在于"该成文法关注的对象"，这里是第271条项下的各种侵权行为。[50]法院认为，第284条"仅仅是法律实现救济侵权目的的手段"。[51]同样地，由于法院仅仅将这些国外事件视为侵权行为的"附带事件"，这些事件在损害赔偿的域外效力分析中不具有首要地位。[52]ION公司援引的RJR纳比斯科案中的表述，涉及的问题是责任界定，而不是损害赔偿。[53]

与此相关的是，多数法官认为其他法官的错误在于将责任问题和损害赔偿混为一谈。[54]多数法官都同意专利法上的损害赔偿性质是赔偿性的，可以包括第271条第（f）款第（2）项的侵权导致的境外利润损失。但应注意，法院也指出，存在其他的原则（如近因）在其他情境下限制该损害赔偿的可能性，尽

---

[46] Ibid., p. 2137（"我们将该法律条文的焦点总结为'侵权'"）。
[47] Ibid.（"要在特定案件中确定第284条的焦点，我们必须审查发生的是何种侵权"）。
[48] Ibid., p. 2138.
[49] Ibid.
[50] Ibid.［quoting Morrison v. Nat'l Australia Bank Ltd., 561 U.S. 247, 267（2010）］.
[51] Ibid.
[52] Ibid.（quoting Morrison, 561 U.S. at 267）.
[53] Ibid.
[54] Ibid.（"他们的立场错误地将法定损失与该损失引起的损失相混淆了"）。

管法院并未直接就这一问题给出意见。[55]

戈索奇大法官（Justice Gorsuch）和布雷耶大法官（Justice Breyer）对此持不同意见。他们认为，在本案中，无论是否适用域外效力适用的推定，都不应支持对外国利润损失的赔偿。[56]他们依据《美国法典》第 154 节第（a）条第（1）款和第 271 条第（a）款的文本来强调美国专利权的地域性本质。在一定程度上，这一异议和主流意见也有共通之处：既然第 284 条规定了"侵权"，在确定损害赔偿时也应考虑侵权的定义。[57]在戈索奇大法官看来，第 271 条第（f）款只是开创了在美国制造专利发明的一个小例外，但这并没有改变外国使用专利发明的规则，也就是本案损害赔偿的依据。[58]

基于类似卡内基·梅隆案的假设，戈索奇大法官在此指出了问题所在。[59]假如有公司制造了用于手机的芯片专利元件，那么，按照多数法官的观点，该公司就要对世界各地所有手机中的芯片使用承担责任。[60]考虑到外国法域的专利法应已对此予以规范，这样的责任后果很奇怪。[61]

二、韦斯特杰科案带来的启示

韦斯特杰科案原本可能产生广泛的影响，但最高法院对本案采取了保守的态度。尽管如此，我们还是能从该判决中获得一些重要的洞见，这也是本部分要讨论的内容。该判决不仅将影响专利法，还会对美国法域外效力原则产生一般的影响。

（一）最高法院略过的 RJR 纳比斯科案审理框架第一步

韦斯特杰科案提出的开放性问题之一是，无域外效力推定是否适用于救济

---

[55]　Ibid., p. 2139 ["在达到这一标准之前，我们没有讨论其他理论（例如近因）在多大程度上可以限制或排除特定情况下的损害赔偿"]。

[56]　Ibid., p. 2139（戈索奇大法官的反对意见："我认为，该法律规定禁止在这种情况下对利润损失寻求损害赔偿，无论适用所有成文法的域外管辖权一般推定是如何。"）

[57]　Ibid., p. 2140.

[58]　Ibid., p. 2141.

[59]　Carnegie Mellon Univ. v. Marvell Tech. Grp., Ltd., 986 F. Supp. 2d 574, 593–94（W.D. Pa. 2013）, aff'd in part, vacated and remanded in part, rev'd in part, 807 F.3d 1283 (Fed. Cir. 2015)（其指出，是美国国内专利方法导致国外芯片销售）。

[60]　WesternGeco, 138 S. Ct. at 2142.

[61]　Ibid., pp. 2142-2143.

性规定。这个问题是超越专利法范畴的。原告和美国政府均主张，这项推定与损害赔偿无关。换言之，域外效力的审查是一次性的：如果在责任界定阶段就推翻了域外效力的推定，那么法院就不应在判决赔偿时回顾这一问题。

然而，也有人认为，无域外效力推定是独立存在的，无论是责任的确定还是救济的适用都需要审查是否推翻了这一推定。否则，根据这一观点，法院可能会忽略有关损害赔偿造成的域外影响。关于侵权责任，侵权行为可以发生在美国国内，这符合RJR纳比斯科案的审理框架。如果分析至此终结，不考虑救济问题，那么对国内行为造成损失的赔偿范围的限制就只剩下近因了。

本案表明这样一个问题：侵权责任是根据美国国内的零部件供应来确定的。在确定责任的阶段，并不存在域外效力的适用问题。但是，如判决损害赔偿，则存在将美国法适用于域外的风险。在这里区分外国活动带来的是责任还是损害赔偿没有什么差别。在这两种情况下，当事方都是在依据美国法来规制美国国外的行为。

就技术而言，法院没有明确地给出这个问题的答案。法院不回应这一问题，是因为这一问题超过了专利法的范畴："解决该问题可能会涉及专利法以外的许多法规，因此，我们将行使自由裁量权，略过域外效力审理框架的第一步。"[62]很不幸，关于域外效力的问题必须等待未来的案件来解决了。

通过跳过第一步，法院还避免了另一个棘手的问题：如果推翻了成文法的无域外效力推定，会产生怎样的后果？[63]换句话说，在第一步推翻这一推定的法律后果并不明晰。一旦被推翻，可能意味着，任何相关的域外活动都会落入有关成文法的规范范围。这样做是将无域外效力推定视为一个非此即彼的判断，要么推翻，要么不推翻。这样一来，无域外效力推定将没有进一步操作的空间，如在推定被推翻的情况下，法院仍基于域外不适用的推定对成文法作出一个限

---

[62] WesternGeco, 138 S. Ct. at 2136-37.

[63] 参见 Maggie Gardner, "RJR Nabisco and the Runaway Canon", 102 *VA. L. REV*. ONLINE 1335-36（2016）（对最高法院未能在RJR纳比斯科案中提供此类解释而感到遗憾）。本质上，最高法院再一次跳过了这一考量，使得对这一问题的监管更加复杂。法院在另一起类似的涉及《专利法》第271条第（f）款的案件——Life Techs. Corp. v. Promega Corp., 137 S. Ct. 734（2017）当中，也进行了同样的处理。尽管在口头辩论中讨论了域外效力问题，但法院在本案的判决中对域外效力推定保持了沉默。参见 Timothy R. Holbrook, "Boundaries, Extraterritoriality, and Patent Infringement Damages", 92 *NOTRE DAME L. REV.* 1758–59（2017）。

缩的解释。[64]这种做法将置特定案件的案情于不顾。可以想象，即使国会已经表明有意向赋予有关成文法以域外效力，该案的事实仍可能引起域外关注。

在最高法院审判的，涉及第271条第（f）款的另一起案件——微软公司诉AT&T公司案（Microsoft Corp. v. AT&T Corp）[65]当中，我们能够具体地看到这种推定产生的张力。在该案中，法院将无域外效力推定作为解释成文法的工具，从而为第271条第（f）款的适用设定较为狭窄的范围。[66]以这种方式运用域外效力推定，似乎与RJR纳比斯科案的审理框架不一致：在第一步中，要么推翻推定，要么不推翻。第271条第（f）款表明了国会立法提供域外保护的意图，这似乎将终结这一疑问。RJR纳比斯科案的审理框架似乎无意用域外效力的推定来解释法律，从而将微软案变成了法律上的例外。[67]通过跳过第一步，法院避免了更加广泛、复杂的问题，将这些问题留给了以后的案件。

与此相关的是，通过略过第一步对域外效力的分析，法院未能解决一个关键问题：对国外行为确定责任和针对国外损失判决赔偿是否有区别？那些完全对损害赔偿持救济性观点而不考虑域外效力的人，实际上认为前述两者是有区别的。但是，正如戈索奇大法官的异议所强调的那样，其他人认为二者并无区别。

无域外效力推定之所以合理，一定程度上是因为国内法与外国法存在冲突。在责任方面，这一点是显而易见的：若使某人在美国境内对另一国家或地区的活动承担责任，这一结果可能与该国家或地区的法律冲突，该行为在那里有可能合法。此外，这样的责任也可能被视为是对其他国家主权的侵犯。美国法律的域外适用将使美国法的触角伸进另一个主权国家管辖的范围，这可能引起政

---

[64] 参见Microsoft Corp. v. AT & T Corp., 550 U.S. 437, 455–56（2007）["AT&T认为该推定因国会为第271条第（f）款就专利法的特定外国活动设定了域外效力。但最高法院认为'无域外效力推定没有被推翻，就是因为有法律规定明确表示了一项对域外适用的事由'；其对于确定法律规定的例外情形，有着指导作用。"引自Smith v. United States, 507 U.S. 197, 204（1993）]。
[65] 同上。
[66] 同上，第455页（"在这种情况下，这一针对域外效力的推定明显排斥将第271条第（f）款强加于不仅以软件的物理复制件作为'组件'，还以软件的无形代码作为'组件'，并且有不只'从美国供应'软件副本，还在国外复制的情形"）。
[67] 参见Microsoft Corp. v. AT & T Corp., 550 U.S. 437, 145.（2007）（最高法院在微软案中认为，即便一项法规明确具有域外效力，对域外效力的推定仍继续适用。如认为推定被驳回后仍然适用，只会造成法律适用的混乱）。

治上的关注。因此，在美国向国外行为追责的意义很明确，即美国将事实上规制在其他国家发生的行为。

韦斯特杰科案提出了有关损害赔偿的担忧。损害是在公海产生的，因此从技术上看，没有一个国家的法律能够适用。尽管如此，人们还是可以认为责任和损害没有区别。虽然就国外行为对当事人作出损害赔偿的最终目的在性质上是救济性的，但其中也确实存在试图用美国法规制另一国家内行为的效果。从责任人以及外国的角度来看，判决损害赔偿会避免今后此类行为的发生。对国外行为判决损害赔偿的影响，因而也会大于狭义的赔偿损失本身。相反，这体现了另一种规制国外行为的形式，这种形式很可能会干涉另一国家的主权。

戈索奇大法官在他的反对意见中指出了这一问题，他表示自己不同意任何将责任与赔偿相区分的看法。正如他所指出的，对专利侵权损害赔偿的扩张观点，会"事实上让专利权人基于其美国专利垄断国外市场"。[68]随后，他还直接表达了对主权国家间相互影响的忧虑：如果其他国家也对美国市场实施类似的规定，会发生什么？他解释道："外国法院也可以合理地认定美国公司在外国侵犯外国专利权。但如果依照韦斯特杰科案的理论，尽管美国专利在某个国家完全不具备法律效力，该国法院仍可以判决美国公司为芯片市场控制权承担垄断租金赔偿。"[69]

笔者赞同这一针对专利侵权损害赔偿的观点：对责任界定阶段的无域外效力推定的考量同样适用于损害赔偿问题。基于国外行为判决损害赔偿，与基于域外行为认定哪一方承担责任，二者是相同的，在实质上并无区别。因此，无域外效力推定应当适用于一般救济性的规定。尽管法院在技术上避开了这一问题，但戈索奇大法官的意见仍为将无域外效力推定既适用于责任规定也适用于损害赔偿规定作出了铺垫，而这一点，正是笔者认为正确的结论。但这一问题仍需等待未来的案件予以明确。

（二）最高法院释明第二步焦点，使一般损害赔偿规定依赖成文法中对责任的界定

最高法院对 RJR 纳比斯科案审理框架第二步的分析中，包含着对这一审理

---

[68] WesternGeco, 138 S. Ct. at 2142（戈索奇大法官的反对意见）。
[69] 同上，第 2143 页。

框架如何运用的解析。首先，可以确认的是无域外效力推定和分析"焦点"实际上是不同的。RJR 纳比斯科框架并不仅仅涉及无域外效力推定。对"焦点"的分析有所不同，有了第二步，即使未推翻域外效力不适用推定，也有可能实现一定的域外适用。

其次，通过在本案中运用第二步的分析，最高法院给未来的案件如何就救济性规定运用第二步分析提供了指导。在韦斯特杰科案中，最高法院适用第271条第（f）款第（2）项来确定该成文法的焦点，而并非仅关注第284条这一不含地域限制的规定。[70] 法院认为，第284条的焦点是"侵权"，但这一术语却取决于第271条对侵权的定义。[71] 这样的结果就是，"若要在特定案件中确定第284条的焦点，就必须审查发生的具体是何种侵权，因此我们转向韦斯特杰科主张其遭受的侵权和利润损失的依据——第271条第（f）款第（2）项"，法院如此说理道。[72] 因为第271条第（f）款第（2）项的焦点在于国内，所以即便是在美国国外实施的行为，也适用损害赔偿。

圣母大学法学院的史蒂芬·耶德曼教授（Professor Stephen Yelderman）在一份非当事人意见申述中提出了一种不把第284条的规定和具体侵权规定在本案中相绑定的思路。[73] 不过，他随后指出最高法院的做法是对笔者在知识产权法学者的非当事人意见申述[74]和之前的论文中建议的方法的认可[75]。[76]

通过将第271条第（f）款第（2）项用于第284条的焦点分析，最高法院指出，运用第二步分析一般损害赔偿规定的合理方法是结合其对应的责任界定条款。任何案件对一般救济性规定的分析都应依赖于案件事实和对应的责任条

---

[70] 同上。
[71] WesternGeco LLC v. ION Geophysical Corp., 138 S. Ct. 2129, 2137（2018）.
[72] Ibid.
[73] Amicus Curiae Brief of Law Professor Stephen Yelderman in Support of Petitioner, WesternGeco LLC v. ION Geophysical Corporation, 2018 WL 1393832（U.S.）, 5（U.S., 2018）.
[74] Brief of Intellectual Property Law Scholars as Amici Curiae in Support of Neither Party, WesternGeco LLC v. Ion Geophysical Corporation, 2018 WL 1181857（U.S.）（March 2, 2018）.
[75] Stephen Yelderman（@syelderman）, TWITTER（June 22, 2018, 8:31 AM）, https://twitter.com/syelderman/status/1010183516842315776.
[76] Timothy R. Holbrook, "Boundaries, Extraterritoriality, and Patent Infringement Damages", 92 *NOTRE DAME L. REV.* 1785.（2017）（"上述对 RJR 纳比斯科案审理框架的适用显示了，对域外行为的损害赔偿既取决于侵权的规定，也取决于索赔的性质"）.

款。在未来，法院必须先运用责任条款确定法律条文的焦点，再将焦点和案件事实相对比，确定能否针对美国国外行为判给损害赔偿。

最高法院这种对第二步的运用不仅非常关键，还超越了专利法的范畴：在未来，任何诉请法院判令对美国国外行为进行赔偿的主张，都将取决于有关责任的法律条文的焦点，而不仅仅是一般的救济性规定。[77]最高法院在判决理由中并没有表明这样的分析仅仅是针对专利法而言的。事实上，最高法院总体上拒绝对专利法做例外的对待，而是将这种分析扩大到更加广阔的法律领域。[78]通过将这一特别的侵权规定和损害赔偿的一般救济性规定相关联，最高法院为一般救济性规定设立了一种审理方法，[79]即责任界定规定将成为确定法律焦点的基础，而非一般救济性规定。

三、有待回答的问题及其意义

韦斯特杰科案原本能为该案涉及的多个法律问题提供全面的解答。最高法院保守的判决却导致一系列问题悬而未决。本文在这一节将对本案留下的暧昧之处一探究竟，并就法院在未来的裁判导向提供思路。

（一）帕沃英蒂格盛案、卡内基·梅隆案以及其他联邦巡回法院案件的判决是否在韦斯特杰科案中得以沿用

尽管韦斯特杰科案获得了相当的关注度，但该案并非联邦巡回法院第一次直面纷繁复杂的国际专利损害赔偿理论。联邦巡回法院曾判决过另外两起案件，分别是排除了国外销售利润损失的帕沃英蒂格盛诉仙童半导体案，[80]及排除了国

---

[77] 同上，第2137页（"若要确定第284条在具体案件中的焦点，我们必须审查发生的是何种侵权"）。

[78] Peter Lee, "The Supreme Assimilation of Patent Law", 114 *MICH. L. REV.* 1413, 1455 (2016)（"最高法院也许没有意识到专利法的独特要求，而是将专利法整合到了其熟悉的一般框架当中"）；Tejas N. Narechania, "Certiorari, Universality, and a Patent Puzzle", 116 *MICH. L. REV.* (2018)，第1388页（"这一普适性的假定与最高法院纸质专利例外主义的明显表现有关"）。

[79] 可以想到的是，国会可以通过一项救济性条款，而不仅仅是为一项单独的责任条款设置具体的赔偿。或者，救济措施可以包含其他限制，例如特定的地域限制。举例而言，第284条可以专门限制对美国境内活动的损害。但是，如果一项规定是一般性的救济措施，那么焦点分析必然会涉及关于责任的法律条款。

[80] 711 F.3d 1348, 1357 (Fed. Cir. 2013).

外合理使用许可费的卡内基·梅隆诉迈威尔科技公司案。[81]本文在这一部分将探讨韦斯特杰科案就这些判决中运用的审理方法的影响,以及即使这些案件的审理方法有误,最终的结论是否仍然正确。

第一,韦斯特杰科案采用了与帕沃英蒂格盛案、卡内基·梅隆案不同的域外效力分析方法。

在帕沃英蒂格盛案中,联邦巡回法院拒绝了专利权人提出的,基于已被认定为侵权的国内行为在全球范围内计算损害赔偿的理论。[82]在驳回美国国外损害赔偿时,联邦巡回法院运用了无域外效力推定。[83]联邦巡回法院的分析尽管篇幅不长,却有效地确立了一条明确否定损害赔偿域外适用的规则,至于个案中的具体事实情境则在所不问。法院认为:"国外生产、使用或销售美国专利发明的整个行为都是独立的、介入性的,几乎在所有情况下,此类行为都切断了由国内侵权行为引起的因果链。"[84]尽管联邦巡回法院引用了最高法院在莫里森诉澳大利亚国民银行案(Morrison v. National Australia Bank Ltd.)的判决[85],但联邦巡回法院并没有采用最高法院在该案审判中的方法。相反,联邦巡回法院似乎采用了一种严格的地域规则:国外行为一律不适用损害赔偿责任。

联邦巡回法院还在韦斯特杰科案的第一次复审中将此规则扩大运用到第271条第(f)款,而后在被最高法院发回重审时仍是如此。[86]此外,联邦巡回法院还依据第271条第(a)款,将这一规则运用在卡内基·梅隆案的损害赔偿和帕沃英蒂格盛案的专利侵权合理许可赔偿上。[87]联邦巡回法院在卡内基·梅隆案中更加详细地阐述了无域外效力推定,讨论了莫里森案中确定成文法焦点的要

---

[81] 807 F.3d 1283, 1307 (Fed. Cir. 2015) ("我们认为,无域外效力推定在特定的案件中也需要对合理使用费进行类似的限制")。
[82] 711 F.3d at 1371("这里的基本问题仍然是,帕沃英蒂格盛是否有权就在美国境外发生的侵权活动造成的损害获得赔偿。答案是否定的")。
[83] 同上。
[84] 同上,第1371—1372页。
[85] 561 U.S. 247(2010)。
[86] WesternGeco L.L.C. v. ION Geophysical Corp., 791 F.3d 1340, 1350 (Fed. Cir. 2015), cert. granted, judgment vacated, 136 S. Ct. 2486 (2016), aff'd in part, vacated in part, rev'd in part,, 837 F.3d 1358, 1361 (Fed. Cir. 2016), rev'd, 138 S. Ct. 2129 (2018)。
[87] Carnegie Mellon Univ. v. Marvell Tech. Grp., Ltd., 807 F.3d 1283, 1307 (Fed. Cir. 2015).

求。[88]联邦巡回法院对此总结如下：

尽管迈威尔公司的所有销售行为都和其在美国国内的侵权高度相关，并作为因果关系要素，成为假想谈判协议（hypothetical-negotiation agreement）的一部分，但这一结论仍不足以将国内销售之外的销售情况（没有国内生产、使用或进口）确定为许可费用的直接衡量标准。在事实问题上，由于跨境因果联系很容易被找到，如果不这样做，就很难推定不具有域外性，而这种推定必须告知我们对损害赔偿适用专利法。[89]

在这三个案件中，联邦巡回法院对损害赔偿都作出了严格的地域限制。美国政府和原告都强烈反对这种做法。美国政府宣称，近因是唯一限制损害赔偿的因素，而地域性不是。用美国政府的话来说，"专利法规定的利润损失计算同样取决于美国专利权人因国内侵权损失的利润，而不是专利权人在未遭受侵权的情况下能够获取利润的地域"。[90]这种措辞暗中攻击了联邦巡回法院在另外两起案件中的判决，即帕沃英蒂格盛案、卡内基·梅隆案。

最高法院驳回了帕沃英蒂格盛案和卡内基·梅隆案中的严格地域限制，但其也未达到美国政府宣称的这种程度：最高法院并没有仅仅按照近因原则来判决损害赔偿，相反，最高法院对第271条第（f）款第（2）项运用了两步走的"焦点"分析法。其并未表明，一旦责任得到确定，专利权人在全球任意一个角落遭受的损害就都应得到赔偿（法院并未认可美国政府的意见，法院拒绝详细说明近因或其他原则是否在该案中能够约束损害赔偿）。[91]法院确认了近因与域外效力有所区别，进而隐含地驳斥了美国政府的说辞。因此，最高法院既否定了联邦巡回法院在三个国外损害赔偿案件中的观点，也否定了美国政府的完全近因说。

第二，尽管最高法院对韦斯特杰科案作出了判决，但联邦法院帕沃英蒂格盛案和卡内基·梅隆案中拒绝损害赔偿仍可能是正确的（最高法院的其他判例

---

[88] 同上，第1306页["是什么构成了使美国法可以发生效力上的领土联系？这一问题最终必须通过审查特定法规中，国会关注的'焦点'来确定。"（引自 Morrison, 561 U.S. at 266–67）]。

[89] 同上，第1307页。

[90] Second Brief for the United States, p.13.

[91] WesternGeco LLC v. ION Geophysical Corp., 138 S. Ct. 2129, 2139 n.3（2018）["在达到这一标准之前，我们没有讨论其他理论（例如近因）在多大程度上可以限制或排除特定情况下的损害赔偿"]。

也可能错误)。

随着联邦巡回法院对国外损失设定的地域效力限制被驳回,最高法院对韦斯特杰科案的判决暗示帕沃英蒂格盛案、卡内基·梅隆案后续仍可以被援引。当然,有理由相信,在这两个案件中,尽管审理方法不甚正确,但裁判结果仍是对的。运用韦斯特杰科案的审理方法需要确定有关的侵权规定,从而确定成文法的焦点。在帕沃英蒂格盛案和卡内基·梅隆案中,有关的侵权规定是第271条第(a)款。正如笔者在韦斯特杰科案之前所论述的,最高法院最终采用的方法不同,可能导致适用第271条第(a)款和第(f)款的案件结果相异。[92]

第二步的焦点分析必然取决于案件事实。法院必须根据案件涉及的特定外国或跨国活动来确定成文法的焦点。例如在莫里森诉澳大利亚国民银行案中,法院首先确定了成文法的焦点。最高法院得出了这样的结论:"《证券交易法》的焦点并不在于欺诈在何处发生,而在于美国境内买入和卖出证券的行为。"[93]根据最高法院的看法,交易行为与《证券交易法》的规定相关,且该法案第10节第(b)条能够适用于美国境内其他证券的交易。[94]法院这样认定,是因为本案特殊的案情:欺诈行为发生在美国境内。[95]因为本案所涉法律条文的焦点是国内交易,而非欺诈发生地,所以最高法院认为《证券交易法》不能够规制本案中的行为。[96]

尽管奇欧贝尔诉荷兰皇家石油公司案(Kiobel v. Royal Dutch Petroleum Co.)中,多数法官不同意明确界定《外国人侵权法》(Alien Tort Statute)的焦点,但阿利托大法官(Justice Alito)——RJR 纳比斯科案的主审法官,还是在其赞成

---

[92] Timothy R. Holbrook, "Boundaries, Extraterritoriality, and Patent Infringement Damages", 92 *NOTRE DAME L. REV.* 1779-85.(2017).

[93] Morrison v. Nat'l Australia Bank Ltd., 561 U.S. 247, 266(2010).

[94] Ibid., p. 267.

[95] Ibid.("他们诉称,无论如何,他们寻求的只是法律的国内适用,因为佛罗里达州是 HomeSide 及其高管操纵财务模型实施欺骗的地点。他们还指控 Race 和 Hughes 在当地发表了误导性的公开声明")。

[96] Ibid., p. 273〔"第10节第(b)条仅规制在购买或出售在美国证券交易所上市的证券以及在美国购买或出售任何其他证券时,使用的操纵性或欺骗性手段或计谋。此案不涉及在国内交易所上市的证券,那些仍具有实时补偿权的请愿人所起诉的购买的所有方面均发生在美国境外。因此,请愿人没有提出可以获得救济的请求"〕。

意见中对此进行了界定。[97]本案中的全部暴行，包括殴打、强奸、杀人[98]，都发生在尼日利亚；唯一与美国本土相关的即为原告，其为尼日利亚公民，居住于美国。[99]多数法官意见认为域外效力不适用的推定未被推翻，排除了原告在《外国人侵权法》下的诉权。[100]阿利托大法官在此借鉴了莫里森案的说理，在本案中界定了该法令的焦点。根据他的看法，《外国人侵权法》的焦点仅为"满足索萨（Sosa）对文明国家间确定性要求和可接受性要求的行为"。[101]作为结果，《外国人侵权法》的诉讼事由"将落入无域外效力推定的范围，且将因此被法律所排除，除非美国境内发生的行为足以违背满足索萨对文明国家间确定性要求和可接受性要求的国际法准则"。[102]因此，原告不能在美国提起诉讼，因为本案中特定的行为并不在有关法律焦点涵盖的范围内。

尽管RJR纳比斯科案开创了域外效力两步走分析法，但其并未就第二步进行较多的分析。对于《诈骗影响和腐败组织法》（Raccketeer Influenced and Corrupt Organizations Act）中的一些实体规定，在第一步的分析中域外效力不适用的推定被推翻，就无须进行第二步的分析。[103]然而奇怪的是，在讨论《诈骗影响和腐败组织法》中个人诉讼的权利能否适用于国外活动时，最高法院给出了否定的答案，却对该法案的"焦点"分析只字不提。[104]也许正是因为原告放弃了其对国内损害的主张，法院才推定不需要讨论法律的焦点问题。因此，缺乏清晰的焦点分析影响了RJR纳比斯科案，也使得韦斯特杰科案在最高法院关于美国法域外效力的判例中变得举足轻重。

与韦斯特杰科案不同的是，帕沃英蒂格盛案和卡内基·梅隆案都涉及专利法第271条第（a）款规定的侵权。[105]当然，最高法院并没有回答第284条的

---

[97] 569 U.S. 108, 126（2013）（阿利托大法官的赞同意见）。
[98] 同上，第113页。
[99] 同上，第111—113页。
[100] 同上，第124—125页。
[101] 同上，第126页（阿利托大法官的赞同意见）[引自 Sosa v. Alvarez–Machain, 542 U.S. 692, 723-34（2004）]。
[102] 同上，第127页。
[103] RJR Nabisco, Inc. v. European Cmty., 136 S. Ct. 2090, 2103（2016）.
[104] Ibid., p. 2106.
[105] Carnegie Mellon Univ. v. Marvell Tech. Grp., Ltd., 807 F.3d 1283, 1308（Fed. Cir. 2015）; Power Integrations, Inc. v. Fairchild Semiconductor Int'l, Inc., 711 F.3d 1348, 1371（Fed. Cir. 2013）.

规定能否单独在第一步分析中推翻域外效力不适用的推定。[106]第284条本身并没有体现出立法机关有任何为国外行为适用损害赔偿的意图。

不仅如此，法院如果想以类似方式进行第二步分析——即寻找相关责任条款用于第一步的域外效力推定分析，当审查第271条第（a）款时就很难主张域外效力推定已经被推翻。该条推定以简明的语言要求侵权行为必须"在美国境内"，或"向美国境内"进口专利产品。[107]很难想象有更加简明易懂的语言能够用来表达地域限制的意思。[108]RJR纳比斯科案的分析就表明该案第一步可能无法满足。

其后，法院会进入第二步，像最高法院在韦斯特杰科案中的做法一样。因为焦点取决于给定案件的事实，因此需要一些假设才能够预想这一分析是如何进行的。然而已经有了两个案件，联邦巡回法院在案件中将侵权的跨国形式作为与第271条第（a）款相关的内容用于第二步的分析。第一个案子，是NTP公司诉黑莓公司（NTP, Inc. v. Research In Motion, Ltd.），涉及使用内含美国、加拿大专利部件的黑莓邮箱系统。[109]虽然第271条第（a）款的措辞具有强烈的地域性，联邦巡回法院仍然认定使用该系统系美国境内的行为，因为其用户在美国使用该系统，也在美国从该系统中获益。[110]

当时联邦巡回法院在该案中尚无RJR纳比斯科框架可循，但仍可以从中看出焦点分析应怎样在本案中运用。黑莓邮箱系统的所有要素都被认定在美国境内，只有一项例外——中继。第271条第（a）款的焦点系专利发明在美国境内的使用，以及其在美国境内的主要用途。因此，尽管有部分环节不在美国境内，

---

[106] WesternGeco LLC v. ION Geophysical Corp., 138 S. Ct. 2129, 2136–37（2018）（"解决该问题可能会牵涉《专利法》以外的许多其他法规。因此，我们行使酌处权，放弃我们对域外效力审查框架第一步的适用"）.

[107] 35 U.S.C. § 271（a）(2018).

[108] 参见 Donald S. Chisum, "Normative and Empirical Territoriality in Intellectual Property: Lessons from Patent Law", 37 VA. J. INT'L L. 603, 605（1997）（"在知识产权的三种主要形式中，专利权的地域性最为显著"）.

[109] 418 F.3d 1282, 1317（Fed. Cir. 2005）.

[110] 法院在本案的方法说明中得出了相反的结论。同上，第1317—1318页。有人认为这种分歧是不合适的，参见 Timothy R. Holbrook, "Method Patent Exceptionalism", 102 IOWA L. REV. 1001, 1044（2017）（"没有明显的理由能说明'控制和有益使用'的审查不能同样适用于方法说明"）.

但使用黑莓邮箱系统仍是所涉法律规定的焦点。[111]损害赔偿在此看来是合理的，因此专利权人应就美国境内的使用获得赔偿。

在联邦巡回法院对侵权专利发明出售要约的规定中也可见类似对第271条第（a）款的域外扩大适用。越洋离岸深水钻探公司诉马士基石油勘探公司案（Transocean Offshore Deepwater Drilling, Inc. v. Maersk Contractors USA, Inc.）中，联邦巡回法院认定侵权专利发明要约销售的地点系要约中计划销售的地点，而非作出要约的地点。[112]在本案中，所有关于专利钻机的交易谈判都发生在挪威，仅有运输发生在美国。[113]根据法院的认定："焦点不在于要约发出的地点，而在于根据该要约可能发生的未来销售的地点。"[114]

从技术上看，法院并没有说清楚，在美国作出的要约但在美国之外的销售是否属于第271条第（a）款的规范范围。[115]在随后的光环电子公司诉脉搏电子公司案（Halo Electronics, Inc. v. Pulse Electronics., Inc.）中，联邦巡回法院运用了越洋离岸深水钻探公司一案的审理规则并认为美国境内作出的在国外销售专利发明的要约并不构成侵权。[116]本案仅涉及在美国境内的销售谈判。[117]联邦巡回法院如此解释："如果美国国外的销售行为不构成针对美国专利的侵权，那么对专利发明的销售要约尽管是在美国作出的，当销售行为发生在美国国外时，其同样不应构成对美国专利的侵权。"[118]

越洋离岸深水钻探公司案、光环公司案对侵权要约销售的审理思路产生了一个奇怪的问题：因为要约无须被接受就可以构成侵权，所以即便没有发生在

---

[111] 需要明确的是，这种说法可能引起争议。笔者在此进行分析是为了协调联邦巡回法院在本案中对RJR纳比斯科案框架的运用。

[112] 617 F.3d 1296, 1309（Fed. Cir. 2010）["此案提出了一个问题，即美国公司在挪威向美国公司提出的在美国境内出售产品，在美国境内交付和使用的要约是否构成根据第271条第（a）款规定的在美国境内的要约。我们认为可以构成"]。

[113] 同上，第1310页。

[114] 同上，第1309页。

[115] See Timothy R. Holbrook, "Territoriality and Tangibility After Transocean", 61 *EMORY L.J.* 1087, 1104（2012）.

[116] 831 F.3d 1369, 1378（Fed. Cir. 2016）; accord Texas Advanced Optoelectronic Sols., Inc. v. Renesas Elecs. Am., Inc., 895 F.3d 1304, 1330（Fed. Cir. 2018）. 117 Halo, 831 F.3d at 1380.

[117] Halo, 831 F.3d at 1380.

[118] Ibid.

美国境内的行为，也有人可能要为侵犯美国专利权承担责任。[119]不仅如此，在美国开展行为的一方反而可能不用承担责任。[120]总体而言，这一结论看起来与无域外效力推定相悖，正如其导致对与美国领土无关的外国活动的规制，这种规制超出了专利权人本身受到的经济损失。[121]同时，美国境内的行为却被视为超出相关专利权的范围。

不过，根据 RJR 纳比斯科案框架中的第二步对第 271 条第（a）款的焦点分析，会改变越洋离岸深水钻探公司案、光环公司案的分析方法。事实上，这很可能会导致越洋离岸深水钻探公司一案的审理方式被否决，并重新引起地区法院对这一问题的分歧：要约和预期的销售是否都需要发生在美国境内，抑或只需要要约发出于美国境内即可？[122]越洋离岸深水钻探公司一案的规则允许在没有行为于美国境内发生的情况下产生责任，这将会让人无法辨认"焦点"的分析。第 271 条第（a）款的焦点系"在美国境内"，其表明至少需要有要约在美国境内作出。有这样一种支持越洋离岸深水钻探公司案规则的解释：将"要约销售"的规定和"对潜在的侵权产品产生兴趣，从而损害合法专利权人的商业利益"相联系。[123]如果相关损害是在美国因要约销售专利发明而产生的，那么这种损害似乎可以被认为是在美国境内发生的。这种对成文法焦点的分析思路包含一种基于后果的认定方法的变体，认为外国活动的影响会流入美国境

---

[119] Timothy R. Holbrook, "Territoriality and Tangibility After Transocean", 61 *EMORY L.J.* 1112.（2012）（在越洋离岸深水钻探公司一案的规则下，尽管在美国境内没有任何实际的商业活动，在美国进行谈判但未达成协议，存在在美国出售某些东西的可能的当事双方，仍可能对美国专利构成侵权）。

[120] 同上（因此，即使在美国境内进行这种商业活动，两方甚至两家美国公司，都可以在俄亥俄州就一项将在匈牙利使用的发明进行谈判，这种活动对于专利持有人可能具有重大价值，这两家公司将不受侵权诉讼的影响）。

[121] 这样看，越洋离岸深水钻探公司案的规则似乎是一种基于后果的域外效力检验。参见 Timothy R. Holbrook, "Extraterritoriality in U.S. Patent Law", 49 *WM. & MARY L. REV.* 2119, 2154-57（2008）（讨论在外国活动对美国有一定影响的情况下合适的域外效力检验）。

[122] Compare Cybiotronics Ltd., v. Golden Source Elecs, Ltd., 130 F. Supp. 2d 1152, 1167-71（C.D. Cal. 2001）（要约和出售都必须在美国境内），Wesley Jessen Corp., v. Bausch & Lomb Inc., 256 F. Supp. 2d 228, 233-34（D. Del. 2003）（仅需要要约在美国境内）。参见 Timothy R. Holbrook, "Territoriality Waning? Patent Infringement for Offering in the United States to Sell an Invention Abroad", 37 *U.C. DAVIS L. REV.* 701, 733 41（2004）。

[123] 3D Sys., Inc. v. Aarotech Labs., Inc., 160 F.3d 1373, 1379（Fed. Cir. 1998）。

内。[124]然而这样的思路并不能和RJR纳比斯科案中的明确表述相契合。最高法院认为相关行为必须发生在美国境内,而非仅仅是其影响在美国境内就足以认定。

如果与成文法焦点相关的行为发生在美国境内,即便其他行为都发生在国外,这个案件就可能涉及美国国内法的适用;但如果与成文法焦点相关的行为发生在某个外国,那么不论其他任何行为是否发生在美国境内,美国法律都不对此产生域外效力。[125]

鉴于RJR纳比斯科案,更加强有力的论点是,第271条第(a)款的地域限制系针对案件中的争议行为而言的,而非针对其产生的损害。因此,以焦点分析审视,越洋离岸深水钻探公司的规则是错误的。相反,该案中的行为——要约销售专利发明,需要在美国境内发生。这同样会使得光环公司案的规则变得错误,因为在该案中也有国内行为——要约销售专利发明。然而,预期的销售是否必须也在美国境内,这一点并不清楚,进而导致前述分歧的存在。可能正是光环公司案出于错误的原因设定了正确的规则。如果法院要在微软公司诉AT&T公司一案中对域外效力不适用推定运用现在—怀疑的方法(now-suspect approach),可能会要求要约和销售都必须在美国境内。[126]不过,焦点分析法可能导致结论回归到越洋离岸深水钻探公司一案。

帕沃英蒂格盛案和卡内基·梅隆案的情景是不同的。两个案件都涉及国外活动产生的损失,从而产生第271条第(a)款规制的国内侵权行为。帕沃英蒂格盛案解决了利润损失问题,而卡内基·梅隆案解决了合理许可费问题。两个案件中,都存在国内侵权行为。在帕沃英蒂格盛案中这些行为的准确性质并

---

[124] 参见 William S. Dodge, Understanding the Presumption Against Extraterritoriality, 16 BERKELEY J. INT'L L. 85, 124 (1998) (讨论了外国行为在国内产生影响时美国法的域外效力)。

[125] RJR Nabisco, Inc. v. European Cmty., 136 S. Ct. 2090, 2101 (2016);参见 WesternGeco LLC v. ION Geophysical Corp., 138 S. Ct. 2129, 2138 (2018) (本案中和焦点相关的行为发生在美国境内,即ION的境内行为是供应侵犯WesternGeco专利的零部件)。参见 William S. Dodge, "Understanding the Presumption Against Extraterritoriality", 16 BERKELEY J. INT'L L. 85, 124 (1998), 第88页 (解释了美国法应当仅适用于发生在美国境内的行为的"传统观点",该观点不考虑行为对何处产生了作用)。

[126] 550 U.S. 437, 454 (2007) ["任何觉得微软的行为超出第271条第(f)款范围的质疑都可以通过我们已经涉及的无域外效力推定解决"]。

不清晰，[127]似乎在特定案件中才存在。在卡内基·梅隆案中，侵权行为人使用了美国的专利方法，其目的是销售芯片以实施专利方法。[128]与韦斯特杰科案的案情不同，很多芯片都在国外生产，并销往外国市场。[129]唯一与美国相关的是这种专利方法在美国的展示性使用。在地域问题的分析中，塔兰托法官（Judge Taranto）出于某种深刻的预见性，[130]对成文法的焦点进行了分析。他认为第 271 条第（a）款的焦点在于美国境内的行为。

当一件实体产品被用于衡量侵权使用专利方法带来的损失时，我们认为地域性的要求在且只有在任何一项国内行为（如销售）被证明存在时才可以满足，此时即便其他行为（如制造、使用）都发生在国外也在所不问。非常重要的是，如果将域外适用原则扩大到限制损失的计算上，就没有道理坚持认为与被测算产品相关的行为是侵权行为。[131]

这项规则限制了外国活动适用损害赔偿的可能，且不考虑近因。最高法院在韦斯特杰科案中采取了相同的做法，其将地域性问题从近因中分离出来。[132]当然，联邦巡回法院对国外损失适用赔偿设定了严格的边界。从韦斯特杰科案的焦点分析来看，这并不是一种正确的做法，因为具体的情境的确很重要。举例说明，在 NTP 案或越洋离岸深水钻探公司案的情境下，损害赔偿就能够适用于美国国外的活动。

因此可以想象，帕沃英蒂格盛案和卡内基·梅隆案的规则，在韦斯特杰科案的裁判思路下仍可成立。然而有人对此持反对意见。明尼苏达大学法学院教

---

[127] Holbrook, Timothy R. Holbrook, "Boundaries, Extraterritoriality, and Patent Infringement Damages", 92 *NOTRE DAME L. REV.*（2017），第 1781 页（目前尚不明确帕沃英蒂格盛案中的侵权行为发生在何处，以及美国境内侵权行为和国外销售损失的关系）。双方已约定在美国制造设备，在美国销售设备，进口设备进入美国。参见 Power Integrations, Inc. v. Fairchild Semiconductor Int'l, Inc., 711 F.3d 1348, 1369（Fed. Cir. 2013）。约定以外，并不明确侵权行为在何处发生，以及它们如何与外国市场损失的销售相联系。

[128] Carnegie Mellon Univ. v. Marvell Tech. Grp., Ltd., 807 F.3d 1283, 1305（Fed. Cir. 2015）.

[129] 同上（Fed. Cir. 2015）。部分芯片确实回流到了美国，这需要另行审查。

[130] 形成了两步走方法的 RJR 纳比斯科案尚未尘埃落定。塔兰托法官从莫里森案借鉴了焦点分析。

[131] Carnegie Mellon Univ., 807 F.3d at 1306. 在这种情况下判决损害赔偿很有趣。使用专利的方法说明才构成侵权，但损害赔偿却针对的是销售使用该方法的芯片。应该相信，适当的损害赔偿应该只是针对使用该方法，而不是下游销售。

[132] 事实并非如此。可以将地域限制设想为近因分析的一部分：在美国以外的行为将被视为与侵权造成的伤害相距甚远，尽管它并不需要绝对避免产生这些损害。

授汤姆·科特（Tom Cotter）认为，这两个案件的规则已经不合时宜。他认为两个案件中外国活动造成的损失是应予赔偿的，因为这些损失的近因是第271条第（a）款规定的美国境内的侵权行为。作为结论，从韦斯特杰科案的视角来看，这些损失应该得到赔偿。[133]

此外，审理帕沃英蒂格盛案的地区法院近期也总结认为，在这种情况下，韦斯特杰科案直接推翻了联邦巡回法院在该案中设立的地域规则。[134]地区法院的理由相对简短，并没有关于第271条第（a）款的长篇大论。相反，法院仅仅是说："最高法院对专利损害规定，即第284条的焦点分析，对直接侵权主张有同样的适用性，正如第271条第（a）款所规定的，如其在韦斯特杰科案二审中对供应侵权零部件适用第271条第（a）款第（2）项的分析一般。"[135]地区法院总结道，鉴于"第271条第（a）款对国家利益的维护不逊于第271条第（f）款"，"并没有有力的理由能够说明对第284条应当另行解读"。[136]最终，地区法院认为，因为韦斯特杰科案在联邦巡回法院的审理"几乎完全依赖帕沃英蒂格盛案的判决"，并且"从逻辑上来说，当最高法院驳回韦斯特杰科案的一审裁判时，其也暗中驳回了帕沃英蒂格盛案的判决"。[137]地区法院批准了该案的中间上诉，[138]且联邦巡回法院同意审理此案。[139]因此，我们会在不远的将来得知这一问题的解答。

在笔者看来，地区法院的分析并没有合理地考虑到第271条第（a）款的焦点和地域限制，而它们恰恰与第271条第（f）款第（2）项非常不同。笔者对此不甚乐观，因此，韦斯特杰科案需要拒绝第271条第（a）款对于侵权损害赔偿的地域限制。第271条第（a）款的焦点对地域问题作出了更严格的限制。正

---

[133] Thomas F. Cotter, WesternGeco v. ION: Analysis, COMPARATIVE PATENT REMEDIES（June 22, 2018）, http://comparativepatentremedies.blogspot.com/2018/06/westerngeco-v-ionanalysis.html.

[134] Power Integrations, Inc. v. Fairchild Semiconductor Int'l, Inc., No. CV 041371-LPS, 2018 WL 4804685, at *1（D. Del. Oct. 4, 2018）.

[135] Ibid.

[136] Ibid.

[137] Ibid.

[138] Ibid., at *3.

[139] 参见 Power Integrations, Inc. v. Fairchild Semiconductor Int'l, Inc.,（Fed. Cir. Dec. 3, 2018）（签发中间审查令）。

如前文所述，最高法院在韦斯特杰科案中设定的分析规则需要回顾关于责任界定的条款。就第 271 条第（f）款第（2）项而言，如前文所述，最高法院认定的焦点在于美国境内的行为——在美国境内供应专利发明零部件。[140] 但焦点的一部分系供应行为从美国国内延伸到国外。第 271 条第（f）款第（2）项下，侵权的预期后果是美国国外的行为遭受规制。该条成文法甚至设想了在美国国外对专利产品潜在的组装行为，这与第 271 条第（a）款非常不同。[141] 这种对外国活动的明确考虑和第 271 条第（a）款中明确的地域限制形成鲜明对比。第 271 条第（a）款并没有假定任何域外活动，除了进口发明产品到美国国内，这一行为会带来国内影响。如果最高法院想要在韦斯特杰科案中设置一种简单的规则，即存在侵权，则所有近因损害都应获得赔偿，那么就没有必要在分析中超出第 284 条的范畴。最高法院本可以对第 284 条采取更宽泛的赔偿观点，而不是将这一规定与特定的侵权规定相联系。相反，最高法院没有这样做，而是转向适用第 271 条第（f）款第（2）项进行焦点分析。

（二）联邦巡回法院是否应重新考虑近因在规制赔偿时的作用

关于损害赔偿和地域性的讨论中，隐含着近因对规制赔偿的作用问题。[142] 耶德曼教授在法庭之友意见中提出了这一问题。此外，在口头辩论中，近因问题确实引起了关注。然而，最高法院在判决书中对此只字未提，而是将其放在脚注："在得出这一结论时，我们没有解决其他理论（如近因）在多大程度上能够限制或排除某些情况下的损害赔偿。"[143]

这一表述表明，域外效力不适用推定和焦点分析均有别于近因分析。域外效力可以这样简单地被归入近因分析：活动在美国国外，说明造成的损失更加间接。评估地域是否会使美国专利无法获得损害赔偿，需要逐案分析。然而，最高法院并没有接受将近因和域外效力相关联的观点，至少没有正式接受。

---

[140] WesternGeco LLC v. ION Geophysical Corp., 138 S. Ct. 2129, 2138 (2018)［将焦点描述为"在美国境内，或源于美国的供应行为"，引自 35 U.S.C. § 271 (f)(2)(2018)］。

[141] 35 U.S.C. § 271 (f)(1) &（2）.

[142] 正如德米特里·卡什泰德（Dmitry Karshtedt）教授所观察到的那样，"但近因并没有耗尽法律因果关系的范围"。Dmitry Karshtedt, "Causal Responsibility and Patent Infringement", 70 *VAND. L. REV.* 565, 600 (2017). 除了这里考虑的三者之外，还有其他限制：无因果关系、近因关系和地域性。

[143] WesternGeco LLC v. ION Geophysical Corp., 138 S. Ct. 2129, 2139 (2018).

本文的这一部分将探讨近因在规制由外国活动引起的国内专利侵权行为的损害赔偿中可能发挥的作用,首先将讨论这一主题下的学术观点,而后讨论联邦巡回法院对近因的处理方式是否太过宽松。

1. 关于近因规制损害赔偿的评论观点

在一篇发表于最高法院判决韦斯特杰科案之前的论文中,耶德曼教授就探讨这些问题提供了一个有趣的思路。[144]他提出三个专利法的限制维度:时间、技术范围、地理范围。在责任的范畴内,这三项限制都会形成较为严格的规则。行为人不会在某专利生效前或失效后对其承担侵权责任;[145]行为人不因某专利权限以外的设备就该专利承担侵权责任;以及行为人不因发生在美国国外的行为为美国专利承担责任。[146]这些限制在适用于损害赔偿时并不那么严苛,至少在时间和技术性这两个维度上如此。在特定情况下,过期专利[147]、非专利的零部件或设备造成的经济影响均可引起损害赔偿。[148]然而在韦斯特杰科案之前,联邦巡回法院已经就损害赔偿适用严格的地域规则,但这种严格的地域规则是耶德曼教授反对的。他认为对救济性赔偿的限制应当是实际因果关系和近因关系。[149]

对于韦斯特杰科案在近因上的不同,笔者难以认同耶德曼教授的结论。并不存在直接由出口设备零部件导致的销售利润损失。相反,损失的是没能售出

---

[144] Stephen Yelderman, "Proximate vs. Geographic Limits on Patent Damages", 7 *IP THEORY* 1, 1-2 (2018).

[145] 救济权利存在一个小漏洞。35 U.S.C. § 154(d)(2018). 如果在相关专利申请公布后,一方在知情状态下使用了发明,则专利所有人有权对使用方收取合理的专利使用赔偿。但是,除非获得专利授权,并且 "除非该专利要求保护的发明与在公开专利申请中要求保护的发明基本相同",否则这些赔偿是不可能获得的。

[146] Stephen Yelderman, "Proximate vs. Geographic Limits on Patent Damages", 7 *IP THEORY* 1, 1 (2018).

[147] 参见 BIC Leisure Prod., Inc. v. Windsurfing Int'l, Inc., 687 F. Supp. 134, 138 (S.D.N.Y. 1988)(允许就 "专利权人诉称将造成的未来损失进行赔偿,因为 BIC 将因其先前的侵权行为而加速占据市场")。

[148] Juicy Whip, Inc. v. Orange Bang, Inc., 382 F.3d 1367, 1371 (Fed. Cir. 2004)(全市场价值规则是专利损害赔偿规则的一部分,它定义了专利权人能够收回通常与专利产品一起出售的非专利组件的利润损失的权利)。

[149] Stephen Yelderman, Proximate vs. Geographic Limits on Patent Damages, 7 IP THEORY 1, 7 (2018).

的使用专利发明的服务。这一损失更多源于对发明的侵权使用,而这些使用行为在本案中无法被认定为专利侵权的形式。使用行为本身仅当其发生在美国境内时才构成侵权。就第271条第(f)款第(2)项而言,其焦点是在美国国外可能进行的发明组合,使这一行为类似于侵权制造专利发明。因此,即便这些损害在某种程度上可以预见,但也仍不应作为侵权行为处理。

目前尚不清楚最高法院是否就本案中仍然存在的近因问题指示联邦巡回法院。最高法院否定了联邦巡回法院为驳回这些损害赔偿而设定的明确规则,但通过阅读判决脚注可以发现,这一问题在本案中依然不明确。当然,考虑到联邦巡回法院对近因的宽泛看法,联邦巡回法院不太可能用近因学说来限制本案的损害赔偿。

此外,笔者同意耶德曼教授的观点,即近因可能是法院用来限制专利侵权赔偿数额的合适杠杆。不幸的是,联邦巡回法对近因的适用并不一致,这是最好的情况。最坏的情况是,联邦巡回法院放弃了近因的有效限制作用,将近因分析缩减得仅剩可预见性分析,但可预见性并不是近因的必要因素。[150]不过确实,近因对于衡量专利权人损失可能也并非特别好的方法。[151]

2. 联邦巡回法院对待近因的方式损害了近因对专利损害赔偿的限制作用

联邦巡回法院关于近因的观点,起源于其开创性的瑞泰公司诉凯利公司案(Rite-Hite Corp. v. Kelley Co.)。[152]在该案中,联邦巡回法院认为,因同一市场内存在侵权竞争产品销售,专利所有权人可能因此遭受销售利润损失。[153]这样一来,法院就采用了基于经济损失的损害赔偿方式,近因被简化为以下表述:

---

[150] Roger D. Blair & Thomas F. Cotter, "Rethinking Patent Damages", 10 TEX. INTELL. PROP. L.J. 1, 71 (2001)(法院经常指出,近因学说排除了"不可预见的""间接的""远程的""投机性的"和出于"政策考虑"而被禁止的主张,但法院没有对使用这些结论性术语进行较多的分析)。

[151] 参见John W. Schlicher, Measuring Patent Damages by the Market Value of Inventions—the Grain Processing, Rite-Hite, and Aro Rules, 82 J. PAT. & TRADEMARK OFF. SOC'Y 503, 527 (2000)(合理的可预见性审查不足以限制赔偿数额,甚至可能增加数额。在该案中,法律试图建立适当的财务激励措施以避免对他人造成损害且促进合同履行。专利侵权影响的可预见性,和确定一项发明遭受的损失价值并将该价值赔偿与专利所有权人并无关系)。

[152] 56 F.3d 1538, 1546 (Fed. Cir. 1995)(en banc).

[153] Ibid.

我们认为，根据《专利法》第284条的规定，对充分赔偿（这是最高法院赋予该法规的含义）与法律一般原则所包含的合理赔偿责任限额之间的平衡，最好从合理、客观、可预见的角度来看待。如果某个特定损害对广义上的相关市场内的侵权竞争者而言是或应该是可以合理地预见到的，那么在不具备充分说服力的相反原因的情况下，该损害通常是应予赔偿的。[154]

由于专利权人的非专利但有竞争力的产品的销售流失是可以预见的，因此这些销售利润的损失应获得赔偿。在得出这一结论时，联邦巡回法院确实指出，近因和可预见性代表着一些标签，这些标签是"在司法上用来限制行为人对其行为承担法律后果的工具，这些行为关系太间接，无法论证赔偿的正当性"。[155]对这些限制的认定"要根据逻辑、常识、正义、政策和先例的综合考量，来认定每个案件的事实"。[156]但联邦巡回法院忽视了其他的考虑，而是采用了对可预见性的简单分析。联邦巡回法院有时会基于这种可预见性原则，判决专利权人就很大范围的市场获得赔偿。[157]

但是，这种对利润损失的处理方法与法院在该案中的其他主张有所冲突：除非专利发明与非专利部件构成一个功能单元，否则专利权人不得就非专利部件的销售损失获得赔偿。

因此，当对专利组件和非专利组件一并求偿时，既往的案件事实很明显地表现出对赔偿的限制，即专利组件必须和非专利组件一起以某种方式运行产生最终的产品或需要的效果。所有组件必须一并成为类似于单个组件的存在，或

---

[154] Ibid.

[155] Ibid.

[156] Ibid.［引自 Thomas Atkins Street, 1 Foundations of Legal Liability 110（1906）］［被引用于 W. Page Keeton et al., Prosser & Keeton on the Law of Torts § 42, at 279（5th ed. 1984）］。还可参见 Thomas F. Cotter, "Transformative Use and Cognizable Harm", 12 *VAND. J. ENT. & TECH. L.* 701, 726（2010）（例如在侵权法学说中，近因和对非经济损失赔偿的限制，可以被认为体现了以下原则：出于多种政策原因，被告不应就违反职责造成某些损害而承担赔偿）。

[157] See, e.g., Micro Chem., Inc. v. Lextron, Inc., 318 F.3d 1119, 1120（Fed. Cir. 2003）（非专利微观因素的销售损失可获赔偿）; Minco, Inc. v. Combustion Engineering, Inc., 95 F.3d 1109, 1118（Fed. Cir. 1996）（专利过程产品销售损失获得赔偿）。

者是整个机器的一部分，或必须构成一个功能单元。[158]

即使这些互补产品的销售可以预见，联邦巡回法院还是驳回了对互补销售的赔偿。[159] 该法院在损害赔偿的可获得性上增添了一项基于政策的限制，这和针对非专利竞争产品的利润损失进行的宽泛可预见性分析形成了鲜明对比。[160] 正如少数法官意见所强调的，法院没有为两种情况的不同处理提供明确的理由。[161] 在发展后一种被称为全市场价值规则的学说时，联邦巡回法院一直试图对近因的概念进行一致的适用。[162]

近因原则仍然是法院限制广泛损害赔偿理论的重要手段，但联邦巡回法院的近因分析方法最多也只能称得上是前后不一的。最高法院针对近因的动向可能表明，联邦巡回法院现在应重新思考其理论的广泛性。正如耶德曼教授指出的，有充分的理由可以说明为什么近因应当限制帕沃英蒂格盛案和卡内基·梅隆案中的损害赔偿。笔者的观点是，韦斯特杰案的赔偿也同样因侵权行为而大大减少。但是，全面的"可预见性"审查很容易被滥用，其标准实际上是不断变化的。随着全球市场的风云变幻，可能过去无法预见的情况，现在就能够预见了。笔者认为，损害的跨国状态，就足以表明损害本身应当被视为关系更远的存在。[163]

---

[158] Rite Hite Corp. v. Kelly Co., 56 F.3d. 1538, 1550 (Fed. Cir. 1995).

[159] 布莱尔和科特都认识到这一测试的模糊性，尽管他们认为功能测试可能是其所采取方法的良好范例。Roger D. Blair & Thomas F. Cotter, Rethinking Patent Damages, 10 TEX. INTELL. PROP. L.J. 1, 86-76 (2001) ("令人惊讶的是，联邦巡回法院含糊其辞的功能测试，可能和限制专利权人就补充商品的销售利润损失获得的赔偿相当")。

[160] 同上，第72页（可以预见的是，"侵权行为导致专利权人在销售补充商品时将遭受利润损失"）。

[161] 然而讽刺的是，瓦拉赫法官将近因和全市场价值规则的功能统一规则进行比较，认为二者是一致的。参见 WesternGeco L.L.C. v. ION Geophysical Corp., 791 F.3d 1340, 1358 (Fed. Cir. 2015) （瓦拉赫法官的反对意见）("尽管有关授权销售和全市场价值规则的讨论通常只针对产品，但正如本法院所认可的那样，没有法定的或理论上的理由排除这些规则适用于与功能相关的服务")。

[162] Warsaw Orthopedic, Inc. v. NuVasive, Inc., 778 F.3d 1365, 1375 (Fed. Cir. 2015) （否认损害赔偿是为了便于企业结合业务优势搭售产品，而不是因为有关产品能视为一个功能性单位）。

[163] 解决这些问题的另一种方法是正式考虑与外国法律的潜在冲突。参见 Timothy R. Holbrook, Boundaries, Extraterritoriality, and Patent Infringement Damages, 92 NOTRE DAME L. REV.1785-90 (2017); Holbrook, Extraterritoriality in U.S. Patent Law, 49 WM. & MARY L. REV. 2119, 2163-57 (2008) （为考虑域外情景下专利法的冲突提供正式建议）; Sapna Kumar, Patent Damages Without Borders, 25 TEX. INTELL. PROP. L.J. 73, 109-12 (2017)。

结论

对于漫不经心的观察者而言，韦斯特杰科案似乎是个古怪又深奥的案例，涉及专利法中一个相当狭窄的方面。实际上，该案不仅对专利法，而且对无域外效力推定的发展，提出了许多重要的问题。但是，最高法院并未作出影响深远的判决，而是作出了更为微观、更为保守的裁判。然而，这一裁判对于美国法律的域外效力，以及专利法的损害赔偿规定，都具有更加广泛的意义。该判决可能掀起的波澜将超出其涉及的问题，未来的诉讼参与人最好对其中的表述和推理多加留心。

"创新与设计"或
"创新与商标"的关系

[日]杉光一成 *

张乐 ** 译

一、序言

谈到创新与知识产权的关系,许多人会认为保护"技术"的《专利法》起主导作用。即通常认为,创新与"发明"具有很高的亲和力,专利制度可以增强和保护技术创新相关的动力。

那么,如本文标题所示,"创新与设计""创新与商标"之间的关系又是怎样的呢?甚至有人可能怀疑它们之间究竟是否存在关联。

但是,最近在经营学领域的研究表明,"创新与设计""创新与商标"都密切相关,与其说近年来不如说今后,这将是应予重视的观点。

因此,在本文中,在整理这些先行研究内容的同时,将概括地研究它与知识产权的关系。

二、创新与设计

(一)设计、驱动、创新

创新与设计之间是什么关系?实际上,在经营学领域和知识产权领域,曾经以"技术为创新的中心",而所谓的"设计"相关的研究却很少。

但是,最近关于"创新与设计"之间关系的研究正在增加。其中很有影响的一个研究是"设计、驱动、创新"的概念,这是由多名有实力的经营学家[1]提

---

* 杉光一成,KIT 虎之门研究生院(金泽工业大学)知识创造系统专业教授。本文原刊载于日本《专利研究》第61卷第12号,第26—34页,2016年3月。
** 张乐(1995—),上海外国语大学2018级法律硕士研究生,主要研究方向:日语法律。
[1] ジェームズ・M・アッターバック,ロベルト・ベルガンティ等。

出的。

那么，"设计、驱动、创新"（Design，Driven，Innovation，以下简称DDL）是什么意思呢？

关于DDI，有一本同名书籍为 *Design Driven Innovation*（《设计、驱动、创新》）。该书由专门研究创新管理的米兰理工大学教授罗伯托·韦尔甘特（Roberto Verganti）撰写。实际上，本书中（以日译书为前提，以下相同），并没有明确定义DDL的概念。

因此，首先，我想确认本书中提到的作为DDI的成功示例的一种产品，是叫作斯沃琪（Swatch）的手表。20世纪80年代初期，伴随着被称作石英钟革命的日本钟表制造商的兴起，瑞士钟表产业濒临毁灭性的危机。当时发售的，直到现在引领瑞士钟表产业复兴的就是这个品牌。

当时，手表被视为了解时间的工具（一种机器）或珠宝，手表的变化基本上是日历功能的增加和误差的减少等，说到底也只是改善或者改良作为工具的质量这样的基本路线。

但是，斯沃琪以类似于"领带"的休闲"时尚物品"出售手表。基本上没必要拥有多个"了解时间的工具"或"珠宝"。但是，就像几乎没有男性只有一条"领带"那样，休闲时尚物品一般会有多个，根据TPO原则[①]，应搭配不同颜色或设计的手表。韦尔甘特（Verganti）把这解释为，手表这种商品的"意义"已经改变了。

这里"设计"一词不应被误解的是，不应该认为斯沃琪是因为改进了"外观"和"风格"而畅销，或简而言之，是因为"酷"而畅销。"外观"和"风格"与其他竞争产品相比较，只不过是例如在A和B中犹豫不决时的选择因素。把斯沃琪作为休闲"时尚物品"而购买其手表，这与市场中竞争产品相比较的情形是不一样的，因为消费者最初"购买理由"的不同。因此，购买的理由已经改变，购买的层次应该也发生了变化，从"市场"这一角度来看，可以说已经建立了一个不同于过去的"新市场"。

DDI的另一个示例是任天堂公司的Wii游戏机。过去，游戏机的操作终端（控制器）上有许多彩色按钮，主要的用户是有时间熟练学习的儿童和游戏爱好者。与之相对的是，Wii游戏机不是处于游戏机基本性能（处理速度、分辨率等）的"改良或改善"的"延长线上",[2]而是享受摇动面对屏幕的棒状控制器这样的简单操作。可以说，由此创造出新的市场，将包含非主要用户的"女性"在内的"普通成年人"纳入购买群体。韦尔甘特把这解释为，"重新定义了玩游戏的体验"。

那么，如何根据这些具体例子来定义 DDI？在之前提到的同本书中，关于 DDI，提到"创新策略的创造，即创造消费者具有不可动摇的购买动机那样的全新含义的产品和服务"（第 2 页），还提到与其同义的"设计推进策略"（第 91 页）。另外，"全新含义的"这种说法也在其他地方被解释为"提出划时代的新含义"（第 174 页等）。从斯沃琪的事例可以明显看出，"划时代的"（原文中为 radical）清楚地表明，它并不是在原来产品所拥有的功能的"改善或改良"这个维度上。这句话表明它不在以前产品的"延长线上"，所以也可以"异质"换言之。

此外，韦尔甘特所说的"意义"（meaning）一词也未必是明确的。阿塔巴克[3]在说明了"意义"是与功能和实用不同的"产品的情绪性和象征性价值"之后（第 21 页），解释了"客户体验"的重要性（第 22 页），并进一步指出"公司的整体战略应集中于'取悦客户'这一唯一目标"（第 27 页）。韦尔甘特在关于某个灯的具体事例的上下文中，说明"从本质上重新定义了产品的含义……也就是说，不是因为灯很美而购买，而是因为它能够使心情变好"（第 49 页）。所以，这里的"意义"可以被认为是经验，更具体地说是"顾客的愉快体验"，整合前文所述的关于 Wii 游戏机"重新定义了体验"的说明与韦尔甘特关于灯的具体事例，这里的"意义"可以理解为顾客的愉快"体验"。

而且，韦尔甘特说，"划时代的新含义"是"用户没有注意到的，但最终表现为用户实际上正在寻找的东西，并在市场上取得巨大的成功"（第 174 页）。或者也可以解释为"它自己创造了巨大的市场"（第 23 页）。换句话说，这意味着"新市场"的建立，同时，这可能是从事 DDI 的企业的最终目标，也是其目的。

---

[2] 韦尔甘特（2012）指出，Wii 的绘图法可以说是比较简单的（第 102 页），使用的是性能较低的"陈旧技术"（第 106 页）。

[3] ジェームズ・M・アッターバック（2008）「デザイン・インスパイアード・イノベーション」サイコム・インターナショナル監訳。

综上所述，可以将 DDI 定义为"以创造新市场为目的，为客户提供与传统产品（包括附带的服务）不同的，与产品相关的不同性质的愉快体验"。

（二）与知识产权法的关系

那么，根据这个定义，DDI 与知识产权法有怎样的关系呢？

知识产权是独占排他性权利，从产品市场的角度来看，因为具有"市场准入抑制功能"[4]，在通过 DDI 创建新市场的情况下，当然可以作为抑制其他公司进入该市场的工具。

因此，让我们以 DDI 为前提讨论"设计"的概念。从 DDI 的上述定义来看，这里所说的"设计"是指"向顾客提供与产品相关的不同性质的愉快体验"。

新颖和美观的外观在视觉上可能会成为"不同性质的愉快体验"，所以当然包含被认为是物品的美学外观的"构思"，规制商品形态模仿的《防止不正当竞争法》第2条第1款第3项。外观在众所周知、著名的情况下（例如，1999年 iMac 临时处置案），该法第2条第1款的第1项和第2项成为其保护对象。例如，它还可能包含销售产品的商店的设计。

在这种情况下，商店作为不动产大多数时候很难将其称为"物品"，因此，根据《外观设计法》来保护有一定的限制，但是作为《商标法》中的立体商标有被保护的空间，并且实际上也存在注册实例（注册号5272518等）。另外，作为与"体验"相关之物，不仅有产品外观上的"视觉"，此外还有触觉、听觉、味觉、嗅觉。因此，与触觉相关的产品的可操作性，尤其是"用户界面"也可以包含在此处的"设计"中。这样的东西属于"技术思想"，可以作为一种"发明"受到《特许法》(《专利法》)的保护。例如，苹果公司的弹跳滚动专利（第4743919号）就是此类专利的一个例子。此外，它还可能包括例如汽车和摩托车的发动机声音等与听觉有关的事物。根据2014年的修正案，声音商标被纳入保护，因此有可能受到《商标法》的保护。

如上所述，DDI 所指的"设计"远远超出了所谓"外观设计"的定义，并

---

[4] 杉光一成「マーケティング・ツールとしての知的財産」東京大学政策ビジョン研究センター・ワーキングペーパー（2014年10月）3頁，http://pari.utokyo.ac.jp/unit/iam/outcomes/pdf/papers_141021.pdf.

被认为可能成为各种知识产权法律的保护对象（图 4）。

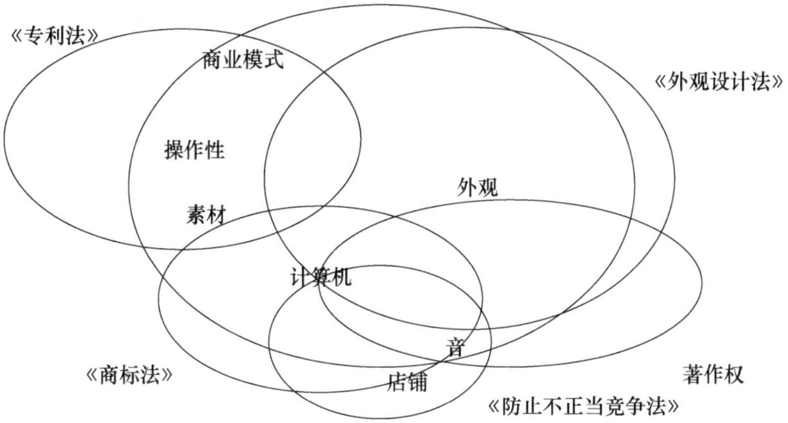

图 4　设计与知识产权制度的关系

DDI 的目的是"创造新市场"，为了施加进入这种市场的"准入抑制"，尽可能地探究与"设计"相关的知识产权保护是重要的。

三、创新与商标

（一）创新与商标战略

接下来，我们将研究创新与商标之间是否存在关系。虽然乍一看似乎很难理解这种关系，但是从狭义上把握这里所说的创新，就是日本曾经的《经济白皮书》中使用的定义"技术创新"[5]的意思，这样理解反倒变得容易了。换句话说，这意味着创新"技术"的商标化。于是，把这称作"创新商标战略"。这里所举的作为创新商标战略的成功案例是，所谓的戈尔特斯防水纤维"技术"。戈尔特斯可以说是著名的创新防水纤维商标，具有防水、透气的功能。戈尔特斯还用于滑雪服、登山服和最近的鞋子等，当然戈尔特斯不是产品名称，而是纤维的"技术"名称。

过去，在谈到商标时，"消费者"的认知度是基本，所谓的 B2C 领域是默认的前提。因此，作为 B2C 领域的产品，关于典型的纤维"材料"，"商标"是必不可少的。

但实际上，像戈尔特斯这样的原材料和像英特尔这样的处理器之类的计算

---

[5]　近年来这种翻译更接近"误译"，一般认为"创新"一词并不限于技术性的东西。

机"零件"成为商标的事例很多，并备受关注。

关于这种类型的商标，其实在欧美被称为"成分商标"（Ingredient Brand），简称"InBrand"。[6]

过去，在日语文献中，实际情况是没有将其解释为"成分商标推广"或"要素商标推广"等固定的译语。

但是，一方面由于"成分"一词具有化学意象，因此不可能包含物理的"零件"。另一方面，日语中的"要素"一词的语义太过宽泛，近来其对象变得模糊且不明确，很难说用哪一个译语确切。

因此，应该将作为"成分商标"简称的造词"InBrand"直接作为片假名译语。[7]

那么，欧美正在讨论的"InBrand"是什么呢？虽然不一定存在明确且确定的"InBrand"的定义，但可以考虑定义为"与供应商的构件材料[8]（零件、材料等）相关的商标"。换言之，一般是着眼于"谁"被商标化这样的主体。

如前所述，过去的商标论是以 B2C 领域为默认的前提。换言之，因为商标是与情绪和感情相联系的价值，所以被认为与以企业间交易为基础的 B2B 领域完全没有关系。实际上，在 B2B 中，一般来说企业的所谓"采购部门"是采购主体，因此比起情绪和感情更加重视"理性"。在这样的 B2B 领域，由于没有考虑商标的历史发展，可以认为是相当于 B2B 最初的 B 级的"供应商"这一主体受到关注。

此外，也有成功的案例，不是"供应商"，而是所谓的 B2C 成品制造商进行了"技术商标化"。

例如，优衣库的"热温技术"（Heat Tech）被认为是日本创新商标战略的成功案例之一。"热温技术"不用说指的是具有温度调节功能的纤维"技术"，即它不是具体的"商品"名称，而是"技术"名称。

夏普的"净离子群"（Plasmacluster）空气除菌技术也不是企业名称或商品

---

[6] フィリップ・コトラー，ヴァルデマール・ファルチ，杉光一成（訳）「コトラーのイノベーション・ブランド戦略」iv（白桃書房，2014 年）．

[7] フィリップ・コトラー，ヴァルデマール・ファルチ，杉光一成（訳）「コトラーのイノベーション・ブランド戦略」iv（白桃書房，2014 年）．

[8] "构件材料"不一定是指一般的东西，但它既包括成型的"零件"，也包括不成型的"材料"。

名称，而是"技术"名称，该技术除用于空气净化器外，还用于空调、冰箱、汽车等多种产品。

那么，以供应商商标为前提的"inbrand"与优衣库、夏普等"技术商标化"（技术商标）是不同的概念吧？毋庸置疑，"inbrand"着眼于供应商这个"主体"，而"技术的商标化"不是着眼于主体，而是着眼于所谓技术这样的商标化对象即"客体"，这是两者之间的不同点。

从结论上来说，虽然存在差异，但从结果上看"基本一致"。

具体而言，"inbrand"与成品制造商相比，虽然着重于以前述的零件或者材料制造商为代表的供应商这个"主体"，但实际上被商标化的对象是"高性能零件或材料"，那几乎必须是存在创新"技术"的。也就是说，供应商的"零件"和"材料"通常具有通用性，不存在任何创新"技术"会与其他公司有区别，很难实现商标化。

实际上，哈佛商学院的约翰·库维尔奇（John Quelch）教授提出关于"inbrand"要被考虑的四个要点。[9]

（1）构件材料通常受专利保护。

（2）最终产品（成品）的功能是以构件材料为中心的。

（3）最终产品没有强大的商标影响力。

（4）最终产品是在售后服务市场上出售的"构件材料"的组成品。

当然这里需要关注的是第（1）点。这可以说是"inbrand"与"技术商标"几乎同义的证据。[10]

综上所述，"创新技术商标战略"就是"创新商标战略"，具体而言，即"展示在成品上的某个创新技术（特别是零件或材料）的商标，可以将其定义为（主要是供应商）旨在获得竞争优势的策略"。

在此，笔者将"创新商标战略"与通常的商标战略的区别整理如下：

首先，通常的商标战略总是以 B2C 企业为前提，B2B 企业大多是创新商标战略的主体。

---

[9] John Quelch, "Blank 'inside:Brandingingredients'", Harvard Business School Working Knowledge（2007）.

[10] 更准确地说，没有限定主体的"技术商标"概念包含了"inbrand"概念。

其次，创新"技术"的存在，具体以专利权的存在为原则，这也是通常商标论所没有的特征。

过去，"技术"说起来是隐藏在商品的"影子"里的，并且大多从下而上承载起商品价值的作用。换言之，这种想法接近于用"技术""卖商品"的想法。

但是，如果"技术"本身就是"强项"，那么也可以采用将其强项放在前面的战略。也就是说，向"卖技术的'商品'"的想法转变。[11]

而且作为最后的特征，通过"在成品上展示"这样的"技术商标"，获得最终消费者的信任，产生与该技术（零件、材料）相关的需求吸引力。

这样的创新商标战略，对以所谓 B2B 企业的供应商为中心、以技术力量为强项的日本制造业来说，是极其重要的。

（二）与知识产权法的关系

1. 作为商标的保护

作为创新商标战略对象的技术商标，正如文字所示，是"商标"的一种，因此基于商标法的保护是理所当然的。

实际上，在这点上技术商标的保护存在困难。这是因为，在《商标法》中，以附加在商品、劳务上的商标被保护为前提，很难设想商标法会以直接保护"表示技术本身的名称"作为原则。[12]

因此，必须明确指定技术被"应用"的"商品"和"服务"来取得权利。

不过，即使以这种形式取得了权利，关于"使用"在实践中也会产生相关问题，实际上与此有关的司法判例很多。

接下来探讨关于此问题的具体司法判例。"ZAX 事件"[13]是在成品"长裤"上印有原材料（纤维）技术商标"ZAX"（指定产品：第 25 类，衣服，大衣等）的标签，关于该行为是否符合注册商标"ZAX""长裤（衣服）"的"使用"是一个有争议的事件。在这个事件中，附在休闲裤上的标签的使用，由于它只能

---

[11] 上條由紀子・芦田望美・杉光一成「テクノロジーブランディング（技術のブランド化）の法的保護に関する研究」平成 21 年度 TEPIA 知的財産学術研究助成成果報告 2 頁。

[12] 与商标法的关系及相关裁判例的详细内容，请参照上條由紀子・芦田望美・杉光一成「テクノロジーブランディング（技術のブランド化）の法的保護に関する研究」平成 21 年度 TEPIA 知的財産学術研究助成成果報告 2 頁。

[13] 東京高裁平成 17 年 3 月 17 日判決，平成 16 年（行ケ）第 404 号。

保证"原材料"的质量,所以判决不符合在"衣服"上的使用。换言之,假设以此判决为前提,纤维的供应商采取创新商标战略,即使在"衣服"这一商品上使用本公司创新纤维(该衣服使用了上述纤维),这个行为并不属于"商标的使用",这样的后果就是该商标会因为不使用而被撤销。

该判决在法律上难以支持创新商标战略。这是因为如上所述,技术商标只能通过"展示于成品上"来提高普通消费者的认知度,并给打算推广技术商标的企业(尤其是供应商)带来好处(假设成品衣服没有附加技术商标,那么对戈尔特斯是否成功产生怀疑)。

然而,最近出现了尽管与在成品上展示原材料商标在意义上几乎相同的案件,却得出了完全相反的结论的判决。那就是"葛兰姆事件"[14]。在此判决中,在成品羽绒服上纤维商标(技术商标)的使用,从被附加物品的角度看只是为了展示使用的"原材料",可以理解为被用作表现"衣服"的来源和质量,关于"衣服"相关的"商标使用"是被认可的。

以此判决为前提,实行创新商标战略可能得到法律支持。

但是,在创新商标战略的情况下,并非本公司的产品而展示在其他公司的成品上的情况很多,充分注意这样的"商标使用"问题是必要的。

2. 来自专利的保护

如上所述,在创新商标战略与知识产权法的关系中,最值得重视的不是其与商标法的关系,而是前述的"专利权"的存在被视为基本前提。由于难以获得实证数据,因此只能推测,假设某项"技术"没有专利权,则认为该技术与竞争产品的技术"有差别",但很难被认定为商标。

如果说有可能的话,那就是创新"技术"的实际状态是技术秘诀,即使对产品进行反向工程,也无法模仿同类技术的情况(来源于所谓的"工匠技术"等)。这是因为有价值的技术在法律上是允许被模仿的,而且能够模仿的话,竞争公司不可能不跟随。

那么,拥有专利权,从而被"差别化",即使具有竞争优势,在专利权因存续期限到期而丧失,可以说失去了竞争优势的工具后,以怎样的方法维持下去呢?例如,戈尔特斯出现于1970年前后,因此防水纤维的基本专利当然已经到

---

[14] 知财高裁平成25年9月25日[平成25年(行ケ)第10031号]。

期了。即使反复改善和改良，若有与当时基本专利同等的纤维，其他竞争公司可能也可以制造出产品。尽管如此，戈尔特斯至今仍是防水纤维的代名词，如何保持竞争优势呢？[15]

这里考虑的虽然是假设，但在专利权的存续期间内，可以通过创新的基本专利来抑制竞争公司的市场准入。在此期间，以提高认知度为基础进行商标模仿，即使不存在专利权，也能在消费者中产生吸引力，从而实现商标的差异化。因此，即使专利权的存续期限到期，其"技术"也可以在市场上保持"差异化"的状态。

不论是否从一开始就考虑到并在战略上实行，戈尔特斯成功背后的原因可能就在于此。

四、总结

本文就创新与设计以及创新与商标相关的情况，在介绍经营学领域研究概要的同时，对其与知识产权的关系进行了概括性的阐述。

结果明显地表明，设计和商标等，过去被认为是与专利制度没有太大关系的对象，但是仍然与创新、与专利有着密切的关系。

此外，过去设计与商标是经营学中的学术研究对象，特别是在"市场营销"领域，而笔者将"市场营销"领域的研究成果与"知识产权"的知识跨学科地有机结合。笔者认为，这一方法论是在所谓的"知识产权"专门领域内可以避免"自我封闭"弊病的方法之一，今后本人也将继续这一方向的研究。

译者注：
① TPO 原则，即着装要考虑到时间（time）、地点（place）、场合（occasion）。

---

[15] フィリップ・コトラー, ヴァルデマール・ファルチ, 杉光一成（訳）「コトラーのイノベーション・ブランド戦略」iv（白桃書房，2014 年），pp.118-121。

著作权法五十周年
——立法史回顾

[德]托马斯·霍伦[*]

蒋文彬[**] 译

著作权法颁布五十周年——这是一个值得庆祝的时刻。这部法律是从何而来的？何人参与了这部法律的制定？本文根据联邦档案馆中大部分未公开的文件，来阐述有哪些游说团体，特别是权利利用人，如何对著作权法造成了深远的影响。同时也将阐明在当时的法律政策中已经使用了哪些固定概念（比如知识产权），以及为何在一开始的讨论中就未涉及诸如著作权合同法之类的话题。

引言

2015年是著作权法颁布五十周年的纪念年。早在1965年就有关于该法结构的论文。[1]特别是详细记录了从1954年[2]部门草案（Referententwurf）到1959年[3]部长级草案再到1962年[4]政府草案的各种变化。但直到现在各个档案馆还

---

[*] 托马斯·霍伦（Thomas Hoeren），德国法学家，明斯特大学法学院教授，主要研究领域：信息法和媒体法。本文原刊载于《德国工业产权与著作权保护杂志》（GRUR），2015年第9期，第825—928页。

[**] 蒋文彬（1996—），上海外国语大学2019级法律硕士研究生，研究方向：德语法律。

[1] Zu den üblichen Beiträgen nach Inkrafttreten des UrhG s. etwa Ulmer, UFITA 45（1965），18; Fromm, UFITA 50（1965），50; Greuner, UFITA 46（1966），79; Möhring, UFITA 47 1966），134; Schulze, UFITA 49（1967），17.

[2] 联邦司法部长于1954年3月15日发表的部长级著作权法草案及解释（1954），载于Delp, Das künftige Urheberrecht. 联邦司法部1954年3月15日的草案附有正式的、经过删减的解释性备忘录。Kommentarähnlich gegliederte Textausgabe mit Übersichten und Registern, 1955. 也见于舒尔茨的文章《公正与不公》中。关于1954年著作权法改革的研究，与《文学与音乐著作权法》《美术与摄影作品著作权法》和纳粹时期草案进行比较。

[3] Ministerialentwurf eines Gesetzes über Urheberrecht und verwandte Schutzrechte（UrhG）in Bundesjustizministerium, Entwürfe des Bundesjustizministeriums zur Urheberrechtsform, 1959, 1. 可在联邦档案馆B141找到，有手写的修改痕迹（作者不详）。

[4] Entwurf eines Gesetzes über Urheberrecht und verwandte Schutzrechte（UrhG），UFITA 45（1965），155.

是没有重视法律制定史的书面证明资料。[5]许多未公开发表的文档存储在档案馆中，如科布伦茨联邦档案馆。[6]下文将从立法史的角度对其中一些文件进行分析，以理解这部具有周年纪念意义的法律和其自身局限性，为现在的法律发展提供借鉴。

一、1959 年部长级草案之前

1945年后不久就开始筹备制定新的著作权法。当时已有的法律（《文学与音乐著作权法》《美术与摄影作品著作权法》）被证实已经过时。修订草案在纳粹时期就出台了[7]。早在1949年司法部长就委托君特·约尔博士[8]（Dr. Günther Joël）为修正案进行筹备工作。他得到了许多部长级官员，尤其是部长级议员哈泰尔博士（Dr. Haertel）和国务委员施耐德（Schneider）的协助。约尔还于1950年12月成立了一个专家委员会，该委员会运作至1954年，其间组成人员略有变化。成立伊始的组成人员[9]包括德国专利局（慕尼黑）的爱德华·赖莫[10]（Eduard Reimer）、海德堡/慕尼黑的欧根·乌默[11]（Eugen Ulmer）、科隆的

---

[5] 分析立法过程的宝库是马拉克的综合性博士论文，Die Entstehung des Urheberrechtsgesetzes von 1965, Berlin 2003. 然而，这部法律史著作并没有涉及邻接权保护和著作权合同法。遗漏的非常有趣却鲜为人知的原始资料要归功于作者同事的提醒——著名的 E.E. 赫希为他的学生帕帕康斯坦迪努的论文 Schutz des ausübenden Künstlers 写的 24 页前言。Zur Kritik des geltenden Rechts und der Reformvorschläge, Zurich 1960.

[6] Die Archiv-Fundstellen werden folgendermaßen zit.:–BArch–Archivsignatur（Bestandssignatur/Archivnummer）–Seite, Bsp.: BArch B 141/2629 S. 1. Eine Auswertung der Unterlagen aus dem Parlamentsarchiv und des Archivs des Bundesrats findet sich bei Maracke（o. Fn. 5），insb. 743 ff. 尚未对参与的利益集团和工业产权与著作权保护协会档案进行研究。

[7] Fachausschuss für Urheberrecht und Verlagsrecht der Deutschen Arbeitsgemeinschaft für gewerblichen Rechtsschutz und Urheberrecht in der Akademie für deutsches Recht, GRUR 1939, 242. Schon 1933 veröffentlichte Hoffmann Überlegungen „Ein deutsches Urheberrechtsgesetz, 1933.

[8] 君特·约尔（1899—1986），1950—1964年担任联邦司法部第三部门（商法和经济法）领导人，最后担任部长。

[9] BArch B 141/37939 S. 30.

[10] 爱德华·赖莫（1896—1957），1949年担任在慕尼黑重新设立的德国联合经济区专利局主席，该机构后来成为德国专利局。从1952年起，赖莫还领导了在慕尼黑大学成立的"外国和国际专利、商标和著作权法研究所"，即今天的马克斯·普朗克研究所。Ellscheid, GRUR 1957, 245.

[11] 欧根·乌默（1903—1988），出身于乌默出版商家族。1955年起在慕尼黑大学任教授，1959年和1960年任校长。1965—1973年，他担任慕尼黑马克斯·普朗克外国和国际专利、著作权和竞争法研究所所长。Beier, JZ 1988, 706; Hubmann, FuR 1983, 334.

菲利普·莫林[12]（Philipp Möhring）、波恩的库尔特·朗格[13]（Kurt Runge）以及音乐表演权与复制权集体管理协会（GEMA）的总干事埃里希·舒尔茨[14]（Erich Schulze）。该委员会的第一次会议于1950年12月15日举行。[15]后来几次会议的嘉宾或者新的与会者[16]还有库尔特·巴斯曼教授[17]（Prof. Dr. Kurt Bussmann）、汉斯-奥托·德·布尔教授[18]（Prof. Dr. Hans-Otto de Boor）、瓦尔特·普卢格[19]（Walther Plugge）和阿尔弗雷德·鲍姆[20]（Alfred Baum）。

专家委员会的人员组成早就引起了极大的不满。尤其是当时自由民主党（FDP）的议员汉斯·韦尔豪森博士[21]（Dr. Hans Wellhausen），其与德国工业联合会（BDI）有密切关系。他在1951年10月9日的一封信中批评了单方面任命

---

[12] 菲利普·莫林（1900—1975），在纳粹时代曾为音乐表演权与复制权集体管理协会的前身组织国家批准的音乐版权开发协会担任内部顾问，并代表德国参加国际作者和作曲者协会联合会。1956年获得音乐表演权与复制权集体管理协会颁发的理查德·施特劳斯奖章。

[13] 库尔特·朗格（1898—1972），关于朗格，鲍姆在GRUR 1952, 556中写道："埃尔法引用了朗格的文章，从他的文章中看不出，他为管弦乐队音乐家准备了一份专家意见。他的文章直到专家意见提出一年后才出现。"关于朗格在著作权法改革方面的意见，参见 ds, GRUR 1951, 26, und ders., UFITA 19（1955），47。

[14] 埃里希·舒尔茨（1913—）是音乐表演权与复制权集体管理协会的董事会成员和总干事。在20世纪30年代成立的著作权前身组织国家批准的音乐版权开发协会工作多年后，他于1947年受托成立音乐表演权与复制权集体管理协会。关于舒尔茨和胡布曼的生平见NJW 1983, 924。

[15] Protokoll, BArch B 141/37939 S. 59.

[16] Etwa Sitzung am 22.6.1951, BArch B 141/3740 S. 118 ff.

[17] 库尔特·巴斯曼（1894—1970）于1935年获得商标法授课资格，1949年在汉堡成为副教授。巴斯曼于1970年在德国工业产权与著作权保护协会的年会上去世，他曾是该协会的总理事会和管理委员会的成员，多年来一直担任该协会的成员。Heydt, GRUR 1970, 537.

[18] 汉斯-奥托·德·布尔（1886—1956）从1935年起在莱比锡担任著作权法教授。在纳粹时期，他是纳粹工人协会、纳粹校友协会和德国法律学院的成员。关于著作权法改革，见de Boor, UFITA 18（1954），260。

[19] 瓦尔特·普卢格（1886—1960）是一位音乐行业的律师。1928年，他代表德国出席罗马国际版权会议。同时，他还成立并领导德国音乐组织者联合会为过高的版税索赔进行辩护。关于著作权制度的参与者，见Plugge, Die großen Koalitionen der Urheber, der Verbreiter von Geisteswerken, der ausübenden Künstler, sowie deren Beziehungen zueinander, 1955。

[20] 阿尔弗雷德·鲍姆（1881—1967）是一位犹太裔律师，执业领域主要在国际唱片业。1933年，他从纳粹政府统治的德国逃到瑞士。他在国际唱片业协会工作，为此，他在之后的几年里进行了大量的唱片表演权的国际诉讼。见Gentz, UFITA 1（1967），4;Kleine, GRUR 1967, 389。

[21] 汉斯·韦尔豪森（1894—1964），奥格斯堡-纽伦堡机械制造厂（MAN）厂长，联邦议院财政和税收委员会主席。

专家委员会成员的行为。[22]许多委员会的成员是音乐产业界的代表，而不是持中立意见的专家。除巴斯曼教授[23]之外所有委员会成员都赞成进一步扩大著作权的范围。人们请求听取各界的声音，这些声音可能被音乐表演权与复制权集体管理协会通过在德国发起的维持垄断的斗争所压制。

尽管如此，委员会从1950年12月到1954年6月继续召开会议。[24]其任务是制定两份详细的草案并附以解释说明；[25]现行法律的很多基础结构和表述都要归功于该委员会。[26]

根据德·布尔教授的建议，在法律草案中仅提及文学作品、科学作品和艺术作品受到著作权法的保护；对"作品"一词单独进行了解释。[27]乌默在会上提出的建议产生了巨大的影响。例如对禁止歪曲篡改电影的规定（《著作权法》第93条、第94条），[28]对共同著作权人的规定，[29]对著作权范围的规定（第10条）[30]或者是对音乐引用[31]提出建议。为了保护个人领域，还允许私人在使用作品时享有广泛的自由。[32]就内容而言在某些问题上仍存在争

---

[22] Brief v. 9.10.1951 – BArch 37941/77.

[23] Bußmann, GRUR 1953, 427（insb. 428）．"著作权的社会负担在限制民俗节日、慈善和社团活动、公司庆典或类似场合的表演权方面有特殊作用。出于著作权人的利益自然要在这里尽量排除限制。当然有些活动不能承受经济负担，这与社会利益有关"。

[24] Schulze, Recht und Unrecht. Eine Studie zur Urheberrechtsreform, 1954, 4. 然而，许多成员后来又被重新任命到一个不明确的委员会小组；见1961年1月30日至2月6日的会议记录（BArch B 141/2647，第8页）。在老的委员会成员中，提到了鲍姆、埃尔法、克莱内、伦格、舒尔茨-洪霍夫、舒尔茨、塞利埃、乌默。

[25] Der Entwurf v. März 1951, BArch B 141/2551, S. 11 ff. und ein weiterer Entwurf v. September 1951, BArch B 141/2551, S. 84 ff.

[26] 显然，1951年10月15日至19日为期一周的闭门会议十分密集（BArch B 141/37941 S. 117–140）。

[27] BArch B 141/37941 S. 118.这里也增加了"个人创造性成果"的意见。

[28] BArch B 141/37941 S. 120（auf Vorschlag Ulmer）．乌默在这次会议上也拒绝了为电影制片人设立著作权的想法："乌默提交了一份关于电影法特别章节的草案。电影不具有著作权，电影公司仅享有成就保护。（……）委员会原则上一致支持乌默的提议。"（37941/19）

[29] BArch B 141/37941 S. 121.

[30] BArch B 141/37941 S. 122.

[31] BArch B 141/37941 S. 129.

[32] 委员会多数人认为，禁止私人复制对个人领域的限制太大。哈泰尔认为，控制私人领域是不可能的。委员会得出的结论是，"应允许为个人、非专业和非商业用途以影印的方式复制作品的较小部分"，"如果仅涉及用户自己或第三方免费制作的个别作品的问题"（BArch B 141/37941，第128页）。然而，多年以后，在1960年讨论部长级草案时，在争论录音问题的背景下，这一简单的规定又具有了局限性，见1961年1月30日至2月3日会议记录中详细的解释（BArch B 141/2647 p.13）。

议，所以政府部门脱离委员会另外起草了自己的草案。这份部门草案在某些地方偏离了委员会的想法，尤其是涉及音乐表演权与复制权集体管理协会的部分。该部门草案对使用者来说是有利的，这些使用者主要来自餐馆和民俗节日经营业[33]。这促使舒尔茨以"公正与不公"为题发表了极具批判性的驳斥文章。[34] 舒尔茨对于著作权的无补偿限制以维护公众利益这一点愤怒地进行了批判。

联邦司法部长亲自下令公布草案，由此放松了对委员会工作严格的游说限制：[35] "我之所以选择这一程序，是因为现代著作权法体系庞杂，几乎影响了所有人，也因为它推动跨越私人领域的门槛。"[36] 在他看来，"在最终制定出必要的法律草案之前，让公众有机会了解各种问题解决方案的可能性，并发表自己的观点是必不可少的"。[37]

事实上，这种在当时并不常见的程序做法受到了舒尔茨（音乐表演权与复制权集体管理协会）尤为猛烈的批评：

> 毫无疑问，对战争中受害者的关怀照顾是关系到全体德国人民的问题。但是以这种方式公开部门草案并不会使著作权法改革随之发生。……如果部门领导以广泛公开为口号开始制定这份草案，那么他们也不会接受由此得到的客观公正的意见……[38]

舒尔茨指责音乐演出组织者，尤其是粗暴否定了德国住宿和餐饮业协会（DEHOGA），[39] 然后他继续说：

---

[33] 根据《文学与音乐著作权法》第27条，以及略微限制的部门草案，民俗节日使用既不需要授权，也没有支付义务。
[34] 舒尔茨（见本文脚注2）。同样，德国音乐出版商协会也写了一篇反驳文章，作为"关于联邦司法部公布的著作权法改革草案的声明"（1954年）。
[35] 著作权法改革的部门草案，1954年由联邦司法部出版。
[36] Vorwort, 1.
[37] Vorwort, 1-2.
[38] Schulze (o. Fn 2), 2.
[39] S. dessen ausführlichen Vorschläge für eine Urheberrechtsreform im Brief an den Bundesminister der Justiz v. 1.12.1952 – BArch B141/2611 S. 10).

> 部门领导是否相信那些想要尽可能以低价甚至是免费使用著作权人作品的人表示他们希望著作权必须得到保护?[40]

此外,舒尔茨担心作品使用者会造成爆炸性的游说影响并不合理。如果查阅联邦档案馆中的文件则会发现,1954 年至 1959 年对著作权法的立法投入并没有显著增加。很显然,在第二次世界大战之后,德国人除了要考虑著作权法的合理结构外还有其他担忧。

二、1959 年以后的讨论

但是在 1959 年后,讨论的声音越来越大。与此同时,越来越多的著作权人协会和使用人协会纷纷成立。尤其是在 1959 年部长级草案出台后,许多新的协会和利益集团参与了著作权之争。出版商协会和出版商的实力尤为强大,尤其是教科书出版商(克莱特出版社、雷克拉姆出版社)。但是缺少了重要的相左建议。只有德国工业联合会对该草案提出令人惊讶的现代化且行之有效的原则性批评。[41]改革应当更多地考虑实际需求,而不是理论上的思考。[42]著作权人的权利应当与工业产权相称。[43]实用艺术和其他艺术之间的差异远大于实用艺术和对实用新型设计者和发明人的权利保护之间的差异。应当使后一组差异更为均衡。如果在实用新型保护到期后,仍存在通过作品保护的可能性,会产生人们不想看到的不确定性。[44]而经济需要一种"精确而可靠的权利"。[45]

正如所说的那样,这种提出根本意见的声音非常少见。争论更多地围绕各个主题,比如保护期限、著作权有偿公有①、私人复制自由尤其是录音制品复制豁免、表演者权利、著作权人追续权[46]以及邻接权的设计,尤其是表演艺术家和电影制片人的著作权。由于本文篇幅限制不能对所有主题一一论及,下文仅就部分主题进行讨论。

---

[40] Ausf. Schulze (o. Fn. 2), 13.
[41] 6.4.1960 Stellungnahme zum MinE (2627/52-67).
[42] BArch B141 2627 S. 54.
[43] BArch B141 2627 S. 54.
[44] BArch B 141/2627 S.
[45] BArch B 141/2627 S.
[46] Zu den damaligen Kontroversen s. Schiefler, UFITA 31 (1960), 177.

（一）作品类型／保护力度／新的邻接权

对不同的作品类型的规定有不同提议。一些人要求尽量将作品保护范围划定得小一些。著作权是一种"艺术作品、语言、音乐、绘画、雕塑、建筑物的特殊权利"。[47]其他人则认为摄影作品存在得不到充分保护的危险。摄影作品确实不属于当时受保护的作品类型之一。德国摄影技术协会[48]强烈抗议部长级草案仍将摄影作品排除在受著作权法保护的作品类型之外。[49]印刷和造纸工业协会批评部长级草案将"工艺美术"变为"实用艺术"，并且担心摄影业的状况会恶化。[50]在第79条中规定，对摄影作品的保护期限为30年。[51]这部草案给人的总体印象是，"草案在很大程度上保护了那些出于经济利益使用他人智力成果的人，而对智力成果创作者的保护则要小得多"。[52]此外，人们一再批评该草案充分考虑了音乐等古典艺术，但并没有充分关注实用艺术，尤其是没有充分考虑设计师和建筑师的权利。[53]

将邻接权人归为著作权人保护的各种尝试都遭到了拒绝。埃里希·舒尔茨[54]不认为乐团和指挥在艺术上和经济上与作曲家有同等价值，也不认为他们享有著作权。[55]舒尔茨回答说，这与"著作权的原则不符"。[56]德国舞台成员合作社对此表示反对。[57]表演艺术家不享有著作权，而仅有"类似保护权"是错误的。"表演艺术家的创作具有个人特征，将表演者归为著作权人理所当然。"[58]没有著作权人的创作都是"无中生有"的原创。草案缺乏从哲学、音乐学、戏剧学、法学等多角度对表演艺术的解释。[59]对邻接权权利的设计也很薄弱，尤

---

[47] 引自柯特·海瑟尔。在联邦司法部档案中，有海瑟尔于1953年5月7日、6月11日和6月25日寄来的讲稿。

[48] Schreiben v. 28.3.1960 – BArch B 141/2626 S. 8–9.

[49] Ähnl. Stimmen aus der Lit. Riedel, GRUR 1954, 500.

[50] Schreiben v. 22.3.1960 – BArch B 141/2625 S. 152–157.

[51] BArch B 141/2625 S. 156.

[52] BArch B 141/2625 S. 157.

[53] Brieger, GRUR 1960, 585; ders., GRUR 1961, 174; Henssler, GRUR 1961, 397; ders., GRUR 1957, 8.

[54] Schreiben v. 16.3.1960 – Barch B 141/2625 S. 62–64.

[55] BArch B 141/2625 S. 63.

[56] BArch B 141/2625 S. 64.

[57] RA Dr. Rudolf Boden, Stellungnahme vom 29.3.1960 – BArch B 141/2626 S. 46–56.

[58] BArch B 141/2626 S. 46.

[59] BArch B 141/2626 S. 47.

其是第 88 条缺失对署名权的规定。即使在《文学与音乐著作权法》中第 2 条第 2 款已对邻接权做了基本规定，立法者依然遭到了抨击。1960 年 3 月[60]音乐组织者协会向联邦司法部提交了一份关于部长级草案的声明，表达对表演者邻接权的反对。[61] 表演者因机械音乐的创作而失业的论点是不正确的。经验能够证明这一点，而音乐家的论点从未得到过充分证明。[62]

> 如果人们每一次都宣称自己是技术发展……时尚或者习俗改变的受害者这种做法是合理的，并要求从发展变化的受益者那里得到赔偿的话，将导致什么呢？[63]

令人惊讶的是，音乐表演权与复制权集体管理协会对此竟持有相同的立场，而除此之外，它与音乐组织者并无共识。[64] 它要求将所有的邻接权从著作权法中废除，如果要规定，应通过特别法规定。[65] 此外，表演者的权利被起草得太过广泛了。

音乐表演权与复制权集体管理协会的要求引起了轰动。与音乐表演权与复制权集体管理协会立场接近[66]的国际版权协会在其一系列出版物中发表了 5 份科学鉴定意见，[67]这些意见几乎与废除表演者权利的要求相同。这种特别的行为

---

[60] BArch B 141/2627 S. 10–50.

[61] BArch B 141/2627 S. 28. 此外亨泽尔作为德国西南广播电视台的法律顾问，也希望艺术家和广播公司之间使用格式合同来替代邻接权保护. Haensel, Leistungsschutz oder Normalvertrag, 1954. Dazu krit. die Rezension von Möhring, GRUR 1955, 505.

[62] BArch B 141/2627 S. 30.

[63] Es wird aus Steuli, Gelegenheitsschrift zu den so genannten Nachbarrechten, 1958, 45, zitiert. BArch B 141/2627 S. 30.

[64] Denkschrift zur Urheberrechtsreform – BArch B 141/2626 S. 80 – v. 30.3.1960.

[65] Die INTERGU-Schriftenreihe scheint ebenso wie die INTERGU selbst von der GEMA finanziert worden zu sein, so jedenfalls Apel, Der ausübende Künstler, 2011, 158 mwN. Für ein Leistungsschutzrecht sprachen sich damals die Gerichte aus, so etwa KG, Urt. v. 21.3.1958 – 5 U 1655/57, E. Schulze, Rechtsprechung zum Urheberrecht KGZ 25, und OLG Düsseldorf, Urt. v. 2.5.1958 – 2 U 155/57.

[66] Leinveber, GRUR 1960, 599 (600).

[67] Von Schulze, Tournier, Hubmann, Overath und Wawretzko.

在当时引起了极大的抗议。[68] 人们能推测的就是：没有加入音乐表演权与复制权集体管理协会的表演艺术家是一群不受欢迎的局外人。

（二）限制

对著作权限制的"斗争"特别激烈。这种情况也同样发生在二战后录音机的问世上。[69] 早在1952年1月15日[70]，德国录音机制造企业就在一封信中开始对磁带复制的讨论。人们对作曲家、广播以及唱片和磁带行业所面临的私人和小型磁带录音机所带来的危险感到担忧。立法措施要求音乐表演权与复制权集体管理协会不仅要保护作曲家的权利，也要保护商业录音制作人的权利。[71] 人们支持对私人、商业或公开使用录音制品制定不同的法规。在私人领域使用是不需要授权的，因为这只是出于娱乐或爱好而复录音乐作品或者是文本——没有损害任何人的利益。相反，在商业领域或者公开使用需要得到授权，而且只能由商业生产商生产，以便进行源头控制。[72] 不仅是录音设备这个主题非常重要，微缩胶片技术领域也存在问题。所以卡尔·德斯特教授（Prof. Dr. Carl d`Ester）（慕尼黑大学新闻学院）于1950年2月21日[73]写信给联邦司法部，表示由于微缩胶卷技术越来越重要，要在著作权法中对使用微缩胶卷技术的杂志和报纸的复制进行特别规定。磁带和微缩胶卷的问题令相关行业特别是德国电器公司（AEG）感到担忧。1951年12月，德国电器公司与来自联邦司法部（约尔、赫舍尔、施耐德），工业界，大学（乌默教授、巴斯曼教授），德国书商与出版商协会，广播业以及图书馆的代表进行座谈，会上讨论了对使用微缩胶卷影印和复制进行规定的问题。[74] 可以看出乌默在讨论中起到了主要作用，并

---

[68] Voss, DO 1959, 1; Bußmann, GRUR 1959, 438; ders., GRUR 1960, 359; Blomeyer, Urheberrechtsschutz, 1960, 9. Weitere Belege zu finden bei Krüger in Schricker/Loewenheim, UrhG, 4. Aufl. 2010, Vorb. 73 ff. Rn. 4. Vgl. dazu auch die von Rehbinder erwähnte „Kuchentheorie " in ders., UrheberR, 16. Aufl. 2010, Rn. 294.

[69] Dazu ausführlicher Dommann, Autoren und Apparate. Die Geschichte des Copyrights im Medienwandel, 2014.

[70] BArch B 141/2616 S. 123–127.

[71] BArch B 141/2616 S. 124.

[72] BArch B 141/2616 S. 126f.

[73] BArch B 141/2613 S. 1–17.

[74] Brief AEG an BMJ Haertel 28.11.1951 – BArch B 141/2613 S. 95 ff. Aus dem Protokoll – BArch B 141/2613 S. 116–154.

且努力维护著作权人和出版者的权利。[75]他表示可以有保留地允许影印作品的一小部分,但不能是整篇文章。此外,还必须对最近年份的版本予以特别规定。反对者根据瑞士的发展情况[76]警告说:随着科技发展,著作权人会面临全球性危险。②

1953年3月7日,德国书商和出版商协会对德国电器公司提起诉讼,要求禁止通过复印和微缩胶卷的手段制作文章和论文的副本。这些副本会给德国电器公司和科学家使用。[77]这份起诉书还发送给联邦司法部,以强调必须停止"扩大影印工厂和机构"。德国书商和出版商协会在联邦法院最终胜诉。[78]

根据音乐表演权与复制权集体管理协会和联邦法院的要求,1962年政府草案(Regierungsentwurf)第54条第3款首次规定,在向著作权人支付费用后才能用磁带私人复制受保护的音乐作品。[79]该草案遭到新闻界的抵制,比如民法学界巨子维尔纳·弗卢梅(Werner Flume),他此前从未对著作权问题发表过评论。他在各大报纸上发文称,[80]对私人追偿的要求是不可行的,因为无法控制私人领域的侵权行为。现代技术(在磁带上复刻录音)并没有使著作权人丧失报酬;相反,其报酬由于复制技术、无线电广播和黑胶唱片的影响而大大增加了。流行音乐的作曲者主要通过使用人的支付义务获得报酬,这就产生了争论,通过这样的方式过度创设法律规定是否合理呢?音乐表演权与复制权集体管理协会想通过"私人磁带录制……来创造一种可被接受的可能性,使得受著作权法

---

[75] S. dessen Stellungnahme – BArch B 141/2613 S. 151. Von außen mischten sich fast alle oben genannten Experten in die Diskussion ein. S. statt vieler Bußmann, Magnettongeräte und Urheberrecht, 1952, 109 ff., und ders., GRUR 1953, 427; Reimer, Magnettongeräte und Urheberrecht, 1952. Weitere Nachw. bei Schricker/Katzenberger, GRUR 1985, 87 Fußn 13 und 14.

[76] RA Dr. Adolf Streuli sendete im Februar 1960 – BArch B 141/2624 S. 99, dem BMJ (Haertel) von ihm verfasste Mitteilungen der SUISA (Schweiz. Gesellschaft der Urheber und Verleger) – BArch B 141/2624 S. 101–105.

[77] BArch B 141/2614 S. 65–71.

[78] BGHZ 8, 88 = GRUR 1953, 140 = NJW 1953, 540.

[79] BArch B 141/2614 S. 63.

[80] Vgl. Flume, Handelsblatt Nr. 39 23./24.2.1962 S. 12 f. – BArch B 141/16468 S. 47. Vgl.: FAZ 5.2.1962; SZ 5.2.1962 – BArch B 141/16469 S. 9. Flume hat als Rechtsgutachter – wohl für die AEG – gearbeitet; s. Fn. 1 in UFITA 39 (1963), 1; s. auch ders., JZ 1964, 314. Brief Walter Henle aus Tutzing an das BMJ. Dort wird noch einmal die Problematik der Durchsetzbarkeit eines Vergütungsanspruchs herausgestellt.

保护的作品可以合理收费", 以此找到创收的新方式。联邦经济部长[81]和联邦委员会[82]都同意这一做法。支付报酬义务违反了几乎所有西方国家的著作权法（意大利除外），这是不可实施的。作为一项补偿性的措施又引入同样具有争议性[83]的设备制造商和进口商的支付报酬义务来取代使用磁带的私人用户所要承担的支付报酬义务（1965 年《著作权法》第 53 条第 5 款）。

（三）著作权永久保护和著作权有偿公有

改革讨论中最具争议的话题是著作权永久保护的问题。联邦档案馆的文件中记录了理查德·施特劳斯博士（Dr. Richard Strauss）的信件。其中包括 1934 年 10 月 18 日[84]与部长级议员施密特－莱昂哈特（Schmidt-Leonhardt）的通话记录：

> 施密特－莱昂哈特："部长（戈培尔）反对无条件延长保护期限。"我（理查德·施特劳斯）说："这是决定我们的命运所在。"施密特－莱昂哈特："我知道这个影响。"是时候做点什么（此处字迹不可辨认）了。我刚刚给部长弗兰克博士写信，再次请求帮助。您知道戈培尔博士对延长期限有什么要求吗？向您致以问候。理查德·施特劳斯博士。

弗里德里希·梅尔克[85]（Friedrich Märker），也就是后来的文字作品管理协会创始人，于 1949 年再次提出了这个话题：[86]

> 请大家考虑一下：如果有人建了房子，人们告诉他，在他死后 50 年每个人都可以把这座房子当作天然洞穴那样免费居住，那么他会回答：怎么这样……我们难道生活在共产主义国家吗？！我认为在西方个人财产神圣不可侵犯！[87]

---

[81] BArch B 141/16468, S. 68–71: Brief des Bundesministers für Wirtschaft v. 8.3.1962.
[82] BT-Drs. IV/270, 177.
[83] S. dazu Conradt, NJW 1966, 917.
[84] BArch B 141/2619 S. 52 – Akte des BMJ zum Thema Urhebernachfolgevergütung.
[85] 弗里德里希·梅尔克（1893—1985），德国作家、种族理论家。1934 年，他以"以面相学和颅相学为基础的种族理论研究"为题出版了一本为北欧与东方人种辩护的书。据报道，1938 年，其因种族理论被禁止演讲和授课。关于梅尔克的种族理论还有待更进一步的分析。
[86] Denkschrift über eine Änderung des UrhG v. 7.3.1949, dem BT am 24.11.1949 im Form einer Petition zugesandt BArch B 141/2618 S. 47.
[87] BArch B 141/2618 S. 48.

梅尔克首次将受永久保护的产权和著作权有偿公有联系在一起。"因此保护协会要求：受著作权保护的作品的作者去世后 50 年，所有使用该作品的人都必须向文化基金会支付大约 4% 的出版费用或公有领域作品有偿使用费用（法国为 8%）。这同样追溯适用于已进入公有领域的作品。"

海因里希·胡布曼[88]（Heinrich Hubmann）在保护协会论文集的一篇文章中作出了类似论证。[89]他要求实现著作权永久保护。跟有形财产权利相比，公有领域更歧视知识产权所有人。如果允许人们享有使用著作权人成果的一般权利，那么允许穷人享有获得免费食物的权利也是合乎逻辑的。其他使用组织，如音乐表演权与复制权集体管理协会[90]也同意著作权永久保护和公有领域作品有偿使用。[91]甚至曾担任保护协会第二任主席的联邦总统特奥多尔·豪斯（Theodor Heuss）都支持公共资源付费。[92]在一封信中他要求联邦部长勒尔博士和舍费尔研究创建此类规定的法律要求。[93]

但是也有反对意见，例如德国书商和出版商协会则表示反对。[94]这引起了强烈的关注，因为人们担心生产和出口会下降。由于文化税的存在，德国出版商不再具有竞争力，尤其是与其他德语国家相比。雷克拉姆出版社也提出了同样的观点。[95]小型丛书，例如用于学校和教学目的的系列书（廉价丛书）会承

---

[88] 海因里希·胡布曼（1915—1989）最初是慕尼黑编外讲师；1956 年，他在埃尔兰根被聘为教授。此外，胡布曼还曾担任大学著作权和出版法协会的专家和联邦司法部著作权专家委员会的成员。他是由音乐表演权与复制权集体管理协会资助的文字作品管理协会、国际版权协会的董事会成员，并经常作为音乐表演权与复制权集体管理协会专家鉴定人。S. ua dessen „Gutachten über die Frage, ob die in § 1 Buchst. c, e und i des GEMA-Berechtigungsvertrags erwähnten Wiedergabearten von dramatisch-musikalischen Werken unter den Begriff ‚großes Recht' fallen" in GEMA-Nachrichten 1959, Nrn. 43, 10 ff. Zu dessen Positionen in der Urheberrechtsreform s. Hubmann, UFITA 19 (1955), 58.

[89] Hubmann, Denkschrift des Schutzverbands (16465/161). Gegen die Parallele zum Sacheigentum aber de Boor, UFITA 21 (1956), 129; Roeber, UFITA 21 (1956), 150; Bappert, Archiv für Presserecht 46/1962, 217.

[90] Denkschrift zur Urheberrechtsreform (2626/80) v. 30.3.1960.

[91] S. dazu auch Adam, UFITA 34 (1961), 257.

[92] Zur internationalen Entwicklung Dillenz, GRUR Int 1983, 920.

[93] Brief v. 27.4.1951 – BArch B 141/2618 S. 56 f.

[94] Schreiben an das BMJ (Haertel) v. 10.1.1952 – BArch B 141/2618 S. 106.

[95] 20.10.1959 an das BMJ – BArch B 141/2623 S. 5–7.

受沉重的负担，因为公有领域作品的价格计算非常严苛。[96]

有偿公有首先得到了支持。在1959年的部长级草案中已经包含了对此所作出的规定。以弗里德里希·梅尔克为首的作家代表并不完全认同这个观点。[97] 尽管他认同草案中包含的著作权有偿公有，但是他对于仅有1%的费用感到失望，他希望的是10%。

在1961年12月初联邦内阁通过的政府草案中，第73条及后续条文规定了受民法约束的著作权有偿公有制度。从联邦司法部的负责人施耐德给联邦议院议员阿岑罗特[98]的一封信中得知，该提案得到德国艺术家援助计划[99]的发起人特奥多尔·豪斯的支持。这些法规还消除了人们对文化税会降低国家立法主权[100]或者文化税是一种隐性税的担忧。[101]然而，该法规最终并未在德国联邦议院法律事务委员会中通过，该委员会主张将保护期限从50年延长至70年。[102]

三、著作权合同法

最后提到的是改革讨论中最令人遗憾的一章，即著作权合同法。所有的使用者协会都在强调知识产权的意义以及对著作权人加强保护的必要性。但是在如何改善著作权人和使用人的内部关系这一问题上却保持沉默。[103]即使政府部门要求注意单独组织的著作权合同法项目，它也从未被认真对待过。[104]因为在

---

[96] BArch B 141/2623 S. 7.
[97] Stellungnahme Märker zum MinE 22.12.1959 – BArch B 141/2623 S. 267–283.
[98] BArch B 141/16465 S. 95–99.
[99] 一个至今仍然存在的联邦总统管理的机构，用于帮助非因个人过错而陷入困境的艺术家。
[100] So etwa der Beschl. der Kultusministerkonferenz v. 30.6./1.7.1960 – BArch B 141/16469 S. 17 und 19ff. Dazu auch Kalkbrenner, GRUR 1960, 598; Mentha in Schulze, Kulturabgabe und Kulturfonds, 1959, 39/40.
[101] Kleine, JZ 1964, 1; v. Gamm, JZ 1960, 15.
[102] Bericht Abg. Reischl, UFITA 46 (1966), 174 (194 ff.).
[103] So auch schon bei der Expertenkommission 1951, die die Schaffung eines Urhebervertragsgesetzes ablehnte; so das Protokoll der Sitzung v. 15.–19.10.1951 BArch B 141/37941 S. 140.
[104] 但是，关于这个问题的档案到1965年就不见了；上述评论仅指其他档案中的旁注。关于著作权合同法的档案为BMJ-Az. 3600/4，其余各卷（第6—28卷）的档案号为B 141/49691—B 141/436103。第6卷中，开头有一个简短的说明，即第1—5卷"大概在1969年遗失在联邦司法部中"。关于"著作权合同法改革"的内容共有28卷，其中，重要的5卷在1950—1965年遗失。因此，这些档案可能一开始就没有联邦档案馆签名。B 141/49690号档案（即49691号档案之前的档案）的签名部分为著作权委员会会议记录。

这个问题上，工业界和使用人联手阻止了进一步的立法活动。[105]因此，德国工业联合会反对在部长级草案第 31 条中引入著作权人参与分配著作权所得。[106]这种支付是不合适的。使用人始终承担该作品在经济上获利与否的风险。至少在评估收益时必须考虑使用人的运营，还要考虑其他作品获益率较低的问题。[107]但即使是著作权代表也只有小部分人能理解保护创意的必要性。文学作家和出版商工作组指责在部长级草案中，没有充分满足著作权保护的优先地位和著作权人在精神上和物质上的自由处分权。[108]而在第 23 条和第 24 条中著作权人受到了约束。[109]第 24 条没能满足著作权人的需求，著作权人应被允许在其自由处置范围内全部或部分地将著作权转让给"熟悉现在的……条件，有经验和设备的人"。[110]

德国作家保护协会及其主席弗里德里希·梅尔克表现得很活跃，其认为将使用权转让给著作权集体管理机构是解决问题的办法。现在已经了解到，出版商积极尝试，不仅要获得附属权利（小权利），还要获得所有这些权利的专有许可。著作权集体管理协会将不再拥有垄断权利，这就引发出版商将建立第二个没有作者参与的文学作品著作权集体管理机构的担忧。在德国社会主义学生联盟的新闻通讯稿（第 5/59 号）中重申了胡布曼的要求，可以确定，无法单独行使的排他性权利——为了法律的确定性可以单独列出——只能由著作权人转让给一个著作权管理机构。[111]反对这种做法的理由是这限制了合同自由，但处于财务困境下的人事实上并没有太多合同自由，他们会勉强接受那些他们认为是无耻的苛求和令人反感的不公正条件。[112]最后重申，"立法者要永远记住，恰恰是那些最具文化价值的著作权人在经济上实力屡弱，由此在很大程度上被使

---

〔105〕 普卢格（本文注释 19）描述了当时起主导作用的说客的思想，他提到自由协议原则，并强调导演、指挥家和其他"有影响力的艺术家"的收入非常高。在演员领域，"女士们的薪资都处于最高级"，"拿的工资远远高于美国大公司薪酬最高的经理人的薪酬"。
〔106〕 6.4.1960 Stellungnahme zum MinE dem BMJ – BArch B 141/2627 S. 52–67.
〔107〕 BArch B 141/2627 S. 59.
〔108〕 BMJ am 16.5.1960 – BArch B 141/2628 S. 107–134.
〔109〕 BArch B 141/26282 S. 113.
〔110〕 BArch B 141/2628 S. 117/118.
〔111〕 BArch B 141/2623 S. 277.
〔112〕 BArch B 141/2623 S. 287.

用人任意摆布，他们同样需要法律的保护，他们应该像雇员一样享有同样的权利"。[113] 显然梅尔克为著作权集体管理协会出力并非是不谋私利的。1956年，梅尔克和550多个代表一起成立文学著作权集体管理机构，该协会于1958年转变为文字作品管理协会（由卡尔·亨泽尔领导）。[114]

直到1962年政府草案出台后，联邦司法部的领导施耐德再次简短地回应了这个问题。[115] 著作权合同法应包括著作权人和邻接权人。它应限制合同漏洞，而不是用集体协议、框架协议或者标准合同这些可以达到令人满意的利益平衡方式来调整约束。这些考量一直保留到今天。人们在对政府草案进行讨论的过程中提出了完全不同的要求。德国书商和出版商协会[116] 对第29条提出要求："正如现行法律中规定的那样，著作权人的使用权是可以完全转让的。否则就可能出现在未来著作权人授予出版社的权利范围会比现在更小的情况。"[117] 根据第36条也应删除著作权人的特别报酬③。因为作者和出版商之间的信任关系被破坏了，信守合同原则也分崩离析了。[118]

在这种存在诸多要求的背景下，永远无法对著作权合同法进行有效改革。著作权法开创一个新纪元，对改变欧洲知识产权法的监管模式也产生了长远影响，但解决重要问题的办法仍尚待寻找。

译者注：
① 著作权有偿公有，原文为Urhebernachfolgevergütung，其英文翻译为Domaine Public Payant。意为使用已过著作权保护期，进入公共领域的作品仍需要付费。
② 此句英语翻译为："Opponents warned—for example with reference to developments in Switzerland—of a global threat to authors from technical developments"。
③ 特别报酬，原文为Sonderbeteiligung，意为给予特别成功的作品额外的报酬。

---

[113] BArch B 141/2623 S. 282.
[114] Dazu Keiderling, Geist, Recht und Geld, 2008, 47.
[115] Schreiben v. 4.10.1963 – BArch B141/49691 S. 1–12.
[116] Zit. nach Änderungsvorschläge zum RegE – BArch B 141/16479 [Aus den Unterlagen für die Beratung im Unterausschuss des Rechtsausschusses].
[117] Börsenverein, Löffler S. 24.
[118] Börsenverein, Bertelsmann, Löffler S. 27.

体育节目的法律保护及其实施问题研究

[俄]布佐娃·娜塔莉娅·弗拉基米罗芙娜[*]
陈思然[**] 译

1993年俄罗斯法律引入邻接权制度后广播组织权得以普及，立法者将其保护的对象确定为节目。民法的改革不仅触发其自身的编纂，也涉及包括广播组织权在内的知识产权的规范。在《俄罗斯联邦民法典》（以下简称《民法典》）第四部分，广播组织权特定的客体是无线或有线播放的广播和电视节目（无线或有线广播组织的节目）。但说到广播组织实况转播的节目，俄罗斯仍然没有明确其法律地位。在外国的立法中，节目的法律地位也有争议。本文凸显的不仅是理论立场上的法律问题，更是法律适用过程中出现的法律问题。如果说某些节目可以作为视听作品受著作权保护，那么体育节目法律地位的界定就不够明确。播放体育节目会产生巨大的经济利益，这使得非法使用广播和节目的违法行为增多。随着信息—电信网络化，类似的违法行为正向互联网蔓延，网络上非法使用广播组织智力成果的行为在某些方面未得到管制。俄罗斯适用《反盗版法》以整治网络中非法使用体育广播节目的违法行为，该法并没有追究违法者的责任，而是规定了禁止通过信息中介机构使用体育节目。某些侵犯广播组织权的违法行为来自境外，但在国际法律机制特别是20世纪60年代的《保护表演者、录音制品制作者和广播组织罗马公约》（以下简称《罗马公约》），对于使用广播组织的节目，调整该法律关系时甚至没有涵盖有线广播。对此，必须要有解决方案以在国内外互联网中充分保护广播节目，并赋予广播组织相应的权利。

---

[*] 布佐娃·娜塔莉娅·弗拉基米罗芙娜（Н.В. Бузова），俄罗斯国立司法大学，从事知识产权司法保护的理论与实践研究，法学博士。本文原载俄罗斯《高等经济学院法学学报》2019年第1期，第195—213页。

[**] 陈思然（1994—），上海外国语大学法学院2018级法律硕士研究生，研究方向：俄语法律。

像奥林匹克运动会或国际足联世界杯这样的国际赛事，不仅吸引主办国的民众，更是吸引着全世界人民。如果没有广播组织在世界各地进行实况转播，这些赛事无法聚集数百万人的视线。

然而，世界范围内侵犯无线与有线广播组织权的现象十分普遍。非法转播、使用解码设备以及网络盗版都是常见的侵权行为 [阿尔别戈诺夫（Албегонов З.Х.），2010: 20-26]。保护广播组织专有权的重点是明确受保护的对象，着重于这些客体涉及的法律制度，并确定权利的实际所有人以及侵权事实。

一、体育节目和广播组织的节目的相关法律制度

在《俄罗斯联邦民法典》生效之前实施的1993年7月9日俄罗斯联邦第5351-I号法律《著作权与邻接权法》规定，节目是法律保护的对象，这使得在某种程度上广播组织被赋予专有权。对此，像苏达里科夫（С.А. Судариков）[苏达里科夫，2000: 301-302] 这样的专家注意到，之所以上述法律和独联体其他成员国的立法对"节目"的定义使用相同的概念，是因为无法明确这一词语的实质及其本质特征。"节目"一词既可以解释为一个（转播）过程，其结果是向观众或者听众传输信号，也可以从内容上看——是声音的集合以及声音和图像的集合，又或者理解为承载着内容的一组信号。

比如格里沙耶夫（С.П. Гришаев）就将节目定义为：一组通过无线或有线发送的声音、图像信号（格里沙耶夫，2002: 158）。图赫塔罗夫（Ю.Е. Тухтаров）认为，电台节目就是"通过无线（有线）向社会公众传输的播送过或者正在播送的信息，其具体资料来源于（或可以来源于）作品、表演、录音、其他广播节目以及素材，并且是以图像和（或）声音的形式呈现出来的"（图赫塔罗夫，2000: 129）。对此，还有一个说法：广播节目作为广播组织邻接权的客体，应看作是"多媒体资源与音频信息、视听资料和其他素材的结合……"[杰多娃（Дедова Е.А.），2006: 8]。

现行《民法典》第1225条规定了受保护的独创的智力活动成果，其中没有直接阐述"节目"（或者更确切地说是广播或者电视节目）一词的概念。无线或有线广播组织享有知识产权，俄罗斯《民法典》将其客体称为"无线或有线播放的广播或电视节目"，并将其列为"无线或有线广播组织的节目"这一术语的同义词。确定点说，如今法律保护的范围延伸到通过无线或有线转播节目的过

程之中。广播和电视节目的播放本质上是一个过程，从转播开始的那一刻起法律对其的保护也相应地开始了。

《民法典》规定广播组织享有邻接权，虽然立法者试图厘清邻接权客体的概念，但学者对这个问题的立场存在分歧。例如波多弗妮科娃（Ю. Половникова）认为播放是"广播组织自主采取的任何行动……"，借助这些行动以确保观众和听众接收到节目（波多弗妮科娃，2012:54）。此外，霍勒塔（М. Хорта）的观点是："播放应该意味着传输信号……"，而不是广播组织的活动。霍勒塔证明自己这个立场的依据是活动无法成为公民权利的客体。

俄罗斯不是唯一将节目（播放）作为保护对象的国家。在西班牙[1]、哥斯达黎加、厄瓜多尔和其他国家也可以看到类似的做法，而这些国家通常与盎格鲁－撒克逊法系有关。英国 1988 年 11 月 15 日颁布的《版权、工业外观设计和专利法案》（经修订，以下简称《专利法案》）第 6 条将节目列为保护的对象，但对节目的定义是：能够被公众同一时间合法地接收或者当时可以进行转播的，包括可视图像、声音或者其他信息在内的电子播放（转播），而且只能由为大众呈现而实行转播的人来决定播出的时间。同时一些学者指出，节目是一种传递信息的服务，它的价值在于"节目本身所包含的消息"[别恩特利（Бентли Л.），2004:143]。

在巴巴多斯 1998 年 3 月 5 日颁布的《著作权法》（经修订）中，节目也同样被认为是以播放视频、声音或者视频与声音的形式使得公众可以通过包括有线或者卫星在内的任何途径合法收听或者收看。

俄罗斯的立法者将"广播或电视节目"定位为声音和/或图像的集合及其表现的总体（俄罗斯《民法典》第 1329 条）。依据俄罗斯《民法典》，节目是向公众播放（广播）的内容。对此，本文中"节目"一词的概念涵盖无线广播和电视节目，指的是通过无线或有线专为观众或者听众放送的"广播材料"。

若以俄罗斯联邦于 1991 年 12 月 27 日颁布的第 2124-I 号法律《大众传媒法》（经修订）第 2 条为依据，则可以从"广播、电视、录像、新闻片节目"的定义中得出以下的结论：节目是音频及视听材料播放的集合。分析俄罗斯法律

---

[1] 在西班牙保护的对象不仅是转播这一过程，还包括节目的内容——带有声音和图像的信号所构成的内容。

条款并不能明确地回答以下问题：(1) 俄罗斯《民法典》第1330条所述的无线或有线播放的节目，其适用范围是否只限于可以成为受著作权保护或者不受保护的对象；(2) 只有在转播的节目不属于著作权法保护的对象时，例如足球比赛，才可以视为无线或有线播放的节目。仅仅在转播不受著作权保护的对象时适用《俄罗斯联邦民法典》第1329条至第1332条这些关于广播组织权的法条。但假设节目是指不受著作权保护的广播材料，广播组织的权限会缩小。因为广播组织并没有在《民法典》第1330条中获得额外的权利，比如说在转播视听作品的时候，广播组织应当取得权利人的许可才能获得无线播放该作品的权利。相应地，保护著作权或者邻接权的客体以及其播放记录不被非法使用是被转播的客体的权利人所享有的权利。

"节目"似乎是个很复杂的概念，涵盖了著作权保护和不保护的对象。与此同时，著作权的客体、邻接权的客体和其他权利的客体都可以用于制作节目。在提及体育节目的时候，应当考虑到可能是指现场报道、赛况转播、专题讨论、与著名足球运动员或者体育事件有关的"电影"。

某一特定节目受到著作权保护的程度取决于该节目制作过程中独创性贡献的大小。并且，可以把一些体育节目特别是体育类的电影归类到受著作权保护的视听作品之中，而其他体育节目只是受邻接权保护的无线或有线播放的内容。但无论如何，这些体育节目的播放都受到邻接权保护。

如果提到足球明星见面会或者电视节目这类节目时，应该把更多的关注放在对独创性贡献的评价上，这是因为对这些节目一直适用著作权制度是不正确的。下面对电视节目的情况进行分析。这种节目可能在广播或电视节目转播之前就已经存在，是已经完成创作或正处于创作的专门用于播放的作品。例如，意大利于1941年4月22号颁布的第633号法律《版权与邻接权保护法》（经修订）中就使用了"广播作品"的概念。

这些作品专用于播放，可以交由广播组织来"创作"。为了这些作品的诞生，广播组织实行了一系列组织筹备工作和技术上的准备措施：搭建配置演播室、装饰布景、挑选并装扮主持人和其他表演者以及邀请观众或其他参与者。这里要求参与者（表演者）必须按照既定的剧本或情节的纲要。广播组织可能会邀请总监制来指导拍摄或组织排练等，或者邀请作曲家进行配乐。在某些广播组织中，时间都用于拍摄，作品由此被记录到载体上并随后通过无线或有线播放。

根据《俄罗斯联邦民法典》第 1263 条，视听作品——由一系列定影（有伴音或无伴音的）影像所组成的作品，旨在通过适当的技术装置以供视觉和听觉感知。分析"节目"制作过程而得出的结论是：所制作完成的客体是视听作品。这个时候，创建该客体的过程中独创性贡献是重要的组成部分，没有这部分的节目就不能被视为受到著作权保护的视听作品。在这种情况下广播组织是视听作品的制作者，即组织创作这种作品的人（《俄罗斯联邦民法典》第 1263 条第 4 款）。

依俄罗斯法律，作品被定影在物质载体上之后就成为视听作品。有些节目是现场直播的，也就是这些节目不是事先"固定"在专业的载体上，而是在其制作过程中实况转播（无线或有线播放）。若严格依照《俄罗斯联邦民法典》第 1263 条第 1 款的规定，那转播的作品只有在定影后才变成视听作品。这并不会减少播放期间对作品的保护。

节目从制作之时起就应当被视为著作权的客体，如同作品从创作之时就受到著作权保护，在转播过程中节目同样受到著作权保护。同时应该适当地注意到：哪怕是现场直播的转播，在拍摄时也会用摄影机对制作的节目进行预先定影。在这样理解的情况下很难反驳说，广播作品作为创作活动的成果而不属于视听作品的定义范畴之内。

因此，视听作品的创作既可以在转播之前，也可以在播放的过程中，但处于第二种情况的时候如果视听作品是创作活动的成果，该作品就将落入著作权的保护范围。对于这样的节目，广播组织拥有独家权对其进行无线或有线播放。

A40-14248/2016 是一个有趣的案例，涉及电视节目和视听作品的创作。在审理过程中，法院关注的问题是可否在现场转播时完成视听作品的制作，还是说与被告人即广播组织所坚持的一样，将节目视为复杂的客体，包括出自现场直播期间的电视节目能否被视为视听作品。知识产权法院为了弄清楚这一问题而咨询了专业意见。最后，法院得出以下结论：电视节目"能作为一个复杂的客体（尤其是视听作品）"[1]。法院还指出这种电视节目应具备一系列特征 [格林

---

〔1〕 Постановление Суда по интеллектуальным правам от 30.01.2017 № С01-1029/2016 по делу № А40-14248/2016 –2017 // URL: http://kad.arbitr.ru/PdfDocument/ca03b625-3e33-460c-86d163a5a0c876da/48508757-fee1-4537-aec0-309fef85c81d/A40-14248-2016_20170130_Reshenija_i_ postanovlenija.pdf(дата обращения: 17.03.2018).

（Гринь Е.），2017: 19–24］。到目前为止，对此还没有定论。

其他体育节目由广播组织进行报道，像体育赛事的实况转播以及体育比赛新闻现场直播。包括体育在内的报道本身并不属于民法的客体[2]。具有专门信息性的事件的体育报道，并不受著作权保护（《俄罗斯联邦民法典》第1259条第6款第4项）。作为广播足球场地或其他体育赛事的素材，体育节目通常不受著作权的保护，但这类节目的播放则归属于广播组织的邻接权的客体而受到保护。

在这种情况下应该提及体育竞赛在法律制度中现有的法律地位［蓬金（Понкин И.В.），列季基娜（Редькина А.И.），2017: 46-57］。正如欧盟法院的观点，体育赛事不能被视为智力活动的成果[3]。具体而言，这种观点适用于足球比赛，它的比赛规则限制了出于著作权目的所必需的创作自由[4]。上述法院将足球比赛排除在可以受到著作权或其他知识产权保护的对象之外（也就是说，体育赛事本身通常不属于作者的作品，也不受著作权保护）。法院同时注意到这种赛事的特性，这使国家法律秩序能够推行适用保护活动成果的制度。

尽管体育赛事不属于知识产权所保护的范畴，但全球实践中并没有禁止各个国家的立法者赋予体育赛事的组织者专有权。在探讨关于体育赛事的保护问题时，蓬金和列季基娜留意到澳大利亚法官卡勒莉甘（Каллиган）的观点："如同适用于其他原创作品，著作权应该同样适用于体育赛事"（蓬金，列季基娜，2017: 11）。

应当注意2007年12月4日颁布的第329-ФЗ号联邦法律《俄罗斯联邦体育与运动法》第20条第4款、第5款的规定（经修订，以下简称《体育法》）：体育赛事的转播并非不受限制。通过转播体育比赛的图像和/或声音进行赛事解

---

［2］ О правовом режиме информации см. позицию Л.К. Терещенко [Терещенко Л.К., 2011: 415 с.].

［3］ 法院在判决中强调了将体育赛事视为著作权客体的不可行性，但这不能排除所有的体育赛事。例如花样滑冰或艺术体操等比赛，已经不算是典型的表演了，这些体育比赛中都富含创造的因素，实质上是运动员表演而成的艺术品。

［4］ Joined Cases C-403/08 and C-429/08 Football Association Premier League Ltd and Others v QC Leisure and Others— Judgment of the Court（Grand Chamber）of 4 October 2011. EUR-Lex. Access to European Union Law. 2011.Available at: http://curia.europa.eu/juris/celex.jsf?celex=62008CJ0403&lang1 =en&type=TXT&ancre=（дата обращения: 17.03.2018）

说是这类赛事组织者的特权[5]。俄罗斯授权组织者可以利用任意技术对该比赛进行实况转播以及录制和/或拍摄。包括广播组织在内的第三方也可以实施前述行为，但要有组织者的许可或者订立协议来让第三方获得体育赛事解说的权利。[尽管体育法规定赛事组织者的权利与知识产权无关，但它们的本质非常相似。智力活动成果的专有权（《俄罗斯联邦民法典》第1226条）属于知识产权中的一个类型，赛事组织者的权利与之非常相似，并且在一定程度上与广播组织对包括体育赛事在内的无线或电视节目播放进行录制的专有权是绝对竞合关系。]

二、保护信息—电信网络中广播组织的专有权不受侵犯

尽管无线或者有线播放广播和电视节目是一个技术性的过程，但广播组织的转播活动范围远远不止转播。2003年7月7日第126-ФЗ号联邦法律《通信法》（经修订）中对此有所规定：广播组织接收以及向用户设备（终端设备）传输信号，通过该信号实现电视频道和（或）无线电频道的划分或者接收无线给定信号中的节目（第2条第28.2款）。因此，广播组织的活动范围涵盖组织工作、技术操作以及法律行为的所有流程，目的是准备初始材料以及能够直接播放电视节目和广播，这些都需要大量的投入。

广播组织要承担如下费用：为了创作自己的作品以及制作广播和/或电视节目，请求体育赛事组织者即转播作品和其他受保护的对象的所有权人授权的费用；平面设计的费用；通信渠道服务的资费；解说员、记者以及其他在广播组织活动中参与创建节目或者进行播放的人员的报酬。广播组织制定广播时间表以自主决定向听众和观众播放哪些材料。

考虑到广播组织的工作对信息传播具有社会意义，俄罗斯赋予这些组织在播放广播或电视节目时享有邻接权范畴的专有权。在将智力活动成果置于保护下的时候，法律所持有的态度是将播放（广播）理解为过程，一些学者借此得出的结论是进行转播的组织也应享有邻接权和著作权 [夫拉索夫（Власов Е.Г.), 2013: 17–18]，这是有争议的。

《俄罗斯联邦民法典》第1330条第2款列举了使用广播或电视节目播放的

---

[5] 这样一来，像在2018年俄罗斯筹备和举办的世界杯中，利用任意的技术对图像和/或声音进行转播并解说是国际足联的权利（2013年6月7日第108-ФЗ条联邦法律《俄罗斯联邦筹备和举办2018年世界杯、2017年国际足联联合会杯及俄罗斯联邦相关立法修正案》第17条）。

方式。这其中包括录制广播或电视节目的播放；复制广播或电视节目播放的录制品；传播广播和电视节目播放，即通过销售或以其他方式转让广播和电视节目播放录制品的原件或者复制件；转播；向公众开放广播和电视节目的播放；在付费进入的场所进行公开表演以及出租广播或电视节目播放录制品的原件或者复制件。对使用广播和电视节目播放的方式是封闭式列举。可《民法典》第1330条第1款却为广播和电视节目播放提供了更广泛的法律保护。尽管第2款中未明确规定要保护"流式广播"，但从司法实践中可以看出，法院会保护流式广播者的广播组织权。这个情况并非指向一种新的播放形式，而是另一种传输信号的媒介。从技术层面来看，"流式广播"通过有线或卫星转播。"流式广播"可能是最接近利用"Streaming"技术的传统互联网广播，也就是互联网实时广播。

互联网的诞生使信息在公众之间更为迅速地传播。节目不仅可以通过无线或有线播放，还可以于技术支持下在互联网上传播。然而，新的广播环境容易滋生滥用广播或电视节目播放的违法行为。信息和电信网络中权利保护的困难在于违法者的确认和管辖权的确定，以及与信息和电信网络的现代广播技术水平相对应的国际法律制度的缺失。将网络侵权者绳之以法富有挑战性。与此同时，必须制止且一直制止非法活动。为了维护自己的权利并预防后续的侵权行为，广播组织向司法机构求助并作为原告起诉发布非法内容的网站运营者。

国外实践中最著名的案件之一是 M.S.M Satellite Singapore Pte Ltd v. Star Cable Network & Others（2010），当时法院支持了广播组织的诉请：禁止在电信网络上转播广播组织的体育节目。在这种情况下原告必须举证证明侵权事实的存在，以此来证明不禁止非法活动的进行将对所有权人造成负面的影响 [特卡切夫（Ткачев Д.А.），2013]。

俄罗斯同样有对网站提供者处以司法"禁令"的实践。2014年11月24日第364-ФЗ号法律《俄罗斯联邦信息、信息技术和信息保护法修正案》和《俄罗斯联邦民事诉讼法》（以下简称《俄罗斯民事诉讼法》）在2015年生效后，俄罗斯得以限制信息的获取，非法传播信息不仅会侵犯他人对视听作品所拥有的权利，还会侵害他人的著作权（摄影作品除外）以及包括节目播放权利在内的邻接权。广播电台发现网络上有非法转播的侵权行为后有权向莫斯科市法院申请采取初步保全措施[1]。

在无线播放被非法利用的时候，国家体育电视频道有限责任公司（体育频道"赛事TV"的创始者）为了捍卫自己无线播放的专有权而定期向莫斯科市法院申请采取初步保全措施，这一做法效果显著。

如果向法院出示可以证实网络上被申请人播放的事实以及可以证明申请人对转播享有专有权的相关文件，则法院会同意采取这种措施的申请（例如，2018年5月24日莫斯科市法院对第3-0544/2018号[6]案件作出的裁决）。法院关于初步保全的裁决生效后，可以就此向俄罗斯信息技术与大众传媒监督委员会申请封锁相应的网站。法院要求俄罗斯信息技术与大众传媒监督委员会提供技术条件，以确保停止无线电视节目的发布、传播以及其他形式的播放。

此外，广播电台有权使用法律没有规定的措施来制止侵害行为：当网站进行非法广播时广播电台发送侵权声明给网站运营者[7]。如果网站运营者没有删除相关信息，广播电台可以就此向莫斯科市法院申诉，援引的是莫斯科市法院已经审理的第3-264/17号案件。在互联网网站上也能观看体育电视频道的电视节目。根据《大众传媒法》来理解，电视频道根据广播时间表（节目指南）通过卫星（无线电）来播放有固定名称（名字）和选定频率的电视、广播节目和（或）相应的其他视听、声音播放材料（第2条第14款）。依据所有权人国家体育电视频道有限责任公司的申请已经采取了初步保全措施，以确保对播放（广播）专有权的保护。

在有理由认为互联网上存在侵犯著作权或邻接权的行为时，莫斯科市法院依照俄罗斯法律有权采取初步保全措施。该法院还有权审理涉及信息—电信网络中保护著作权和邻接权（摄影除外）的一审民事案件，其中就有根据《民事诉讼法》第144.1条而在网上采取临时保全措施。

无法确定谁是在互联网上非法进行播放的人，而电视节目播放所有权人也没有授权任何人在网站上发布信息时，对于所有权人来说托管服务提供者就应该对此负责。原告提供信息中介即非法使用电视节目播放的网站提供者的相关

---

[6] Определение Московского городского суда от 24.05.2018 по делу № 3-0544/2018: сайт Московского городского суда // URL: https://www.mos-gorsud.ru/mgs/defend?page=6（дата обращения: 29.05.2018）.

[7] Ст. 15.7 Федерального закона от 27.07.2006 № 149-ФЗ «Об информации, информационных технологиях и о защите информации»（с изменениями）// СПС Консультант Плюс.

信息。法院在查明这些网站发布材料的相关事实后得出结论：在《民法典》第1252条第1款第2项的基础上，所有权人有权要求制止提供技术条件以发布、传播或通过其他方式在网上使用节目播放的行为。

依据《民法典》第1252条第1款第2项，保护智力活动成果的专有权可以通过提起制止侵权行为或有侵权危险的行为的请求来实现，不仅针对正在实施此类行为或正在为实施侵权行为做必要准备的人，还针对能够制止这些行为的人。基于《民法典》第1253.1条第4款，针对被告而提出的诉讼请求应该得到支持。法院判决被告必须停止提供技术条件以发布和传播及以其他方式使用节目播放的行为[8]。

所研究的办法是在广播或电视节目持续播放的情形下保护权利。可对于体育节目播放来说，有利的是在违法行为实施时对其进行制止，确切地说是实况转播期间，例如足球比赛持续的期间。当然，这种做法无法预防网络盗版，因为限制在一个网站上发布节目播放的技术条件并不会限制侵权者在其他网站上（有时是"镜像"站点）发布这些节目播放。

俄罗斯为了完善打击侵犯网络著作权和邻接权行为的有关立法，在2017年通过了另一部法律《反盗版法》[9]。该法特别明确了限制访问被封锁的克隆网站（镜像站点）的程序（第15.6-1条），修改了关于限制访问多次非法发布包含著作权和/或邻接权客体信息的网站的程序（第15.6条）②。

由此，义务人的义务范围得以扩大，他们要协助限制访问非法发布有关著作权和邻接权客体信息的网站。这些网站多次非法发布包含著作权和/或邻接权客体的内容以及获取这些内容所需的信息，根据俄罗斯信息技术与大众传媒监督委员会的要求，在网站上投放广告的搜索引擎运营者有责任停止公布这些网站的周知域名和指出非法信息所在的网页。

同样，俄罗斯信息技术与大众传媒监督委员会要求电信运营商采取措施持续限制对网站的访问：当某网站多次非法发布体育电视节目播放的录制或诸如此类的信息，运营商必须限制对该网站的访问。对此，大众评价《信息、信息

---

[8] Решение Московского городского суда от 6 07 2017 N 3-264/17 // СПС Гарант.
[9] Федеральный закон от 1.07. 2017 № 156-ФЗ «О внесении изменений в Федеральный закон «Об информации, информационных технологиях и о защите информации»// СПС Гарант.

技术和信息保护法》第15.6条第1款第1项③的编纂是非常成功的，因为这有效制止了非法直播时发布包含广播或电视节目播放的信息的行为。

保护体育节目播放专有权的问题是：由于体育比赛实况转播期间，违法者提供接入网络直播的渠道后就停止访问网站，这导致更加难以证明其违法行为的存在。此外，在节目播放结尾的时候，作为权宜之计的封锁网站不再起作用，这是出于体育赛事的特点：观众通常只对未知的赛事结果感兴趣。即使现有的方法只是阻拦访问那些进行非法广播的网站，也能够减少互联网上节目播放的非法使用。

封锁网络资源是世界各国普遍的做法。其中就包括英国，当互联网服务提供者被诉其服务侵犯了著作权的时候，《专利法案》第97A条赋予最高法院对其处以禁令的权利。禁令的范围可能会涉及那些直接进行非法直播的网站，以及只包含这些网站的链接的索引、聚合门户，有个著名的案件就是 The Football Association Premier League Ltd v. British Sky Broadcasting & Ors [2013] EWHC 2058(Ch)[10]。虽然信息中介机构 FirstRow 没有提供直播服务，而是保证接入流媒体模式下的电视节目，但对于沟通过程其应与提供体育赛事非法广播服务的供应商承担"连带责任"[11]。

有趣的是，英国 The Football Association Premier League Ltd v. British Telecommunications Plc & Ors [2017] EWHC 480(Ch)[12]一案的审理中针对原告即英超足球协会的诉请，高等法院采取的措施是对目标（流媒体）服务器发布禁令，而不是针对网站。而这项禁令只适用于英超联赛赛季的现场直播。法院每周都应该

---

［10］ The Football Association Premier League Ltd v British Sky Broadcasting Ltd & Ors [2013] EWHC 2058（Ch）(16 July 2013)：British and Irish Legal Information Institute. England and Wales High Court (Chancery Division) Decisions // URL: http://www.bailii.org/ew/cases/EWHC/Ch/2013/2058.html（дата обращения：20.05.2018）.

［11］ Институциональные механизмы осуществления политики и установления режимов защиты прав интеллектуальной собственности для противодействия нарушениям в Интернете. 2017 // URL: https://www.wipo.int/edocs/mdocs/enforcement/ru/wipo_ace_12/wipo_ace_12_10.pdf（дата обращения：16.10.2017）.

［12］ The Football Association Premier League Ltd v British Telecommunications Plc & Ors [2017] EWHC 480 (Ch)(13 March 2017) [Электронный ресурс]: British and Irish Legal Information Institute. England and Wales High Court (Chancery Division) Decisions — 2017. Available at: http://www.bailii.org/ew/cases/EWHC/Ch/2017/480.html（дата обращения：20.05.2018）.

提供目标服务器的更新列表，就是禁令所针对所覆盖的目标服务器列表。

三、体育节目播放片段的滥用

除了在网络上进行非法广播外，网站有时未经广播组织授权就广泛传播电视节目播放的某些片段。对此必须指出，《俄罗斯联邦民法典》（第1306、第1273、第1274、第1278、第1279条）对广播组织专有权的适用排除和适用限制是有所规定的，包括为法律适用目的而自由复制作品，为个人目的而免费复制作品，在为信息、科学、教学或者文化目的而自由使用作品。在网络上使用节目播放时也受到相应的限制。比如说，允许使用作品中的片段作为教学性质的出版物、广播和电视节目以及录音和录像中的插图（《民法典》第1274条第1款第2项）。此外，也不能排除引用节目播放的可能性（《民法典》第1274条第1款第1项），但要实现这种可能只有在满足法律规定的所有要件，合乎目的性（信息、科学、教学或者文化），符合引证目的的范围以及指明作品的作者姓名和引用的来源的时候。否则，未经权利人许可而使用节目播放及其片段的，将被认定为非法行为。

例如，有个著名的体育媒体在网站上发布了电视频道"我们的足球"节目播放的片段。该电视频道是一个有线电视广播组织，播放的是自己制作的电视节目，还有基于与权利人订立的许可协议而有权播放的体育节目。经查明，在未获得原告许可的情况下被告在自己的网站上使用了足球比赛中一些最为精彩的片段。关于权利人对被使用的片段享有的专有权，被告没有提出异议。但是被告声称，其对片段的使用是在一个作品中包含另一部作品的片段，即《民法典》第1274条中规定的引用行为，因此其既不用征得权利持有人的同意也无须支付报酬（2014年3月18日莫斯科仲裁法院第A40-160673/13案件的裁决）。

然而法院认为视频不属于被告所有的视听作品，而是电视频道"我们的足球"电视节目播放的片段，为此要求被告停止为在网上发布、传播以及其他任何使用电视频道的节目播放的行为提供技术条件，并进行赔偿。在上诉以及撤销上诉时，被告试图以引用作为抗辩均没有得到支持。

在上诉状中，申诉人指出其网站是引用报社记者的文学作品里的引文。然而法院驳回申诉人对《民法典》第 1274 条的援引[13]。审理纠纷时知识产权法院上诉法院正确地指出：《民法典》第 1274 条第 1 款第 1 项的法条所指的引用"不能被适用于该案，因为根据案情，被告所使用的有争议的体育节目播放片段是作为事件本身（足球比赛）与'引文'的插图，也正如被告所称，报社记者的文章《苏联足球》使用这些片段是为阐明其文章内容，而不是出于科学、论证、批判或者信息的目的来讨论作为邻接权客体的'我们的足球'频道节目播放的内容。"除此之外，被告也没有满足指明作品的作者姓名和引用的来源的这个要求[14]。可见，法院在审理这一争议时并不承认在网站上发布电视节目播放的片段是引用行为。

四、结语

本文仅研究已有的解决方案，包括法院判决在内的案例。然而，很多关于节目使用的问题仍然没有明确的解决办法。该领域的国际条约并没有在信息和电信网络中得到普遍适用。《保护表演者、录音制品制作者和广播组织罗马公约》实质上是在国际层面保护广播的基本协定，其规定只限适用于无线广播。《罗马公约》所规定的与广播有关的权利范围非常狭窄，只限于转播、录制广播组织的广播节目，复制前述录制品，以及如果是在收门票的公共场所进行传播时向公众传播电视节目。与此同时，《罗马公约》既没有关于向公众公开的规定，也没有涉及规避侵权技术的保护措施。此外，除了解决有线广播和流媒体的国际法律监管问题外，赋予延迟转播和广播前信号权利的这些问题仍需处理。由于这类客体出现在转播之前——播放之前，俄罗斯法律没有规定对其进行保护。俄罗斯《民法典》不包含保护其可能性的假设。（还有一个问题是：这些客体是否就是指广播或电视节目？）

---

[13] Постановление Девятого арбитражного апелляционного суда от 29.07.2014 по делу № А40160673/13 — 2014 // URL: http://kad.arbitr.ru/PdfDocument/644d142f-553d-4ded-a44c-0361fac76a10/c9588c35-d6ba-41ff-a44a-747b5763a2a0/A40-160673-2013_20140729_Postanovlenie_apelljacionnoj_ instancii.pdf（дата обращения: 17.03.2018）.

[14] Постановление Суда по интеллектуальным правам от 08.10.2014 по делу № А40-160673/13 — 2014 // URL: http://kad.arbitr.ru/PdfDocument/644d142f-553d-4ded-a44c-0361fac76a10/0f1b711f6a70-46fe-a00a-8ea383dee2cd/A40-160673-2013_20141008_Reshenija_i_postanovlenija.pdf（дата обращения: 17.03.2018）.

然而，由于各个成员国的立场不同，国家态度也因此有所不同，这使得旨在缔结一项新的国际条约而进行的谈判始终未能成功。该条约的草案在世界知识产权组织版权与邻接权常务委员会的框架内已经被讨论了数十年。在这种情况下，需要在建立现代国际法律机制之际作出妥协，旨在保护世界各地的节目并促进体育运动。

参考文献

1. Албегонов З.Х. Требование о пресечении действий, нарушающих права организаций эфирного и кабельного вещания или создающих угрозу нарушения, как один из гражданско-правовых способов защиты прав // Имущественные отношения в Российской Федерации. 2010. № 11. С. 20–26.
2. Бентли Л. Право интеллектуальной собственности. Авторское право. СПб.: Юридический центр Пресс, 2004. 533 с.
3. Власов Е.Г. Гражданско-правовая охрана сообщений передач в качестве объекта смежных прав: автореф. … к.ю.н. М., 2013. 24 с.
4. Гринь Е. Телевизионная передача как сложный объект интеллектуальных прав: вопросы правоприменительной практики // Интеллектуальная собственность. Авторское право и смежные права. 2017. № 7. С. 19–24.
5. Гришаев С.П. Средства массовой информации и авторское право // Авторское право и средства массовой информации. Законодательные и другие нормативные акты. 2002. № 20. С. 123–167.
6. Дедова Е.А. Гражданско-правовая защита смежных прав организаций эфирного и кабельного вещания: автореф. … к.ю.н. М., 2006. 25 с.
7. Половникова Ю. Объект смежных прав организаций вещания//Интеллектуальная собственность. Авторское право и смежные права. 2012. № 8. С. 52–55.
8. Понкин И.В., Редькина А.И. Спортивное выступление и спортивное мероприятие как объекты прав интеллектуальной собственности//Копирайт. Вестник Академии интеллектуальной собственности. 2017. № 4. С. 46–57.
9. Понкин И.В., Редькина А.И. Право интеллектуальной собственности в сфере футбола// Интеллектуальная собственность. Авторское право и смежные права. 2017. № 5. С. 7–14.
10. Судариков С.А. Основы авторского права. Минск: Амалфея, 2000. 512 с.
11. Терещенко Л.К. Правовой режим информации: дис. … д.ю.н. М., 2011. 415 с.
12. Ткачев Д.А. Стратегии охраны интеллектуальной собственности премьер-лиги Индии

по крикету//Патентное дело. 2013. № 5. С. 56.
13. Туктаров Ю.Е. Передача как объект смежных прав//Журнал российского права. 2000. № 10. С. 124–129.
14. Хорт М. К вопросу о субъекте и объекте охраны прав организаций вещания в России и за рубежом//Интеллектуальная собственность. Авторское право и смежные права. 2012. № 1. С. 63–69.
15. Ryder R., Madhavan A.（2013）The IP strategy of India's cricket sensation. Managing IP Magazine. 2013. Available at: http://www.managingip.com/IssueArticle/3160175/ Archive/The-IP-strategy-of-Indias-cricket-sensation.html（дата обращения: 29.05.2018）.

译者注：

① 依据《俄罗斯联邦信息、信息技术和信息保护法》第15.6条，莫斯科市法院通过广播电台的申请后，进行非法转播行为的网站必须在24小时内停止公布相关的域名和索引信息以及限制用户对侵权信息的获取。

② 《反盗版法》实为俄罗斯2017年第156-ФЗ号法律《信息、信息技术和信息保护法修正案》。

③ 本段第一句为该法条的具体内容。

德国"罗滕堡食人魔"改编案判决

金园燕[*] 译

德国联邦最高法院
缺席判决

案号：VI ZR 191/08　　　　　　　　　判决日期：2009年5月26日
　　　　　　　　　　　　　　　　　　　书记员：霍姆斯
　　　　　　　　　　　　　　　　　　　法庭书记员办事处

裁判要旨

参考书：收录

联邦最高法院民事判例集：未收录

联邦法院判例集：收录

《德国民法典》第823条辅助性条款或第1004条；《德国基本法》第5条第（1）项、第（3）项，第2条第（1）项

可否允许将社会轰动性犯罪行为（"罗滕堡食人魔"）改编成电影

联邦最高法院，2009年5月26日缺席判决，2008年联邦最高法院第六民事庭第191号判决书法兰克福州高等法院

卡塞尔地区法院

联邦最高法院第六民事庭于2009年5月26日公开审理该案件，由联邦法院副院长缪勒（Müller）博士、威纳（Wellner）法官、帕格（Pauge）法官、斯托尔（Stöhr）法官和冯·彭兹（von Pentz）法官负责审理。

---

[*] 金园燕（1996—），上海外国语大学2018级法律硕士研究生，研究方向：西班牙语法律。

依法判决如下：

基于被告的上告（Revision），撤销法兰克福州高等法院第十四民事庭在2008年6月17日作出的判决。

基于被告的上诉（Berufung），对卡塞尔地区法院2007年7月5日的判决进行改判，并驳回原告诉讼请求。

判令案件受理费由原告承担。

案件事实

原告被新闻报道为"罗滕堡食人魔"，其因谋杀罪被判处无期徒刑。原告于2001年3月杀害一男子，将其分尸、冷冻，之后食用了部分尸体。原告于2002年12月被捕后，媒体对此事进行了大量报道，其本人于2003年7月接受了《斯特恩》（Stern）杂志的专访，该报道介绍了他的犯罪心理、犯罪过程和动机。2004年7月至8月，他还与S.市场销售有限责任公司（S. ermarktungs GmbH）签订了一份合同，通过制作音频、书籍、电视、电影胶片、音乐光盘和照片资料等来"全面、独家和全球性地传播"他的人和事。《与食人魔的访谈》一书于2007年9月出版。

被告是一家美国公司，主要生产电影。其基于原告的犯罪行为改编了"真实恐怖电影"，名为《罗滕堡》（Rohtenburg，英文名 Butterfly-A Grimm Love Story）。电影开场白指出这是根据真实事件改编的故事。电影中没有提到原告。电影主人公的生活故事、性格特征以及呈现出的犯罪现场，与真实事件中原告的生平和人物形象差不多。

原告要求被告停止放映电影或以其他方式将电影投放市场。他认为电影《罗腾堡》的摄制侵犯了他的隐私权和肖像权（《美术与摄影作品著作权法》，第22条、第23条）。被告依据《德国基本法》第5条第1款和第3款所享有的电影和艺术自由的基本权利并不能为其侵权免责。被告基于艺术自由提起上诉，并认为停止侵权的请求（Unterlassungsanspruch）不成立，因为原告已经同意媒体公开他的犯罪行为、案件事实和犯罪心理。

该案件已经过下级法院的两次审理。被告经上诉法院同意继续提起上告，请求驳回原告的诉讼（Klageabweisungsantrag）。

裁判理由

一

由于原告经依法传唤仍未到庭，所以上告审根据被告的请求作出缺席判决。该判决并非原告缺席的结果，而是基于对事实的审查作出。[1]

二

上诉法院的判决书发布于《德国版权与媒体法》(ZUM) 2008年第793期，在《德国民法典》第1004条和第823条第1款这两个条款中，第1004条支持原告对被告提出的停止侵权的请求。因为根据德国《基本法》第1条第1款、第2条第1款，原告的隐私权受到被禁止行为的侵犯。可以明显发现，电影角色以原告为模板。该行为应由作为电影制片人的被告承担责任。被告可以主张艺术和电影自由，但权衡利益之后还是不能否认其侵权的非法性：电影并没有创作出独立于原告的艺术形象，而是毫无间离（Verfremdung）地从细节上还原了原告的人物形象、犯罪行为和生活状况。因此电影方不能主张自己是虚构的，其已经侵犯了隐私权保护的领域。当然，并不能仅凭这个认定原告的隐私权优先于被告的艺术自由，因为由于原告之前作出的许可，公众已经知道影片中描述的情况。但是，对隐私权的保护应排除在恐怖电影中呈现原告的人物形象、生活和犯罪行为。这样的电影注重的是（犯罪）行为及其后续的发展，因此呈现的是简化的人物形象。让观众不可避免地进行联想并不是电影本身的娱乐消遣目的。通过让观众感受凶手令人毛骨悚然的行为而产生恐惧，这部电影提供了典型的恐怖电影娱乐效果。这种反应不仅仅是由呈现的犯罪行为引起的，纯粹的纪录片也容易引起恐怖和反感，而电影整体的戏剧性又更能带动这种情绪。这部电影既没有对事件进行恰如其分的呈现，也没有试图对这种难以理解的行为提供逻辑或心理上的解释，而是以恐怖电影风格的典型方式表现原告这个人、其人际关系以及他的行为。原告本人已经在媒体上公开了自己的生平故事，这一事实并不会限制原告的隐私权。因此不能将他的隐私权保护降到很低的水平，以至于不再考虑任何媒体报道可能对他造成的严重伤害。未经许可就使用原告的生活故事且没有足够的间离效果并以虚构作品的形式在恐怖电影中呈现，即

---

[1] vgl. BGHZ 37, 79, 81. （原德文判决书中以括号形式标注相关判例，为方便阅读本文将改为脚注形式。下同。）

便是对已经被公开报道过的罪犯而言，也是对其隐私权的严重侵犯。由于电影的主要目的不是为公众提供感兴趣的信息，而是为喜欢此类电影的观众提供娱乐服务，因此，即使考虑到电影的报道自由，也不应该否认侵犯隐私权的非法性。

三

这些阐述经过上告审审查并不成立。根据《德国民法典》第 823 条，原告无权请求被告停止侵权；他必须接受电影《罗腾堡》的发行。依据《德国基本法》第 2 条第 1 款和第 1 条第 1 款对基本权利的保护条款，不存在侵犯原告隐私权的非法行为。基于本案的特殊情况，被告受《德国基本法》第 5 条第 1 款和第 3 款基本权利确保的艺术和电影自由优先于原告的隐私权。

1. 上告审认可上诉判决的出发点，即可以通过电影中的主角辨认出原告，电影的放映和发行会影响其隐私权。

第一，任何人在受到媒体出版物的影响时，都有权因隐私权受到侵犯而请求停止侵权。前提是可以通过描述的对象辨认出请求人。即使没有指名道姓，只要一部分观众或受众可以根据描述的内容辨认出请求人，就可认定具有"可辨认性"（Erkennbarkeit）。[2]

第二，在适用这一判断标准时，不反对上诉法院的观点，即可以辨认出电影主角是原告。上告审也认同：原告的生活条件和犯罪行为，与电影角色的故事之间存在各种对应关系。这使得熟悉原告人和行为的观众都可以从电影的呈现中推断出这是原告。

第三，即使原告的隐私权从一开始必须处于次要的地位，其受到的影响并不是无足轻重的。隐私权包括保护公众形象，防止信息公开可能对其造成负面影响。如果真实的陈述严重侵害当事人的人格，并且保护的需求大于陈述的益处，那么即使是真实的陈述也可能侵犯隐私权。[3] 以恐怖电影的风格呈现原告的犯罪行为，尤其是考虑到与该犯罪行为相适应的具体情况，严重侵犯了原告在公共场合的人格形象。[4]

---

[2] vgl. Senat, Urteil vom 21. Juni 2005 - VI ZR 122/04 - VersR 2005, 1403 f. m.w.N.

[3] BVerfGE 97, 391, 403 f.; BVerfG, NJW 2004, 3619, 3620; vgl. BVerfG, NJW-RR 2007, 1191, 1192.

[4] vgl. BVerfGE 35, 202, 226; BVerfG, NJW 1993, 1463, 1464; BVerfG, NJW 2006, 2835.

2. 上诉法院对"原告可以请求作为电影制片人的被告停止侵权"的认定也不存在法律错误。如果侵害是由多人参与的,就像本案一样,停止侵权救济原则上可以针对任何一个参与者提出,不论其参与的形式或程度如何,只要其参与和非法侵害之间存在足够的因果关系并且有侵害的意图。[1]

3. 然而,在考虑了必要的情况之后,上告审否定了上诉判决,认为上诉法院将原告的隐私权优先置于被告的艺术和电影自由之上,是一种法律错误。

第一,被告是否非法侵害原告的隐私权,或原告是否应该容忍侵权,必须要在综合权衡利益的情况下作出判断。[2]

第二,被告的电影受到《德国基本法》第5条第3款第1句所规定的电影和艺术自由的基本权利保护。

即使备受争议的电影实质上与原告的犯罪行为和人物形象有关,电影制片人也有权使用诸如戏剧艺术等手段来表现真实事件。由于艺术设计与现实之间经常存在不可割裂的联系,因此无法在艺术间离效果中,根据固定的界限来衡量艺术与非艺术。因为艺术也是一种意见表达。[3]

基本权利同样适用于艺术创作的"作品领域"(Werkbereich)和"影响领域"(Wirkbereich)。[4]只要是建立艺术家与大众媒体公众之间的联系所需,从事这种媒介活动的人一般都受到艺术自由的保护。那么作为电影制片人的被告也可以受基本权利的保护,因为如果电影没有被复制、发行和出版,它就不会对公众产生任何的影响。[5]

第三,艺术自由并非不受限制。不同于电影自由(参见《德国基本法》第5条第1款和第2款),艺术自由(《德国基本法》第5条第3款)的基本权利没

---

[1] Senat, Urteil vom 9. Dezember 2003 - VI ZR 373/02 - VersR 2004, 522, 524.

[2] vgl. Senatsurteile vom 29. Juni 1999 - VI ZR 264/98 - VersR 1999, 1250, 1251, vom 9. Dezember 2003 - VI ZR 373/02 - VersR 2004, 522, 523 und vom 21. Juni 2005 - VI ZR 122/04 - VersR 2005, 1403, 1404; vgl. BGHZ 50, 133, 146; BGH, Urteil vom 6. Juli 1995 - I ZR 2/94 - NJW 1995, 3182; BVerfGE 30, 173, 195; 35, 202, 224; 81, 278, 291; BVerfG, NJW 2000, 2189.

[3] BVerfGE 75, 369, 377; Senat, Urteil vom 3. Juni 1975 - VI ZR 123/74 - NJW 1975, 1882, 1883; BVerfGE 75, 369, 37.

[4] vgl. BVerfGE 30, 173, 189; 36, 321, 331; 77, 240, 251; 81, 278, 292.

[5] vgl. Senat, Urteil vom 21. Juni 2005 - VI ZR 122/04 - VersR 2005, 1403, 1404; vgl. BVerfGE 30, 173, 191; 36, 321, 331; 77, 240, 251; 119, 1, 22; BVerfG, NJW 2007, 3197, 3199; anders Scholz in: Maunz - Dürig, Grundgesetz, Art. 5 Abs. 3, I. 4. d)dd).

有法律保留。另一方面，艺术自由也可以在其他的宪法性法律中直接找到相关的限制，这些是保护宪法秩序必不可少的法律权利。[6]即使是必须对作品中的人物进行环境处理的艺术家，也不能忽略其受宪法保护的个人权利；他们必须在充满张力的价值之间保持平衡，使相互冲突的价值在一个统一的价值体系中并存。没有任何一种法律保护的权益从一开始就优于其他权益。的确，艺术自由不能毫无正当理由地对隐私权进行严重的侵害。[7]但是，这并不意味着可以不考虑作品的性质孤立地审查是否已经明显造成严重损害。

被创设的人格形象越是符合所描绘的社会现实，就越应该保护"如实"呈现的人物的利益；更不应该在法律上对艺术家和评论家予以区别对待。《德国基本法》第5条第1款不允许批评家散布损害被批评者声誉的不实言论。[8]因为观点和信息可以以艺术活动的形式进行传播。[9]在这种情况下，还需要考量受影响的当事人的人格形象是否被歪曲以及在多大程度上被歪曲，作品表现形式属于哪个领域，整体上对公众有什么信息价值以及它是否具有严肃性和专业性。[10]还有伴随着出版要实现的目的和对当事人的损害之间是否存在合理的关系。[11]通常，真实的描写即使对当事人有害，他们也必须接受，除非涉及私密、不公开或机密的领域，并且不存在为该传播提供合理基础的受法律保护的信息利益。[12]如果作品涉及当事人已经被定罪的犯罪行为，除了要考虑作品的表现形式，犯罪行为的性质和严重程度对于认定侵犯隐私权也很重要。[13]这也符合欧洲人权法院

---

[6] vgl. Senat, Urteil vom 3. Juni 1975 - VI ZR 123/74 - NJW 1975, 1882, 1884; BVerfGE 67, 213, 228; 119, 1, 23; BVerfG, NJW 2001, 598.

[7] BVerfGE 67, 213, 228.

[8] Senat, BGHZ 84, 237, 239; vgl. Senat, Urteil vom 3. Juni 1975 - VI ZR 123/74 - NJW 1975, 1882, 1884.

[9] vgl. BVerfGE 75, 369, 377.

[10] vgl. Senat BGHZ 131, 332, 342; vgl. Senatsurteile vom 3. Juli 2007 - VI ZR 164/06 - VersR 2007, 1283, 1284 und vom 14. Oktober 2008 - VI ZR 272/06 - VersR 2009, 78, 79; vgl. BVerf- GE 7, 198, 212; 101, 361, 391; vgl. EGMR, Urteil vom 24. Juni 2004, Be- schwerde Nr. 59320/00, von Hannover gegen Deutschland, NJW 2004, 2647, 2649 Nr. 60 und Urteil vom 17. Oktober 2006, Beschwerde Nr. 71678/01, Gour- guendize gegen Georgien, Nr. 60 ff.

[11] Senat, BGHZ 31, 308, 313; vgl. BVerfG, NVwZ 2008, 306, 307.

[12] vgl. BGHZ 166, 84, 110 m.w.N.

[13] vgl. Senat, Urteil vom 15. November 2005 - VI ZR 286/04 - VersR 2006, 274, 275; vgl. BVerfGE 35, 202, 232; BVerfG, NVwZ 2008, 306, 307.

的判例。[14] 由于刑事犯罪和刑事诉讼程序之间存在时间上的先后，罪犯"不被打扰"和免于其不当行为被报道的权利变得越来越重要[15]。作品是否对罪犯造成了严重的新的或额外的伤害并大大增加其未来重返社会的难度是决定性因素。[16]

第四，根据上诉法院的调查结果，原告的外貌、生活经历和犯罪行为与争议电影中的主角、情节存在明显的对应关系。电影《罗腾堡》的标题也已经指向原告。已经被证实的电影人物特征与原告众所周知的特征一致，相似处数量多且都特点明显，以至于两者差异较小。《罗腾堡》无疑是一部故事片。但是由于电影几乎完全符合现实，观众确信对原告罪行和个人的描述不存在可识别的虚构框架。

第五，但原告的隐私权并未受到该作品严重影响，即严重到有利于被告的艺术和电影自由也得退居其次。

（1）上诉法院最终认为艺术自由的基本权利不应宽泛到允许将某个人及其行为作为恐怖片的主题，这一笼统的判决是不能被接受的。因为艺术自由的基本保障还包括主题的自由设计，同时禁止影响艺术的表现方式、内容和趋向，特别是不能限制创作自由或给创作过程规定具有一般约束性的条款。艺术自由还包括选择暴力和性行为的主题，并根据艺术家决定的作品类型进行艺术处理。[17]

本质上讲，这部有争议的故事片已经尽其所能地对原告的生活状况和他可怕的犯罪行为进行正确的刻画，就这样已经接近恐怖片的风格了。原告并没有主张存在负面的背离或歪曲。这个真实的作品被嵌入一个虚构的框架中，以便观众通过（电影中的心理系）学生的研究逐步了解细节（也可能已经通过其他的报道了解）。观众还通过体验越来越恐怖的内容而被带动情绪，正如上诉法院准确查明的那样，其他一些制造紧张情绪的手段，如背景音乐或童年故事的倒叙也都旨在增强观众的代入感。这部电影并没有妖魔化原告，而是力求自始至终以共情的方式呈现。这一点上诉法院也看到了，电影描写了心理系学生试图解释原告食人行为的动机或原因。尽管上诉法院认为这些内容可能只是肤浅的，但这并没有改变以下事实，即该电影毫不质疑原告的主体性和作为人被关注的

---

[14] Urteil vom 7. Dezember 2006, Beschwerde Nr. 35841/02, Österreichischer Rundfunk gegen Österreich, Nr. 68.
[15] BVerfGE 35, 202, 233; BVerfG, NJW 2006, 2835; BVerfG, NVwZ 2008, 306, 307.
[16] BVerfGE 35, 202, 234; BVerfG, NJW 2000, 1859, 1860; vgl. BVerfG, NVwZ 2008, 306, 307.
[17] BVerfGE 30, 173, 190 f.; 83, 130, 147.

需要。[18]因为无论是对可怕行为的真实描述，还是对电影风格的处理，都不是为了嘲笑实施者，淡化所描绘的苦难或从发生的事情中传达出虐待狂的乐趣。[19]电影中的暴力本身并不侵犯人的尊严。[20]

（2）确实，电影以一种强烈的、令人情感带入极强的方式勾起观众对这一事件的记忆，这可能会强化原告的耻辱感，使电影对其性格的呈现与其行为及后续发展的关系过于简单化。[21]因此，无论是内容还是形式，这部电影都会给原告带来很大的压力。但是，原告无权在最终判决结果出来后要求他人对其行为保持沉默。任何人实施破坏法律和平、攻击或伤害个人和群体合法权益的行为，其后果不仅是要遵守法律对其作出的刑事制裁，而且必须容忍这个社会按照自由交流原则，以通常的方式满足其对该行为信息进行公开的利益（需求）。[22]

（3）只要电影包含对原告生活中的隐私和性爱的细节描写，隐私的核心（特别值得保护）就受到了影响。[23]个案中对不可触碰的私人生活如何进行事实描述，取决于该过程是否具有高度的个人性，以及它以何种方式和强度影响私人领域或群体的关注。[24]尤其是在特定情况下，与犯罪直接相关的信息具有足够的社会意义。如果是严重和轰动性的犯罪，可能会通告犯罪行为和行为者个人的相关细节。[25]

（4）根据联邦宪法法院和判决委员会的判例，对自己向公众披露的事实，本人不得援引隐私权。[26]根据《德国基本法》第 2 条第 1 款和第 1 条第 1 款，

---

[18] vgl. BVerfGE 87, 209, 228; 109, 279, 312 f.

[19] vgl. BVerfGE 87, 209, 228; vgl. BVerfG, NJW 2001, 2957, 2959; BVerfG NJW 2003, 1303, 1304.

[20] BVerfGE 87, 209, 22.

[21] vgl. BVerfGE 35, 202, 226 ff.; BVerfG, NJW-RR 2007, 1191, 1192; vgl. BVerfG, NVwZ 2008, 306 f.

[22] BVerfGE 35, 202, 231 f.; BVerfG, NVwZ 2008, 306, 307.

[23] vgl. BVerfGE 75, 369, 380.

[24] BVerfGE 80, 367, 374; 109, 279, 314, 319; OLG Hamburg, NJW-RR 1991, 98.

[25] vgl. Senat, Urteil vom 24. November 1987 - VI ZR 42/87 - NJW 1988, 1984, 1985; vgl. BVerf- GE 35, 202, 230 f., 233; 80, 367, 375 ff.; 109, 279, 314, 319.

[26] Senatsurteile vom 9. Dezember 2003 - VI ZR 373/02 und 404/02 - VersR 2004, 522, 524 und VersR 2004, 525, 526, vom 19. Oktober 2004 - VI ZR 292/03 - VersR 2005, 84, 85, vom 5. Dezember 2006 - VI ZR 45/05 - VersR 2007, 249, 251 und vom 14. Oktober 2008 - VI ZR 272/06 - VersR 2009, 78, 80; BVerfGE 101, 361, 385; vgl. auch OLG Köln, AfP 1982, 181, 182 f.

对隐私权的宪法性保护不包括为自己实现商业利益,例如,订立报道自己隐私的专许合同。

发生纠纷时,原告本人已向公众公开了自己生活的所有事实和情况,包括畸形的性格。[27]其中,他通过访谈、出版书籍和另一部电影的方式详细描述了他对自己犯罪行为和外界环境的看法。因此,原告的隐私权因被告的电影而受到侵犯就无从谈起,上诉法院也没有充分考虑到这一点。《德国基本法》第2条第1款的保护范围并非宽泛到原告可以主张只能按照他想要的或愿意被他人看到的方式向公众呈现自己。[28]

目前并未表现出作品的传播可能会对原告未主张的权利或对未来重返社会产生新的或额外的不利后果。[29]

4. 总之,不会维持上诉判决。由于事实已查明,无须再进一步说明,因此判决委员会可以根据自己的考量作出判决。判决认定该案中,原告应该接受被告对电影的公开和利用。因此,撤销上诉判决,并通过修改初审判决驳回原告诉讼请求。

四

诉讼费用根据《民事诉讼法》第91条第1款执行。

缪勒(签字)　　威纳(签字)　　帕格(签字)

斯托尔(签字)　　冯·彭兹(签字)

下级判决:

卡塞尔地区法院2007年7月5日的判决 - 8 O 1854/06 -

法兰克福州高等法院第十四民事庭2008年6月17日的判决 -14 U 146/07-

---

[27] vgl. Senatsurteile vom 29. Juni 1999 - VI ZR 264/98 - VersR 1999, 1250, 1252 und vom 9. Dezember 2003 - VI ZR 404/02 - VersR 2004, 525, 526; EGMR NJW 1999, 1315, 1318.

[28] BVerfGE 99, 185, 194; BVerfG, NJW 2000, 2189; BVerfG, NJW 2004, 3619 f.

[29] vgl. BVerfGE 35, 202, 234 f.

西班牙商标法和反不正当
竞争法竞合案判决

马铭远[*] 译

司法文献中心编号（ID Cendoj）28079110012017100090
机关：最高法院民事庭第一庭
总部：马德里
日期：2017 年 2 月 15 日
程序：撤销式上诉程序（casasión）
主审法官：拉斐尔·萨拉扎·吉米娜（Rafael Sarazá Jimena）
决议类型：判决

裁判结果

2017 年 2 月 15 日于马德里

西班牙最高法院民事庭第一庭对阿利坎特省法院第八分庭欧盟商标法庭 2014 年 4 月 3 日第 67/2014 号二审上诉判决进行撤销式上诉程序审理[①]。该案一审判决为阿利坎特省商事法院以及第一欧盟商标法院作出的第 231/2013 号有关商标侵权和不正当竞争的普通一审判决。都市电梯（CITY LIFT）公司为撤销式上诉程序上诉方，由出庭律师[②]何塞·拉斐尔·罗斯·费尔南德斯（José Rafael Ros Fernández）、事务律师弗朗西斯科·哈维尔·马尔奎斯·马丁（Francisco Javier Márquez Martín）代理。被上诉方为欧罗那（Orona）公司，由出庭律师卡门·奥尔蒂斯·科尔纳格（Carmen Ortiz Cornago）、事务律师帕斯·马丁·阿尔瓦雷斯（Paz Martín Álvarez）代理。

---

[*] 马铭远（1996—），上海外国语大学 2019 级法律硕士研究生，研究方向：西班牙语法律。本案为西班牙最高法院 2017 年第 541 号判决。

案件回顾

一审

一、出庭律师胡安·卡洛斯·奥雷纳（Juan Carlos Oleina）代表欧罗那公司对都市电梯公司提起诉讼。诉讼请求如下：

（1）认定都市电梯公司将 Orona 商标用于网络搜索引擎尤其是谷歌的关键字广告推广这一行为构成商标侵权。

（2）都市电梯公司与谷歌公司共同将原告拥有的商标用于关键字广告是虚假宣传行为，因此构成不正当竞争行为。并基于此判决都市电梯公司：

构成上述侵犯商标权和不正当竞争行为；

停止在任何搜索引擎尤其是谷歌中将原告商标用于被告有关电梯维护或其他任何链接至其公司官网并去除所有与原告商标联系的广告之中；

承担诉讼费用。

二、起诉状于 2013 年 3 月 22 日提交并由阿利坎特第一商事法院受理，编号为 231/2013。

三、都市电梯公司应诉并请求法院驳回原告诉讼请求，诉讼费用由原告承担。

四、第一欧盟商标法院于 2013 年 10 月 31 日作出第 169/2013 号判决，判决驳回原告诉讼请求并由原告承担诉讼费用。

二审

一、欧罗那公司对一审判决提出上诉。

二、二审由阿利坎特省法院第八分庭受理，案卷编号 67/2014。

二审法院于 2014 年 4 月 3 日作出第 67/2014 号判决，判决如下：

对由欧罗那公司一方针对第一欧盟商标法院 2013 年 10 月 31 日第 213/2013 普通一审判决提起的上诉，法院在作出客观公正全面的审理后，判定都市电梯公司将 Orona 商标用于谷歌关键字广告推广这一行为构成不正当竞争行为。责令都市电梯公司立即停止侵害。

返还上诉方欧罗那公司提出上诉的保证金。

上诉至最高法院请求原判无效的撤销式上诉

一、出庭律师恩里克·德·拉克鲁斯耶多（Enrique de la Cruz Lledo）代表都市电梯公司提出撤销式上诉。理由如下：

首先，有违 1991 年 1 月 10 日第 3/1991 号法律第 12 条[1]有关不正当竞争的规定及其相关判决：以《商标法》为依据对一行为起诉，且该行为属于商标法的调整范围，则就同一事实不得再适用不正当竞争法起诉。

其次，所做判决有违 1991 年 1 月 10 日第 3/1991 号法律第 12 条及其相关判例所确定的适用范围。

二、上诉申请交由省法院移交至最高法院民事庭第一庭，并要求当事双方出庭。

最高法院民事庭第一庭于 2015 年 6 月 15 日作出裁定受理案件，并裁定允许延长被上诉方欧罗那公司提交书面异议的期限。

三、欧罗那公司提交书面异议。

四、当事双方均未申请公开听证，法院于 2017 年 1 月 26 日作出判决。

法律依据

一、案件事实

1. 对于本案由一审和二审法院在判决中归纳的案件事实不存在较大争议。即：

（1）欧罗那公司是移动解决方案（如电梯、自动扶梯、坡道和走廊）的设计、制造、安装、维护和现代化的领先企业。

（2）欧罗那公司是第七类、第九类、第三十七类和第三十九类欧盟和国家级 orona 系列商标的持有者，商标保护范围包括电梯设计、制造和维修服务，其商标知名度高。

（3）都市电梯公司从事电梯销售和提供多品牌电梯维修服务。

在其他渠道中，该公司通过该网站提供产品和服务：www.mantenimientoascensores.net。

（4）都市电梯公司购买谷歌公司的关键字广告推广服务，对超过 100 个关键词设置了检索结果广告推广链接，其中包括 orona。

在谷歌搜索引擎中单独或附加例如"电梯"等关键词输入 orona 时，有时

---

[1] 第 12 条：滥用他人声誉 为自己或他人利益不当利用他人在市场中获得的工业、商业或专业领域声誉应被认定为不正当竞争行为。尤其是不当利用他人显著标志（signos distintivos）以及虚假的原产地标记，并附上与产品真实原产地相同或类似的标记或例如"型号""系统""类型"等表述。

会出现广告或推广链接，内容大致如下：

节省多达 70% 的电梯维护费用。

www.mantenimientoascensores.net/.

所有品牌和型号。点击了解。

（5）被告都市电梯公司本身的推广广告和网站中均未出现 orona 字样。

2. 欧罗那公司对都市电梯公司提起诉讼，请求宣布都市电梯公司在互联网搜索引擎特别是谷歌搜索引擎上，将 orona 用作关键词推广服务这一行为构成商标侵权；都市电梯公司将 orona 用作关键词推广服务这一行为是虚假宣传，构成不正当竞争；因此，欧罗那公司请求都市电梯公司立即停止侵害，不得在任一搜索引擎尤其是谷歌中将 orona 用于链接至电视电梯公司网站、排除其与 orona 任何关联的有关电梯维护或其他任何广告中。

3. 一审法院驳回该诉讼请求。商事法院认为都市电梯公司的行为不构成商标侵权，因其不影响 orona 商标的任何功能。此行为也不构成不正当竞争行为，因其不影响 orona 标志来源功能和商标显著性。

4. 欧罗那公司对一审判决提出上诉，省法院确认一审认定都市电梯公司不构成商标侵权行为的判决，但撤销一审认定都市电梯公司不构成不正当竞争行为的判决，理由如下：

被告（原告在电梯维护服务领域的竞争者）将 orona（审理时为原告公司的注册商标和企业名称）一词用于谷歌关键词搜索推广广告服务，使得在搜索引擎中键入该关键词的浏览者在搜索结果中发现有关推广广告，然而其链接导向的网站载有都市电梯公司电梯维护服务相关信息。根据《反不正当竞争法》第 12 条，此行为构成不正当竞争行为，依据如下：

（1）欧罗那公司是设计、制造、安装、维护和更新诸如电梯等移动解决方案的领先企业，应充分认识到该公司在市场上获得的品牌形象和商业声誉。

（2）都市电梯公司为其竞争者，该公司同样从事电梯销售和多品牌电梯维护服务。

（3）即使该广告对于一个正常理性的互联网用户来说不会造成混淆，然此行为仍为出于自身利益对他人名誉的滥用，对于 orona 一词的选择正是因其所代表的公司品牌的高知名度和良好商誉。被告并非无意或无偿使用该商标：其在付费的基础上仅限于针对互联网用户在搜索引擎中键入的关键词；由于原告的投资和经营，该词（与公司名称和多个注册商标相吻合）被大多数对电梯维护服务感兴趣的消费者所熟知，并且由于这个原因，消费者在打算查看该公司的产品和服务时在搜索引擎中输入该词。于是，被告通过损害原告品牌形象和商誉的方式以极小的代价推广市场。被告（与可避免性有关）具有选择一切字词在互联网广告中推广其产品和服务的可能；此外，被告非但没有使用那些从商业角度看具有公平竞争意味的词语（仅提及所提供的服务，其特点、质量或价格），反而仅选择了竞争对手以其公司名称命名其产品和服务的单词。在某种程度上，被告"盗用"用以识别、区分其竞争者的标志性词语，并通过该词将对其感兴趣的互联网用户"拖入"被告公司网站。

都市电梯公司基于两点案由向最高法院提出撤销式上诉，法院受理。

二、第一个上诉理由

1. 第一个上诉理由内容如下：违反1991年1月10日第3/1991号法律第12条有关反不正当竞争及其相关判例，根据商标法对同一行为进行起诉并在其适用范围内的案件，不能再次适用反不正当竞争法对案件事实进行分析。

2. 在本案中，省法院在认定被告不存在明显商标侵权行为之后，转而根据反不正当竞争法对同一事由再次进行分析，并由此得出被告构成不正当竞争行为的结论。

这样做违反了商标法和反不正当竞争法相对互补性的原则，因为一旦某一行为在商标法的领域内被界定为合法，就不得再从不正当竞争角度对同一事实进行分析，并以此为依据作出制裁，此举有违法条明文规定和相关欧盟判例。

三、最高法院民事庭第一庭的判决——商标法和反不正当竞争法的相对互补性原则

1. 商标法和反不正当竞争法具有不同的职能。前者保护无形财产物权——赋予权利人禁止他人行使（ius prohibendi）的垄断权利，但后者保护市场的正常运作，保证市场通过自身价值或效率而非不正当竞争行为实现市场竞争。

此外，商标法在保护用以区分企业商品或服务来源的标识的同时，能通过减少人们因混淆导致的购买决策失误，维持市场的正常运作。

2. 两种不同法律的共存即所谓的相对互补性原则。有关这一方面的最新判决为2015年9月2日第450/2015号判决。法院对先前判例进行总结陈述：

专门规定工业产权的法律条文与规定不正当竞争的法律条文之间的法理关系遵循相对互补性原则（2012年10月17日第586/2012号判例、2014年3月11日第95/2014号判例）。

鉴于反不正当竞争法和商标法的不同作用，在处理这一类实体争议时，相对互补性原则确立了两条基本遵循：一方面，仅仅侵犯商标权的行为并不当然构成不正当竞争；另一方面，也不能简单地以特别法优先原则为指导，因为在此原则下，拥有商标专用权的注册商标持有人可以启动其专有权的保护机制从而排除反不正当竞争法的适用（2012年10月17日第586号判决）。

如上所述，争议的焦点在于确定在何种情况下，在法条所提供的工业产权保护机制之外，可将一行为同样适用于反不正当竞争法为其提供的补充性保护措施。

一方面，对于完全属于商标法范围内的行为（涉及同样的事实和行为方面），再次诉诸反不正当竞争法对此进行规制是不妥当的。因此，应当证明该行为是否还存在商标法所确立的法律保护范围之外的其他不正当竞争的不良影响。

另一方面，反不正当竞争法适用于不当利用显著标志[③]（signos distintivos）行为，因其构成不正当竞争行为的一种特殊手段，阻碍市场合理竞争，有别于普通商标侵权行为所带来的影响。

在一案件中，只有在法院认定行为损害商标，且反不正当竞争法的相应救济手段不与商标法领域的解决措施相冲突，即通过此种方法不会产生新的专有权，也不会对同一行为作出两次以上处罚，才可补充适用反不正当竞争法（2014年3月11日第95号判决）。

于此，法院在10月17日第586/2012号判决得出以下结论：总之，在此种问题下，对于具体法律的适用取决于原告的诉讼请求、相应事实依据、依据反不正当竞争法和/或商标法认定违法的被告行为及其相应救济措施之间的竞合关系。

3.本案中，省法院判决认为，因都市电梯公司不当利用显著标志orona商标的声誉，其构成反不正当竞争法所禁止的行为。

在裁定都市电梯公司是否存在违法行为时，上诉法院（省法院）分析了该行为是否有损涉案商标的任何功能，并得出结论认为，该行为并未损害此商标表明产品来源的功能,该行为也并未误导消费者认为被告与商标持有人之间存在任何联系,同时该行为也不影响商标的宣传功能。

4. 最高法院民事庭民事第一庭认为,将都市电梯公司的行为认定为寄生性不当竞争行为有悖相对互补原则。上诉法院(省法院)基于相同事实将超出商标法适用范围的行为认定为不正当竞争行为,实则扩大了商标法所提供的法律保护范围。

上诉法院认为,都市电梯公司在经济交易中使用与原告商业名称 Orona 相同的标识是不公平的,因为这意味着不当利用(即没有正当理由)这一注册标识。然而,此判决理由正是《商标法》第 34 条第 2 款第(3)项[1]用以认定商标侵权行为的商标价值贬损标准。该条文进一步详细规定了 1988 年 12 月 21 日关于统一成员国商标法的第 89/104/EEC 号指令第 5 条第 2 款,后者规定如下:

> 成员国可规定,若该商标为注册商标且在欧盟成员国范围内享有一定声誉,并且在无正当理由的情况下第三人使用该商标将有损于或不当得利于该商标的独特特征和声誉,商标所有权人有权禁止任何第三方在不相同或不类似产品或服务中使用相同或类似标志。

5. 欧洲联盟法院(Court of Justice of the European Union,CURIA)2011 年 9 月 22 日 C-323/09 案例②判决中所载的原则对于认定上诉法院的判决违反了相对互补性原则具有重要参考意义。

本判决在"不正当地利用该商标的显著性或知名度(寄生性)"标题下引用了以前的判决,指出某公司通过在网上检索服务中选用他人商标相对应的某一

---

[1] 《西班牙商标法》第 34 条第 2 款:在不影响商标所有人在登记申请提出之日或注册商标优先权日期之前取得的权利的情况下,商标所有人有权禁止任何第三人未经其同意在经济交易中使用产品或服务有关的任何标志:
(1)标志与商标相同,且用于与商标所注册的相同的产品或服务。
(2)相同或近似商标且用于该商标所注册的相同或类似产品服务,可能引起混淆的(包括标志与商标相关联的混淆可能)。
(3)若该商标在西班牙具有一定影响力,且使用该标志在无正当理由的情况下获得不正当竞争优势或不当利用该商标声誉或损害该商标显著性、声誉,与该商标相同或近似的标志(无论是否用于与该商标所注册的相同或类似产品服务抑或不相同、不相类似产品服务)。

关键词，使得该关键字的检索列表中既会出现导向品牌真正持有人的其他链接，也会出现导向该公司的推广链接。

若一商标获得显著性，为获取有关品牌的产品服务或相关信息，大量互联网用户会以该商标名称作为关键词进行互联网检索。

上述情形下，此种商标持有人的竞争对手将此关键词用于互联网搜索引擎推广服务，意在利用该商标的显著性和知名度。通过该关键词了解该品牌产品或服务的大量消费者将会在检索结果中看到该品牌竞争对手的推广广告。

若消费者在检索结果的置顶推广广告中看到的是其竞争者而非商标真正持有人，并基于此购买了前者的产品服务，竞争者在未支付任何商标使用费的前提下，获得了该商标所带来的显著性和知名度的实际竞争优势。

当不存在欧盟第 89/104/EEC 指令第 5 条第 2 款（由《商标法》第 34 条第 2 款转化适用）所确定的"正当理由"时，竞争者与商标持有人产生紧密联系的行为应被视为滥用行为，竞争者滥用该商标的吸引力、声誉，以及商标持有人为创造、维持商标价值所作出的商业努力，却无须付出任何经济补偿或努力。此种情况下，尤其是当竞争者通过此种广告销售相同或近似产品时，其所取得的利益应被视为不正当利益。

6. 综上，上述案件最终判决认为：若互联网上出现与他人知名商标相对应的单词作为关键词推广的广告，该广告所提供的产品服务非为对于原商标持有人产品服务的简单模仿，并未造成商标淡化和商标混淆，也并未损害该商标的其他功能，而是向消费者提供了一种替代选择。在此种情况下可认为，该种使用方式原则上属于相关产品服务领域内的合理和公平竞争行为，因其满足欧盟第 89/104/EEC 指令第 5 条第 2 款以及欧盟条例第 40/94 号第 9 条第 1 款第（3）项所确定的"正当理由"。

这正是本案的情况，广告投放者都市电梯公司使用 orona 单词并未引起商标淡化或商标混淆，也并未损害该商标的其他功能，其并未简单地提供相同或近似产品服务，而是在该知名商标持有人的产品服务之外提供了一种替代选择。因此，此行为应被认定为在电梯维修服务领域内的正当竞争行为，是具有"正当理由"的合法行为。

因此，如果某行为超出了商标法的适用范围，就不可能出于与根据商标法对其行为的合法性进行起诉的同样原因而认定其构成不正当竞争行为。

四、判决

因此，本庭以国王的名义，根据《宪法》赋予他的权力，决定：

1. 裁定以编号 33/14 受理都市电梯公司针对 2014 年 4 月 3 日由阿利坎特省法院第八分庭欧盟商标法庭所作第 67/2014 号判决提出的上诉案件。

2. 撤销原判，驳回由欧罗那公司针对由阿利坎特第一商事法院 2013 年 10 月 31 日作出第 169/2013 号判决的上诉。

译者注：

① 最高法院对请求撤销式上诉作出裁决，实行合议制，11 位法官或全部参加或由 3—5 位法官组成合议庭审理案件，西班牙最高法院的上诉审只作法律审而不作事实审。

② 西班牙法律制度中出庭律师（procurador）在法庭上代理当事人，在诉讼程序中负担主要角色。而事务律师（abogado）是法律顾问（advocate），在实务中事务律师仅限于代理事务如收集向法院提交的有关文件、接收传票等，按照规定为当事人技术上的法律代理，因此，出庭律师不能在没有当事人的情况下单独行动。一人无法同时兼任某案的事务律师和出庭律师，除了一定数额的诉讼之外，事务律师和出庭律师的存在都是强制性的。

③ 显著标志（signos distintivos）主要功能在于区分其产品和服务，包含商标（marca）和商业名称（nombre comercial）。在西班牙，单词及其组合、图像、符号、字母、图形和它们的组合、三维形状、声音符号以及上述的任何组合都可以注册为商标，嗅觉、味觉和触觉标记不得注册为商标。商标有助于区分市场上的产品和服务，而商业名称用于识别并区分企业，商业名称是一种赋予在商业交易中使用任何企业标识或名称的专属权利的名称。商业名称作为工业产权，独立于在商业登记处登记的公司名称。

④ Interflora 鲜花速递服务公司起诉 Marks and Spencer plc（"M & S"）公司，阻止 M & S 公司使用 Interflora 用作其谷歌广告关键词推广服务。

巴勒斯坦法中的专利保护

[巴勒斯坦] 穆罕默德·埃雷卡特 *
杨佳闻 ** 译

引言

发明在人类社会的发展中起着重要作用,工业化国家发展的原因在于发明构成其工业复兴的核心,而发明所创设的经济繁荣差异最终导致尚未实现工业复兴的工业落后国家和工业发达国家的出现。

从19世纪下半叶的工业革命到今天,我们目睹了新发明的出现、工业流程的增加以及洲际贸易。为了保护国家之间的经济关系和持续的贸易往来,有必要发展法律制度来保护经济和贸易,从而有了"工业产权"一词。

古代文明中出现的发明改变了历史进程。文字、纸张和印刷的发明,用于海洋、陆地、航空的运输工具(如轮船、飞机和火车)的发明以及新能源的发现,这些都引发了影响整个人类历史进程的连续革命。[1]

保护发明专利的想法可以追溯到1474年威尼斯的发明专利法,这是世界上第一部专利法,具有国际水平,它宣称"这座城市中的任何人制造了任何新的和天才的在我们的土地上还未被制造出来的装置。那么一旦完成,未经本发明拥有者的许可,在所有与威尼斯有联系的任何区域或地方,其他人均不得以该装置的形式或类似方式制造任何其他同样的装置"。该法律的目的是吸引发明家和投资者到威尼斯,并刺激当地经济发展,这是开启文艺复兴时代的背后因素之一。

这部法律主要对四个方面做了规定:鼓励发明的范围、补偿发明人的费用、

---

* 穆罕默德·埃雷卡特(محمد.عريقات),耶路撒冷大学博士。本文原载《法律与经济》(المجلة الاجتهاد للدراسات القانونية والاقتصادية)杂志2018年第7期,第296—317页。
** 杨佳闻(1995—),上海外国语大学2019级法律硕士研究生,研究方向:阿拉伯语法律。
[1] 阿拉伯知识产权保护协会,对阿拉伯国家知识产权保护立法状况的比较研究报告(1990.5.22)。

发明人的权利、发明的社会用途。[2]

在国际上，1873 年，当外国发明人拒绝参加在维也纳举行的国际发明展览会，以防止其发明和世界各地免费展品被剽窃的时候，在工业化国家中出现了在国际上保护工业产权的需求。因此，自 19 世纪末以来，工业化国家开始通过缔结国际协定来在国际上扩大工业产权保护的范围，为此目的签署的第一份国际协定是 1883 年的《巴黎公约》。此外，我们发现世界各国都加入了协定专门从事专利的国际组织，例如 1970 年在华盛顿签署并于 2001 年修订的《国际专利合作公约》，以及 1973 年在慕尼黑签署并在 2000 年修订的《欧洲专利公约》，最后是 1995 年的《与贸易有关的知识产权协定》（《TRIPs 协定》），其中部分内容涵盖了发明专利。

研究的困难：该研究涉及专利上的问题，因为在巴勒斯坦领土上有效的专利法是 1953 年的《约旦专利法》，该法律自论文发表之日以来未作修改，因此其内容缺乏涉及该主题的许多基本要点。

研究方法：比较法是主要的研究方法，并为这项研究提供实现预期结果之目的的基础。

在这里，我们将参考在约旦本土有效的 1953 年《发明和费用减让法》及其 1953 年第 22 号修正案，以及在阿拉伯教法立法范围之外在约旦领土 1999 年生效的《约旦专利法》。

除上述内容外，此分析研究方法还有助于探明在其当时立法环境中的两难境地，了解有关文本，以发现其不足之处，并为此提供适当的解决方案。

研究计划：依靠一种方法，不断尝试审视问题的各个方面，该方法应按照一定的法律逻辑顺序来发现所研究问题的各个方面，为此，笔者认为以两个主题的形式来进行研究是适当的。

一、专利法的法律框架

（一）专利类型

1. 原始专利和附加专利

原始专利是由主管的政府机构在特定时期内针对工业领域的新发明授予的

---

[2] http://www.marocdroit.com.

证书。至于附加专利，是专利权人对原始发明所作的改进和修正，这意味着这些改进和修正应归功于原始专利发明。[3]

设置附加专利的目的在于，有时原始发明并不完美，而是需要一些有益于本发明的改进。[4]

我们看到，1953年在巴勒斯坦领土上适用的《约旦专利法》第16条第1款规定采用了附加专利的概念。

如果一项发明已授予特许权，或者请求授予某项发明的特许权，而特许权人或其所有者出于对它的任何改进或修正而提出一项附加发明申请，他可以要求该发明的额外特许权期限与该特许权的原始特许权的剩余期限时间相同。如果提交了这样的申请，则在本法中称为"附加发明的特许权"的发明可以在上述期限内被授予特许权。附加发明的特许权只有在原始发明的特许权有效的情况下才有效，并且续展附加发明的特许权不会收取任何费用。如果撤销原始发明的专利权，则附加发明的专利权由法院或由司法常务官下令自行变成单独的专利权，并且其需要支付的费用和日期在该发明的专利权变更之日指定，但有效期不得超过原始发明的专利权的剩余时间。结论是，附加发明可以被授予额外的特许权，附加发明要求授予独立的特许权并不改变原始发明特许权的有效性。

在这里，我们注意到法律没有给权利人任何新专利权，而是对原始专利权的补充，因此申明额外的专利期限是原始专利的剩余部分，并且不需要新的费用。同样，约旦法律没有特别针对附加专利规定新的要件，而只是规定了有关修正和改进的部分。

同样，为了达成授予附加专利的条件，已经完成的这些修正很重要，要使得原始专利实际上取得了明显的技术进步。但如果它是一般的改变，例如颜色或形状改变，那么附加专利申请将不予通过，全权委托机构会把主管机关提出异议的专利权返还给专利注册机构。[5]

这些一般性的修正在任何时候都是被允许的，法律规定这些修正不会导致

---

[3] د. حلو أبو حلو ود. سائد المحتسب، مقدمة في الملكية الفكرية والحماية القانونية لبراءات الاختراع بحث مقدم إلى المؤتمر العلمي العالمي الأول حول المكية الفكرية 10-11 تموز 2000م، منشورات جامعة اليرموك، عمادة البحث العلمي 2001.

[4] مرجع سابق

[5] د. عبدالله الخشروم: الوجيز دار وائل، في حقوق الملكية الصناعية والتجارية, دار وائل للنشرء الطبعة الأول 2005ص54.

新专利的根本变更，1953 年的《发明和费用减让法》第 18 条规定：

（1）专利特许权的申请人或专利的所有权人可以随时修改其发明的说明文件，包括构成该专利一部分的影印本，放弃其任何权利或予以更正，或说明其提出要引入的修改的类型及其原因，以书面形式向特许权登记处提出请求。

（2）应当按照规定的方法提出申请和修改的意向，任何人都可以在专利公布之日起一个月内首次向发明特许权登记处提出异议。

（3）如果有人或有机构提出这样的反对意见，则注册员会通知该专利的申请者，审理此案并作出裁决。

（4）如果没有提出异议申请或异议人未出席，则注册员将决定是否允许其进行修改以及在该情况下要遵守的特殊条件。

（5）修改后对于该发明的描述比修改前的描述中提及的发明范围更广泛的，或与之前描述中提及的发明根本不同的，不批准修改。

（6）关于批准进行修改的权利人的权利，应允许其进行修改。除非存在欺诈，否则将以指定的方式宣布其修改，并将其视为原规范文件的一部分。

（7）这就要求法院在解释修改之后的规范条文时，有权认定修改之后的条文是已公布的、有效的。

只要法院取消专利特权的诉讼或程序仍在审理中未作出判决，本条就不适用。

2. 服务专利

"服务专利"是指工作人员根据其工作合同履行其工作义务所创造的发明，或者是在其实际工作中雇主为其提供支持并直接导致发明的产生的情况。[6]

服务专利可以分为三种类型：第一类是针对个人意外使用雇主设施而产生的发明，这意味着该发明不在其工作内容范围之内，在这种情况下，该专利权属于创新者，雇主无专利权。第二类，创造者以雇主的原始材料和设施来进行发明，即创造者的工作性质，就是除了要为雇主努力工作之外还要为雇主进行

---

[6] دار النهضة ، اعات العاملين والحقوق التي ترد عليها صلاح الدين قورة اختر 27، ص 1148العربية.

创造性研究，在这种情况下，创新者没有任何权利，除非另有协议，否则专利权属于雇主。第三类是创造者根据其所工作的代理机构的佣金来进行发明或发现，即工作合同实质上是建立在进行特定发明的工作内容之上的。如果创造者实现了这项发明，那么其可能已经履行了从一开始就作出的承诺。在这种情况下，创新发明归代理机构所有，而创新者无权。[7]

在研究了1953年的巴勒斯坦法律和1999年的约旦法律之后，我们注意到它们都没有提及雇员的专利。而约旦司法部门通过诉诸1972年《约旦民法》第820条来弥补这一缺陷，该条明确规定了雇员的专利权：

> 如果雇员在工作期间有新发明或发现，则雇主除以下情况外无权获得其专利权：
> 如果根据雇员工作的性质双方达成专利所有权归属协议，那么雇主可以依据协议获得专利权。
> 如果劳动合同中有明确约定，雇主将有权享有该雇员的发明。
> 如果雇员通过雇主的材料、工具、装置或在雇主控制下使用任何其他手段完成了自己的发明。
> 但是，如果上述情况下的发明或发现具有重大的经济意义，则雇员可以在符合司法要求的情况下依据雇主所提供援助的大小要求特别经济补偿。

尽管约旦的司法机构可以援引《约旦民法》第820条的规定，但约旦的立法者必须修改1999年《约旦专利法》，并增加服务专利的术语和概念。另外，巴勒斯坦立法者也必须迅速采取措施来弥补这一不足，因为巴勒斯坦领土上的绝大多数发明都是雇员发明创造的。

（二）专利的形式

1. 发明新产品

发明可能导致与其他事物截然不同的新事物的出现，发明人需创造出具有不同特征的新产品，该产品要具有将其与其他先前产品区分开来的特征，例如新机器或新程序的发明，该特征的显著标志是，以前并不存在此类发明。例如汽车、电话和电视的发明，又例如用电力代替石油运行的车辆，或者是以前并

---

[7] الامر الدلالعة، حق العامل في الاختراع "داراة مقارنة"آلمنارة، المجلد 13 105.، ص86.

不存在的电气设备，因此新产品必须具有新的特殊的性质，该专利才属于新发明。

2. 发明新技术

这里的发明不同于上述第一种形式，因为第二种形式是技术方法领域的新发明，而不是某个全新的发明。我们注意到，目前巴勒斯坦和约旦的法律已经明确了与新的工业方法或技术手段有关的专利保护。因为在这种情况下，发明人的垄断地位集中体现在没有专利保护的技术上，不加以保护的结果是第三方可以通过任何其他手段窃取使用该技术。授予新工业方法和技术手段的专利是最常见的专利类型。[8]例如找到一种用于测量风或雨量的新方法，或者创建一种新方法来促进在打字机上使用裸色。

在这里，创新并不像以前众所周知的那样，专注于手段和结果，而是专注于手段与结果之间的联系。例如在应用中，一辆汽车用水而不是汽油当作燃料。

3. 发明新型工业设施

该种专利类型是复杂的专利类型，这意味着专利的所有者合并了之前已知的几种技术方法以形成新的结构，本发明类型的核心是如何将这些技术方法及其连接方式组合在一起，以便它们出现在一个新的架构中，并且组合使用这些方法涉及一种创新的思想。合成发明以各种形式实现，例如化学化合物的开发和设备的构建，又如用于销售咖啡和茶的机器的发明。[9]

二、专利保护条款

（一）客观条件

法律规定了发明人获得专利权的一些条件，其中一些条件与发明本身有关，而另一些是在世界上大多数现有法律中已达成共识的与发明人申请专利程序有关的条件。

《TRIPs协定》第27条第1款，也是1999年《约旦专利法》的第3条，申明必须满足三个条件才能获得专利权，这些条件是：（1）有发明或创新。（2）该发明是全新的。（3）发明或创新能够进行工业应用。

---

[8] الاردني لانة ا تنص 11 المادة الثانية من قانون براءة الاختراع أي فكرة إبداعية يتوصل إليها المخترع في أي من مجالات التقنية وتتعلق إلى حل مشكلة معينة ف ّ بمنتج أو بطريقة صنع أو بكليهما تؤدي عمليا ي أي من هذه المجالات.

[9] صلاح زين الدين مرجع سابق ص ص26.

至于巴勒斯坦法律的立场，其法律规定没有涉及这些条件，甚至法律规定与此相去甚远，巴勒斯坦政府并不强制要求专利在政府进行注册，由其经济部从专利权的工业应用价值和严肃程度进行资格审查，如果发现发明不适用于工业，则由专利权人承担由此产生的后果。1953年法律第4条提到了这一立场，其中指出：

> 在不违反本法规定的条件的前提下，任何新发明的第一位真正的发明人均有权在其发明中获得利益，使其享有使用、投资、制造、生产、装备、出售或授予许可的绝对权利。其他权利人根据法律授予的权利范围使用专利权。应由授予他们发明专利的那些人和部门承担责任，而政府不保证对新颖性、有用性或规格的一致性负责。

从这里我们可以看到，1953年的巴勒斯坦法律减少了专利注册的工作，也就是说，政府在其中的作用仅限于审查必要的文件，以及确保提交专利证书申请的人是原始发明的所有者，而无须建立技术委员会来审查送审发明是否符合上述三个条件，以及其中最重要的，该专利是否适用于工业领域，并能在工业领域取得切实进步。

基于以上所述，我们申明巴勒斯坦法律明显地违反了国际协定和邻国的成文法，其法律规定任何创新都必须满足新颖性、创新性和实用性的要求才能授予发明证书，因此我们呼吁巴勒斯坦立法者迅速修改巴勒斯坦专利法。当现行法律引起许多问题，尤其是在审查不充分并在巴勒斯坦领土上授予发明证书的情况下，该证书的所有者向其他工业化国家注册其创新发明，然后与这些国家因为在对其发明进行审查后拒绝授予专利证书，进而导致这个创新不能在工业领域被应用而产生冲突。

接下来，笔者将对这些法律条款进行研究，以了解它们的重要性以及如何作为创新的基础。

1. 具有创新性

这就是我们所熟知的"创新要素"一词，这项创新必须是普通人无法企及的新颖事物，这意味着本发明将在工业进步和技术发展中发挥根本作用，因此，本发明必须涉及超越该领域原本水平的创新。在工业发展中，就要求授予专利而言，本发明对于专门从事本发明的技术领域的工业家来说具有重要价值。

创新是一种更高程度的进步，超过了工业技术正常发展所能达到的水平。创新的地方可以是新的工业产品，例如新乐器的制造，或者是海水淡化的新途径，创新的地方也可以是将秤和数字印刷机与信号接收机相结合的自动秤的新方法、新应用。

这就是约旦司法机构所要解决的问题，约旦司法机构拒绝将某种信封注册为专利，因为这不会导致工业领域的切实进展。1953 年第 22 号《发明和费用减让法》第 2 条规定，一项发明是一种新产品或一种新的将已发现、已知技术手段以任何新方式用于任何工业目的的新技术手段。

类似于重复使用的信封这种创新，申请人不能要求将这种创新作为发明申报，它不是将已知的用于工业目的技术的新用途，因为在过去和现在，重复使用信封的方法是人类早就知道的，那就是每次使用时都会在信封的开口处贴上一块白色的纸，上面包含收件人的名字，从而节省了信封的使用量。而法律上所指的发明是一种创新思想，它超越了现有工业技术的发展，会带动工业产量增加，或者实现技术的飞跃或经济的增长。而上述的这种创新通常是通过普通经验或技术技能就能够实现的。

2. 具有新颖性

此条件是获得专利的必要条件之一，因为缺少该条件专利权人将不会获得该项专利。

在专利申请之前（最好是在专利申请公布之前），发明人不以任何方式向公众透露发明内容。如果在申请之前发明内容被公开，所有人都有权在商业用途或研究用途等领域使用这项专利而无须得到发明人的许可。因此，（申请专利前的）专利泄密会使得所有人都对专利拥有所有权（因为此时还没申请专利，而专利的新颖性的丧失会导致无法申请专利）。

除了成文法，国际法（《巴黎公约》第 4 条、《TRIPs 协定》）对优先权的概念也进行了一些规定。

经修订的 1999 年《约旦专利法》第 2 条第 3 款规定了发明在泄密之后仍将发明视为未公开的情况，包括：如果专利秘密是由外国人披露的（也就是说，披露者不是发明人而是合作者）；由于发明人在他人支配之下违背自身意愿所作出的行为导致的泄密；泄密发生在提交注册申请之日或要求优先权之日之前的 12 个月内。

关于在巴勒斯坦领土上适用的 1953 年《发明和费用减让法》，其在第 11 条提到对秘密泄露专利的保护，在不涉及约旦法中提到的任何例外的情况下，任何人都可以在注册机构宣布接受专利注册申请的两个月内提出异议。[10]

鉴于国际上对专利注册的需求及其对注册程序的严谨态度，有必要紧跟国际法律趋势并认可国际公认的宽限期 12 个月，因此，巴勒斯坦立法者必须通过下一项修正案将此类别作为发明新颖性条件的例外，如由作为辅助者的工程师向外界披露秘密的情况。

3. 发明必须具有实用性

从某种意义上说，发明必须被证实可以获得可利用的工业成果，并且该发明是需要被授予专利才能使其能在任何类型的工业中被应用或使用的发明。

1999 年《约旦专利法》规定："发明受以下条件的专利保护。"如果它具有工业创造能力，则意味着它可以在广义上被制造和应用于任何类型的农业、渔业、服务业或工业中，甚至包括手工业。

另一方面，我们看到某些法律将某些不属于工业领域类型的发明排除在外，并对这类发明通过其他领域的法律进行保护而不是专利法。

《TRIPs 协定》的第 27 条以及 1999 年《约旦专利法》的第 4 条确认了各州将下列发明排除于专利权之外：

（1）科学原理、理论和发现以及数学方法。

（2）纯粹的文化娱乐性质活动的方式、原则和方法。

（3）课程和教育系统，组织、管理的方式或管理的方法。

（4）所有通过外科手术或治疗方法治疗人体或动物的方法以及诊断方法。

（5）任何违反公共秩序或公共道德的行为。

---

[10]《发明和费用减让法》第 11 条：在提交申请之前，可以通过在王国发行的报纸上公开本发明，从而使公众可以使用本发明。

任何人均可在自宣布受理申请之日起两个月内的任何时间，基于以下任何理由，将其对特许权授予的反对意见提交注册机关：

（1）申请人从异议发起人处或他的被代理人处获得了该发明。

（2）在提起申请日期之前该发明已在约旦申请并获得了专利保护。

（3）反对者已根据先前生效的任何法律或法规推迟了上述发明的审查。

（4）在提交申请之前，已经通过在王国发行的报纸上公开本发明，公众已经可以使用本发明。

(6) 计算机软件。

(7) 除微生物外的植物和动物，以及除制造非生物和微生物方法外的大多数繁育生物的方法。

至于1953年的巴勒斯坦法律，除一例军事发明外，它没有规定例外的问题，因此，我们看到，只要满足形式和实质性条件，就可以按照巴勒斯坦法律的规定进行注册。

在这里，我们呼吁巴勒斯坦立法者进行立法干预，以将某些类别排除在专利范围之外，特别是在涉及公共卫生的情况下，因为这对巴勒斯坦公民的健康有利。

在查阅了巴勒斯坦法院的判例记录之后，我们在巴勒斯坦法院没有发现有关专利的任何诉讼争议，这是由于对形式和非实质性事项的审查受到限制，拒绝注册专利的案件并不多，从而导致没有法律纠纷或对之前注册专利的决定提出申诉。

（二）程序条件

每个发明人都必须通过执行正式的程序来获得专利，专利申请者需在每个国家按照该国法律程序向负责保护工业产权的机构和专利机构进行专利申请。

《巴黎协定》第12条中，所有签署国都有义务建立工业产权权益保护机构，并设有一个允许公众查阅专利、工业品外观设计以及商标的途径。

尽管巴勒斯坦不是《保护工业产权巴黎公约》的签署国，但它已经建立了一个专利注册部门，隶属于国民经济部并在国民经济部的监督下运作。以下是专利注册程序。

1. 提交专利申请

想要在巴勒斯坦保护其发明的发明人（包括自然人、法人），必须向主管当局提出申请，1953年《专利与费用减让法》第5条[11]规定：第一位真正的发明人可以向注册机构提交申请（根据指定表格），以单独或与其他人一起获得其发明的特许权。

同样，1953年的巴勒斯坦法律确立了共同所有权，允许多于一个人拥有所有权，但要求同时申请注册，并且如果多个人提交针对同一专利的请求而发明人之间没有任何关系，则1953年《专利与费用减让法》第5条规定："第一个真

---

[11] حيث نصت المادة 26 من قانون براءة الاختراع الأردني المعدل: لانة والمطبق في الأراضي الأردنية.

正的发明人"是可以注册的，因为第一个申请者要证明自己的发明人身份，除非后来证明他不是原始专利的所有者，否则第一位申请人将获得专利权人身份。

同样，1953 年《专利与费用减让法》第 27 条规定：如果发明人死亡而未对发明进行任何注册，则其继承人仍可以注册。

2. 有权注册发明专利的机构

大多数国家法律拒绝允许私人或民用公司申请专利注册，因此我们发现，在大多数国家/地区，专利主管当局是政府机构，申请人在其中填写特定表格，写明与民事身份有关的所有详细信息，并对提交的专利进行详细说明。从提交申请到程序结束，申请人可以获得临时保护并不意味着公开技术，也就是说，申请人有权在不公开其发明的核心技术的情况下说明其发明，并提供有关发明的准确和解释性信息。

另外，临时保护并不能使申请人自由处置其专利，因为它不是最终文件，专利注册人员很可能在审查后拒绝接受该申请。

如果已颁发证书，则该专利的所有者在巴勒斯坦领土上受法律保护的期限为 16 年，在约旦领土上根据现行法律保护的期限为 20 年，并且不会再续期，在该法律期限结束后，该专利就成为所有人的公共财产。大多外国法律在《巴黎公约》和《TRIPs 协定》所发布的专利保护期限方面采用了统一的制度，《TRIPs 协定》第 23 条规定专利保护期限为 20 年。

无论是与国际协定还是与其他国家的法律进行比较，巴勒斯坦关于专利在其领土上的保护期限规定都是不合理的。巴勒斯坦立法者应该将这一期限从 16 年改为 20 年，以跟上比较法和国际立法的步伐。

结论

在这项研究中，我们试图解决一个引起发明人和经济机构兴趣的话题。鉴于国际上技术的飞速发展以及全球化经济的特点是开放边界，解除商品在世界各国间通关的关税和税收壁垒，因此个人和机构的利益已集中在实现高竞争条件上，使他（它）们能够进入国际市场交换产品。

此外，鉴于以专利权为主要法律保护手段的技术的巨大发展，我们必须对这一问题进行阐明，以帮助巴勒斯坦立法者完善该领域的立法，因为巴勒斯坦立法者对该法律越早进行修改才能越早使巴勒斯坦适应全球商业市场发展的进程。

阿尔及利亚立法对知识产权的行政保护

[阿尔及利亚]萨德·卡利布　阿卜杜·瓦哈比·马赫鲁菲[*]
詹欣意[**]　译

引言

知识产权可以在社会的进步和繁荣中发挥重要作用，如果它能得到必要的保护，同时不损害由它衍生出来的权利，将有益于文化的进步和发展。

一个民族的文化遗产要想得到发展和丰富，就应该鼓励知识分子、艺术家和学者，保护他们的文学和经济权利，激发他们的创造力，并为他们提供一个良好的环境，让他们可以持续从事他们的工作，直到文化遗产得到丰富和文化资源得到加强，尤其是为人民提供智力和精神食粮的文化遗产能够保持和发展。

对知识产权的侵犯不仅会侵害消费者和生产者的利益，而且会影响整个国家的经济利益，因为这种侵犯会减少本国境内的投资机会，从而导致境内资本和境外投资的两极分化。

相应地，要想让国家免于承受知识产权保护不力而带来的风险，只有通过颁布内部立法才能实现，这可以保证国内的知识产权保护能达到国际上商定的最低限度，除了设立行政机构来监督这些法律的实施，以营造良好的工作氛围外，还应该为资本和投资公司在国内的活动提供信心。

阿尔及利亚自独立以来，从未停止制定保护其工业和文学方面的知识产权的法律法规，并一直积极寻求加入该领域的国际条约和协议。这也是本文的研

---

[*]　萨德·卡利布（لقليب سعد），阿尔及利亚巴特纳大学博士；阿卜杜·瓦哈比·马赫鲁菲（مخلوفي الوهاب عبد），阿尔及利亚巴特纳大学教授。本文原载阿尔及利亚《法律与政治科学》杂志2019年第2期，第10卷，第746—763页。

[**]　詹欣意（1996—），上海外国语大学2019级法律硕士研究生，研究方向：阿拉伯语法律。

究主题。

一、知识产权保护的专门行政机制

阿尔及利亚设有专门保护知识产权的行政机构，以促进知识产权的发展。

在这些机构中，我们找到了专门从事文学和艺术财产权利保护的国家版权和邻接权局及专门从事工业产权保护的阿尔及利亚国家工业产权局。

（一）阿尔及利亚国家版权和邻接权局

为了保护作家和艺术家的权利，维护他们的利益，国家决定成立一个专门致力于有效尊重这些权利的国家机构。因此，根据 2005 年 9 月 21 日颁布的第 05-356 号行政令[1]，阿尔及利亚设立了"国家版权和邻接权局"。根据经修订和补充的《国家版权和邻接权局组织法》，创作者在符合特定条件的情况下，享有精神人格和财产独立。国家版权和邻接权局作为一个具有工业和商业性质的公共机构，它的主要任务是为所有创作者服务，并负责管理以下主体的权利：戏剧和音乐剧作品的创作者；文学和科学作品的创作者，例如作家、诗人和小说家；电影电视类视听作品的创作者；音乐作品的作者和作曲家，无论该作品是否伴有文字；彩绘、雕刻作品或工程作品的创作者；以及受版权保护的所有其他摄影作品的创作者。

在这一部分中，我们将探讨国家版权和邻接权局的职权范围和组织，以及它在保护版权和邻接权方面的作用。

1. 国家版权和邻接权局的职权范围和组织

（1）职权范围。该局的主要职权是：

1）确保保护创作者和权利持有人的精神和经济利益，无论其知识生产的利用是在阿尔及利亚还是在国外。该局致力于向创作者和权利持有人提供其作品权利的声明和特许，无论这些声明可以为其带来物质回报还是精神回报，都是对这些作品所有权的认可。

2）鼓励知识生产，为其创造适当的条件，并努力传播、利用和投资知识生产，以丰富文化资源和维护创作者的利益。创作者从受益人支付的费用中提取

---

[1] 2005 年第 65 号官方公报公布的第 05-356 号行政令对《知识产权法》进行了修订和补充，该法令包含国家版权和邻接权局的基本法律及其组织和功能。

公平得当的报酬，[2]受益人支付的费用应当按照以下比例进行分配：（a）30%用于支付给作者和作曲家。（b）30%用于支付给艺术家、表演者或演奏者。（c）30%用于负担音像产品或视听产品的成本。（d）10%用于与促进知识创造力和保护传统文化遗产有关的活动。[3]

3）通过采取各种行动介绍和推广与文化遗产有关的作品和表演，确保对传统文化遗产和民间文学艺术的保护。2003年7月19日第05-03号法令第139条关于版权和邻接权以及保护属于公共财产的知识产品的规定证实了这一点。

4）通过鼓励艺术、文化和创作领域的青年人才，为艺术节和文化节提供资金，来推动解决创作者的活力和创造力问题。[4]为了保障作家和艺术家的权利，该局在2014年统计了近11000名作者，比过去五年增加17%，还统计了近256500名艺术家，其中包括4700名专业艺术家。[5]

（2）组织。关于这一点，我们将分别讨论行政管理和财务管理，具体如下：

1）行政管理。国家版权和邻接权局的行政机关由总干事、理事会和审计长组成。

①总干事：国家版权和邻接权局由总干事领导，总干事由文化部部长提名，再通过行政法令任命，其职责是：在法律规定的范围内代表该局，并订立年度活动报告；负责编制收入和支出的预估数据并确保其执行，并在现行法律的框架内缔结所有交易和协定；可以将必要的权力下放给他的助手。[6]

②理事会：总干事将协助理事会的工作，理事会由文化部代表担任主席，成员包括：内政部代表，财政部代表，商务部代表，两位文学作品作家，两位视听作品作者，作曲家，两位表演艺术家，美术作品作者，戏剧作品作家。

理事会由文化部部长的决定任命，任期三年，可连任一次。它执行以下基本任务：理事会听取总干事的报告，并对国家版权和邻接权局活动的总体计划发表意见；负责内部组织，拟定《工作人员基本章程》，管理资金借贷；审议国

---

[2] 参见第05-356号行政令第39条。
[3] 参见第05-356号行政令第130条。
[4] 参见第05-356号行政令第5条。
[5] مشار اليه من طرف الباحث محمد السعيد مزيان، الآليات الإدارية لحماية الملكية الفكرية في الجزائر، مذأرة ماجستير في الحقوق تخصص ملكية فكرية، آلية الحقوق، جامعة باتنة 01، السنة الجامعية 2015/2016، ص 84.
[6] 参见第05-356号行政令第8条。

家版权和邻接权局的年度工作方案和预算估算。[7]

2）财务监管。由理事会任命的审计长负责账户审计，并编写年度报告，送交总干事和理事会。还应指出的是，财务监管包括财务运作方式以及收入和支出来源。

2. 国家版权和邻接权局在保护著作权方面的作用

国家版权和邻接权局查获了大量非法经营活动，根据2015年的统计数据，在全国范围内查获的盗版文学和艺术作品为828416件，主要为视听磁带。[8]

尽管版权局只是在最低限度上保护知识产权，但是盗版活动日益猖獗，这要求它立即采取有威慑力的解决方案。国家版权和邻接权局通过以下措施来避免和打击盗版：

（1）让作品在版权局登记并对其加以保护。国家版权和邻接权局必须确保作者和艺术家的权利得到保护，[9]为了完成这项任务，每位作者必须：通过在版权局登记，让独创的作品被了解；提供所创作的手稿，证明自己是作者。由版权局发放过证书的作品，可以在版权局网站上查询其登记信息。

由版权局对作品进行登记授权非常重要，因为它可以保障作者的权利，维护权利持有人对该作品享有的利益。[10]

（2）通过陪审员制度直接干预侵权行为。知识产权人有权在权利受到侵害的情况下，通过提起诉讼或直接委托版权局处理的方式来捍卫自己的权利。[11]

阿尔及利亚法律对知识产权侵权行为作出明确规定，以便司法警察或版权局的陪审员可以对侵权行为作出预判。[12]

版权局的工作人员会以陪审员的形式直接干预侵权行为，他们的职责主要是审查与著作权有关的一切侵权行为。其职权范围包括：①扣押仿制或伪造的作品、雕刻或艺术品。②保管存放仿制品和伪造品。③根据写有日期和签名的核查被没收仿伪品的记录，立即通知辖区司法当局主管，主管司法机关应在接

---

[7] 参见第05-356号行政令第9条。
[8] مشار اليه من طرف الباحث محمد السعيد مزيان، المرجع السابق ذآره، ص 83.
[9] 参见2003年7月19日关于版权和邻接权的第03-05号法令第135条。
[10] زوان نادية، الاعتداء على حق الملكية الفكرية، التقليد والقرصنة، مذآرة لنيل شهادة الماجستير، آلية الحقوق والعلوم الإدارية، جامعة الجزائر، السنة الجامعية: 2002-2003، ص 148.
[11] فرحة زراوي صالح، الكامل في القانون التجاري الجزائري، الحقوق الفكرية، دار ابن خلدون للنشر والتوزيع، الجزائر، 2006، ص 549.
[12] 参见第03-05号法令第145条。

到通知之日起三天内对是否扣押作出裁决。

因此,主管司法机关的负责人可以应版权所有者的要求下达命令:①停止一切旨在进行非法复制的生产过程。②扣押所有主要用于制作仿制道具的材料。

如果权利人的主张已得到确认,权利受侵害的当事方可以提起诉讼,也可以采取保守措施,不提起诉讼或解除诉讼预防措施,以换取保证金来补偿权利人的权利。

因此,得出结论:陪审员的权力存在于侵权行为的限制过程中,而这种权力会在主管司法机构的干预下终止。

还应注意的是,第 05-03 号法令授予隶属于版权局的陪审员一项特权,即通过检验和审查来打击知识产权领域的盗版和仿冒行为,尽管这项权力在海关、税务等多个部门都存在,但版权局仍被认为是例外的机构。[13]

授予这一特权将有助于通过相关工作人员迅速和直接的干预来简化盗版和仿冒行为的举证过程,这对于更好地保护知识产权具有积极作用。

如果国家版权和邻接权局是负责保护作者和艺术家的文学和艺术权利的机构,那么阿尔及利亚国家工业产权局则是负责保护工业产权的机构,这也是我们在下文中要讨论的主题。

(二)阿尔及利亚国家工业产权局

《巴黎公约》第 12 条规定,每个联盟国家都应设立工业产权专门机构和中央管理机关,向公众传达专利、实用新型、工业品外观设计和商标的信息,并定期出版公报,按时公布被授予专利的所有人的姓名或名称,专利发明的简单名称,以及注册商标的副本。[14]

为了执行上述条款,阿尔及利亚根据第 98-618 号行政法令设立了阿尔及利亚国家工业产权局,并规定了该局的基本法。[15]该局在工业部部长的领导下进行重组,它是一个具有工业和商业性质的公共机构,具有公益性和独立财政能力。在这一部分,我们将探讨国家工业产权局的职权范围和组织,以及它在保护工业产权方面的作用。

---

[13] عكاشة محي الدين، محاضرات في الملكية الأدبية والفنية، ديوان المطبوعات الجامعية، الجزائر، 2004، ص 51.

[14] زوان نادية، المرجع السابق، ص 141.

[15] 1998 年 2 月 21 日通过的第 98-618 号行政法令,设立了阿尔及利亚国家工业产权局,并规定了该局的基本法。

1. 国家工业产权局的职权范围和组织

（1）职权范围。阿尔及利亚国家工业产权局取代了国家工业产权办公室，其管理范围包括所有涉及工业和商业财产以及与商业登记有关的知识产权。

它还在与专利有关的活动中取代了阿尔及利亚工业标准化和工业产权研究所，并在与工业商标和外观设计有关的活动中取代了国家商业登记中心。

阿尔及利亚国家工业产权局负责在工业产权领域执行国家法规政策，尤其是确保保护创作者的精神权利，该局致力于[16]：①为工业产权提供保护。②支持符合技术需要的创造力。③履行阿尔及利亚加入的相关国际协定的规定。④通过对国外技术引进路径的分析、控制和确定，改善国外技术引进的条件。

（2）组织。关于这一点，我们将分别讨论行政管理和财务管理，具体如下：

1）行政管理

①总干事：国家工业产权局由一名负责公共行政的总干事领导，总干事是机关的法定代表人，由工业部部长提名，再通过行政法令任命，由一名或多名主任协助。其职责是：组织工业产权信息的收集、处理和分析；对机关的内部组织和财产维护提出建议；筹备理事会会议并执行其审议结果；编制机关的预算，缔结交易和公约。

②理事会：根据前述第98-618号行政法令第11条之规定，理事会由贸易、金融、农业、外交、公共卫生、国防和科学研究领域的代表组成。

理事会每年举行两次常会，由总干事召集。主要负责：决议工业产权局的组织、运作和议事规则；听取工业产权局的工作进展，并对其活动预算的一般计划发表意见；规范会计和财务工作，接受对工业产权局的捐款和遗赠。

2）财务管理

根据前述第98-618号行政法令第22条之规定，由审计长负责监督工业产权局的账户，并在每个财政年度结束时向理事会提交其账户报告。

2. 国家工业产权局在保护工业产权方面的作用

国家工业产权局在保护工业产权要素（商标、发明、图纸）方面发挥着重要作用，面对工商仿造产品的日益增多和仿造手段的不断升级，国家工业产权局必须确保对工业产权最低限度的保护。

---

[16] 参见第98-618号法令第6条。

工业产权受到法律保护，有必要经过备案交存、公开等重要程序以防止仿冒侵权行为。[17]

（1）备案。备案是指向国家工业产权局一级的注册部门提交包含与商标、专利或工业图纸有关的所有数据的文件的管理过程，包括以下内容：

1）提交备案申请

任何人都可以提交备案申请，以确保其想要保护并获得权利的工业产品可以得到法律的全面保护。

备案申请应由有关人员本人提出，或通过其代理人提出，或通过附有本人身份证明的信件提出。申请书必须包括与商标、图纸、发明和费用证明有关的所有数据。

2）检查备案文件

国家工业产权局一级的注册部门负责检查申请的有效性，以及申请对象是否符合法律规定的要求，并最终作出接受或拒绝该申请的决定。[18]在接受申请的情况下，主管机关应根据相关立法规定编写载有交存日期和地点的备案记录。[19]如果不符合法律规定，工业产权局可以在有优先权或在先申请的情况下拒绝该申请。

（2）注册和公告。注册是指先由国家工业产权局的注册部门批准受理备案申请，再进入登记注册阶段，最后于交存月在《法律声明公告》上进行公布。

在此基础上，法定保护期限的计算以注册之日为起点，备案行为可以作为备案对象享有优先权的证据，在符合法律规定的前提下，工业产权局通过登记注册程序对工业产权要素进行保护。

需要注意的是，工业产权局在国家一级的层面上，并没有任何监管手段或侵权及纠纷解决机制，也就是说，该局几乎没有审查系统。因此，在发生纠纷时，受害方别无选择，只能通过诉诸司法机构来解决争议。[20]这意味着阿尔及利亚国家工业产权局在专利侵权方面缺乏有效的监督机构，而国家版权和邻接权局的陪审员则有权在版权受到侵犯的情况下直接采取扣押干预措施。因此，

---

[17] زوان نادية، المرجع السابق، ص 144.
[18] فرحة زراوي صالح، المرجع السابق، ص 238.
[19] محمد حسنين، نظرية الحق بوجه عام، دار الكتاب للنشر، الجزائر، 1985، ص 143.
[20] زوان نادية، المرجع السابق، ص 145.

未来可以考虑赋予国家工业产权局这些权力，我们认为这有助于激活工业产权的行政保护。

二、知识产权保护的一般行政机制

从事知识产权监督和保护的机构不仅限于国家工业产权局与国家版权和邻接权局这样的专门机构，还包括海关和贸易管理部门等公共机构。

（一）海关管理

海关总署是隶属于财政部的行政公共机构，具有广泛的职责范围，它是根据《海关法》之规定设立的，在此，我们将着眼于海关总署的权力和职能及其在保护知识产权方面的作用。

1. 海关总署的权力和职能

海关在维护金融秩序，打击商业欺诈和走私货物等方面发挥着重要作用。根据07-79号法令和修订后的《海关法》以及第10-98号法令[21]，海关应着力打击制假和盗版商品，设立相关规定是为了使海关的职能更符合与打击制假贩假有关的国际协议的规定，并使海关通过征税和收费、对商品进行量化以及改善公共财政的收支平衡来保护国家经济领域。

在假冒、盗版等领域，海关在进口或者出口过程中，有依照《海关法》第22条之规定查获扣押假冒商品的义务。"在进口时，所有关于产品本身的封面、封皮、包装、外壳、胶带或标签的书面数据暗示从国外进口的该商品产地为阿尔及利亚的，无论海关制度如何，均应禁止，此外，伪造的阿尔及利亚或外国货物应予没收。"

因此，海关部门必须对此进行干预，假冒、盗版行为已经阻碍了其职责的正常履行。因为海关的基本职能是：

（1）保护国家经济。允许海关对假冒、盗版行为进行干预是对保护国民经济和国家发展的间接安排，海关总署是知识产权经济的保护者，假冒、盗版行为对国内生产和投资的增长与发展产生了许多不利影响，仿制和伪造对国家的生产和收入造成了极其严重的后果，打击这种行为是为了保护国家的经济。

---

[21] 1979年7月21日颁布的第79-07号法律载有经修订的《海关法》，1998年12月22日颁布第98-10号法律对其进行了补充。

（2）保护消费者。海关总署是国民经济的保护者，它可以确保国家享有货物运输的权利，所有进口或出口的货物，都必须接受海关管制。阿尔及利亚《海关法》第 51 条规定："进口、再进口、出口或再出口的所有货物都必须送交主管海关办公室，接受海关检查。"

这种边境海关管制能够实现间接保护消费者不受假冒仿制产品伤害的目标，通过海关对货物或对货物进入商业的渠道进行预先干预，保护消费者免受伪劣商品的损害，同时避免假冒产品的传播。[22]

受法律保护的消费者是普通的非职业消费者，这是《消费者保护和反欺诈法》中关于消费者的概念："任何自然人或法人，为了满足我们所照顾的其他人或动物的需要而购买或免费获取商品或服务……"[23]因为这样的普通消费者往往无法分辨欺诈手段和低成本销售的假冒产品，更容易受到非法竞争的影响，而海关当局最初的干预措施可以避免这些后果。

采取相应的保护措施主要是为了避免消费者在消费过程中购买到伪劣、变质或口感不佳的产品，对消费者的健康和安全产生不利影响。消费者在当地和全球经济中发挥着积极的作用，因为消费者决定消费行为，消费行为又进而影响生产基本原材料的需求。在社会方面，特别是在就业和资源开发方面，对消费者的保护就是对国家发展和经济的保护。

保护消费者权益并保证其获得安全有保障的产品是打击假冒和盗版的重要原因。在此基础上，海关部门通过提前干预有助于避免可能会影响消费者安全健康的潜在危害，尤其是在仿制药品领域。同样，海关的提前介入，也适用于汽车零部件等普通消费品，这有助于防止工业财产权利被侵犯，以及假冒商品进入商业渠道，从而避免对消费者造成严重影响。

2. 海关总署在保护知识产权方面的作用

海关总署根据《海关法》第 22 条的规定，将阿尔及利亚边境地带作为战略位置，并将其列为国内打击欺诈和假冒的最重要的渠道，在进口和进入商业渠道之前或出口时查封假冒伪造商品。

---

[22] لحراري (شالح) ويزة، حماية المستهلك في ظل قانون حماية المستهلك وقمع الغش وقانون المنافسة، مذكرة لنيل شهادة الماجستير في القانون، فرع المسؤولية المهنية، كلية الحقوق، جامعة مولود معمري، تيزي وزو، 2012، ص 97.

[23] 参见 2009 年 2 月 25 日第 09-03 号法律关于保护消费者和制止欺诈的第 3 条，第 15 期官方公报，2009 年 3 月 8 日发布。

贸易自由化和技术的发展使国家市场更容易混入进口的仿制产品，因此必须从海关地区开始进行干预，并为海关部门探索一套完善的制度来对其进行打击。

2002年7月15日颁布的《关于如何适用〈海关法〉的决定》第22条[24]规定了海关管理部门打击欺诈和仿冒行为的方法和程序，海关处理仿冒现象的方式主要是以下两种：

（1）依申请进行干预。在这种情况下，海关总署的干预措施要求工业产权所有人或其使用人根据上述决定第2条的规定，向海关总署致函，要求其采取必要措施，以中止伪造或可疑货物的清关作业，但前提是投诉人应就此过程的不合理中止而对海关和被投诉人造成的损失，承担相应的赔偿责任。[25]

干预申请必须包括：①货物的准确及详细说明，以便海关当局能够识辨货物。②证明申请人是所涉货物的合法申请人的文件。③使海关能够作出适当决定的所有必要资料和信息，主要涉及：货物的位置或预期目的地。托运货物的单据、发货日期和可能的提货地点。货物的预期到境或离境日期。使用的交通工具。进口商、出口商或货物持有人的身份证明。

申请书必须说明需要海关协助的期限，在此期间，如申请人未正确登记其权利或期限届满，海关应当及时告知申请人。[26]

（2）主动干预。海关总署可以主动中止涉嫌侵犯知识产权的货物的清关程序，并提出明确质疑。建议建立一个集中的权利登记制度，允许权利人提出直接干预的请求。当可疑货物被海关暂扣时，如果是基于权利人的申请，海关可以要求权利人提供必要的信息和技术援助以便鉴定仿冒货物。

因此，海关会对货物进行检查、分析，严格禁止违禁货物，对违禁货物处以没收、销毁等，但海关在没收、销毁货物之前需要将其决定通知申请人，如果申请人接受，则确定采取行动的期限，如果申请人拒绝，需责令其说明理由[27]。

---

[24] القرار المؤرخ في 04 جمادى الأولى عام 1423 الموافق 15 يوليو سنة 2002 المحدد لكيفيات تطبيق المادة 22 من قانون الجمارك المتعلق باستيراد السلع المزيفة جريدة رسمية عدد 56 صادر بتاريخ 18 غشت سنة 2002.

[25] بوسقيعة لحسن، المنازعات الجمركية، دار النشر النخلة، الطبعة الثانية، الجزائر 2001، ص 50.

[26] 参见上文提到的2002年7月15日颁布的《关于如何适用〈海关法〉的决定》第4条。

[27] زوان نادية، المرجع السابق، ص 126.

(二)贸易管理

贸易管理局通过法律赋予其的职责在保护知识产权方面发挥着重要作用。因此,我们将在下文中论述其在保护知识产权方面的职权范围,及其在保护知识产权方面的方式。

1. 贸易管理局在知识产权保护方面的职权

贸易管理局力求通过防止一切违反清洁贸易规范的不公平商业行为,以及处理经济主体之间发生的侵权行为,努力确保贸易行为的透明度和完整性。[28]

2004年6月23日颁布的第04-02号法律确定适用于商业交易的规则,2010年10月15日颁布的第10-06号法律对其进行修订和补充,其中对不正当的贸易行为进行了规定,涉及知识产权保护的主要是下列行为:[29]①通过散播对竞争对手本人、产品或服务的不实负面信息,以损害竞争对手的经济声誉。②仿冒具有竞争关系的经济对手的商标、产品、服务或广告。③未经权利人授权和许可,使用其专有的技术或商业秘密。④雇员违反劳动立法与竞争对手进行经济合作。⑤通过雇用竞争对手公司的离职员工或合伙人以获取其职业机密来损害其雇主或旧合伙人的利益。⑥利用破坏竞争对手的广告宣传,非法窃取其支付、订单和代理信息,或扰乱其销售网络等不正当手段,排挤竞争对手的经济援助组织,转移客户。⑦违反市场规则,扰乱市场秩序,违反法律或实施法律禁止的行为,尤其是逃避设立、实施或者维系商业活动所必需的义务和条件。[30]

为了防止欺诈性商业行为,阿尔及利亚立法者禁止商人非法获取进口或本地制造的产品。[31]

贸易管理局在不正当竞争、质量控制和预防欺诈领域均发挥着重要作用。[32]

2. 贸易管理局在保护知识产权方面的方式

贸易管理局通过在边境检查站部署边防检查员对产品的合格性进行监督,禁止商业活动中的假冒产品进入本国领土,打击欺诈并履行其在保护知识产权

---

[28] 2004年6月23日颁布的第04-02号法律第1条规定了适用于商业惯例的规则,该法令经2010年10月15日颁布的第10-06号法律进行修订和补充。

[29] محمد السعيد مزيان، المرجع السابق، ص 164.

[30] 参见第04-02号法律第27条。

[31] 参见第04-02号法律第25条。

[32] محمد السعيد مزيان، المرجع نفسه، ص 165-166.

方面的职责，从而监督贸易。第 09-03 号法律第 54 条规定了对输入境内产品的消费者保护和反欺诈保护。[33] 第 05-467 号行政法令规定了控制跨境进口产品合格性的条件和方式。[34] 所有进口产品，无论其性质和目的地如何，均需在海关接受合格性评估程序。[35]

（1）过境点监控。根据上文提及的 2005 年 12 月 10 日第 05-467 号行政令第 3 条的规定，进口产品在海关查验之前应根据进口商或其代表向监管局提交的卷宗进行监控。

进口产品的跨境管制着眼于对相关证件的检查，也可以根据本法令的规定抽取样品进行检查，这种检查是通过肉眼进行的。

如果用肉眼检查文件并进行监控后没有发现违规情况，并且没有必要抽取样品，则边防检查局将会签发进口产品的入境许可证。

如果登记不符合规定，即货物与登记不匹配，由检查局对该货物作出拒绝其进口的决定，并向进口单位说明拒绝进口的理由；同时，需将该决定的副本送交海关总署，并由其监督海关停止相关进口程序。

（2）地方一级的监控。在地方一级由专门的贸易代理人进行监控和干预，有两种方式：执行文档检查、用肉眼观察与抽样检查。检查分析后，如未发现或记录有任何违规行为，则应定期发放产品合格证，但如发现产品不符合法律规定的要求，则贸易部门将采取干预或预防措施，以保护消费者和知识产权权利人的权利，[36] 具体措施包括：①扣留，停止一切被证明不符合要求的产品之流通。②召回，根据地区主管法院的司法授权从市场上撤回产品。对于易腐烂的货物，辖区内的贸易部门负责人可下令立即销售货物或将货物免费转赠给社会组织和公益性质的机构，如儿童护理中心、社会扶助中心或医院等。③销毁，被查封的产品可以在当地贸易部门和安全部门执法人员在场的情况下销毁，尤其是在产品性能或质量已经发生变化的情况下。

---

[33] 2009 年 3 月 8 日第 15 号官方公报公布了 2009 年 2 月 25 日颁布的第 09-03 号关于消费者保护和反欺诈保护的法律。
[34] 2005 年 12 月 10 日颁布的第 05-467 号行政法令，其中规定了控制跨境进口产品合格性的条件和方式，第 80 号政府公报，2005 年 12 月 11 日。
[35] محمد السعيد مزيان، المرجع نفسه، ص 170.
[36] زوان نادية، المرجع نفسه، ص 135.

三、总结

在这项研究结束时，我们可以说立法者在很大程度上建立了保护知识产权的行政保护机制，我们还可以得出一些结论和建议。

1. 结论

第一，知识产权的内部保护并不仅限于制定法律规范和处罚措施，还包括建立相关的国家机构和组织，用来介绍知识产权的重要性，为知识产权的发展奠定基础，并维护艺术家和创作者的利益。

第二，海关总署有责任在简化海关程序以便利货物流通和促进经济健康发展之间取得平衡，同时要确保有效保护知识产权及打击商业欺诈和假冒现象。

第三，阿尔及利亚立法机构为保护知识产权而建立的行政机制尚不充足，必要时仍需诉诸其他司法机制，例如刑事诉讼、民事诉讼（非法竞争）或2003年7月19日第03-05号法令规定的涉及版权和邻接权的预防措施，尤其是第144条。

第四，电子产品和计算机软件的仿冒者、盗版者都了解阿尔及利亚市场的规模及其在该地区的重要性，因此他们认为这里是销售假冒产品的"肥沃土壤"，这就解释了被侵犯产品的多样性以及阿尔及利亚海关查扣的货物数量为何如此之多。我们通过本研究可以发现，尽管的确存在保护这些知识产权不受仿冒的法律机制，但在实践中打击这一现象的力度却很薄弱。

2. 建议

第一，尽力寻找适当的威慑力量来打击盗版行为，并保护知识产权，尤其需要建立有效的机制以区分原始产品和假冒产品。

第二，在公共当局和民间社会各方面的组织监督下举办相关的地方宣传教育活动，使消费者了解仿制材料的多种危害，特别是对健康的危害。

第三，从社会层面提高人们对保护版权和邻接性权利重要性的认识，这对传播、促进和维护文化具有重要作用。

第四，拨出大量财政预算，用于鼓励各种创新产业的科学研究和开发，这将直接推动国内创新能力的快速提高。

第五，借鉴国家版权和邻接权局的工作方式，授予阿尔及利亚国家工业产权局的工作人员直接干预工业产权侵权行为的权利。